深圳统计年鉴

SHENZHEN STATISTICAL YEARBOOK

2020

总第 30 期

深　圳　市　统　计　局
Shenzhen Statistics Bureau
国家统计局深圳调查队
NBS Survey Office in Shenzhen　编

中国统计出版社
China Statistics Press

图书在版编目（CIP）数据

深圳统计年鉴. 2020 = Shenzhen Statistical Yearbook 2020 : 汉英对照 / 深圳市统计局, 国家统计局深圳调查队编. -- 北京 : 中国统计出版社, 2020.12

ISBN 978-7-5037-9407-0

Ⅰ. ①深… Ⅱ. ①深… ②国… Ⅲ. ①统计资料－深圳－2020－年鉴－汉、英 Ⅳ. ①C832.653-54

中国版本图书馆CIP数据核字(2020)第252055号

深圳统计年鉴-2020

作　　者/ 深圳市统计局 国家统计局深圳调查队
责任编辑/ 钟钰
执行编辑/ 李立红
装帧设计/ 深圳市美嘉美印刷有限公司
出版发行/ 中国统计出版社有限公司
地　　址/ 北京市丰台区西三环南路甲6号
邮政编码/ 100073
电　　话/ 邮购（010）63376909　书店（010）68783171
网　　址/ http://www.zgtjcbs.com
印　　刷/ 深圳市美嘉美印刷有限公司
经　　销/ 新华书店
开　　本/ 890mm×1240mm 1/16
字　　数/ 750千字
印　　张/ 25
版　　别/ 2020年12月第1版
版　　次/ 2020年12月第1次印刷
定　　价/ 320.00元 Price: 320.00yuan(RMB)

如有印装差错，由本社发行部调换。

《深圳统计年鉴—2020》

编委会和编辑工作人员

Shenzhen Statistical Yearbook-2020

EDITORIAL BOARD AND EDITORIAL STAFF

编 辑 说 明

1.为方便国外读者查阅，本年鉴在目录、统计表及指标解释等内容上按中英文对照编辑。

2.本年鉴全面系统地介绍了深圳市国民经济和社会发展情况，主要指标着重反映了2019年深圳市经济和社会各方面所取得的成就，也收录了深圳建市以来历年统计数据。统计资料内容分为19个部分，即：（1）综合；（2）国民经济核算；（3）人口和劳动力；（4）工业和能源；（5）建筑业；（6）运输和邮电；（7）农业；（8）固定资产投资；（9）房地产开发；（10）商业和物价；（11）财政收支；（12）金融保险业；（13）对外经济贸易和旅游；（14）劳动工资；（15）科学技术；（16）文化和教育；（17）卫生、社会保障和社会福利业；（18）城市建设和环境保护；（19）人民生活。为了便于读者正确使用资料，还附上了主要统计指标解释。

3.根据最新掌握到的统计资料以及国家新的统计制度之规定，本期年鉴对过去发表的一些重要统计资料重新予以核实，对部分历史数据进行了修订。因此，读者在使用历史资料时，凡与本年鉴有出入的，均以本年鉴为准。

4.本年鉴中的部分数据由于单位取舍不同产生的计算误差均未作机械调整。

5.为便于读者使用，本年鉴特编制了主要指标的定基指数、环比指数和年平均增长速度。

6.本年鉴使用的符号说明：“...”表示该项统计指标数据不足本表最小单位数；“空白”表示数据为零或无该项数据；“#”表示其中项。

7.2017年起人口、社会劳动者人数、职工工资、“企业一套表”调查单位、地区生产总值及分行业增加值、新兴产业增加值、农业、工业、建筑业、固定资产投资、社会消费零售总额、发电量、能源等包含深汕特别合作区计入数，增速按同口径计算。

8.限于我们的水平，本年鉴仍存在不足乃至错漏，希望读者不吝批评指正，帮助我们改进编辑工作，以期更好地为广大读者服务。

EDITOR'S NOTE

Ⅰ. The contents, pictures and lists of this book are translated into Chinese and English in order for the foreigners.

Ⅱ.*Shenzhen Statistical Yearbook 2020* contains comprehensive statistics of Shenzhen's social and economic development in 2019 and selected data of some important years and of the period after the establishment of the city. This book is composed of 19 parts. They include: 1. General Survey; 2.National Economic Accounting; 3.Population and Labor Force; 4.Industry and Energy; 5.Construction; 6.Transport, Postal and Telecommunication services; 7.Agriculture; 8.Investment in Fixed Assets; 9.Real Estate; 10.Commerce and Price; 11.Fiscal Revenue and Expenditure; 12.Finance and Insurance; 13.Foreign Trade and Tourism; 14.Labor Force and Wage; 15. Science and Technology; 16.Culture and Education; 17.Public Health, Social Security and Social Welfare; 18.Urban Constructions and Environmental Protection; 19.People's Livelihood. Interpretation of major statistical indicators attached is a useful tool for readers of this book.

Ⅲ.We adjust some important historical data based on the nearest data and state new statistical system. So in any case the data of this book shall be deemed as the authoritative ones.

Ⅳ.Statistical discrepancies in this book due to rounding are not adjusted.

Ⅴ.This book specially edit the fixed-base index, chain base index and average annual growth rate in order for the convinces by reader's usage.

Ⅵ.Notations used in the yearbook:
"…" indicates that the figure is not large enough to be measured with the smallest unit in the table,and "blank space" indicates data are zero, or are not available, "#" indicates major item in a category.

Ⅶ.Since 2017, the population, the number of employed persons, the wages of employees, the "enterprise set of table" survey units, the gross domestic product (GDP) and the added value of sub-industries, the added value of strategic emerging industries, statistics of agriculture, industry, construction, investment in fixed assets, the total retail sales, electricity, energy consumption have included Shenzhen-Shanwei Special Cooperation Zone. The growth rate is calculated according to the same caliber.

Ⅷ.There are a lot of shortages and faults in the yearbook because of our limited level. For a better editing, we welcome all candid comments and criticism from our readers.

目　　录
CONTENTS

二、国民经济核算
NATIONAL ECONOMIC ACCOUNTING

三 、人口和劳动力
POPULATION AND LABOR FORCE

四、工业和能源
INDUSTRY AND ENERGY

五、建筑业
CONSTRUCTION

六、运输和邮电
TRANSPORT,POSTAL AND TELECOMMUNICATION SERVICES

九、房地产开发
REAL ESTATE DEVELOPMENT

十二、金融保险业
FINANCE AND INSURANCE

十三、对外经济贸易和旅游
FOREIGN TRADE AND TOURISM

十四、劳动工资
LABOR FORCE AND WAGE

十五、科学技术
SCIENCE AND TECHNOLOGY

01 第一部分

综合

GENERAL SURVEY

CHAPTER

1-1 行政区划（2019年）

ADMINISTRATIVE DIVISION（2019）

单位：个 （unit）

地　区 Region		街道办事处 Urban Subdistrict Office	居民委员会 Neighbourhood Committees
全　市	**Total**	**78**	**815**
福田区	Futian	10	115
罗湖区	Luohu	10	112
盐田区	Yantian	4	23
南山区	Nanshan	8	107
宝安区	Baoan	10	140
龙岗区	Longgang	11	119
龙华区	Longhua	6	108
坪山区	Pingshan	6	30
光明区	Guangming	6	31
大鹏新区	Dapeng	3	25
深汕特别合作区	Shenzhen-Shanwei Special Cooperation Zone	4	5

1-2 分区调查土地面积、人口及人口密度（2019年）

SURVEY LAND AREA，POPULATION AND DENSITY OF POPULATION IN DISTRICTS（2019）

地　区 Region		调查土地面积(平方公里)（2018年） Survey Land Area (sq.km)（2018）	年末常住人口(万人) Year-end Permanent Population (10 000pesons)			人口密度(人/平方公里)(2018年) Density Of Population (person/sq.km) (2018)
				常住户籍人口 Permanent Registered Population	常住非户籍人口 Permanent Non-registered Population	
全　市	**Total**	**1997.47**	**1 343.88**	**494.78**	**849.10**	**6 484**
福田区	Futian	78.66	166.29	107.08	59.21	20 769
罗湖区	Luohu	78.75	105.66	61.72	43.94	13 205
盐田区	Yantian	74.99	24.36	7.99	16.37	3 239
南山区	Nanshan	187.53	154.58	98.00	56.57	7 965
宝安区	Baoan	396.61	334.25	65.10	269.16	8 214
龙岗区	Longgang	388.22	250.86	83.80	167.06	6 147
龙华区	Longhua	175.58	170.63	40.90	129.73	9 527
坪山区	Pingshan	166.31	46.30	9.15	37.14	2 684
光明区	Guangming	155.44	65.80	10.07	55.73	4 021
大鹏新区	Dapeng	295.38	15.82	3.96	11.85	518
深汕特别合作区	Shenzhen-Shanwei Special Cooperation Zone	—	9.34	7.01	2.33	—

注：1、按照国家目前的人口统计制度以及市政府《深圳市人口统计监测办法》，自2006年起，深圳户籍人口指拥有深圳红印户口，在深圳居住半年以上的人口。

Note: Since 2006, according to the country's current demographic system and Shenzhen demographic monitoring methods promulgated by Shenzhen Municipal government, the data of registered population refers to people who have registered and lived in Shenzhen over half a year.

2、按照相关规定，从2016年开始，原常住人口中的户籍人口、非户籍人口名称分别改为常住户籍人口和常住非户籍人口。

Since 2016, according to relevant regulations, the figure of registered population and non-registered population has changed to the figure of permanent registered population and permanent non-registered population.

3、全市人口密度不含深汕特别合作区。

Total density of population does not include Shenzhen-Shanwei Special Cooperation Zone.

1-3 各时期国民经济和社会发展统计指标总量及年均增长速度

ANNUAL AVERAGE GROWTH RATE OF MAIN NATIONAL ECONOMIC AND SOCIAL DEVELOPMENT INDICATORS OF EACH PERIOD

年 份 Year		年末常住人口(万人) Year-end Permanent Population (10 000persons)	常住户籍人口 Permanent Registered Population	常住非户籍人口 Permanent Non-registered Population	年末就业人员合计(万人) Number of Employed Persons (10 000persons)	#在岗职工 Fully Employed Staff and Workers	#私营个体就业人员 Self-employed Individuals
1979		31.41	31.26	0.15	13.95	4.02	0.41
1980		33.29	32.09	1.20	14.89	4.86	0.38
"六五"时期	**"Sixth Five-year" Period**						
1981		36.69	33.39	3.30	15.36	5.31	0.13
1982		44.95	35.45	9.50	18.49	8.28	0.11
1983		59.52	40.52	19.00	22.37	12.57	0.22
1984		74.13	43.52	30.61	27.26	18.33	0.50
1985		88.15	47.86	40.29	32.61	22.66	0.64
年均增长速度(%)	**Annual Average Growth Rate(%)**	**21.5**	**8.3**	**101.9**	**17.0**	**36.1**	**11.0**
"七五"时期	**"Seventh Five-year" Period**						
1986		93.56	51.45	42.11	36.04	25.88	0.93
1987		105.44	55.60	49.84	44.30	32.29	1.10
1988		120.14	60.14	60.00	54.53	41.74	1.69
1989		141.60	64.82	76.78	93.65	48.24	2.19
1990		167.78	68.65	99.13	109.22	55.41	3.36
年均增长速度(%)	**Annual Average Growth Rate(%)**	**13.7**	**7.5**	**19.7**	**27.3**	**19.6**	**39.3**
"八五"时期	**"Eighth Five-year" Period**						
1991		226.76	73.22	153.54	149.32	64.89	4.87
1992		268.02	80.22	187.80	175.97	71.10	12.33
1993		335.97	87.69	248.28	220.81	78.11	38.84
1994		412.71	93.97	318.74	273.00	82.29	54.63
1995		449.15	99.16	349.99	298.51	88.75	72.17
年均增长速度(%)	**Annual Average Growth Rate(%)**	**21.8**	**7.6**	**28.7**	**22.3**	**9.9**	**84.7**
"九五"时期	**"Ninth Five-year" Period**						
1996		482.89	103.38	379.51	322.12	89.13	87.14
1997		527.75	109.46	418.29	353.53	91.18	103.59
1998		580.33	114.60	465.73	390.33	91.93	114.79
1999		632.56	119.85	512.71	426.89	92.52	120.86
2000		701.24	124.92	576.32	474.97	93.36	139.88
年均增长速度(%)	**Annual Average Growth Rate(%)**	**9.3**	**4.7**	**10.5**	**9.7**	**1.3**	**14.2**
"十五"时期	**"Tenth Five-year" Period**						
2001		724.57	132.04	592.53	491.30	94.88	152.68
2002		746.62	139.45	607.17	509.74	101.76	166.88
2003		778.27	150.93	627.34	535.89	108.20	187.72
2004		800.80	165.13	635.67	562.17	135.88	204.16
2005		827.75	181.93	645.82	576.26	165.38	210.87
年均增长速度(%)	**Annual Average Growth Rate(%)**	**3.4**	**7.8**	**2.3**	**3.9**	**10.4**	**8.6**
"十一五"时期	**"Eleventh Five-year" Period**						
2006		871.10	196.83	674.27	609.76	184.25	250.77
2007		912.37	212.38	699.99	647.11	193.04	279.83
2008		954.28	228.07	726.21	682.35	198.35	301.97
2009		995.01	241.45	753.56	723.61	220.16	326.52
2010		1 037.20	251.03	786.17	758.14	251.09	376.60
年均增长速度(%)	**Annual Average Growth Rate(%)**	**4.6**	**6.7**	**4.0**	**5.6**	**8.7**	**12.3**
"十二五"时期	**"Twelfth Five-year" Period**						
2011		1 046.74	267.90	778.85	828.86	261.43	414.70
2012		1 054.74	287.62	767.13	898.54	277.9	453.52
2013		1 062.89	310.47	752.42	967.14	445.84	456.64
2014		1 077.89	332.21	745.68	1 034.58	448.93	510.32
2015		1 137.87	354.99	782.88	1 100.80	447.41	559.74
年均增长速度(%)	**Annual Average Growth Rate(%)**	**1.9**	**7.2**	**-0.1**	**7.7**	**12.2**	**8.2**
"十三五"时期	**"Thirteenth Five-year"Period**						
2016		1 190.84	384.52	806.32	1 165.73	442.55	616.43
2017		1 252.83	434.72	818.11	1 229.26	447.32	654.48
2018		1 302.66	454.70	847.97	1 291.31	466.91	709.11
2019		1 343.88	494.78	849.10	1 283.37	475.04	782.42
以1979年为基期年平均增长速度(%)	**Annual Average Growth Rate from 1979(%)**	**9.8**	**7.1**	**24.1**	**12.0**	**12.7**	**20.8**

年 份 Year		地区生产总值(万元) Gross Domestic Product (10 000yuan)	第一产业 Primary Industry	第二产业 Secondary Industry	第三产业 Tertiary Industry	人均地区生产总值(元) Gross Domestic Product Per Capita (yuan)	固定资产投资额(万元) Investment in Fixed Assets (10 000yuan)	#房地产开发投资 Investment in Real Estate Development
1979		19 638	7 273	4 017	8 348	606	5 938	
1980		27 012	7 803	7 036	12 173	835	13 801	
"六五"时期	**"Sixth Five-year" Period**							
1981		49 576	13 343	16 019	20 214	1 417	29 684	
1982		82 573	18 960	31 439	32 174	2 023	73 750	
1983		131 212	22 614	55 848	52 750	2 512	108 320	
1984		234 161	25 932	106 606	101 623	3 504	194 572	
1985		390 222	26 111	163 586	200 525	4 809	333 235	
年均增长速度(%)	**Average Annual Growth Rate(%)**	**50.3**	**13.8**	**86.9**	**49.2**	**25.1**	**89.0**	
"七五"时期	**"Seventh Five-year" Period**							
1986		416 451	32 907	163 185	220 359	4 584	248 551	
1987		559 015	46 519	220 463	292 033	5 349	285 193	
1988		869 807	57 005	359 230	453 572	6 477	436 191	
1989		1 156 565	68 615	505 361	582 589	6 710	499 919	
1990		1 716 665	70 220	769 319	877 126	8 724	623 380	112 000
年均增长速度(%)	**Average Annual Growth Rate(%)**	**22.4**	**8.7**	**33.1**	**16.2**	**2.6**	**13.3**	
"八五"时期	**"Eighth Five-year" Period**							
1991		2 366 630	808 36	1 126 084	1 159 710	11 997	912 324	255 600
1992		3 173 194	105 914	1 522 432	1 544 848	12 827	1 782 322	714 900
1993		4 531 445	108 615	2 420 214	2 002 616	15 005	2 477 875	1 027 700
1994		6 346 711	134 152	3 357 972	2 854 587	16 954	2 819 413	1 304 600
1995		8 427 933	124 122	4 223 744	4 080 067	19 558	2 758 243	1 030 368
年均增长速度(%)	**Average Annual Growth Rate(%)**	**30.9**	**-0.6**	**33.4**	**29.6**	**6.7**	**34.6**	**55.9**
"九五"时期	**"Ninth Five-year" Period**							
1996		10 505 121	148 796	5 081 045	5 275 280	22 542	3 275 270	1 248 251
1997		13 023 008	147 660	6 209 018	6 666 330	25 772	3 930 657	1 366 545
1998		15 449 472	151 764	7 508 019	7 789 689	27 885	4 803 901	1 674 854
1999		18 246 876	150 445	9 154 443	8 941 988	30 088	5 695 878	2 152 541
2000		22 192 015	155 656	11 087 644	10 948 715	33 276	6 771 205	2 609 694
年均增长速度(%)	**Average Annual Growth Rate(%)**	**16.5**	**2.9**	**17.2**	**15.8**	**6.7**	**19.7**	**20.4**
"十五"时期	**"Tenth Five-year" Period**							
2001		25 229 474	160 413	12 583 983	12 485 078	35 390	6 863 749	3 156 364
2002		30 172 384	166 587	14 980 113	15 025 684	41 018	7 881 459	3 884 445
2003		36 401 435	142 048	18 562 162	17 697 225	47 743	9 491 016	4 126 636
2004		43 502 928	123 264	22 643 124	20 736 540	55 099	10 925 571	4 342 432
2005		50 357 678	97 385	27 096 861	23 163 432	61 844	11 823 245	4 236 865
年均增长速度(%)	**Average Annual Growth Rate(%)**	**16.4**	**-9.0**	**19.2**	**13.6**	**11.9**	**11.8**	**10.2**
"十一五"时期	**"Eleventh Five-year" Period**							
2006		59 206 612	68 851	31 449 697	27 688 064	69 702	12 736 693	4 620 940
2007		69 252 268	77 374	35 135 153	34 039 741	77 660	13 450 037	4 610 422
2008		79 414 328	77 952	39 702 375	39 634 001	85 088	14 676 043	4 404 897
2009		85 144 707	63 527	40 003 477	45 077 703	87 360	17 091 514	4 374 590
2010		100 690 553	61 069	47 279 430	53 350 054	99 095	19 447 008	4 584 693
年均增长速度(%)	**Annual Average Growth Rate(%)**	**13.5**	**-17.2**	**13.4**	**13.7**	**8.6**	**10.5**	**1.6**
"十二五"时期	**"Twelfth Five-year" Period**							
2011		119 228 085	62 231	56 019 374	63 146 480	114 426	20 609 180	5 147 362
2012		134 962 675	61 302	60 453 948	74 447 425	128 445	23 144 319	7 368 421
2013		152 342 436	63 504	66 647 456	85 631 476	143 880	24 901 970	8 769 002
2014		167 953 507	57 579	72 321 670	95 574 258	156 909	27 174 226	10 694 855
2015		184 368 359	72 084	76 874 089	107 422 186	166 415	32 983 076	13 310 333
年均增长速度(%)	**Average Annual Growth Rate(%)**	**9.8**	**-7.3**	**8.8**	**10.6**	**7.9**	**11.1**	**23.8**
"十三五"时期	**"Thirteenth Five-year"Period**							
2016		206 857 358	82 840	83 240 899	123 533 619	177 658	40 781 638	17 565 209
2017		232 802 719	195 721	93 375 209	139 231 789	189 993	51 473 152	21 358 565
2018		252 660 771	226 072	99 958 664	152 476 035	197 740	20.6	23.6
2019		269 270 920	251 950	104 958 369	164 060 601	203 489	18.8	15.9
以1979年为基期年平均增长速度(%)	**Annual Average Growth Rate from 1979(%)**	**21.6**	**-0.6**	**27.1**	**21.0**	**10.8**	**-**	**-**

注：注：固定资产投资额及房地产投资额2018年及以后为增长速度（%）。

Note：The data of Investment in Fixed Assets and in Real Estate Development is growth rate from 2018（%）.

1-3 续表 2 continued

年 份	Year	地方一般公共预算收入(万元) Local Financial Revenue (10000yuan)	地方一般公共预算支出(万元) Local Financial Expenditure (10000yuan)	农业总产值(万元) Gross Output Value of Agriculture (10 000yuan)	规模以上工业总产值(万元) Gross Output Value of Industry Above Designated Size (10000yuan)			社会消费品零售总额(万元) Retail Sales of Consumer Goods (10 000yuan)
						轻工业 Light Industry	重工业 Heavy Industry	
1979		1 721	2 971	13 106	6 061	5 240	821	11 259
1980		3 043	4 003	16 938	8 444	7 077	1 367	19 615
“六五”时期	**"Sixth Five-year" Period**							
1981		8 787	8 411	24 181	24 282	22 762	1 520	34 229
1982		9 163	8 815	26 929	36 212	31 832	4 380	54 185
1983		15 605	15 025	29 083	72 041	57 561	14 480	123 794
1984		29 435	27 954	40 416	166 803	132 369	34 434	201 107
1985		62 894	58 651	45 821	241 213	188 659	52 554	265 642
年均增长速度(%)	**Annual Average Growth Rate(%)**	**83.3**	**71.1**	**9.1**	**99.4**	**98.4**	**104.5**	**68.4**
“七五”时期	**"Seventh Five-year" Period**							
1986		74 160	68 073	49 552	330 454	256 545	73 909	273 712
1987		87 521	69 688	73 772	547 722	423 150	124 572	324 364
1988		146 521	110 992	99 404	993 775	760 294	233 481	502 430
1989		228 668	173 007	108 015	1 440 533	1 044 386	396 147	545 741
1990		217 037	198 073	119 205	2 104 696	1 570 896	533 800	667 580
年均增长速度(%)	**Annual Average Growth Rate(%)**	**28.1**	**27.6**	**14.9**	**46.3**	**43.4**	**57.2**	**20.2**
“八五”时期	**"Eighth Five-year" Period**							
1991		273 291	243 012	143 063	3 077 749	2 156 668	921 081	828 341
1992		429 599	420 035	185 297	4 198 920	2 824 688	1 374 232	1 939 506
1993		672 507	593 327	192 880	6 550 051	4 336 788	2 213 263	2 760 596
1994		743 992	746 181	224 776	9 939 113	5 267 202	4 671 911	3 778 706
1995		880 174	934 041	232 653	11 106 974	5 582 798	5 524 176	4 634 355
年均增长速度(%)	**Annual Average Growth Rate(%)**	**32.3**	**36.4**	**-0.4**	**33.9**	**22.9**	**53.4**	**32.7**
“九五”时期	**"Ninth Five-year" Period**							
1996		1 317 490	1 380 376	273 246	12 992 240	6 413 707	6 578 533	5 293 512
1997		1 420 557	1 394 181	270 889	15 175 861	7 317 890	7 857 971	5 906 244
1998		1 643 884	1 767 714	298 174	20 519 485	10 140 217	10 379 268	6 539 123
1999		1 842 085	2 108 978	299 662	23 006 355	11 168 372	11 837 983	7 361 785
2000		2 219 184	2 250 441	311 359	29 502 786	13 189 308	16 313 478	8 537 247
年均增长速度(%)	**Annual Average Growth Rate(%)**	**20.3**	**19.2**	**6.0**	**20.8**	**16.9**	**24.7**	**13.0**
“十五”时期	**"Tenth Five-year" Period**							
2001		2 624 944	2 537 019	327 111	36 141 861	12 926 934	23 214 927	9 727 119
2002		2 659 287	3 077 761	340 757	43 180 816	14 600 754	28 580 062	11 087 719
2003		2 908 370	3 489 526	337 406	63 514 355	19 950 280	43 564 075	13 023 364
2004		3 214 680	3 775 720	299 939	80 205 911	23 798 450	56 407 461	15 080 237
2005		4 123 785	5 991 560	217 369	98 675 451	26 579 636	72 095 815	17 546 748
年均增长速度(%)	**Annual Average Growth Rate(%)**	**13.2**	**21.6**	**-**	**24.7**	**16.9**	**27.9**	**15.5**
“十一五”时期	**"Eleventh Five-year" Period**							
2006		5 008 827	5 714 231	180 017	119 286 001	28 812 915	90 473 086	20 513 548
2007		6 580 555	7 279 677	171 380	139 580 064	34 676 919	104 903 145	23 460 986
2008		8 003 603	8 898 555	187 859	158 601 076	43 295 066	115 306 010	27 984 708
2009		8 808 168	10 008 394	154 760	154 162 429	38 217 652	115 944 777	31 634 781
2010		11 068 166	12 660 668	150 467	185 268 200	45 926 755	139 341 446	36 360 972
年均增长速度(%)	**Annual Average Growth Rate(%)**	**21.8**	**16.1**	**-**	**12.0**	**10.9**	**12.3**	**15.7**
“十二五”时期	**"Twelfth Five-year" Period**							
2011		13 395 728	15 905 599	152 533	204 307 516	51 382 302	152 925 214	42 451 855
2012		14 820 800	15 690 071	148 572	213 637 447	56 064 352	157 573 095	49 188 894
2013		17 312 618	16 908 280	139 479	230 952 085	62 023 841	168 928 244	55 390 633
2014		20 827 326	21 661 841	129 156	247 775 911	65 077 654	182 698 257	61 457 836
2015		27 268 543	35 216 708	159 515	255 424 444	58 400 993	197 023 452	64 231 050
年均增长速度(%)	**Annual Average Growth Rate(%)**	**19.8**	**22.7**	**-**	**7.4**	**4.9**	**8.1**	**12.1**
“十三五”时期	**"Thirteenth Five-year"Period**							
2016		31 364 923	42 110 429	167 329	272 922 943	60 828 444	212 094 499	70 021 463
2017		33 321 303	45 938 003	388 609	321 191 539	58 579 928	262 611 611	77 895 215
2018		35 384 414	42 825 598	424 606	354 390 190	61 933 458	292 456 732	85 195 000
2019		37 733 831	45 527 336	481 641	373 261 578	66 940 211	306 321 367	91 444 581
以1979年为基期年平均增长速度(%)	**Annual Average Growth Rate from 1979(%)**	**28.5**	**27.2**	**-**	**29.6**	**25.4**	**35.3**	**23.6**

年 份 Year		全社会货运量(万吨) Freight Traffic Volume (10 000tons)	全社会客运量(万人) Passenger Traffic (10 000person)	港口货物吞吐量(万吨) Cargo Handled at Seaport (10 000tons)	邮电业务总量(万元) Revenue from Postal and Telecommunic-ations Services (10 000yuan)	进出口总额(万美元) Total Imports and Exports (USD10 000)	出口总额 Exports	进口总额 Imports
1979				10	138	1 676	930	746
1980				30	190	1 751	1 124	627
“六五”时期	**"Sixth Five-year" Period**							
1981				70	340	2 807	1 745	1 062
1982				91	520	2 534	1 597	937
1983				141	567	78 642	6 230	72 412
1984				210	923	107 247	26 539	80 708
1985				327	1 761	130 632	56 340	74 292
年均增长速度(%)	**Annual Average Growth Rate(%)**			**36.1**	**56.1**	**136.9**	**118.8**	**159.9**
“七五”时期	**"Seventh Five-year" Period**							
1986		1 521	3 973	302	2 633	184 696	72 552	112 144
1987		1 627	4 268	485	4 880	255 784	141 354	114 430
1988		1 704	5 858	734	14 826	344 277	184 949	159 328
1989		1 383	6 349	956	21 293	375 259	217 428	157 831
1990		1 349	8 833	1 292	55 356	1 570 136	815 165	754 971
年均增长速度(%)	**Annual Average Growth Rate(%)**			**31.6**	**78.9**	**33.2**	**39.7**	**27.2**
“八五”时期	**"Eighth Five-year" Period**							
1991		1 486	6 400	1 563	84 927	1 947 635	986 240	961 395
1992		1 801	8 135	1 956	114 492	2 357 562	1 200 019	1 157 543
1993		2 050	10 218	2 541	174 045	2 820 392	1 421 776	1 398 616
1994		2 604	8 531	3 002	259 432	3 498 281	1 830 921	1 667 360
1995		3 542	8 261	3 080	368 945	3 876 960	2 052 736	1 824 224
年均增长速度(%)	**Annual Average Growth Rate(%)**	**21.3**	**-1.3**	**19.0**	**46.1**	**19.8**	**20.3**	**19.3**
“九五”时期	**"Ninth Five-year" Period**							
1996		3 647	8 281	3 021	462 261	3 905 342	2 120 781	1 784 561
1997		3 853	8 515	3 357	610 111	4 500 921	2 561 844	1 939 077
1998		4 050	8 484	3 444	764 658	4 527 417	2 639 611	1 887 806
1999		4 274	8 754	4 663	982 686	5 042 750	2 820 811	2 221 939
2000		4 697	9 346	5 697	1 336 000	6 393 982	3 456 333	2 937 649
年均增长速度(%)	**Annual Average Growth Rate(%)**	**5.8**	**2.5**	**13.1**	**29.4**	**10.5**	**11.0**	**10.0**
“十五”时期	**"Tenth Five-year" Period**							
2001		5 147	9 869	6 643	1 419 000	6 861 055	3 747 955	3 113 100
2002		5 683	10 632	8 767	1 644 200	8 723 148	4 655 704	4 067 444
2003		6 478	10 471	11 220	1 980 300	11 739 941	6 296 201	5 443 733
2004		7 168	12 019	13 537	2 660 100	14 728 302	7 784 632	6 943 670
2005		8 249	12 602	15 351	3 208 000	18 281 689	10 151 829	8 129 860
年均增长速度(%)	**Annual Average Growth Rate(%)**	**15.9**	**6.2**	**21.9**	**26.3**	**23.4**	**24.0**	**22.6**
“十一五”时期	**"Eleventh Five-year" Period**							
2006		11 429	13 965	17 598	3 795 000	23 738 573	13 609 556	10 129 017
2007		13 678	15 056	19 994	5 135 400	28 753 345	16 849 299	11 904 046
2008		19 570	154 283	21 125	6 117 500	29 995 499	17 971 995	12 023 504
2009		22 367	146 316	19 365	6 765 200	27 016 306	16 197 825	10 818 481
2010		26 174	156 203	22 098	2 937 000	34 674 930	20 418 355	14 256 575
年均增长速度(%)	**Annual Average Growth Rate(%)**	**-**	**-**	**7.6**	**20.5**	**13.5**	**14.8**	**10.8**
“十二五”时期	**"Twelfth Five-year" Period**							
2011		28 901	168 447	22 325	3 562 600	41 409 312	24 551 760	16 857 552
2012		28 678	184 982	22 807	5 635 800	46 683 020	27 136 163	19 546 857
2013		27 512	12 059	23 398	6 229 900	53 747 437	30 570 191	23 177 246
2014		29 382	15 103	22 324	7 619 900	48 774 049	28 436 157	20 337 892
2015		32 475	16 511	21 706	10 403 200	44 245 863	26 403 895	17 841 968
年均增长速度(%)	**Annual Average Growth Rate(%)**	**-**	**-**	**-0.4**	**-**	**5.0**	**5.3**	**4.5**
“十三五”时期	**"Thirteenth Five-year"Period**							
2016		31 164	17 009	21 410	17 150 200	39 843 893	23 754 674	16 089 218
2017		32 269	18 142	24 136	16 455 500	41 414 596	24 435 790	16 978 806
2018		32 764	19 872	25 127	27 824 427	45 372 921	24 604 111	20 768 810
2019		34 219	21 284	25 785	40 390 310	43 147 567	24 212 399	18 935 168
以1979年为基期年平均增长速度(%)	**Annual Average Growth Rate from 1979(%)**	**-**	**-**	**21.7**	**-**	**25.5**	**25.7**	**25.3**

1-3 续表 4 continued

年 份 Year		国内金融机构人民币存款(万元) RMB deposits of domestic financial institutions (10 000yuan)	国内金融机构人民币贷款(万元) RMB loans of domestic financial institutions (10 000yuan)	医院数(个) Hospital (unit)	医院病床(张) Hospital Beds (unit)	卫生技术人员(人) Medical Technical Personnel (person)	# 执业医师(人) Licensed Doctors (person)
1979		10 125	7 523	25	597	988	364
1980		20 284	13 422	24	643	1 088	438
"六五"时期	**"Sixth Five-year" Period**						
1981		48 713	23 944	24	790	1 270	518
1982		63 707	63 013	26	717	1 609	708
1983		112 554	119 471	30	1 023	2 343	1 073
1984		349 763	451 034	29	1 634	3 064	1 484
1985		302 567	537 014	31	1 885	3 857	1 862
年均增长速度(%)	**Annual Average Growth Rate(%)**	**71.7**	**109.1**	**5.3**	**24.0**	**28.8**	**33.6**
"七五"时期	**"Seventh Five-year" Period**						
1986		551 112	730 855	32	2 028	4 657	2 217
1987		808 545	1 065 176	34	2 225	5 117	2 408
1988		1 317 381	1 536 202	35	2 496	5 715	2 754
1989		1 376 310	1 789 834	35	2 838	6 451	3 103
1990		1 946 923	2 386 157	38	3 108	6 996	3 426
年均增长速度(%)	**Annual Average Growth Rate(%)**	**45.1**	**34.8**	**4.2**	**10.5**	**12.6**	**13.0**
"八五"时期	**"Eighth Five-year" Period**						
1991		3 009 164	2 797 500	41	3 498	7 618	3 737
1992		5 504 616	3 707 067	45	4 466	8 571	4 247
1993		6 573 461	5 015 868	45	5 168	9 888	4 798
1994		9 333 699	6 421 390	48	6 040	11 034	5 347
1995		12 029 322	7 863 364	63	6 640	12 449	6 050
年均增长速度(%)	**Annual Average Growth Rate(%)**	**43.9**	**26.9**	**10.6**	**16.4**	**12.2**	**12.0**
"九五"时期	**"Ninth Five-year" Period**						
1996		15 334 600	9 652 000	65	7 105	14 652	7 266
1997		18 227 000	12 025 800	72	7 813	14 932	7 400
1998		22 383 700	15 503 700	72	8 353	14 975	7 191
1999		25 589 900	18 481 600	71	8 720	15 143	7 062
2000		31 690 000	22 921 800	72	9 616	15 720	7 418
年均增长速度(%)	**Annual Average Growth Rate(%)**	**21.4**	**23.9**	**2.7**	**7.7**	**4.8**	**4.2**
"十五"时期	**"Tenth Five-year" Period**						
2001		40 925 700	28 607 500	75	10 542	17 135	8 097
2002		49 527 300	35 142 800	77	11 808	18 615	7 853
2003		60 794 800	45 250 500	85	12 607	21 234	8 909
2004		71 007 500	52 427 700	87	14 186	22 895	9 846
2005		84 781 600	61 680 400	97	15 577	25 681	10 961
年均增长速度(%)	**Annual Average Growth Rate(%)**	**21.8**	**21.9**	**6.1**	**10.1**	**10.3**	**8.1**
"十一五"时期	**"Eleventh Five-year" Period**						
2006		95 404 200	67 553 200	99	16 193	43 266	16 238
2007		114 957 900	79 654 500	101	16 766	46 877	17 450
2008		130 112 400	90 584 600	100	18 435	50 608	18 807
2009		169 381 900	116 463 400	101	19 872	53 778	19 963
2010		202 107 500	137 081 600	107	21 166	54 081	20 122
年均增长速度(%)	**Annual Average Growth Rate(%)**	**19.0**	**17.3**	**2.0**	**6.3**	**16.1**	**12.9**
"十二五"时期	**"Twelfth Five-year" Period**						
2011		227 823 900	157 149 600	110	22 322	58 059	21 517
2012		259 102 400	173 054 700	115	26 124	61 961	22 831
2013		298 309 900	198 035 800	117	27 079	65 782	24 221
2014		445 892 900	228 053 900	122	28 853	69 936	25 728
2015		518 061 800	271 299 900	123	31 425	74 884	27 834
年均增长速度(%)	**Annual Average Growth Rate(%)**	**-**	**-**	**2.8**	**8.2**	**6.7**	**6.7**
"十三五"时期	**"Thirteenth Five-year"Period**						
2016		577 933 000	340 342 900	134	38 124	78 826	29 300
2017		627 604 000	399 406 100	135	39 899	85 282	31 838
2018		668 905 100	470 245 800	139	43 569	93 660	34 747
2019		776 717 100	546 023 600	144	47 366	102 788	38 519
以1979年为基期年平均增长速度(%)	**Annual Average Growth Rate from 1979(%)**	**-**	**-**	**4.5**	**11.6**	**12.3**	**12.4**

注：2015年起，人民银行调整了金融机构存贷款统计口径，2014年数据相应调整。

Note:From 2015,the statistial range of RMB deposits(loans) of domestic financial institutions have been adjusted,the data of 2014 have been adjusted by the same caliber.

1-3 续表 5 continued

年 份 Year		在校学生数(人) (person) Students Enrollment			城镇单位在岗职工工资总额(万元) Total Wage Bill of Fully Employed Staff and Workers in Urban Units (10 000yuan)	在岗职工年平均工资(元) Average Wage of Fully Employed Staff and Workers (yuan)	居民人均可支配收入(元) Per Capita Disposable Income of Residents (yuan)
		普通高等学校 Institutions of Higher Education	普通中学 Regular Secondary Schools	小学 Primary Schools			
1979			13 686	47 022	2 952	769	
1980			12 296	49 168	4 366	979	
"六五"时期	**"Sixth Five-year" Period**						
1981			13 088	51 560	5 930	1 132	
1982			17 080	54 538	10 000	1 366	
1983		216	20 982	56 319	16 142	1 545	
1984		1 236	27 636	62 021	35 306	2 179	
1985		3 206	35 334	70 277	51 912	2 418	1 915
年均增长速度(%)	**Annual Average Growth Rate(%)**		**23.5**	**7.4**	**64.1**	**19.8**	
"七五"时期	**"Seventh Five-year" Period**						
1986		3 478	40 208	77 884	59 773	2 452	1 817
1987		4 330	44 910	84 601	80 013	2 677	2 091
1988		4 710	43 267	96 474	134 218	3 388	2 569
1989		4 419	45 056	104 041	179 042	3 858	3 657
1990		3 964	46 473	111 711	227 392	4 304	4 127
年均增长速度(%)	**Annual Average Growth Rate(%)**	**4.3**	**5.6**	**9.7**	**34.4**	**12.2**	**16.6**
"八五"时期	**"Eighth Five-year" Period**						
1991		3 779	50 625	118 460	307 950	5 016	4 564
1992		3 653	55 857	127 978	403 790	5 931	5 783
1993		3 680	60 337	139 272	619 647	8 145	7 737
1994		4 227	66 073	147 186	852 332	10 572	10 503
1995		5 291	71 540	157 210	1 076 083	12 276	12 771
年均增长速度(%)	**Annual Average Growth Rate(%)**	**5.9**	**9.0**	**7.1**	**36.5**	**23.3**	**25.3**
"九五"时期	**"Ninth Five-year" Period**						
1996		6 493	76 949	170 983	1 284 558	14 507	16 296
1997		7 601	82 155	190 192	1 479 515	16 531	18 579
1998		8 497	86 009	215 652	1 674 771	18 381	19 214
1999		10 568	91 260	256 060	1 890 338	20 714	19 520
2000		14 123	106 996	313 852	2 113 366	23 039	20 906
年均增长速度(%)	**Annual Average Growth Rate(%)**	**21.7**	**8.4**	**14.8**	**14.6**	**13.2**	**10.4**
"十五"时期	**"Tenth Five-year" Period**						
2001		18 743	126 190	363 657	2 441 713	25 941	22 760
2002		26 778	150 654	415 097	2 832 799	28 218	24 941
2003		32 106	179 628	469 684	3 259 896	30 611	25 936
2004		41 251	211 224	526 419	4 192 834	31 928	27 596
2005		45 314	240 508	566 278	5 167 453	32 476	21 494
年均增长速度(%)	**Annual Average Growth Rate(%)**	**26.3**	**17.6**	**12.5**	**18.1**	**7.4**	**7.5**
"十一五"时期	**"Eleventh Five-year" Period**						
2006		51 220	256 630	564 891	6 296 568	35 107	22 567
2007		58 910	279 180	575 160	7 335 805	38 798	24 301
2008		64 675	298 939	585 852	8 674 142	43 454	26 729
2009		66 952	316 024	589 481	10 029 764	46 723	29 245
2010		67 324	334 752	618 459	12 338 778	50 456	32 381
年均增长速度(%)	**Annual Average Growth Rate(%)**	**8.2**	**6.8**	**1.8**	**19.0**	**9.2**	**8.5**
"十二五"时期	**"Twelfth Five-year" Period**						
2011		70 004	346 942	651 307	14 384 948	55 143	36 505
2012		75 570	359 643	683 058	16 421 777	59 010	40 742
2013		82 401	371 735	730 232	28 135 080	62 619	44 653
2014		87 674	378 690	793 178	32 879 754	72 651	40 948
2015		90 511	385 221	864 841	36 627 244	81 034	44 633
年均增长速度(%)	**Annual Average Growth Rate(%)**	**6.1**	**2.8**	**6.9**	**24.3**	**9.9**	**-**
"十三五"时期	**"Thirteenth Five-year"Period**						
2016		91 883	396 455	910 974	39 940 453	89 757	48 695
2017		96 702	417 641	964 510	44 697 603	100 173	52 938
2018		103 829	448 004	1 027 969	52 364 784	111 709	57 544
2019		113 214	477 390	1 068 992	61 109 638	127 757	62 522
以1979年为基期年平均增长速度(%)	**Annual Average Growth Rate from 1979(%)**	**19.0**	**9.3**	**8.1**	**28.0**	**13.6**	**-**

注：普通高等学校在校学生数年平均增长速度以1983年为基期。

Note:Annual average growth rate of the student number in institutions of higher education is based on 1983.

1-4 主要年份国民经济主要指标比例关系

PERCENTAGE OF MAIN NATIONAL ECONOMIC INDICATORS IN MAIN YEARS

年 份 Year	以就业人员人数为100 Employed Persons=100			以地区生产总值为100 Gross Domestic Product=100		
	第一产业 Primary Industry	第二产业 Secondary Industry	第三产业 Tertiary Industry	第一产业 Primary Industry	第二产业 Secondary Industry	第三产业 Tertiary Industry
1979				37.0	20.5	42.5
1980				28.9	26.0	45.1
1985				6.7	41.9	51.4
1990	6.1	69.8	24.1	4.1	44.8	51.1
1995	1.5	66.0	32.5	1.5	50.1	48.4
2000	0.8	57.0	42.2	0.7	50.0	49.3
2001	0.7	55.7	43.6	0.6	49.9	49.5
2002	0.8	55.8	43.5	0.6	49.6	49.8
2003	0.8	57.0	42.2	0.4	51.0	48.6
2004	0.5	57.6	41.9	0.3	52.0	47.7
2005	0.5	57.7	41.8	0.2	53.8	46.0
2006	0.3	57.4	42.3	0.1	53.1	46.8
2007	0.1	54.1	45.8	0.1	50.7	49.2
2008	0.1	54.1	45.8	0.1	50.0	49.9
2009	0.1	53.9	46.0	0.1	47.0	52.9
2010	...	51.5	48.5	0.1	46.9	53.0
2011	...	49.6	50.3	0.1	47.0	52.9
2012	...	47.0	53.0	...	44.8	55.2
2013	...	44.9	55.1	...	43.8	56.2
2014	...	43.5	56.5	...	43.1	56.9
2015	...	43.5	56.5	...	41.7	58.3
2016	...	41.1	58.9	...	40.3	59.7
2017	0.1	40.4	59.5	0.1	40.1	59.8
2018	0.1	39.9	60.0	0.1	39.6	60.3
2019	0.1	39.7	60.2	0.1	39.0	60.9

1-4 续表 1 continued

年 份 Year	以规模以上工业总产值为100 Gross Output Value of Industry Above Designated Size=100		以固定资产投资总额为100 Investment in Fixed Assets=100	
	轻工业 Light Industry	重工业 Heavy Industry	非房地产开发项目 Non-Real Estate Development	房地产开发项目 Real Estate Development
1979	86.5	13.5	100.0	
1980	83.8	16.2	100.0	
1985	78.2	21.8	100.0	
1990	74.6	25.4	82.0	18.0
1995	50.3	49.7	62.6	37.4
2000	44.7	55.3	61.5	38.5
2001	35.8	64.2	54.0	46.0
2002	33.8	66.2	50.7	49.3
2003	31.4	68.6	56.5	43.5
2004	29.7	70.3	60.3	39.7
2005	26.9	73.1	64.2	35.8
2006	24.2	75.8	63.7	36.3
2007	24.8	75.2	65.7	34.3
2008	27.3	72.7	70.0	30.0
2009	24.8	75.2	74.4	25.6
2010	24.8	75.2	76.4	23.6
2011	25.1	74.9	75.0	25.0
2012	26.2	73.8	68.2	31.8
2013	26.9	73.1	64.8	35.2
2014	26.3	73.7	60.6	39.4
2015	22.9	77.1	59.6	40.4
2016	22.3	77.7	56.9	43.1
2017	18.2	81.8	58.5	41.5
2018	17.5	82.5	57.3	42.7
2019	17.9	82.1	58.4	41.6

年 份 Year	以货运量为100 Freight Traffic=100			
	铁路 Railways	公路 Highways	水运 Waterways	民航 Civil Aviation
1979				
1980				
1985				
1990	10.9	78.2	10.9	
1995	6.2	76.8	16.9	0.1
1996	5.8	77.1	17.0	0.1
1997	7.0	76.8	16.1	0.1
1998	6.4	79.3	14.2	0.1
1999	6.0	81.5	12.3	0.1
2000	6.0	81.4	12.5	0.1
2001	5.7	82.9	11.3	0.1
2002	4.8	84.8	10.3	0.1
2003	4.9	83.9	11.1	0.1
2004	4.9	83.2	11.7	0.2
2005	4.8	83.4	11.7	0.2
2006	2.7	69.3	27.8	0.2
2007	2.4	67.8	29.6	0.2
2008	2.1	76.6	21.2	0.2
2009	2.1	78.8	18.8	0.2
2010	1.5	75.8	22.4	0.3
2011	1.4	75.0	23.3	0.3
2012	1.4	76.7	21.7	0.2
2013	1.3	73.0	25.4	0.2
2014	0.4	71.4	27.9	0.3
2015	0.2	76.3	23.3	0.2
2016	0.3	76.3	23.1	0.3
2017	0.2	74.2	25.3	0.3
2018	0.2	75.1	24.3	0.3
2019	0.4	74.2	25.1	0.3

1-5 主要年份国民经济和社会发展主要指标平均每人水平

PER CAPITA MAIN NATIONAL ECONOMIC AND SOCIAL DEVELOPMENT INDICATORS IN MAIN YEARS

单位：元 (yuan)

年 份 Year	地区生产总值 Gross Domestic Product	农业总产值 Gross Output Value of Agriculture	规模以上工业总产值 Gross Output Value of Industry Above Designated Size	地方一般公共预算收入 Local Financial Revenue	社会消费品零售总额 Retail Sales of Consumer Goods	城镇单位在岗职工年平均工资 Average Wage Bill of Fully Employed Staff and Workers in Urban Units	居民可支配收入 Per Capita Disposable Income of Residents
1980	835	524	261	94	606	979	
1985	4 809	565	2 973	775	3 274	2 418	1 915
1990	8 724	606	13 606	1 403	3 393	4 304	4 127
1995	19 558	540	25 774	2 042	10 754	12 276	12 771
2000	33 276	467	44 239	3 328	12 801	23 039	20 906
2001	35 390	459	50 697	3 682	13 644	25 941	22 760
2002	41 018	463	58 702	3 615	15 073	28 218	24 941
2003	47 743	443	83 304	3 815	17 081	30 611	25 936
2004	55 099	380	101 586	4 072	19 100	31 928	27 596
2005	61 844	267	121 182	5 064	21 549	32 476	21 494
2006	69 702	211	140 431	5 897	24 150	35 107	22 567
2007	77 660	192	156 526	7 379	26 309	38 798	24 301
2008	85 088	201	169 931	8 575	29 984	43 454	26 729
2009	87 360	159	158 173	9 037	32 458	46 723	29 245
2010	99 095	148	182 332	10 893	35 785	50 456	32 381
2011	114 426	146	196 078	12 856	40 742	55 143	36 505
2012	128 445	141	203 321	14 105	46 814	59 010	40 742
2013	143 880	132	218 123	16 351	52 314	62 619	44 653
2014	156 909	121	231 482	19 458	57 416	72 651	40 948
2015	166 415	144	230 552	24 613	57 977	81 034	44 633
2016	177 658	144	234 398	26 937	60 138	89 757	48 695
2017	189 993	317	262 129	27 194	63 571	100 173	52 938
2018	197 740	332	277 356	27 693	66 676	111 709	57 544
2019	203 489	364	282 075	28 516	69 105	127 757	62 522

1-5 续表 continued

年 份 Year	生活用电量(千瓦时) Electricity for Residential Consumption (kwh)	每百人拥有电话(部) Number of Telephone Sets Per 100 Persons (set)	每万人拥有 Per 10 000 persons		人均公园绿地面积(平方米) Urban Public Green Areas (sq.m)
			医生(人) Number of Doctors (person)	医院病床(张) Number of Beds in Hospital (bed)	
1980			13	19	
1985			21	21	
1990	302	7	20	19	
1995	292	18	13	15	12.7
2000	500	57	11	14	14.2
2001	495	84	11	15	14.7
2002	439	118	11	16	14.9
2003	537	158	12	16	15.1
2004	548	174	13	18	16.0
2005	660	212	14	19	16.1
2006	687	215	20	19	16.1
2007	805	244	21	18	16.1
2008	752	246	21	19	16.2
2009	812	234	21	20	16.3
2010	814	243	20	20	16.4
2011	858	274	22	21	16.5
2012	993	296	23	25	16.6
2013	982	286	24	25	16.7
2014	1 124	362	25	27	16.8
2015	1 127	296	25	28	16.9
2016	1 154	264	26	32	16.5
2017	1 150	254	27	32	16.0
2018	1 083	263	28	34	15.4
2019	1 108	248	30	35	14.9

1-6 主要年份国民经济和社会发展主要指标平均每天水平

AVERAGE DAILY LEVEL OF MAIN NATIONAL ECONOMIC AND SOCIAL DEVELOPMENT INDICATORS IN MAIN YEARS

年 份 Year	地 区 生产总值 (万元) Gross Domestic Product (10 000yuan)	规模以上工业 总产值(万元) Gross Output Value of Industry Above Designated Size (10000yuan)	农业总产值(万元) Gross Output Value of Agriculture (10 000yuan)	地方一般公共预算 收入(万元) Local Financial Revenue (10000yuan)	货运量 (万吨) Freight Traffic (10 000tons)	客运量 (万人) Passengers Traffic (10 000 person-times)
1979	54	17	36	5		
1980	74	23	46	8		
1985	1 069	661	126	172		
1990	4 703	5 766	327	595	3.70	24.20
1995	23 090	30 430	637	2 411	9.70	22.63
2000	60 800	80 830	853	6 080	12.87	25.61
2001	69 122	99 019	896	7 192	14.10	27.04
2002	82 664	118 304	934	7 286	15.57	29.13
2003	99 730	174 012	924	7 968	17.75	28.69
2004	119 186	219 742	822	8 807	19.64	32.93
2005	137 966	270 344	596	11 298	22.60	34.53
2006	162 210	326 811	493	13 723	31.31	38.26
2007	189 732	382 411	466	18 029	37.47	41.25
2008	217 574	434 523	515	21 928	53.62	422.69
2009	233 273	422 363	424	24 132	61.28	400.86
2010	275 865	507 584	412	30 324	71.71	427.95
2011	326 652	559 747	418	36 701	79.18	461.50
2012	369 761	585 308	407	40 605	78.57	506.80
2013	417 377	632 745	382	47 432	75.38	33.04
2014	460 147	678 838	354	57 061	80.50	41.38
2015	505 119	699 793	437	74 708	88.97	45.23
2016	566 732	747 734	523	85 931	85.38	46.60
2017	637 816	879 977	1 065	91 291	88.41	49.70
2018	692 221	970 932	1 163	96 944	89.76	54.44
2019	737 728	1 022 634	1 320	103 380	93.75	58.31

1-6 续表 continued

年 份 Year	用电量 (万千瓦时) Electricity Consumption (10 000kwh)	公共汽（电） 车客运人数 (万人次) Bus Passengers (10000 person-times)	社会消费品零售 总额(万元) Retail Sales of Consumer Goods (10 000yuan)	出生人数 (人) Births (person)	死亡人数 (人) Deaths (person)	结婚 (对) Marriages (couple)	离婚 (对) Divorces (couple)
1979			31	22	5		
1980			54	19	5	6	
1985		14.20	728	15	4	18	
1990	985	60.13	1 829	29	5	28	1
1995	2 503	96.96	12 697	35	5	36	3
2000	5 215	117.26	23 390	49	9	39	6
2001	5 816	128.96	26 650	49	6	39	6
2002	7 120	141.60	30 377	62	5	40	6
2003	8 861	139.00	35 680	44	6	53	9
2004	10 693	143.80	41 316	54	6	79	13
2005	12 060	278.40	48 073	66	7	64	15
2006	13 348	337.22	56 202	72	6	112	17
2007	15 557	497.61	64 277	94	7	98	19
2008	15 993	535.44	76 670	101	7	113	19
2009	16 046	585.21	86 671	97	8	134	21
2010	18 179	642.82	99 619	102	17	105	22
2011	19 069	647.61	116 306	114	8	149	27
2012	19 784	625.49	134 764	168	12	146	32
2013	19 994	603.23	151 755	163	9	147	43
2014	21 608	618.46	168 378	185	22	166	43
2015	22 344	566.83	175 975	196	13	165	62
2016	23 317	511.78	191 840	239	14	167	68
2017	24 232	453.22	213 412	319	19	171	70
2018	25 130	446.25	233 411	290	17	180	76
2019	26 959	435.54	250 533	321	19	184	85

1-7 企业登记发展情况

THE DEVELOPMENT OF ENTERPRISES REGISTRATION

单位：户 (unit)

年份 Year	企业总数 Total Number of Enterprises	按企业登记类型分 Grouped By Status of Enterprises Registration			按产业分 Grouped By Industry			按注册资本分 Grouped By Registered Capital					
		内资企业 Domestic-funded Enterprises	外资企业 Foreign-funded Enterprises	私营企业 Private Enterprises	第一产业 Primary Industry	第二产业 Secondary Industry	第三产业 Tertiary Industry	100－499万元 (10 000 yuan)	500－999万元 (10 000 yuan)	1000－2999万元 (10 000 yuan)	3000－4999万元 (10 000 yuan)	5000－9999万元 (10 000 yuan)	1亿元以上 (Over 100 million yuan)
1979	501	497	4		1	219	281						
1980	839	821	18		1	400	438						
1981	1 125	1 086	39		2	383	740						
1982	1 798	1 710	88		3	713	1 082						
1983	2 177	1 940	237		6	710	1 461						
1984	4 314	3 761	553		10	1 258	3 046						
1985	6 853	5 972	881		14	1 950	4 889						
1986	7 958	6 902	1 056		21	2 601	5 336						
1987	15 448	14 328	1 120		163	5 718	9 567						
1988	16 341	14 387	1 954		175	4 022	12 144						
1989	18 596	16 026	2 570		212	4 993	13 391	579	365	566	200	203	212
1990	19 827	15 403	3 895	529	210	5 807	13 810	651	425	646	229	231	232
1991	22 948	16 629	5 295	1 024	227	6 947	15 774	767	497	756	257	259	260
1992	28 676	18 469	7 639	2 568	235	9 166	19 275	1 022	643	994	337	324	318
1993	41 768	25 742	11 802	4 224	295	13 070	28 403	1 820	1 021	1 538	492	448	420
1994	55 867	31 916	14 767	9 184	269	17 249	38 349	2 568	1 326	1 988	601	533	487
1995	70 785	37 860	16 765	16 160	426	21 255	49 104	3 431	1 596	2 416	717	627	557
1996	82 952	44 410	18 011	20 531	456	22 783	59 713	4 418	1 861	2 862	800	714	616
1997	92 244	47 659	17 093	27 492	452	24 216	67 576	5 916	2 179	3 464	924	833	701
1998	92 699	45 027	16 161	31 511	422	23 966	68 311	7 198	2 466	3 904	1 046	918	763
1999	101 942	47 100	17 997	36 845	428	26 453	75 061	8 867	2 818	4 353	1 144	1 013	829
2000	107 457	46 220	18 151	43 086	397	27 769	79 291	10 982	3 239	4 897	1 259	1 107	911
2001	120 391	46 328	19 175	54 888	382	31 114	88 895	14 399	3 780	5 711	1 407	1 262	1 025
2002	123 923	37 519	19 461	66 943	341	32 103	91 479	18 483	4 406	6 518	1 544	1 381	1 134
2003	151 036	39 316	21 883	89 837	359	39 659	111 018	24 219	5 200	7 532	1 715	1 547	1 254
2004	181 314	34 278	22 728	124 308	349	47 695	133 270	31 996	6 317	8 730	1 878	1 696	1 388
2005	209 443	32 998	24 252	152 193	333	55 579	153 531	39 404	7 618	9 824	2 030	1 837	1 483
2006	244 291	25 480	27 055	191 756	347	65 220	178 724	47 121	8 925	10 901	2 169	1 979	1 602
2007	283 734	24 423	32 248	227 063	348	75 381	208 005	53 798	11 055	11 961	2 326	2 111	1 719
2008	281 238	18 473	32 898	229 867	309	74 044	206 885	59 538	12 658	12 781	2 437	2 197	1 802
2009	307 242	16 793	33 386	257 063	302	80 052	226 888	67 746	13 773	13 874	2 585	2 314	1 910
2010	360 912	16 087	35 207	309 618	312	88 870	271 730	78 118	15 220	15 379	2 776	2 483	2 060
2011	417 531	14 278	36 096	367 157	313	92 747	324 471	90 779	18 071	19 513	2 953	3 100	2 690
2012	481 030	12 584	36 969	431 477	344	93 601	387 085	108 436	22 280	24 010	3 461	3 944	3 153
2013	630 060	10 004	38 241	581 815	475	105 257	524 328	154 473	32 900	34 219	4 435	5 841	5 280
2014	843 977	8 250	39 758	795 969	1 340	119 645	722 992	246 435	54 903	53 509	6 967	9 628	9 141
2015	1 133 953	7 873	43 017	1 083 063	1 989	139 431	992 533	361 563	92 836	83 267	10 359	16 040	14 747
2016	1 504 255	8 685	42 621	1 452 949	2 916	166 786	1 334 553	669 393	191 040	114 323	12 034	24 068	19 555
2017	1 769 876	8 602	50 769	1 710 505	3 711	183 071	1 583 094	793 485	208 444	159 248	18 104	31 721	27 997
2018	1 974 650	8 370	65 282	1 900 998	4 188	195 973	1 774 489	714 932	205 654	157 972	17 804	33 296	27 736
2019	1 952 723	4 420	58 245	1 890 058	4 396	194 792	1 753 535	835 020	232 193	172 734	19 450	35 824	29 465

注：　本表数据来源为深圳市市场监督管理局。

Note: Data in this table are provided by Market Supervision and Regulation Bureau of Shenzhen Municipality.

1-8 “企业一套表”年报分区分行业调查单位（2019年）

NUMBER OF SURVEY UNITS OF “ENTERPRISE SET OF TABLE” BY SECTOR BY DISTRICT（2019）

单位：个 （unit）

地 区	District	调查单位 Survey units	工业 Industry	建筑业 Constru-ction	批发零售业 Wholesale and Retail Sales	住宿餐饮业 Hotel and Catering Services	房地产开发经营业 Real Estate	服务业 Services
全 市	**Total**	**31 802**	**10 337**	**1 332**	**8 972**	**1 544**	**687**	**8 930**
福田区	Futian	4 855	150	469	1 962	394	111	1 769
罗湖区	Luohu	2 717	122	94	1 205	253	77	966
盐田区	Yantian	493	68	8	106	33	28	250
南山区	Nanshan	7 714	862	235	2 542	412	135	3 528
宝安区	Baoan	6 030	3 692	145	1 033	170	86	904
龙岗区	Longgang	4 206	1 850	226	1 155	110	119	746
龙华区	Longhua	2 892	1 493	79	673	95	52	500
坪山区	Pingshan	945	632	49	107	28	31	98
光明区	Guangming	1 736	1 391	17	165	21	21	121
大鹏新区	Dapeng	171	60	10	20	26	15	40
深汕特别合作区	Shenzhen-Shanwei Special Cooperation Zone	43	17		4	2	12	8

注： 本表中调查单位为年报应报数，与专业报表中的企业单位数存在口径差异。
Note: The number of survey units is the number of units to be reported in the annual report, it differs from the number of enterprise units in the professional report.

1-9 规模以上服务业企业分行业主要财务指标(2019年)

FINANCE INDICATORS OF SERVICE ENTERPRISES ABOVE THE DESIGNATED SIZE BY SECTOR(2019)

指标名称 Item		企业单位数(个) Number of Enterprises (unit)
总计	**Total**	**8 914**
交通运输、仓储和邮政业	Transport,Storage and Post	1 372
信息传输、软件和信息技术服务业	Information Transmission,Software and Information Technology	2 045
房地产业	Real Estate	1 474
租赁和商务服务业	Leasing and Business Services	1 973
科学研究和技术服务业	Scientific Research and Technical Services	1 071
水利、环境和公共设施管理业	Management of Water Conservancy,Enviroment and Public Facilities	106
居民服务、修理和其他服务业	Service to Households,Repair and Other Services	297
教育	Education	198
卫生和社会工作	Health and Social Service	111
文化、体育和娱乐业	Culture,Sports and Entertainment	267

注： 房地产业不含房地产开发经营。
Note: Real estate development and management is not included in the real estate.

营业收入(亿元) Business Revenue （100 million yuan）	应付职工薪酬(亿元) Benefit Payable of the Employee （100 million yuan）	从业人员平均人数(人) Average Employed Persons (person)
14 142	**2 928**	**2 113 454**
2 879	476	335 145
5 651	990	433 257
1 241	367	411 297
2 374	552	495 855
1 311	321	174 906
119	26	32 026
170	69	127 263
127	55	46 518
91	28	23 057
178	45	34 130

1-10 规模以上服务业企业分区主要财务指标(2019年)

FINANCE INDICATORS OF SERVICE ENTERPRISES ABOVE THE DESIGNATED SIZE BY DISTRICT(2019)

地 区	Region	企业单位数(个) Number of Enterprises (unit)	营业收入(亿元) Business Revenue (100 million yuan)	应付职工薪酬(亿元) Benefit Payable of the Employee (100 million yuan)	从业人员平均人数(人) Average Employed Persons (person)
全 市	**Total**	**8 914**	**14 142**	**2 928**	**2 113 454**
福田区	Futian	1 766	3 321	803	643 578
罗湖区	Luohu	965	1 294	301	244 338
盐田区	Yantian	250	301	70	38 541
南山区	Nanshan	3 523	6 440	1 089	600 014
宝安区	Baoan	902	1 359	295	244 094
龙岗区	Longgang	746	704	218	197 733
龙华区	Longhua	497	402	83	98 417
坪山区	Pingshan	97	34	8	10 576
光明区	Guangming	121	93	20	23 691
大鹏新区	Dapeng	39	186	39	11 543
深汕特别合作区	Shenzhen-Shanwei Special Cooperation Zone	8	10	2	929

主要统计指标解释

行政区划 指国家对行政区域的划分。根据有关法规规定，我国的行政区域划分如下：(1)全国分为省、自治区、直辖市；(2)省、自治区分为自治州、县、自治县、市；(3)自治州分为县、自治县、市；(4)县、自治县分为乡、民族乡、镇；(5)直辖市和较大的市分为区、县；(6)国家在必要时设立的特别行政区。

平均增长速度 平均增长速度表明社会经济现象在一个较长的时期内逐期平均增长变化的程度，它不能根据各个环比增长速度直接求得，但与平均发展速度之间存在着一定的数量关系：平均增长速度＝平均发展速度－1。

平均发展速度是一种根据环比发展速度计算的序时平均数,由于各时期对比的基础不同，所以计算平均发展速度不能采用一般的序时平均数的计算方法，计算方法分为水平法和累计法。水平法，又称几何平均法，即将环比发展速度按连乘法用几何平均数公式计算。累计法，也称方程法，根据一段时期内各年发展水平总和与基期水平的关系，列出方程式计算平均发展速度。水平法着重考虑最后一年所达到的发展水平；累计法着重考虑整个时期累计发展水平的总量。

企业(单位)登记注册类型 是以在工商行政管理机关登记注册的各类企业为划分对象，以工商行政管理部门对企业登记注册的类型为依据，将企业登记注册类型分为内资企业、港澳台商投资企业和外商投资企业三大类。内资企业包括国有企业、集体企业、股份合作企业、联营企业、有限责任公司、股份有限公司、私营公司和其他企业；港澳台商投资企业和外商投资企业分别包括合资经营企业、合作经营企业、独资经营企业和股份有限公司。对不在工商行政管理部门进行登记注册的行政机关、事业单位和社会团体，主要按其经费来源和管理方式进行划分。

私营企业 指由自然人投资设立或由自然人控股，以雇佣劳动为基础的营利性经济组织。包括按照《公司法》、《合伙企业法》、《私营企业暂行条例》规定登记注册的私营有限责任公司、私营股份有限公司、私营合伙企业和私营独资企业。

外资企业 指依照《中华人民共和国外资企业法》及有关法律的规定，在中国内地由外国投资者全额投资设立的企业。

Explanatory Notes on Main Statistical Indicators

Divisions of Administrative Areas refers to the division of administrative areas by the State. The relative laws stipulate that 1) the whole country is divided into provinces, autonomous regions and municipalities directly under the Central Government; 2) provinces and autonomous regions are further divided into autonomous prefectures, counties, autonomous counties and cities; 3) autonomous prefectures are further divided into counties, autonomous counties and cities; 4) counties and autonomous counties are further divided into townships, ethnic townships and towns; 5) municipalities directly under the Central Government and large cities are divided into districts and counties, 6) the State shall, when necessary, establish special administrative regions.

Average Annual Growth Rate shows the average growth rate of social and economic development during a longer period. It can not be directly calculated by chain based growth rate. The relation is:

Average Annual Growth Rate = Average Speed of Development - 1

Average speed of development is the time series average of speed which calculated by chain based. Because the reference bases during the different periods are not same, average speed of development can not be calculated by the general method. Level approach and accumulative approach for calculating average speed of development rate are applied. The "level approach", or the method of calculating the geometric average, is derived by the formula of geometric average of the chain–based speeds of development, or comparing the level of the last year of the interval with that of the beginning year; the other is called the "accumulative approach" or the "algebraic average", "equation" method, which is derived by the summation of the actual figure of each year in the interval divided by the figure in the base year. The level approach focuses on the level of the last year, while the accumulative approach emphasizes the aggregate development in the duration.

Registration Status of Enterprises Enterprises are classified into 3 categories, namely domestic–funded enterprises, enterprises with investment from Hong Kong, Macau and Taiwan, and enterprises with foreign investment, according to the registration status of an enterprise in industrial and commercial administration agencies. Domestic–funded enterprises include State–owned enterprises, collective–owned enterprises, cooperative enterprises, joint ownership enterprises, limited liability corporations, share–holding corporations Ltd., private enterprises and other enterprises. Included in the enterprises with investment from Hong Kong, Macau and Taiwan and enterprises with foreign investment are joint–venture enterprises, cooperative enterprises, sole investment enterprises and share–holding corporations Ltd. For government agencies, institutions and social organizations which are not registered in industrial and commercial administration agencies, they are classified mainly by their sources of funding and manner of management.

Private Enterprises refer to profit–making economic units invested and established by natural persons, or controlled by natural persons using employed labour. Included in this category are private limited liability corporations, private share–holding corporations Ltd., private partnership enterprises and private–funded enterprises registered in accordance with the Company Law, the Law on Partnership Business and Interim Regulations on Private Enterprises .

Enterprises with Sole (exclusive) Foreign Investment refer to enterprises established in the mainland of China with exclusive investment from foreign investors in accordance with the Law of the People's Republic of China on Wholly Foreign–owned Enterprises and other relevant laws.

Share–holding Corporations Ltd. with Foreign Investment refer to share–holding corporations Ltd. established with the approval from the former Ministry of Foreign Trade and Economic Relations in line with relevant State regulations, where the share of investment from foreign investors exceeds 25% of the total registered capital of the corporation. In case the share of foreign investment is less than 25% of the total registered capital, the enterprise is to be classified as domestic–funded share–holding corporation Ltd.

02 第二部分

国民经济核算

NATIONAL ECONOMIC ACCOUNTING

CHAPTER

2-1 国民经济核算主要指标

MAIN INDICATORS OF NATIONAL ECONOMIC ACCOUNTING

项 目	Item	2000	2010	2018	2019
地区生产总值 (亿元)	Gross Domestic Product (100 million yuan)	2 219.20	10 069.06	25 266.08	26 927.09
第一产业	Primary Industry	15.57	6.11	22.61	25.20
第二产业	Secondary Industry	1 108.76	4 727.94	9 995.87	10 495.84
第三产业	Tertiary Industry	1 094.87	5 335.01	15 247.60	16 406.06
地区生产总值增长速度(%)	Growth Rates of Gross Domestic Product (%)	16.3	12.3	7.7	6.7
第一产业	Primary Industry	3.1	−11.2	7.3	5.2
第二产业	Secondary Industry	18.5	13.8	9.2	4.9
第三产业	Tertiary Industry	13.8	10.7	6.7	8.1
地区生产总值构成 (%)	Composition of Grosss Domestic Product (%)	100.0	100.0	100.0	100.0
第一产业	Primary Industry	0.7	0.1	0.1	0.1
第二产业	Secondary Industry	50.0	46.9	39.6	39.0
第三产业	Tertiary Industry	49.3	53.0	60.3	60.9
地区生产总值贡献率(%)	Share of the Contribution of the Three Strata of Industry (%)	100.0	100.0	100.0	100.0
第一产业	Primary Industry	0.1	…	0.1	0.1
第二产业	Secondary Industry	62.5	59.0	49.1	30.6
第三产业	Tertiary Industry	37.4	41.0	50.8	69.3
地区生产总值拉动率(%)	Contribution of the Three Strata of Industry to GDP Growth (%)	16.3	12.3	7.7	6.7
第一产业	Primary Industry	…	…	…	…
第二产业	Secondary Industry	10.2	7.3	3.8	2.0
第三产业	Tertiary Industry	6.1	5.0	3.9	4.7
人均地区生产总值(元)	Per Capita Gross Domestic Product (yuan)	33 276	99 095	197 740	203 489
人均地区生产总值增长速度 (%)	Growth Rates of Per Capita Gross Domestic Product (%)	5.8	7.8	3.3	3.0
支出法地区生产总值(亿元)	Gross Domestic Product by Expenditure Approach (100 million yuan)	2 219.2	10 069.1		
最终消费支出	Final Consumption Expenditures	862.6	4 104.0		
资本形成总额	Gross Capital Formation	895.6	3 117.8		
货物和服务净流出	Net Exports of Goods and Services	461.0	2 847.2		
支出法地区生产总值构成(%)	Composition of Gross Domestic Product by Expenditure Approach(%)	100.0	100.0		
最终消费支出	Final Consumption Expenditures	38.9	40.7		
资本形成总额	Gross Capital Formation	40.3	31.0		
货物和服务净流出	Net Exports of Goods and Services	20.8	28.3		

注： 2008-2018年地区生产总值及相关指标已根据全国第四次经济普查结果进行修订（相关表同）。

Note: The data of gross domestic product (GDP) and related data in 2008-2018 have been revised by the fourth national economic census (The same related).

2-2 地区生产总值

GROSS DOMESTIC PRODUCT

单位：万元　　　　（10 000 yuan）

年 份 Year	地区生产总值 Gross Domestic Product	第一产业 Primary Industry	第二产业 Secondary Industry	第三产业 Tertiary Industry	#工业 Industry	#建筑业 Construction
1979	19 638	7 273	4 017	8 348	2 313	1 704
1980	27 012	7 803	7 036	12 173	3 726	3 310
1981	49 576	13 343	16 019	20 214	8 311	7 708
1982	82 573	18 960	31 439	32 174	9 540	21 899
1983	131 212	22 614	55 848	52 750	22 466	33 382
1984	234 161	25 932	106 606	101 623	51 802	54 804
1985	390 222	26 111	163 586	200 525	102 137	61 449
1986	416 451	32 907	163 185	220 359	106 606	56 579
1987	559 015	46 519	220 463	292 033	164 445	56 018
1988	869 807	57 005	359 230	453 572	274 787	84 443
1989	1 156 565	68 615	505 361	582 589	400 579	104 782
1990	1 716 665	70 220	769 319	877 126	644 947	124 372
1991	2 366 630	80 836	1 126 084	1 159 710	928 846	197 238
1992	3 173 194	105 914	1 522 432	1 544 848	1 176 087	346 345
1993	4 531 445	108 615	2 420 214	2 002 616	1 810 085	610 129
1994	6 346 711	134 152	3 357 972	2 854 587	2 671 299	686 673
1995	8 427 933	124 122	4 223 744	4 080 067	3 372 392	851 352
1996	10 505 121	148 796	5 081 045	5 275 280	4 198 625	882 420
1997	13 023 008	147 660	6 209 018	6 666 330	5 222 504	986 514
1998	15 449 472	151 764	7 508 019	7 789 689	6 377 088	1 130 931
1999	18 246 876	150 445	9 154 443	8 941 988	7 930 052	1 224 391
2000	22 192 015	155 656	11 087 644	10 948 715	9 828 530	1 259 114
2001	25 229 474	160 413	12 583 983	12 485 078	11 310 767	1 273 216
2002	30 172 384	166 587	14 980 113	15 025 684	13 670 904	1 309 209
2003	36 401 435	142 048	18 562 162	17 697 225	17 081 204	1 480 958
2004	43 502 928	123 264	22 643 124	20 736 540	21 092 158	1 550 966
2005	50 357 678	97 385	27 096 861	23 163 432	25 559 271	1 537 590
2006	59 206 612	68 851	31 449 697	27 688 064	29 775 384	1 674 313
2007	69 252 268	77 374	35 135 153	34 039 741	33 338 681	1 796 472
2008	79 414 328	77 952	39 702 375	39 634 001	37 763 310	2 035 734
2009	85 144 707	63 527	40 003 477	45 077 703	37 714 165	2 389 132
2010	100 690 553	61 069	47 279 430	53 350 054	44 412 171	2 988 839
2011	119 228 085	62 231	56 019 374	63 146 480	52 551 689	3 616 537
2012	134 962 675	61 302	60 453 948	74 447 425	56 612 498	4 007 427
2013	152 342 436	63 504	66 647 456	85 631 476	62 075 756	4 784 966
2014	167 953 507	57 579	72 321 670	95 574 258	67 540 427	4 996 571
2015	184 368 359	72 084	76 874 089	107 422 186	71 897 943	5 176 630
2016	206 857 358	82 840	83 240 899	123 533 619	77 700 983	5 744 316
2017	232 802 719	195 721	93 375 209	139 231 789	87 012 431	6 551 483
2018	252 660 771	226 072	99 958 664	152 476 035	92 093 512	8 076 830
2019	269 270 920	251 950	104 958 369	164 060 601	95 879 388	9 300 050

注：1.本表按当年价格计算。2013-2017年，使用《国民经济行业分类》（GB/T 4754-2011），2018年开始使用《国民经济行业分类》（GB/T 4754-2017）。

Note:Data of this table are calculated at curret prices. The Industrial Classification of the National Economy (GB/T 4754-2011) is introduced in 2013 -2017, the Industrial Classification of the National Economy (GB/T 4754-2017) is introduced from 2018.

2、根据研发支出纳入GDP核算及全国第三次农业普查结果，对1995-2016年地区生产总值进行了修订。

According to the new GDP Accounting Methodology and the Third National Agricultural Census,the data of GDP from 1995 to 2016 have been revised.

单位：万元 2-2 续表 continued（10 000 yuan）

年 份 Year	#交通运输、仓储和邮政业 Transportation,Storage and Post Services	#批发和零售业 Wholesale and Retail Sales	#住宿和餐饮业 Hotels and Catering Services	#金融业 Financial Intermediation	#房地产 Real Estate	人均地区生产总值(元) Gross Domestic Product Per Capita(yuan)
1979	1 175	3 111	1 050	1 586	467	606
1980	1 798	4 301	1 452	2 325	688	835
1981	2 908	7 104	2 398	3 883	1 152	1 417
1982	4 890	10 758	3 631	6 274	1 850	2 023
1983	7 715	16 868	5 694	11 183	3 181	2 512
1984	14 866	29 948	10 108	22 865	6 301	3 504
1985	25 519	55 943	18 882	46 522	14 759	4 809
1986	35 475	59 200	21 278	50 620	15 420	4 584
1987	54 144	71 776	30 897	62 962	17 347	5 618
1988	71 317	114 899	41 883	119 543	35 016	7 712
1989	90 993	117 160	42 744	150 856	53 831	8 838
1990	112 692	152 877	51 823	240 157	91 396	11 097
1991	147 651	239 760	59 056	266 849	155 372	11 997
1992	166 595	333 580	84 904	332 492	236 652	12 827
1993	190 248	449 485	144 272	405 899	328 708	15 005
1994	245 271	583 961	288 170	596 275	472 171	16 954
1995	400 843	779 177	405 147	887 865	673 506	19 558
1996	500 073	1 128 234	432 463	1 118 350	842 883	22 542
1997	487 346	1 339 511	478 192	1 562 531	955 661	25 772
1998	546 558	1 532 951	538 158	1 809 703	1 062 525	27 885
1999	629 825	1 822 078	573 446	1 965 044	1 193 283	30 088
2000	788 014	2 271 487	613 559	2 215 391	1 585 464	33 276
2001	857 909	2 618 467	633 105	2 393 224	1 818 950	35 390
2002	1 057 835	3 174 034	728 976	2 487 213	2 348 995	41 018
2003	1 300 797	3 901 304	713 120	2 620 765	3 184 157	47 743
2004	1 893 093	4 601 915	841 186	2 730 844	4 110 367	55 099
2005	2 211 684	5 202 044	971 905	3 056 820	4 449 012	61 844
2006	2 576 875	5 738 239	1 166 653	4 626 637	5 202 637	69 702
2007	2 991 969	6 608 000	1 262 695	7 657 042	6 130 153	77 660
2008	3 077 314	7 729 584	1 655 958	9 693 615	4 897 340	85 088
2009	3 059 808	8 629 694	1 707 615	11 089 131	6 840 798	87 360
2010	3 528 098	10 686 591	2 032 023	13 406 600	7 596 426	99 095
2011	3 867 477	13 293 723	2 339 913	16 071 702	8 702 163	114 426
2012	4 121 725	16 484 265	2 539 718	17 784 089	10 995 084	128 445
2013	4 653 729	18 699 504	2 726 207	20 395 568	11 991 307	143 880
2014	5 029 744	19 788 111	3 166 209	23 150 102	13 273 974	156 909
2015	5 439 028	19 931 736	3 365 946	26 619 170	15 765 051	166 415
2016	6 304 467	21 484 852	3 566 051	30 175 521	18 030 420	177 658
2017	7 056 760	23 047 432	3 915 062	31 602 393	19 373 385	189 993
2018	7 383 665	24 387 387	4 162 900	33 518 852	21 693 578	197 740
2019	7 654 990	25 360 383	4 477 048	36 676 290	22 844 812	203 489

2-3 地区生产总值三次产业构成

COMPOSITION OF GROSS DOMESTIC PRODUCT BY THREE INDUSTRIES

单位：% (%)

年 份 Year	地区生产总值 Gross Domestic Product	第一产业 Primary Industry	第二产业 Secondary Industry	第三产业 Tertiary Industry	#工业 Industry	#建筑业 Construction
1979	100	37.0	20.5	42.5	11.8	8.7
1980	100	28.9	26.0	45.1	13.8	12.3
1981	100	26.9	32.3	40.8	16.8	15.5
1982	100	22.9	38.1	39.0	11.6	26.5
1983	100	17.2	42.6	40.2	17.1	25.4
1984	100	11.1	45.5	43.4	22.1	23.4
1985	100	6.7	41.9	51.4	26.2	15.7
1986	100	7.9	39.2	52.9	25.6	13.6
1987	100	8.3	39.4	52.3	29.4	10.0
1988	100	6.6	41.3	52.1	31.6	9.7
1989	100	5.9	43.7	50.4	34.6	9.1
1990	100	4.1	44.8	51.1	37.6	7.2
1991	100	3.4	47.6	49.0	39.2	8.3
1992	100	3.3	48.0	48.7	37.1	10.9
1993	100	2.4	53.4	44.2	39.9	13.5
1994	100	2.1	52.9	45.0	42.1	10.8
1995	100	1.5	50.1	48.4	40.0	10.1
1996	100	1.4	48.4	50.2	40.0	8.4
1997	100	1.1	47.7	51.2	40.1	7.6
1998	100	1.0	48.6	50.4	41.3	7.3
1999	100	0.8	50.2	49.0	43.5	6.7
2000	100	0.7	50.0	49.3	44.3	5.7
2001	100	0.6	49.9	49.5	44.8	5.0
2002	100	0.6	49.6	49.8	45.3	4.3
2003	100	0.4	51.0	48.6	46.9	4.1
2004	100	0.3	52.0	47.7	48.5	3.6
2005	100	0.2	53.8	46.0	50.8	3.1
2006	100	0.1	53.1	46.8	50.3	2.8
2007	100	0.1	50.7	49.2	48.1	2.6
2008	100	0.1	50.0	49.9	47.6	2.6
2009	100	0.1	47.0	52.9	44.3	2.8
2010	100	0.1	46.9	53.0	44.1	3.0
2011	100	0.1	47.0	52.9	44.1	3.0
2012	100	…	44.8	55.2	41.9	3.0
2013	100	…	43.8	56.2	40.7	3.1
2014	100	…	43.1	56.9	40.2	3.0
2015	100	…	41.7	58.3	39.0	2.8
2016	100	…	40.3	59.7	37.6	2.8
2017	100	0.1	40.1	59.8	37.4	2.8
2018	100	0.1	39.6	60.3	36.4	3.2
2019	100	0.1	39.0	60.9	35.6	3.5

2-4 地区生产总值指数

INDICES OF GROSS DOMESTIC PRODUCT

（以1979年为100） （1979=100）

年 份 Year	地区生产总值 Gross Domestic Product	第一产业 Primary Industry	第二产业 Secondary Industry	第三产业 Tertiary Industry	#工业 Industry	#建筑业 Construction	人均地区生产总值 Gross Domestic Product Per Capita
1980	162.7	103.0	175.8	209.5	163.3	197.0	163.0
1981	250.2	132.0	445.6	307.9	406.5	512.1	231.8
1982	396.4	182.2	730.5	504.9	415.5	1 266.1	314.7
1983	627.5	192.8	1 181.7	873.5	869.2	1 713.0	389.3
1984	1 003.3	198.8	2 347.6	1 392.7	2 003.6	2 932.6	486.6
1985	1 249.4	196.8	4 011.2	1 550.9	4 383.4	3 378.4	499.0
1986	1 283.1	231.8	4 269.3	1 537.1	4 825.1	3 324.3	457.7
1987	1 609.0	242.0	5 767.9	1 882.1	7 226.5	3 287.7	524.1
1988	2 186.6	225.1	8 306.0	2 547.1	10 603.7	4 398.9	628.3
1989	2 595.5	280.0	11 472.9	2 678.4	15 030.4	5 423.9	642.8
1990	3 439.1	298.5	16 760.4	3 286.1	22 789.5	6 508.7	720.5
1991	4 677.1	312.8	23 700.4	4 358.6	31 743.9	10 023.4	768.4
1992	6 229.9	313.7	30 607.2	6 090.4	38 297.6	17 530.9	816.2
1993	8 155.5	316.0	42 975.4	7 448.8	52 846.0	26 192.0	875.2
1994	10 677.8	296.3	58 131.1	9 463.8	74 928.7	29 569.3	924.5
1995	13 227.0	289.9	70 891.1	12 018.9	92 702.6	33 803.6	994.8
1996	15 536.5	295.4	82 789.4	14 254.2	110 656.0	35 406.1	1 080.5
1997	18 206.7	295.2	96 546.4	16 844.2	130 287.0	39 175.2	1 167.7
1998	21 083.9	302.6	113 120.0	19 266.0	153 331.2	44 746.7	1 233.3
1999	24 387.9	323.8	132 489.3	21 966.4	181 117.4	49 804.2	1 303.3
2000	28 366.1	333.9	156 948.8	24 995.1	219 191.5	51 114.1	1 378.5
2001	32 492.7	355.7	179 593.2	28 690.2	254 028.8	52 640.8	1 477.2
2002	37 622.4	377.5	211 073.8	32 751.6	302 438.3	54 803.2	1 657.6
2003	44 823.3	321.5	263 911.8	37 150.6	382 601.3	60 414.9	1 905.3
2004	52 624.3	262.5	319 807.5	42 131.5	471 135.0	59 558.7	2 160.2
2005	60 651.6	208.9	376 945.9	47 310.5	561 072.0	59 711.8	2 414.0
2006	70 788.8	145.1	439 342.6	55 400.7	656 927.5	64 324.1	2 700.9
2007	81 271.7	133.7	501 631.7	64 043.1	754 110.7	66 287.1	2 953.8
2008	91 305.8	110.8	562 545.6	72 137.3	849 814.6	67 028.2	3 170.6
2009	101 799.3	91.7	622 328.6	81 166.9	936 427.7	80 698.8	3 385.1
2010	114 361.4	81.4	708 238.4	89 871.0	1 063 704.6	95 379.4	3 647.7
2011	125 915.7	76.4	790 886.0	97 720.3	1 189 135.3	104 801.2	3 916.5
2012	138 715.4	79.4	851 752.0	109 856.3	1 280 605.7	112 949.3	4 278.6
2013	153 448.9	59.2	933 505.5	122 540.6	1 408 563.9	118 337.0	4 697.0
2014	167 128.2	53.5	1 006 605.7	134 616.2	1 523 955.4	120 425.7	5 060.4
2015	182 127.6	55.8	1 081 522.0	148 435.5	1 639 665.2	124 722.4	5 327.9
2016	199 154.6	55.5	1 170 216.3	163 541.9	1 772 350.6	136 418.2	5 543.4
2017	216 697.9	70.2	1 275 298.3	177 717.5	1 934 879.4	144 154.3	5 765.3
2018	233 491.6	75.3	1 392 712.4	189 663.2	2 106 470.4	164 369.5	5 957.2
2019	249 159.3	79.3	1 460 554.0	204 937.2	2 199 927.3	182 158.8	6 138.2
年平均增长率 Average Annual Growth Rate	**21.6**	**-0.6**	**27.1**	**21.0**	**28.4**	**20.6**	**10.8**

注： 本表按可比价格计算。
Note: Data in this table are calculated at constant prices.

2-5 地区生产总值指数

INDICES OF GROSS DOMESTIC PRODUCT

（以上年为100） （Preceding Year=100）

年 份 Year	地区生产总值 Gross Domestic Product	第一产业 Primary Industry	第二产业 Secondary Industry	第三产业 Tertiary Industry	#工业 Industry	#建筑业 Construction	人均GDP Gross Domestic Product Per Capita
1980	162.7	103.0	175.8	209.5	163.3	197.0	163.0
1981	153.8	128.2	253.5	146.9	248.9	259.9	142.2
1982	158.4	138.0	163.9	164.0	102.2	247.2	135.8
1983	158.3	105.8	161.8	173.0	209.2	135.3	123.7
1984	159.9	103.1	198.7	159.4	230.5	171.2	125.0
1985	124.5	99.0	170.9	111.4	218.8	115.2	102.6
1986	102.7	117.8	106.4	99.1	110.1	98.4	91.7
1987	125.4	104.4	135.1	122.4	149.8	98.9	114.5
1988	135.9	93.0	144.0	135.3	146.7	133.8	119.9
1989	118.7	124.4	138.1	105.2	141.7	123.3	102.3
1990	132.5	106.6	146.1	122.7	151.6	120.0	112.1
1991	136.0	104.8	141.4	132.6	139.3	154.0	106.6
1992	133.2	100.3	129.1	139.7	120.6	174.9	106.2
1993	130.9	100.7	140.4	122.3	138.0	149.4	107.2
1994	130.9	93.8	135.3	127.1	141.8	112.9	105.6
1995	123.9	97.9	122.0	127.0	123.7	114.3	107.6
1996	117.5	101.9	116.8	118.6	119.4	104.7	108.6
1997	117.2	99.9	116.6	118.2	117.7	110.6	108.1
1998	115.8	102.5	117.2	114.4	117.7	114.2	105.6
1999	115.7	107.0	117.1	114.0	118.1	111.3	105.7
2000	116.3	103.1	118.5	113.8	121.0	102.6	105.8
2001	114.5	106.5	114.4	114.8	115.9	103.0	107.2
2002	115.8	106.1	117.5	114.2	119.1	104.1	112.2
2003	119.1	85.2	125.0	113.4	126.5	110.2	114.9
2004	117.4	81.7	121.2	113.4	123.1	98.6	113.4
2005	115.3	79.6	117.9	112.3	119.1	100.3	111.8
2006	116.7	69.5	116.6	117.1	117.1	107.7	111.9
2007	114.8	92.1	114.2	115.6	114.8	103.1	109.4
2008	112.3	82.9	112.1	112.6	112.7	101.1	107.3
2009	111.5	82.8	110.6	112.5	110.2	120.4	106.8
2010	112.3	88.8	113.8	110.7	113.6	118.2	107.8
2011	110.1	93.9	111.7	108.7	111.8	109.9	107.4
2012	110.2	103.9	107.7	112.4	107.7	107.8	109.2
2013	110.6	74.6	109.6	111.5	110.0	104.8	109.8
2014	108.9	90.4	107.8	109.9	108.2	101.8	107.7
2015	109.0	104.2	107.4	110.3	107.6	103.6	105.3
2016	109.3	99.6	108.2	110.2	108.1	109.4	104.0
2017	108.8	126.4	109.0	108.7	109.2	105.7	104.0
2018	107.7	107.3	109.2	106.7	108.9	114.0	103.3
2019	106.7	105.2	104.9	108.1	104.4	110.8	103.0

注： 1、本表按可比价格计算。
Note: Data in this table are calculated at constant prices.
2、2011年由于国家统计局在我市开展房屋租赁业调查试点，涉及核算方法调整，因此本表2011年数据按上年同口径计算。
The data of 2011 in this table are calculated at the same caliber of last year, because of accounting method adjustments by National Bureau of Statistics survey pilot to carry out the rental industry in the city.

2-6 三次产业贡献率

SHARE OF THE CONTRIBUTIONS OF THE THREE STRATA OF INDUSTRY

单位：%　　　　(%)

年 份 Year	地区生产总值 Gross Domestic Product	第一产业 Primary Industry	第二产业 Secondary Industry	第三产业 Tertiary Industry	#工业 Industry	#建筑业 Construction
1980	100	1.9	12.3	85.8	6.5	5.8
1981	100	13.5	31.4	55.1	17.8	13.6
1982	100	14.0	19.8	66.2	0.4	19.4
1983	100	1.9	19.8	78.3	12.6	7.2
1984	100	0.6	31.6	67.8	19.3	12.3
1985	100	−0.3	68.7	31.6	61.9	6.8
1986	100	42.3	77.8	−20.1	83.9	−6.1
1987	100	1.3	46.7	52.0	47.2	−0.5
1988	100	−1.2	44.7	56.5	37.4	7.3
1989	100	5.5	78.8	15.7	69.3	9.5
1990	100	0.9	63.7	35.4	58.9	4.8
1991	100	0.5	57.0	42.5	46.3	10.7
1992	100	…	45.2	54.8	27.0	18.2
1993	100	0.1	65.3	34.6	48.4	16.9
1994	100	−0.3	61.1	39.2	56.1	5.0
1995	100	−0.1	50.9	49.2	44.7	6.3
1996	100	0.1	52.4	47.5	49.8	2.6
1997	100	…	52.4	47.6	47.1	5.3
1998	100	0.1	58.6	41.3	51.3	7.3
1999	100	0.3	59.6	40.1	53.9	5.8
2000	100	0.1	62.5	37.4	61.3	1.2
2001	100	0.3	49.6	50.1	48.4	1.2
2002	100	0.3	55.4	44.3	54.1	1.3
2003	100	−0.5	66.3	34.2	63.8	2.5
2004	100	−0.5	64.7	35.8	65.0	−0.3
2005	100	−0.4	64.3	36.1	64.2	0.1
2006	100	−0.4	53.3	47.1	51.9	1.4
2007	100	−0.1	51.5	48.6	50.9	0.6
2008	100	−0.1	52.5	47.6	52.3	0.2
2009	100	−0.1	49.2	50.9	45.3	4.0
2010	100	…	59.0	41.0	55.6	3.6
2011	100	…	54.2	45.8	51.5	2.9
2012	100	…	36.1	63.9	33.9	2.3
2013	100	−0.1	42.1	58.0	41.2	1.3
2014	100	…	40.5	59.5	40.0	0.5
2015	100	…	37.9	62.1	36.6	1.0
2016	100	…	36.6	63.4	33.8	2.8
2017	100	0.2	42.1	57.7	40.2	1.8
2018	100	0.1	49.1	50.8	44.3	4.9
2019	100	0.1	30.6	69.3	26.0	4.6

注：产业贡献率指各产业增加值增量与地区生产总值增量之比。

Note:Industrial contribution rate refers to the proportion of the increment of every industrial value added to the increment of GDP.

2-7 三次产业拉动力

CONTRIBUTION OF THE THREE STRATA OF INDUSTRY

单位：百分点 （percentage points）

年 份 Year	地区生产总值 Gross Domestic Product	第一产业 Primary Industry	第二产业 Secondary Industry	第三产业 Tertiary Industry	#工业 Industry	#建筑业 Construction
1980	62.7	1.2	7.7	53.8	4.1	3.6
1981	53.8	7.3	16.9	29.6	9.6	7.3
1982	58.4	8.2	11.5	38.7	0.2	11.3
1983	58.3	1.1	11.5	45.7	7.3	4.2
1984	59.9	0.4	18.9	40.6	11.6	7.3
1985	24.5	−0.1	16.9	7.7	15.2	1.7
1986	2.7	1.1	2.1	−0.5	2.3	−0.2
1987	25.4	0.3	11.9	13.2	12.0	−0.1
1988	35.9	−0.4	16.0	20.3	13.4	2.6
1989	18.7	1.0	14.8	2.9	13.0	1.8
1990	32.5	0.3	20.7	11.5	19.1	1.6
1991	36.0	0.2	20.5	15.3	16.7	3.8
1992	33.2	…	15.0	18.2	9.0	6.0
1993	30.9	…	20.2	10.7	15.0	5.2
1994	30.9	−0.1	18.9	12.1	17.3	1.6
1995	23.9	…	12.2	11.7	10.7	1.5
1996	17.5	…	9.2	8.3	8.7	0.5
1997	17.2	…	9.0	8.2	8.1	0.9
1998	15.8	…	9.3	6.5	8.1	1.2
1999	15.7	…	9.4	6.3	8.5	0.9
2000	16.3	…	10.2	6.1	10.0	0.2
2001	14.5	…	7.2	7.3	7.0	0.2
2002	15.8	…	8.8	7.0	8.5	0.2
2003	19.1	−0.1	12.7	6.5	12.2	0.5
2004	17.4	−0.1	11.3	6.2	11.3	−0.1
2005	15.3	−0.1	9.9	5.5	9.8	…
2006	16.7	−0.1	8.9	7.9	8.7	0.2
2007	14.8	…	7.6	7.2	7.5	0.1
2008	12.3	…	6.5	5.8	6.5	…
2009	11.5	…	5.7	5.8	5.2	0.5
2010	12.3	…	7.3	5.0	6.9	0.4
2011	10.1	…	5.5	4.6	5.2	0.3
2012	10.2	…	3.7	6.5	3.4	0.2
2013	10.6	…	4.5	6.1	4.4	0.1
2014	8.9	…	3.6	5.3	3.6	…
2015	9.0	…	3.4	5.6	3.3	0.1
2016	9.3	…	3.4	5.9	3.2	0.3
2017	8.8	…	3.7	5.1	3.5	0.2
2018	7.7	…	3.8	3.9	3.4	0.4
2019	6.7	…	2.0	4.7	1.7	0.3

注： 1、本表按可比价格计算。
Note: The data in this table are calculated at constant prices.
2、产业拉动指地区生产总值增长速度与各产业贡献率之乘积。
Industrial pulling rate is the growth rate of GDP multiplying industrial contribution rate.

2-8 各行业增加值

VALUE ADDED BY SECTOR

单位：万元

指标名称	Item	2013
合计	**Total**	**152 342 436**
农林牧渔业	Agriculture, Forestry, Animal Husbandry and Fishery	65 499
工　业	Industry	62 075 756
建筑业	Construction	4 784 966
批发和零售业	Wholesale and Retail Sales	18 699 504
交通运输、仓储和邮政业	Transportation,Storage and Post	4 653 729
住宿和餐饮业	Hotels and Catering Services	2 726 207
信息传输、软件和信息技术服务业	Information Transmission, Software and Information Technology	8 405 556
金融业	Financial Intermediation	20 395 568
房地产业	Real Estate	11 991 307
租赁和商务服务业	Leasing and Business Services	5 092 240
科学研究和技术服务业	Scientific Research and Technical Service	3 702 476
水利、环境和公共设施管理业	Management of Water Conservancy, Environment and Public Facilities	484 584
居民服务、修理和其他服务业	Services to Households, Repair and Other Services	1 683 270
教育	Education	2 592 425
卫生和社会工作	Health and Social Work	1 718 219
文化、体育和娱乐业	Culture ,Sports and Entertainment	694 447
公共管理、社会保障和社会组织	Public Management, Social Security and Social Organizations	2 576 683
第一产业	Primary Industry	63 504
第二产业	Secondary Industry	66 647 456
第三产业	Tertiary Industry	85 631 476

(10 000 yuan)

2014	2015	2016	2017	2018	2019
167 953 507	**184 368 359**	**206 857 358**	**232 802 719**	**252 660 771**	**269 270 920**
59 854	74 991	86 264	203 482	235 445	259 777
67 540 427	71 897 943	77 700 983	87 012 431	92 093 512	95 879 388
4 996 571	5 176 630	5 744 316	6 551 483	8 076 830	9 300 050
19 788 111	19 931 736	21 484 852	23 047 432	24 387 387	25 360 383
5 029 744	5 439 028	6 304 467	7 056 760	7 383 665	7 654 990
3 166 209	3 365 946	3 566 051	3 915 062	4 162 900	4 477 048
9 713 998	11 652 885	15 068 762	19 405 531	22 478 210	
23 150 102	26 619 170	30 175 521	31 602 393	33 518 852	36 676 290
13 273 974	15 765 051	18 030 420	19 373 385	21 693 578	22 844 812
5 773 644	6 230 813	6 809 903	9 312 096	11 001 089	
4 162 195	4 953 664	5 327 028	6 990 007	7 499 291	
504 046	601 118	629 727	720 215	726 546	
1 970 833	2 241 841	2 564 369	2 530 361	2 963 313	
3 174 106	3 881 708	5 105 603	5 377 651	5 947 724	
1 997 020	2 335 719	3 047 488	3 323 329	3 593 120	
725 120	798 481	1 002 897	1 036 188	1 190 132	
2 927 553	3 401 635	4 208 707	5 344 913	5 709 177	
57 579	72 084	82 840	195 721	226 072	251 950
72 321 670	76 874 089	83 240 899	93 375 209	99 958 664	104 958 369
95 574 258	107 422 186	123 533 619	139 231 789	152 476 035	164 060 601

2-9 各行业增加值比重

PROPORTION OF VALUE ADDED BY SECTOR

单位：% (%)

指标名称	Item	2015	2016	2017	2018	2019
合计	**Total**	**100**	**100**	**100**	**100**	**100**
农林牧渔业	Agriculture, Forestry, Animal Husbandry and Fishery	…	…	0.1	0.1	0.1
工 业	Industry	39.0	37.6	37.4	36.4	35.6
建筑业	Construction	2.8	2.8	2.8	3.2	3.5
批发和零售业	Wholesale and Retail Sales	10.8	10.4	9.9	9.6	9.4
交通运输、仓储和邮政业	Transportation,Storage and Post	3.0	3.0	3.0	2.9	2.8
住宿和餐饮业	Hotels and Catering Services	1.8	1.7	1.7	1.6	1.7
信息传输、软件和信息技术服务业	Information Transmission, Software and Information Technology	6.3	7.3	8.3	8.9	
金融业	Financial Intermediation	14.4	14.6	13.6	13.3	13.6
房地产业	Real Estate	8.6	8.7	8.3	8.6	8.5
租赁和商务服务业	Leasing and Business Services	3.4	3.3	4.0	4.3	
科学研究和技术服务业	Scientific Research and Technical Service	2.7	2.6	3.0	3.0	
水利、环境和公共设施管理业	Management of Water Conservancy, Environment and Public Facilities	0.3	0.3	0.3	0.3	
居民服务、修理和其他服务业	Services to Households, Repair and Other Services	1.2	1.2	1.1	1.2	
教育	Education	2.1	2.5	2.3	2.4	
卫生和社会工作	Health and Social Work	1.3	1.5	1.4	1.4	
文化、体育和娱乐业	Culture ,Sports and Entertainment	0.4	0.5	0.5	0.5	
公共管理、社会保障和社会组织	Public Management, Social Security and Social Organizations	1.9	2.0	2.3	2.3	
第一产业	Primary Industry	…	…	0.1	0.1	0.1
第二产业	Secondary Industry	41.7	40.3	40.1	39.6	39.0
第三产业	Tertiary Industry	58.3	59.7	59.8	60.3	60.9

2-10 各行业增加值增长率

GROWTH RATE OF VALUE ADDED BY INDUSTRIES

单位：%　　　　　　　　(%)

指标名称	Item	2015	2016	2017	2018	2019
合计	**Total**	**9.0**	**9.3**	**8.8**	**7.7**	**6.7**
农林牧渔业	Agriculture, Forestry, Animal Husbandry and Fishery	4.9	0.3	24.9	7.0	4.7
工　业	Industry	7.6	8.1	9.2	8.9	4.4
建筑业	Construction	3.6	9.4	5.7	14.0	10.8
批发和零售业	Wholesale and Retail Sales	4.6	6.0	4.6	3.7	3.5
交通运输、仓储和邮政业	Transportation,Storage and Post	9.8	10.9	21.5	10.2	7.8
住宿和餐饮业	Hotels and Catering Services	3.8	2.8	5.7	2.4	3.1
信息传输、软件和信息技术服务业	Information Transmission, Software and Information Technology	13.5	26.9	21.4	12.7	
金融业	Financial Intermediation	13.2	11.6	2.3	3.7	9.1
房地产业	Real Estate	13.5	−0.6	3.6	9.0	8.7
租赁和商务服务业	Leasing and Business Services	4.1	5.1	22.4	13.1	
科学研究和技术服务业	Scientific Research and Technical Service	17.0	4.4	19.9	3.3	
水利、环境和公共设施管理业	Management of Water Conservancy, Environment and Public Facilities	18.7	5.5	15.6	2.6	
居民服务、修理和其他服务业	Services to Households, Repair and Other Services	6.8	7.8	−9.3	12.9	
教育	Education	17.1	22.3	7.6	3.6	
卫生和社会工作	Health and Social Work	13.7	22.1	6.9	3.4	
文化、体育和娱乐业	Culture ,Sports and Entertainment	8.0	21.5	1.0	12.7	
公共管理、社会保障和社会组织	Public Management, Social Security and Social Organizations	8.7	18.1	10.8	3.3	
第一产业	Primary Industry	4.2	−0.4	26.4	7.3	
第二产业	Secondary Industry	7.4	8.2	9.0	9.2	
第三产业	Tertiary Industry	10.3	10.2	8.7	6.7	

2-11 各行业增加值构成项目（2018年）
COMPONENTS OF VALUE ADDED BY SECTOR（2018）

单位：万元 (10 000 yuan)

行 业	Sector	地区生产总值 Gross Domestic Product	劳动者报酬 Laborers' Remun-eration	生产税净额 Net Taxes on Production	固定资产折旧 Depreciation of Fixed Assets	营业盈余 Operating Surplus
合计	**Total**	**252 660 771**	**129 492 818**	**30 808 571**	**27 582 328**	**64 777 054**
农林牧渔业	Agriculture, Forestry, Animal Husbandry and Fishery	235 445	234 969		476	
工 业	Industry	92 093 512	49 363 854	11 436 592	10 915 098	20 377 968
建筑业	Construction	8 076 830	5 843 141	842 836	384 002	1 006 852
批发和零售业	Wholesale and Retail Sales	24 387 387	12 604 638	5 969 015	1 478 132	4 335 602
交通运输、仓储和邮政业	Transportation,Storage and Post	7 383 665	4 490 936	356 203	1 504 199	1 032 328
住宿和餐饮业	Hotels and Catering Services	4 162 900	2 655 597	186 773	271 889	1 048 641
信息传输、软件和信息技术服务业	Information Transmission, Software and Information Technology	22 478 210	10 208 495	1 706 322	1 679 941	8 883 451
金融业	Financial Intermediation	33 518 852	8 488 377	3 566 162	825 733	20 638 580
房地产业	Real Estate	21 693 578	4 745 333	4 686 481	6 494 904	5 766 860
租赁和商务服务业	Leasing and Business Services	11 001 089	8 383 173	1 025 381	1 101 993	490 542
科学研究和技术服务业	Scientific Research and Technical Service	7 499 291	4 929 139	584 154	1 259 898	726 101
水利、环境和公共设施管理业	Management of Water Conservancy, Environment and Public Facilities	726 546	448 903	115 994	81 692	79 957
居民服务、修理和其他服务业	Services to Households, Repair and Other Services	2 963 313	2 488 574	105 734	227 484	141 521
教育	Education	5 947 724	5 086 813	56 519	710 758	93 633
卫生和社会工作	Health and Social Work	3 593 120	3 176 867	23 799	228 710	163 744
文化、体育和娱乐业	Culture ,Sports and Entertainment	1 190 132	948 159	134 727	158 787	-51 541
公共管理、社会保障和社会组织	Public Management, Social Security and Social Organizations	5 709 177	5 395 851	11 878	258 632	42 816
第一产业	Primary Industry	226 072	225 601		471	
第二产业	Secondary Industry	99 958 664	55 095 278	12 261 362	11 258 244	21 343 780
第三产业	Tertiary Industry	152 476 035	74 171 938	18 547 209	16 323 614	43 433 274

注：本表按当年价格计算。
Note: Data of this table are calculated at current prices。

2-12 支出法地区生产总值
GROSS DOMESTIC PRODUCT BY EXPENDITURE APPROACH

单位：万元 (10 000 yuan)

年 份 Year	支出法地区生产总值 Gross Domestic Product by Expenditure Approach	最终消费Final Consumption Expenditure	资本形成总额 Gross Capital Formation	货物和服务净流出 Net Exports of Goods and Services	最终消费率 (消费率)(%) Final Consumption Rate (%)	资本形成率 (投资率)(%) Capital Formation Rate (%)
1992	3 173 194	1 158 215	1 526 307	488 672	36.5	48.1
1993	4 531 445	1 617 614	2 213 934	699 897	35.7	48.9
1994	6 346 711	2 093 226	3 017 863	1 235 622	33.0	47.6
1995	8 427 933	2 742 791	3 807 527	1 877 615	32.5	45.2
1996	10 505 121	3 508 245	4 660 386	2 336 490	33.4	44.4
1997	13 023 008	4 507 268	5 406 112	3 109 628	34.6	41.5
1998	15 449 472	5 432 212	6 357 560	3 659 700	35.2	41.2
1999	18 246 876	6 478 688	7 569 528	4 198 660	35.5	41.5
2000	22 192 015	8 625 540	8 956 134	4 610 341	38.9	40.4
2001	25 229 474	10 811 876	9 784 206	4 633 392	42.9	38.8
2002	30 172 384	13 772 558	11 425 350	4 974 476	45.6	37.9
2003	36 401 435	17 033 512	13 825 437	5 542 486	46.8	38.0
2004	43 502 928	20 486 914	16 865 205	6 150 809	47.1	38.8
2005	50 357 678	17 984 720	21 489 620	10 883 338	35.7	42.7
2006	59 206 612	21 196 299	23 805 590	14 204 723	35.8	40.2
2007	69 252 268	25 014 503	25 397 333	18 840 432	36.1	36.7
2008	79 414 328	29 261 285	26 939 868	23 213 175	36.8	33.9
2009	85 144 707	34 493 436	27 314 916	23 336 355	40.5	32.1
2010	100 690 553	41 040 155	31 178 180	28 472 218	40.8	31.0
2011	119 228 085	47 296 824	37 352 900	34 578 361	39.7	31.3
2012	134 962 675	55 146 505	39 500 176	40 315 994	40.9	29.3
2013	152 342 436	60 104 622	46 636 489	45 601 325	39.5	30.6
2014	167 953 507	68 825 568	51 675 598	47 452 341	41.0	30.8
2015	184 368 359	75 965 321	56 883 034	51 520 004	41.2	30.9
2016	206 857 358	83 311 563	69 005 378	54 540 417	40.3	33.4
2017	232 802 719	92 627 786	78 070 930	62 104 003	39.8	33.5

注： 本表按当年价格计算。
Note: Data of this table are calculated at current prices.

2-13 各区地区生产总值

GROSS DOMESTIC PRODUCT BY DISTRICT

单位：万元

年 份 Year	福田区 Futian	罗湖区 Luohu	盐田区 Yantian	南山区 Nanshan	大宝安区 Original Baoan
2000	5 027 506	2 937 569	506 406	5 035 461	4 681 824
2001	5 656 978	3 175 776	609 770	5 710 571	5 309 682
2002	6 688 282	3 717 578	801 778	6 771 890	6 484 846
2003	7 972 713	4 271 370	1 039 501	8 285 677	7 847 425
2004	9 210 878	4 894 426	1 238 610	9 849 216	9 775 229
2005	10 340 815	5 301 055	1 474 060	11 363 967	11 736 821
2006	11 647 097	5 933 161	1 721 439	12 665 819	15 252 352
2007	13 133 597	7 108 138	2 021 615	14 658 195	18 240 558
2008	15 204 504	8 162 693	2 264 261	16 713 631	20 868 748
2009	16 359 674	8 848 615	2 520 353	17 294 987	22 321 547
2010	18 788 014	10 363 416	2 881 114	20 459 279	26 910 483
2011	20 934 837	12 024 593	3 270 442	24 432 827	32 882 453
2012	23 757 257	13 582 520	3 661 787	28 360 020	35 078 623
2013	27 146 439	14 942 336	4 104 196	32 230 645	39 435 743
2014	29 590 406	16 253 301	4 501 469	34 649 427	44 982 436
2015	32 561 471	17 275 004	4 864 379	37 155 228	49 480 569
2016	37 251 259	19 451 634	5 288 452	44 114 622	57 018 305
2017	40 078 722	21 277 594	5 737 993	51 815 811	43 136 488
2018	42 750 878	22 351 587	6 010 459	57 476 580	
2019	45 464 993	23 902 556	6 564 795	61 036 866	

注：1、本表按当年价格计算。
Note: Data of this table are calculated at current prices。
2、注：2007年以来，深圳陆续设立功能新区及新行政区，表中大宝安区数据2007年及以前为原宝安区数据，2008-2012年包含宝安区和光明新区，2013-2016年包含宝安区、龙华新区和光明新区，2017年包含宝安区和光明新区。大龙岗区数据2008年及以前为原龙岗区数据，2009-2012年包含龙岗区和坪山新区，2013-2016年包含龙岗区、坪山新区和大鹏新区，2017年包含龙岗区和大鹏新区。
Since 2007, functional zones and new administrative districts have been established in Shenzhen. The data of Original Baoan were the data of Baoan in 2007 and before, included Baoan and Guangming in 2008-2012, included Baoan, Longhua and Guangming in 2013-2016, included Baoan and Guangming in 2017. The data of Original Longgang were the data of Longgang in 2008 and before, included Longgang and Pingshan in 2009-2012, included Longgang, Pingshan and Dapeng in 2013-2016, included Longgang and Dapeng in 2017.
3、分区地区生产总值数据2016年以前未做研发支出纳入修订，亦未根据全国第四次经济普查结果进行修订。
Research and development expenditure wasn't included in GDP and the GDP data hasn't been revised by the fourth national economic census before 2016 in this table.

(10 000 yuan)

宝安区 Baoan	龙华区 Longhua	光明区 Guangming	大龙岗区 Original Longgang	龙岗区 Longgang	坪山区 Pingshan	大鹏新区 Dapeng	深汕特别合作区 Shenzhen-Shanwei Special Cooperation Zone
			3 685 749				
			4 362 097				
			5 230 810				
			6 440 549				
			7 853 069				
			9 292 360				
			10 915 756				
			12 853 603				
19 007 885		1 860 863	14 654 083				
20 097 230		2 224 317	15 557 666	13 875 047	1 682 619		
24 039 809		2 870 674	18 330 756	16 054 058	2 276 698		
29 023 850		3 858 603	21 613 446	18 834 935	2 778 511		
30 032 656		5 045 967	25 274 465	21 821 979	3 452 486		
20 442 625	13 157 156	5 835 962	27 867 330	21 532 826	3 871 849	2 462 655	
23 681 533	14 980 767	6 320 136	30 041 168	23 210 811	4 237 273	2 593 084	
26 416 174	16 355 110	6 709 285	33 691 983	26 366 531	4 580 534	2 744 918	
30 650 496	18 989 724	7 378 085	43 733 086	35 302 953	5 319 842	3 110 291	
34 596 420	21 559 365	8 540 068	42 736 583	39 427 108	6 118 943	3 309 475	341 220
36 217 763	24 011 068	9 176 863		43 889 663	6 980 257	3 406 108	389 545
38 535 847	25 107 724	10 209 216		46 857 847	7 608 700	3 514 353	468 023

2-14 各区地区生产总值指数

INDICES OF GROSS DOMESTIC PRODUCT BY DISTRICT

（以上年为100）

年 份 Year	福田区 Futian	罗湖区 Luohu	盐田区 Yantian	南山区 Nanshan	大宝安区 Original Baoan
2001	113.4	111.3	116.5	115.1	114.3
2002	113.7	111.8	126.6	115.6	118.7
2003	116.5	111.5	127.0	121.7	120.4
2004	112.9	111.4	116.5	117.1	122.9
2005	110.9	107.8	118.5	114.8	119.1
2006	114.0	113.4	116.2	112.7	121.0
2007	112.7	112.9	116.0	110.6	118.2
2008	110.3	109.1	110.9	112.1	113.3
2009	110.2	107.7	110.2	111.4	112.2
2010	110.8	108.7	110.5	112.2	115.1
2011	108.5	108.2	110.0	111.6	114.5
2012	109.0	108.6	110.0	111.6	108.4
2013	110.3	109.2	110.1	112.0	109.0
2014	108.9	108.0	108.9	109.0	109.1
2015	109.0	108.0	108.9	109.3	108.6
2016	108.8	108.9	108.8	109.6	108.6
2017	108.2	108.2	108.6	109.2	109.4
2018	107.4	107.1	107.0	105.1	
2019	107.2	106.8	108.2	107.6	

注： 本表按可比价格计算。
Note: Data in this table are calculated at constant prices.

(Preceding Year=100)

宝安区 Baoan	龙华区 Longhua	光明区 Guangming	大龙岗区 Original Longgang	龙岗区 Longgang	坪山区 Pingshan	大鹏新区 Dapeng	深汕特别合作区 Shenzhen-Shanwei Special Cooperation Zone
			120.4				
			116.9				
			122.3				
			120.1				
			118.6				
			119.2				
			118.5				
			114.2				
			110.9				
		128.2	113.0		127.7		
		128.5	111.8		114.5		
		125.1	111.4		115.2		
111.6	104.0	115.5	110.7	111.2	113.1		
109.6	108.0	111.0	108.9	109.5	110.0	103.7	
109.0	108.0	109.4	109.6	110.5	109.4	104.0	
108.8	108.1	109.2	110.2	110.0	112.7	106.9	
109.3	108.6	109.9	109.7	109.9	112.2	106.7	117.2
108.6	109.6	107.2		111.0	110.0	106.0	107.1
106.6	102.5	108.0		108.1	108.5	105.5	123.1

2-15 各区分行业增加值（2019年）
VALUE ADDED OF SECTOR BY DISTRICT （2019）

单位：万元

行 业	Sector	福田区 Futian	罗湖区 Luohu	盐田区 Yantian	南山区 Nanshan
地区生产总值	**Gross Domestic Product**	**45 464 993**	**23 902 556**	**6 564 795**	**61 036 866**
农林牧渔业	Farming,Forestry,Animal Husbandry and Fishery	22 841	12 635	2 669	8 407
工业	Industry	1 778 108	930 484	672 523	18 410 059
建筑业	Construction	2 102 646	799 824	168 771	2 198 512
批发和零售业	Wholesale and Retail Trade	5 945 284	3 891 891	750 716	4 173 052
交通运输、仓储和邮政业	Transport,Storage and Post	1 239 748	564 120	1 216 582	1 389 613
住宿和餐饮业	Hotels and Catering Services	738 878	625 908	79 621	692 429
金融业	Financial Intermediation	17 239 172	8 091 518	529 672	5 335 323
房地产业	Real Estate	3 343 578	2 209 924	852 736	5 917 559
其他服务业	Other Services	13 054 738	6 776 252	2 291 505	22 911 912
第一产业	Primary Industry	22 841	12 635	2 669	7 298
第二产业	Secondary Industry	3 876 809	1 726 491	833 893	20 493 961
第三产业	Tertiary Industry	41 565 343	22 163 430	5 728 233	40 535 607

注： 本表按当年价格计算。
Note: Date of this table are calculated at curret prices.

(10 000 yuan)

宝安区 Baoan	龙岗区 Longgang	龙华区 Longhua	坪山区 Pingshan	光明区 Guangming	大鹏新区 Dapeng	深汕特别合作区 Shenzhen-Shanwei Special Cooperation Zone
38 535 847	**46 857 847**	**25 107 724**	**7 608 700**	**10 209 216**	**3 514 353**	**468 023**
5 838	8 251	3 504	8 781	20 361	9 595	156 895
17 258 415	32 587 635	11 241 993	4 363 681	6 567 975	1 941 953	126 562
1 380 559	1 030 331	788 500	333 908	330 804	135 747	30 448
3 884 063	3 006 536	2 474 818	480 562	636 020	103 295	14 146
1 958 358	504 344	557 126	84 019	88 836	49 127	3 117
1 040 917	510 913	533 815	85 489	123 229	37 522	8 327
2 232 772	1 332 707	1 151 319	334 358	351 121	69 158	9 170
3 278 664	2 195 023	3 825 202	543 895	524 590	117 279	36 362
7 496 261	5 682 107	4 531 447	1 374 007	1 566 280	1 050 677	82 996
5 838	8 251	3 504	8 781	20 361	9 224	150 548
18 587 859	33 609 365	12 008 484	4 696 435	6 890 854	2 077 208	157 010
19 942 150	13 240 231	13 095 736	2 903 484	3 298 001	1 427 921	160 465

2-16 各区分行业增加值增长率（2019年）

GROWTH RATE OF VALUE ADDED OF SECTOR BY DISTRICT（2019）

单位：%

行 业	Sector	福田区 Futian	罗湖区 Luohu	盐田区 Yantian	南山区 Nanshan
地区生产总值	**Gross Domestic Product**	**7.2**	**6.8**	**8.2**	**7.6**
农林牧渔业	Farming,Forestry,Animal Husbandry and Fishery	18.7	-6.0	18.5	15.8
工业	Industry	5.0	6.0	4.0	6.6
建筑业	Construction	0.8	6.6	-6.4	8.9
批发和零售业	Wholesale and Retail Trade	2.0	3.6	13.1	1.9
交通运输、仓储和邮政业	Transport,Storage and Post	4.0	6.7	3.4	12.4
住宿和餐饮业	Hotels and Catering Services	1.6	-0.2	-3.2	5.4
金融业	Financial Intermediation	9.2	8.2	1.9	13.5
房地产业	Real Estate	15.0	4.2	12.9	6.9
其他服务业	Other Services	7.6	9.0	14.3	8.0
第一产业	Primary Industry	18.7	-6.0	18.5	20.1
第二产业	Secondary Industry	3.1	6.2	2.2	6.8
第三产业	Tertiary Industry	7.6	6.8	9.2	8.2

注： 本表按可比价格计算。
Note: Data in this table are calculated at constant prices.

(%)

宝安区 Baoan	龙岗区 Longgang	龙华区 Longhua	坪山区 Pingshan	光明区 Guangming	大鹏新区 Dapeng	深汕特别合作区 Shenzhen-Shanwei Special Cooperation Zone
6.6	**8.1**	**2.5**	**8.5**	**8.0**	**5.5**	**23.1**
9.4	59.6	−6.3	2.7	−7.9	−11.5	2.6
0.7	9.7	−3.0	6.0	5.8	5.0	7.3
31.1	11.0	16.6	10.1	25.2	33.8	−3.5
6.8	6.9	3.5	2.9	7.6	−3.2	5.1
9.5	8.0	9.7	16.5	8.8	3.0	7.8
4.0	3.3	4.1	5.5	7.0	6.0	3.3
8.6	−1.2	9.0	10.1	14.6	−1.7	10.7
13.3	−6.2	9.5	25.8	21.2	25.2	614.4
15.0	6.8	7.8	15.6	10.1	4.0	50.8
9.4	59.6	−6.3	2.7	−7.9	−11.3	2.7
2.2	9.7	−2.0	6.2	6.5	6.2	5.4
11.0	3.8	7.4	13.9	11.9	4.5	73.0

2-17 战略性新兴产业发展情况（2019年）

STEATEGIC EMERGING INDUSTRY（2019）

单位：亿元　　　　（100 million yuan）

指标	Indicators	增加值 Added Value	增长率（%） Growth Rate
合计	**Total**	**10 155.51**	**8.8**
新一代信息技术	New Generation of Information Technology Industry	5 086.15	6.6
数字经济	Digital Economy Industry	1 596.59	18.0
高端装备制造	High-end Equipment Manufacturing Industry	1 145.07	1.5
绿色低碳	Green Low Carbon Industry	1 084.61	5.3
海洋经济	Marine Economy Industry	489.09	13.9
新材料	New Material Industry	416.19	27.6
生物医药	Biomedicine Industry	337.81	13.3

注：1. 本表增长率按可比价格计算。
Note：Growth Rate are calculated at constant prices in this table.
2. 从2018年起，发布战略性新兴产业新口径数据，之前的老口径数据不再修订，新口径和老口径数据不可比。
From 2018, we use new caliber data of strategic emerging industrie, data of old caliber will not be revised, the new caliber data is not comparable with the old caliber data.
3. 战略性新兴产业为深圳相关产业发展规划的口径，与国家、广东省及内地城市有所不同。
The caliber of emerging industries is formulated in accordance with the relevant industrial development plan of Shenzhen, which is different from that of the nation, Guangdong and other cities.

主要统计指标解释

国内生产总值（GDP） 指按市场价格计算的一个国家（或地区）所有常住单位在一定时期内生产活动的最终成果。国内生产总值有三种表现形态，即价值形态、收入形态和产品形态。从价值形态看，它是所有常住单位在一定时期内生产的全部货物和服务价值与同期投入的全部非固定资产货物和服务价值的差额，即所有常住单位的增加值之和； 从收入形态看，它是所有常住单位在一定时期内创造并分配给常住单位和非常住单位的初次收入之和； 从产品形态看，它是所有常住单位在一定时期内最终使用的货物和服务价值与货物和服务净出口价值之和。在实际核算中，国内生产总值有三种计算方法，即生产法、收入法和支出法。三种方法分别从不同的方面反映国内生产总值及其构成。

对于一个地区来说，称为地区生产总值或地区GDP。

增加值 指常住单位生产过程创造的新增价值和固定资产的转移价值。它可以按生产法计算，也可以按收入法计算，按生产法计算，它等于总产出减去中间投入；按收入法计算，它等于劳动者报酬、生产税净额、固定资产折旧和营业盈余之和。

劳动者报酬 指劳动者因从事生产活动所获得的全部报酬。包括劳动者获得的各种形式的工资、奖金和津贴，既有货币形式的，也有实物形式的，还包括劳动者所享受的公费医疗和医药卫生费、上下班交通补贴、单位支付的社会保险费、住房公积金等。对于个体经济来说，其所有者所获得的劳动报酬和经营利润不易区分，这两部分统一作为劳动者报酬处理。

生产税净额 指生产税减生产补贴后的差额。生产税指政府对生产单位从事生产、销售和经营活动以及因从事生产活动使用某些生产要素（如固定资产、土地、劳动力）所征收的各种税、附加费和规费。生产补贴与生产税相反，指政府对生产单位的单方面转移支付，因此视为负生产税，包括政策性亏损补贴、价格补贴等。

固定资产折旧 指一定时期内为弥补固定资产损耗按照规定的固定资产折旧率提取的固定资产折旧，或按国民经济核算统一规定的折旧率虚拟计算的固定资产折旧。它反映了固定资产在当期生产中的转移价值。各类企业和企业化管理的事业单位的固定资产折旧是指实际计提的折旧费；不计提折旧的政府机关、非企业化管理的事业单位和居民住房的固定资产折旧是按照统一规定的折旧率和固定资产原值计算的虚拟折旧。原则上，固定资产折旧应按固定资产的重置价值计算，但是目前我国尚不具备对全社会固定资产进行重估价的基础，所以暂时还不能采用这种办法。

营业盈余 指常住单位创造的增加值扣除劳动者报酬、生产税净额和固定资产折旧后的余额。它相当于企业的营业利润加上生产税补贴，但要扣除从利润中开支的工资和福利等。

支出法国内（地区）生产总值 指一个国家（或地区）所有常住单位在一定时期内用于最终消费、资本形成总额，以及货物和服务净出口的总额，它反映本期生产的国内生产总值的使用情况。

最终消费 指常住单位在一定时期内对于货物和服务的全部最终消费支出，也就是常住单位为满足物质、文化和精神生活的需要，从本国经济领土和国外购买的货物和服务的支出，不包括非常住单位在本国经济领土内的消费支出。最终消费分为居民消费和政府消费。

居民消费 指常住居民对货物和服务的全部最终消费支出。它除了常住居民直接以货币形式购买货物和服务的消费之外，还包括以其他方式获得的货物和服务的消费，即单位以实物报酬及实物转移的形式提供给劳动者的货物和服务；居民生产并由居民自己消费的货物和服务，其中的服务仅指居民的自有住房服务和付酬的家庭服务；金融机构提供的金融媒介服务；保险公司提供的保险服务。

政府消费 指政府部门为全社会提供公共服务的消费支出和免费或以较低价格向居民提供的消费货物和服务净支出。前者等于政府服务的产出价值减去政府单位所获得的经营收入后的价值，政府服务的产出价值等于它的经常性业务支出加上固定资产折旧；后者等于政府部门免费或以较低价格向住户提供的货物和服务的市场价值减去向居民收取的价值。

资本形成总额 指常住单位在一定时期内获得的减处置的固定资产加存货的净变动额，包括固定资本形成总额和存货增加。

固定资本形成总额 指生产者在一定时期内获得的固定资产减处置的固定资产的价值总额。固定资产是通过生产活动生产出来的，其使用年限在一年以上，单位价值在规定标准以上的资产，不包括自然资产。固定资本形成总额分有形固定资本形成总额和无形固定资本形成总额。有形固定资本形成总额包括一定时期内完成的建筑工程、安装工程、设备工器具购置（减处置）价值以及土地改良、新增役、种、奶、毛、娱乐用牲畜和新增经济林木价值。无形固定资本形成总额包括矿藏的勘探、计算机软件等获得减处置。

存货增加 指常住单位存货实物量变动的市场价值，即期末价值减期初价值的差额，再扣除当期由于价格变动而产生的持有收益。存货增加可以是正值，也可以是负值；正值表示存货增加，负值表示存货减少。它包括生产单位购进的原材料、燃料和储备物资等存货，以及生产单位生产的产成品、在制品存货等。

货物和服务净流出 指货物和服务流出减货物和服务流入的差额。流出包括常住单位向非常住单位出售或无偿转让的各种货物和服务的价值；流入包括常住单位从非常住单位购买或无偿得到的各种货物和服务价值。由于服务活动的提供与使用同时发生，因此服务的流入流出业务并不发生出入境现象，一般把常住单位从非常住单位得到的服务作为流入，常住单位向非常住单位提供的服务作为流出。

三次产业 根据社会生产活动历史发展的顺序对产业结构的划分，产品直接取自自然界的部门称为第一产业，初级产品进行再加工的部门称为第二产业，为生产和消费提供各种服务的部门称为第三产业。它是世界上通用的产业结构分类，但各国的划分不尽一致。我国的三次产业划分是：

第一产业是指农、林、牧、渔业，不含农、林、牧、渔业中的农、林、牧、渔服务业。

第二产业是指采矿业，制造业，电力、燃气及水的生产和供应业，建筑业，不含采矿业中的开采辅助活动，制造业中的金属制品、机械和设备修理业。

第三产业是指除第一、第二产业以外的其他行业。包括批发和零售业，交通运输、仓储和邮政业，住宿和餐饮业，信息传输、软件和信息技术服务业，金融业，房地产业，租赁和商务服务业，科学研究和技术服务业，水利、环境和公共设施管理业，居民服务、修理和其他服务业，教育，卫生和社会工作，文化、体育和娱乐业，公共管理、社会保障和社会组织，国际组织，以及农、林、牧、渔业中的农、林、牧、渔服务业，采矿业中的开采辅助活动，制造业中的金属制品、机械和设备修理业。

Explanatory Notes on Main Statistical Indicators

Gross domestic product (GDP) refers to the final products at market prices produced by all resident units in a country during a certain period of time.Gross domestic product is expressed in three different perspectives,namely value,income and products respectively.GDP in its value perspective refers to the balance of total value of all goods and services produced by all resident units during a certain period of time,minus the total value of input of goods and services of the nature of non–fixed assets;in other words,it is the sum of the value–added of all resident units.GDP from the perspective of income includes the primary income created by all esident units and distributed to resident and non–resident units.GDP from the perspective of products refers to the value of all goods and services for final emand by all resident units plus the net exports of goods and services during a given preriod of time.In the practice of ntaional accounting,gross domestic product is calculated from three approches,namely production approach,income aproach and expenditure approach,which reflect gross domestic product and its composition from different angles.

For a region, it is called as Gross Regional Product(GRP) or regional GDP.

Value-added refers to value newly created in the process of production by resident units and the transfer value of fixed assets. It can be calculated by both production approach and income approach. In terms of production approach, it is the total output minus intermediate input. In terms of income approach, it is the summation of laborers' remuneration, net taxes on production, depreciation of fixed assets and operating surplus.

Laborers' Remuneration refers to the whole payment of various forms earned by laborers from productive activities they are engaged in, including wages, bonuses and allowances earned in monetary form and in kind, as well as free medical services provided to the laborers and the medicine expenses, traffic subsidies, and social insurance fee and housing fund paid by the laborers' working units for them. In terms of individual economy, since laborers' remuneration is not easily distinguished from the operating profit, both are treated as laborers' remuneration.

Net Taxes on Production refers to taxes on production less subsidies on production.The taxes on production refers to the various taxes,extra charges and fees levied on the production units on their production,sale and business activities as well as on the use of some facors of production,such as fixed assets,land and labour in the production activities they are engaged in.In contrast to taxes on production,subsidies on prodution refer to the unilateral govemment transfer to the production units and are therefore regarded as negative taxes on production.They include subsidies on the loss due to implementation of government policies,price subsidies,etc.

Depreciation of Fixed Assets refers to the depreciation of fixed assets of a given period, drawn in accordance with the stipulated depreciation rate for the purpose of compensating the wear loss of the fixed assets or the depreciation of fixed assets calculated in a fictitious way in accordance with the stipulated unified depreciation rate in the national economic accounting system. It reflects the value of transfer of the fixed assets in the production of the current period. The depreciation of fixed assets in various enterprises and institutions managed as enterprises refers to the depreciation expenses actually drawn and calculated as part of the cost. In government agencies and institutions not managed as enterprises which do not draw the depreciation expenses, as well as for the houses of residents, the depreciation of fixed assets is the imputed depreciation, which is calculated in accordance with the stipulated unified depreciation rate and the original value of the fixed assets. In principle, the depreciation of fixed assets should be calculated on the basis of the repurchase value of the fixed assets. However, there is no actual condition to reevaluate all the fixed assets in China.

Therefore, the above-mentioned methods are temporarily adopted at present.

Operating Surplus refers to the balance of the value-added created by the resident units deducting the laborers' remuneration, net taxes on production and the depreciation of fixed assets. It is equivalent to the business profit of the enterprises plus subsidies on production, but the wages and welfare expenses paid from the profits should be deducted.

GDP by Expenditure Approach refers to the method of measuring the final results of production activities of a country(region) during a given period from the perspective of final uses.It includes final consumption expenditure,gross capital formation and net export of goods and services.The formula for computation is.:

GDP by expenditure approach = final consumption expenditure + gross capital formation + net export of goods and services

Final Consumption refers to the total expenditure of resident units on final consumption of goods and services in a certain period, namely the expenditure of the resident units for purchases of goods and services from domestic economic territory and abroad to meet the requirements of material, cultural and spiritual life. It excludes the expenditure of nonresident units on consumption in the economic territory of the country. The final consumption is classified into household consumption and government consumption.

Resident Consumption refers to the total expenditure of residents on the final consumption of goods and services. In addition to the consumption of goods and services paid for in monetary form by the residents, the expenditure on goods and services obtained by the residents in other ways is also included in the resident consumption, which includes: (a) goods and services provided to the residents by the units in the form of payment in kind and transfer in kind; (b) goods and services produced and consumed by the residents themselves, where services refer only to services related to residential buildings owned by the residents and paid services for the households; (c) services of financial intermediary provided by financial institutions; and (d) insurance services provided by insurance companies.

Government Consumption refers to the expenditure on the consumption of public services provided by the government to the whole society and the net expenditure on goods and services provided by the government for residents free of charge or at low prices. The former equals the output value of the government services minus the value of operating income obtained by the government departments. The latter equals the market value of goods and services provided by the government free of charge or at low prices for residents minus the value charged by the government on households.

Total Capital Formation refers to the net value of change within a certain period calculated as fixed assets acquired minus those disposed plus inventory, which includes total fixed assets formation and increase in inventory.

Total Fixed Capital Formation refers to the value of fixed assets acquired minus the value of fixed assets disposed within a certain period, where fixed assets refer to assets produced through productive activities with a term of use of over one year and a unit price above designated standards, excluding natural assets. Total fixed capital formation can be classified into total tangible assets formation and total intangible assets formation. Total tangible assets formation includes the value of the construction projects, installation projects completed and the equipment, apparatus and instruments purchased as well as the value of land improved, the value of draught animals, breeding stock, milk, wool and recreational animals and newly-increased economic forest in a certain period. Total intangible assets formation includes value acquired through the prospecting of minerals, computer software, and other operations minus the disposal of them.

Increase in Inventory refers to the market value of the change in inventory in resident units, i.e. the difference in value between the beginning and the end of the period minus benefits aquired through the posession of inventory that have appreciated during the period. The increase in inventory can be positive or negative. A positive value indicates the increase in stock while a negative value indicates the decrease in stock. The inventory includes the raw materials, fuels and reserve materials purchased by the production units as well as the inventory of finished products, semi–finished products and work in progress, etc.

Net Outflow of Goods and Services refers to the difference between the outflow of goods and services andthe inflow of goods and services. The outflow includes the value of various goods and services sold or gratuitously transferred by resident units to nonresident units. The inflow includes the value of various goods and services purchased or gratuitously acquired by resident units from non–resident units. As the provision of services and the use of them happen simultaneously, the inflow and outflow of services do not involve border crossing. The acquisition of services by the resident units from nonresident units is usually treated as inflow while the provision of services by the resident units for nonresident units is usually treated as outflow.

Three Industries are the classification of industrial structure according to the historical sequence of development of social production. Primary industry refers to direct extraction of natural resources; secondary industry involves processing of primary products; and tertiary industry provides services of various kinds for production and consumption. Such classification is a common practice in the world, though grouping varies to some extent from country to country. In China the three industries are defined as follows:

Primary industry refers to agriculture, forestry, animal husbandry and fishery, excluding agriculture, forestry, animal husbandry and fishery services in agriculture, forestry, animal husbandry and fishery.

Secondary industry refers to mining, manufacturing, production and supply of electric power, water and gas, and construction, excluding mining activities in mining, metal products, machinery and equipment repair in manufacturing.

Tertiary industry refers to all other industries not included in primary or secondary industry.Including wholesale and retail trades, transport, storage and post, hotels and catering services, information transmission, software and information technology, financial intermediation, real estate, leasing and business services, scientific research and technical services, management of water conservancy, environment and public facilities, services to households, repair and other services, education, health care and social service, culture, sports and recreation, public administration, social security and social organizations, international organizations, agriculture, forestry, animal husbandry and fishery services in agriculture, forestry, animal husbandry and fishery, mining activities in mining, metal products, machinery and equipment repair in manufacturing.

03 第三部分 人口和劳动力

POPULATION AND LABOR FORCE

CHAPTER

3-1 人口及就业人员主要指标

MAIN INDICATORS OF EMPLOYED PERSONS

项目	Item	2010	2015	2016	2017	2018	2019
年末常住人口(万人)	**Permanent Population at the Year-end (10 000 persons)**	**1 037.20**	**1 137.87**	**1 190.84**	**1 252.83**	**1 302.66**	**1 343.88**
人口密度 (人/平方公里)	Population Density (person/sq.km.)	5 208	5 697	5 962	6 234	6 484	–
常住户籍人口	**Permanent Registered Population**						
年末总户数(万户)	Total Households at the Year-end (10 000 households)	71.44	94.92	100.13	107.64	114.73	116.64
年末人口数 (万人)	Total Population at the Year-end(10 000 persons)	251.03	354.99	384.52	434.72	454.70	494.78
性别比(女=100)	Sex Ratio (female=100)	113.1	106.3	104.7	102.7	101.1	99.7
人口变动情况(‰)	**Status of Population Changes (‰)**						
出生率	Birth Rate	14.50	19.64	22.33	25.45	21.58	21.68
死亡率	Death Rate	0.92	1.28	1.34	1.53	1.29	1.29
自然增长率	Natural Growth Rate	13.58	18.36	20.99	23.92	20.29	20.39
就业人员人数(万人)	**Number of Employed Persons (10 000 persons)**	**758.14**	**1 100.80**	**1 165.73**	**1 229.26**	**1 291.31**	**1 283.37**
第一产业	Primary Industry	0.37	0.13	0.11	1.75	1.58	1.30
第二产业	Secondary Industry	390.35	479.12	478.66	496.04	514.74	509.33
第三产业	Tertiary Industry	367.41	621.56	686.95	731.47	775.00	772.74
#在岗职工	Fully Employed Staff and Workers	251.09	447.41	442.55	447.32	466.91	475.04
国有单位	State-owned Units	46.56	43.18	41.84	41.92	39.02	46.12
城镇集体单位	Urban Collective-owned Units	1.54	2.46	2.35	2.84	1.49	0.74
其他单位	Units of Other Types of Ownership	202.99	401.77	398.36	402.55	426.39	428.18
#私营个体就业人员	Self-employed Individuals	376.60	559.74	616.43	654.48	709.11	782.42
城镇单位在岗职工工资总额(亿元)	**Total Wage Bill of Fully Employed Staff and Workers in Urban Units (100 million yuan)**	**1 233.88**	**3 662.72**	**3 994.05**	**4 469.76**	**5 236.48**	**6 110.96**
国有单位	State-owned Units	360.37	500.39	510.55	623.28	668.23	946.98
城镇集体单位	Urban Collective-owned Units	4.15	11.14	13.35	21.20	8.99	5.51
其他单位	Units of Other Types of Ownership	869.36	3 151.20	3 470.14	3 825.28	4 559.25	5 158.48
城镇单位在岗职工年平均工资(元)	**Average Wage of Fully Employed Staff and Workers in Urban Units (yuan)**	**50 456**	**81 034**	**89 757**	**100 173**	**111 709**	**127 757**
国有单位	State-owned Units	79 734	117 432	124 927	150 444	172 466	207 654
城镇集体单位	Urban Collective-owned Units	27 801	45 546	56 682	71 380	67 768	75 138
其他单位	Units of Other Types of Ownership	43 939	77 436	86 374	95 203	106 353	119 411

注：2011-2018年就业人员人数已根据全国第四次经济普查结果进行修订（相关表同）。

Note: The data of employed persons in 2011-2018 have been revised by the fourth national economic census (The same related).

3-2 户数、人口、出生、死亡及自然增长

HOUSEHOLDS、POPULATION、BIRTH、DEATH AND NATURAL GROWTH

年 份 Year	年末户籍人口户数(万户) Registered Households (year-end) (10 000 households)	年末常住人口数 (万人) Year-end Permanent Population (10 000 persons)	常住户籍人口 Permanent Registered Population	常住非户籍人口 Permanent Non-registered Population
1979	7.62	31.41	31.26	0.15
1980	7.82	33.29	32.09	1.20
1981	8.20	36.69	33.39	3.30
1982	8.61	44.95	35.45	9.50
1983	9.25	59.52	40.52	19.00
1984	10.32	74.13	43.52	30.61
1985	11.27	88.15	47.86	40.29
1986	12.41	93.56	51.45	42.11
1987	13.88	105.44	55.60	49.84
1988	15.30	120.14	60.14	60.00
1989	16.51	141.60	64.82	76.78
1990	18.19	167.78	68.65	99.13
1991	19.56	226.76	73.22	153.54
1992	21.81	268.02	80.22	187.80
1993	24.32	335.97	87.69	248.28
1994	26.74	412.71	93.97	318.74
1995	28.67	449.15	99.16	349.99
1996	30.35	482.89	103.38	379.51
1997	32.15	527.75	109.46	418.29
1998	34.07	580.33	114.60	465.73
1999	36.15	632.56	119.85	512.71
2000	38.87	701.24	124.92	576.32
2001	41.14	724.57	132.04	592.53
2002	44.73	746.62	139.45	607.17
2003	47.55	778.27	150.93	627.34
2004	52.04	800.80	165.13	635.67
2005	57.01	827.75	181.93	645.82
2006	61.37	871.10	196.83	674.27
2007	64.88	912.37	212.38	699.99
2008	67.10	954.28	228.07	726.21
2009	69.81	995.01	241.45	753.56
2010	71.44	1 037.20	251.03	786.17
2011	74.54	1 046.74	267.90	778.85
2012	78.29	1 054.74	287.62	767.13
2013	84.83	1 062.89	310.47	752.42
2014	89.76	1 077.89	332.21	745.68
2015	94.92	1 137.87	354.99	782.88
2016	100.13	1 190.84	384.52	806.32
2017	107.64	1 252.83	434.72	818.11
2018	114.73	1 302.66	454.70	847.97
2019	116.64	1 343.88	494.78	849.10

年 份 Year	在年末常住户籍人口中 Among Permanent Registered Population at the Year-end		户籍户平均 每户人口(人) Average Persons Per Registered Household (person)	年平均人口(万人) Average Annual Population (10 000 persons)	
	男性(万人) Male (10 000 persons)	女性(万人) Female (10 000 persons)		按常住 人口计算 Permanent Population	按常住户籍 人口计算 Permanent Registered Population
1979	14.26	17.00	4.10		
1980	14.69	17.40	4.10	32.35	31.68
1981	15.51	17.88	4.07	34.99	32.74
1982	16.67	18.78	4.12	40.82	34.42
1983	20.50	20.02	4.38	52.24	37.99
1984	22.01	21.51	4.22	66.83	42.02
1985	24.32	23.54	4.25	81.14	45.69
1986	26.13	25.32	4.15	90.86	49.66
1987	28.22	27.38	4.01	99.50	53.53
1988	30.49	29.64	3.93	112.79	57.87
1989	32.89	31.93	3.93	130.87	62.48
1990	34.92	33.73	3.77	154.69	66.74
1991	37.27	35.95	3.74	197.27	70.94
1992	41.19	39.03	3.68	247.39	76.72
1993	45.25	42.44	3.61	302.00	83.96
1994	48.62	45.35	3.51	374.34	90.83
1995	51.37	47.80	3.46	430.93	96.57
1996	53.64	49.75	3.41	466.02	101.27
1997	56.79	52.66	3.40	505.32	106.64
1998	59.73	54.87	3.36	554.04	112.03
1999	62.69	57.16	3.32	606.45	117.22
2000	65.21	59.71	3.21	666.90	122.39
2001	69.47	62.57	3.21	712.91	128.48
2002	73.59	65.86	3.12	735.60	135.75
2003	79.72	71.21	3.17	762.45	145.19
2004	87.58	77.55	3.17	789.54	158.03
2005	96.69	85.24	3.19	814.28	173.53
2006	104.75	92.08	3.21	849.42	189.38
2007	112.98	99.40	3.27	891.74	204.60
2008	121.22	106.85	3.40	933.33	220.22
2009	128.38	113.07	3.46	974.65	234.76
2010	133.21	117.82	3.51	1 016.11	246.24
2011	141.61	126.29	3.59	1 041.97	259.47
2012	151.15	136.47	3.67	1 050.74	277.76
2013	161.93	148.54	3.66	1 058.82	299.04
2014	172.16	160.05	3.70	1 070.39	321.34
2015	182.91	172.08	3.74	1 107.88	343.60
2016	196.64	187.88	3.84	1 164.36	369.76
2017	220.26	214.46	4.04	1 225.32	412.75
2018	228.60	226.10	3.96	1 277.75	444.71
2019	247.00	247.79	4.24	1 323.27	474.74

年　份 Year	出生人口数(人) Population of Birth (person)	出生率(‰) Birth Rate (‰)	死亡人口数(人) Population of Death (person)	死亡率(‰) Death Rate (‰)	自然增长人数(人) Population of Natural Growth(person)	自然增长率(‰) Natural Growth Rate (‰)
1979	7 962	24.60	1 856	5.70	6 106	18.90
1980	6 775	21.40	1 773	5.60	5 002	15.80
1981	7 544	23.00	1 732	5.30	5 812	17.80
1982	6 974	20.30	1 707	5.00	5 267	15.30
1983	5 295	13.90	1 793	4.70	3 502	9.20
1984	5 005	11.50	1 606	3.69	3 399	8.09
1985	5 606	12.27	1 533	3.36	4 073	8.91
1986	6 143	12.37	1 794	3.61	4 349	8.76
1987	6 399	11.95	1 822	3.40	4 577	8.55
1988	8 290	14.32	1 720	2.97	6 570	11.35
1989	8 615	13.79	1 713	2.74	6 902	11.05
1990	10 755	16.11	1 859	2.79	8 896	13.33
1991	11 408	16.08	1 607	2.27	9 801	13.81
1992	11 277	14.07	1 840	2.40	9 437	11.67
1993	12 054	14.36	1 619	1.93	10 435	12.43
1994	12 509	13.77	1 590	1.75	10 919	12.02
1995	12 776	13.23	1 719	1.78	11 057	11.45
1996	13 170	13.00	2 116	2.09	11 054	10.91
1997	13 447	12.64	2 268	2.13	11 179	10.51
1998	13 049	11.65	2 341	2.09	10 708	9.56
1999	14 745	12.58	3 479	2.97	11 266	9.61
2000	17 967	14.68	3 120	2.55	14 847	12.13
2001	18 060	14.06	2 223	1.73	15 837	12.33
2002	22 536	16.60	1 978	1.46	20 558	15.14
2003	*15 986	10.63	2 301	1.53	13 685	9.10
2004	19 749	11.58	2 335	1.37	17 414	10.21
2005	24 407	12.64	2 717	1.41	21 690	11.23
2006	26 407	12.53	2 316	1.10	24 091	11.44
2007	34 358	14.54	2 570	1.09	31 788	13.45
2008	36 762	14.12	2 551	0.98	34 211	13.14
2009	37 098	13.70	2 323	0.86	34 775	12.84
2010	40 342	14.50	2 552	0.92	37 790	13.58
2011	41 805	15.42	2 974	1.10	38 831	14.32
2012	61 390	19.38	4 360	1.38	57 030	18.00
2013	59 526	18.84	3 390	1.07	56 136	17.77
2014	67 594	19.89	8 192	2.41	59 402	17.48
2015	71 515	19.64	4 656	1.28	66 859	18.36
2016	87 167	22.33	5 249	1.34	81 918	20.99
2017	116 564	25.45	7 012	1.53	109 552	23.92
2018	105 864	21.58	6 333	1.29	99 531	20.29
2019	117 153	21.68	6 969	1.29	110 184	20.39

注：　自2003年起“出生人口数”、“出生率”、“死亡人口数”、“死亡率”、“自然增长人数”、“自然增长率”按市计生办口径统计。

Note: Since 2003,Population of Birth,Birth Rate,Population of Death,Death Rate,Population of Natural Growth and Natural Growth and Natural Growth Rate are calculated by the statistical coverage from Shenzhen Family Planning Office.

3-3 人口指数

INDICES OF POPULATION

年份 Year	以1979年为100 1979=100			以上年为100 Preceding Year=100		
	年末常住人口 Permanent Population (Year-end)	常住户籍人口 Permanent Registered Population	常住非户籍人口 Permanent Non-registered Population	年末常住人口 Permanent Population (Year-end)	常住户籍人口 Permanent Registered Population	常住非户籍人口 Permanent Non-registered Population
1980	106.0	102.7	800.0	106.0	102.7	800.0
1981	116.8	106.8	2 200.0	110.2	104.1	275.0
1982	143.1	113.4	6 333.3	122.5	106.2	287.9
1983	189.5	129.6	12 666.7	132.4	114.3	200.0
1984	236.0	139.2	20 406.7	124.5	107.4	161.1
1985	280.6	153.1	26 860.0	118.9	110.0	131.6
1986	297.9	164.6	28 073.3	106.1	107.5	104.5
1987	335.7	177.9	33 226.7	112.7	108.1	118.4
1988	382.5	192.4	40 000.0	113.9	108.2	120.4
1989	450.8	207.4	51 186.7	117.9	107.8	128.0
1990	534.2	219.6	66 086.7	118.5	105.9	129.1
1991	721.9	234.2	102 360.0	135.2	106.7	154.9
1992	853.3	256.6	125 200.0	118.2	109.6	122.3
1993	1 069.6	280.5	165 520.0	125.4	109.3	132.2
1994	1 313.9	300.6	212 493.3	122.8	107.2	128.4
1995	1 430.0	317.2	233 326.7	108.8	105.5	109.8
1996	1 537.4	330.7	253 006.7	107.5	104.3	108.4
1997	1 680.2	350.2	278 860.0	109.3	105.9	110.2
1998	1 847.6	366.6	310 486.7	110.0	104.7	111.3
1999	2 013.9	383.4	341 806.7	109.0	104.6	110.1
2000	2 232.5	399.6	384 213.3	110.9	104.2	112.4
2001	2 306.8	422.4	395 020.0	103.3	105.7	102.8
2002	2 377.0	446.1	404 780.0	103.0	105.6	102.5
2003	2 477.8	482.8	418 226.7	104.2	108.2	103.3
2004	2 549.5	528.2	423 780.0	102.9	109.4	101.3
2005	2 635.3	582.0	430 546.7	103.4	110.2	101.6
2006	2 772.3	629.7	449 490.8	105.2	108.2	104.4
2007	2 902.6	679.4	466 571.5	104.7	107.9	103.8
2008	3 036.1	729.7	483 834.6	104.6	107.4	103.7
2009	3 166.7	772.8	502 220.3	104.3	105.9	103.8
2010	3 299.7	803.7	523 815.8	104.2	104.0	104.3
2011	3 329.4	857.5	519 101.5	100.9	106.7	99.1
2012	3 356.0	921.0	511 315.0	100.8	107.4	98.5
2013	3 382.8	994.7	501 600.0	100.8	108.0	98.1
2014	3 430.2	1 064.3	497 085.6	101.4	107.0	99.1
2015	3 622.3	1 137.7	521 939.9	105.6	106.9	105.0
2016	3 792.5	1 232.1	537 598.1	104.7	108.3	103.0
2017	3 967.0	1 371.3	545 124.5	104.6	111.3	101.4
2018	4 125.7	1 434.4	565 839.2	104.0	104.6	103.8
2019	4 257.7	1 560.6	566 405.0	103.2	108.8	100.1
年平均增长率 Average Annual Growth Rate	**9.8**	**7.1**	**24.1**			

3-4 计划生育情况
FAMILY PLANNING

单位：%　　　　　　　　　　　　　　　　　　　　　　　　　　　　　　（%）

指标名称	Item	2016	2017	2018	2019
一孩率	1st Birth Rate	57.3	42.3	45.0	48.2
二孩率	2nd Birth Rate	40.6	54.6	49.9	45.8
多孩率	3rd Birth and Above Rate	2.1	3.1	5.1	6.0
政策生育率	Fertility Rate	95.0	98.1	97.0	95.9
出生人口性别比（女性=100）	Sex Ratio at Birth	108.1	113.4	112.5	112.7
已婚育龄妇女人数（人）	Number of Childbearing Women（person）	1 054 689	1 114 817	1 238 563	1 324 635
晚婚率	Late Marriage Rate	95.9	95.7	96.4	97.1

3-5 各区年末常住人口数
PERMANENT POPULATION AT THE YEAR-END BY DISTRICT

单位：万人　　　　　　　　　　　　　　　　　　　　　　　　　　　　（10 000 persons）

区别	District	2014	2015	2016	2017	2018	2019
全市	**Total**	**1 077.89**	**1 137.87**	**1 190.84**	**1 252.83**	**1 302.66**	**1 343.88**
福田区	Futian	135.71	144.06	150.17	156.12	163.37	166.29
罗湖区	Luohu	95.37	97.56	100.40	102.72	103.99	105.66
盐田区	Yantian	21.65	22.12	22.65	23.72	24.29	24.36
南山区	Nanshan	113.59	129.12	135.63	142.46	149.36	154.58
宝安区	Baoan	273.65	286.33	301.71	314.90	325.78	334.25
龙岗区	Longgang	197.52	205.24	214.38	227.89	238.64	250.86
龙华区	Longhua	143.45	151.15	154.94	160.37	167.28	170.63
坪山区	Pingshan	33.15	35.61	40.79	42.80	44.63	46.30
光明区	Guangming	50.42	53.12	56.08	59.68	62.50	65.80
大鹏新区	Dapeng	13.37	13.56	14.09	14.61	15.30	15.82
深汕特别合作区	Shenzhen-Shanwei Special Cooperation Zone				7.57	7.51	9.34

3-6 按行业分的就业人员人数（2019年末）

NUMBER OF EMPLOYED PERSONS AT YEAR-END GROUPED BY SECTOR（2019）

单位：人 (person)

项 目	Item	年末就业人员合计 Number of Employed Persons (year-end)	其中：在岗职工 Fully Employed Staff and Workers
总 计	**Total**	**12 833 718**	**4 750 391**
按三次产业分	**Grouped by Industry**		
第一产业	Primary Industry	12 981	336
第二产业	Secondary Industry	5 093 327	2 372 054
第三产业	Tertiary Industry	7 727 410	2 378 001
按国民经济行业分	**Grouped by Sector**		
1.农、林、牧、渔业	Agriculture, Forestry, Animal Husbandry and Fishery	12 987	342
2.采矿业	Mining	3 841	3 686
3.制造业	Manufacturing	4 177 941	2 087 619
4.电力、热力、燃气及水生产和供应业	Production and Distribution of Eleltricity,Heat, Gas and Water	26 515	23 136
5.建筑业	Construction	888 567	261 141
6.批发和零售业	Wholesale and Retail Trades	2 247 823	298 711
7.交通运输、仓储和邮政业	Transportation, Storage and Post	474 137	189 510
8.住宿和餐饮业	Hotels and Catering Services	591 237	108 120
9.信息传输、软件和信息技术服务业	Information Transmission, Software and Information Technology	724 749	296 254
10.金融业	Financial Intermediation	353 192	180 340
11.房地产业	Real Estate	623 081	272 218
12.租赁和商务服务业	Leasing and Business Services	1 011 675	305 267
13.科学研究和技术服务业	Scientific Research and Technical Service	464 119	139 791
14.水利、环境和公共设施管理业	Management of Water Conservancy, Environment and Public Facilities	54 221	17 437
15.居民服务、修理和其他服务业	Services to Households, Repair and Other Services	403 180	34 472
16.教育	Education	307 566	200 722
17.卫生和社会工作	Health and Social Work	146 892	105 908
18.文化、体育和娱乐业	Culture, Sports and Entertainment	114 154	26 050
19.公共管理、社会保障和社会组织	Public Management, Social Security and Social Organizations	207 841	199 667
20. 国际组织	International Organizations		

注：根据国家劳动统计报表制度的统一规定，从2013年年报起，原属于乡镇企业且符合城镇非私营单位条件的“四上”企业纳入城镇非私营单位就业人员及工资统计范围。后同。

Note: According to the provision of national labor statistics reporting form system, since the year reporting of 2013, the scope of statistics on employed persons in urban corporate unit excluding private units and labor wage covers four above designated size enterprises (refers to industrial enterprises above designated size, construction enterprises by qualification criteria, enterprises above designated size of wholesale trade, retail trade, hotels and catering services), which originally has been included township enterprises and in accordance with the condition of urban corporate unit excluding private units. The same applies to the following tables.

3-7 就业人员人数（年末数）

NUMBER OF EMPLOYED PERSONS AT YEAR-END

单位：万人　　　　（10 000 persons）

年份 Year	年末就业人员合计 Number of Employed Persons (year-end)	其中：在岗职工 Fully Employed Staff and Workers	国有单位 State-owned Units	城镇集体单位 Urban Collective-owned Units	其他单位 Units of Other Types of Ownership	其中：私营个体就业人员 Self-employed Individuals
1979	13.95	4.02	3.37	0.65		0.41
1980	14.89	4.86	4.05	0.81		0.38
1981	15.36	5.31	4.51	0.80		0.13
1982	18.49	8.28	7.00	1.28		0.11
1983	22.37	12.57	10.10	1.22	1.25	0.22
1984	27.26	18.33	14.14	2.15	2.04	0.50
1985	32.61	22.66	16.84	2.60	3.22	0.64
1986	36.04	25.88	18.97	2.68	4.23	0.93
1987	44.30	32.29	22.04	3.55	6.70	1.10
1988	54.53	41.74	28.04	4.53	9.17	1.69
1989	93.65	48.24	30.34	4.85	13.05	2.19
1990	109.22	55.41	33.85	5.25	16.31	3.36
1991	149.32	64.89	38.77	6.76	19.36	4.87
1992	175.97	71.10	38.85	7.99	24.26	12.33
1993	220.81	78.11	41.45	5.42	31.24	38.84
1994	273.00	82.29	38.71	8.28	35.30	54.63
1995	298.51	88.75	40.17	10.75	37.83	72.17
1996	322.12	89.13	41.07	9.53	38.53	87.14
1997	353.53	91.18	40.92	8.69	41.57	103.59
1998	390.33	91.93	33.75	4.25	53.93	114.79
1999	426.89	92.52	32.94	4.17	55.41	120.86
2000	474.97	93.36	31.00	3.84	58.52	139.88
2001	491.30	94.88	31.31	3.72	59.85	152.68
2002	509.74	101.76	29.62	2.57	69.57	166.88
2003	535.89	108.20	30.10	2.36	75.74	187.72
2004	562.17	135.88	31.94	1.66	102.28	204.16
2005	576.26	165.38	35.85	2.81	126.72	210.87
2006	609.76	184.25	39.85	1.57	142.83	250.77
2007	647.11	193.04	40.03	1.50	151.51	279.83
2008	682.35	198.35	41.31	1.36	155.68	301.97
2009	723.61	220.16	42.89	1.30	175.97	326.52
2010	758.14	251.09	46.56	1.54	202.99	376.60
2011	828.86	261.43	48.92	1.63	210.88	414.70
2012	898.54	277.90	49.58	1.66	226.66	453.52
2013	967.14	445.84	48.60	4.02	393.22	456.64
2014	1 034.58	448.93	42.91	3.36	402.66	510.32
2015	1 100.80	447.41	43.18	2.46	401.77	559.74
2016	1 165.73	442.55	41.84	2.35	398.36	616.43
2017	1 229.26	447.32	41.92	2.84	402.55	654.48
2018	1 291.31	466.91	39.02	1.49	426.39	709.11
2019	1 283.37	475.04	46.12	0.74	428.18	782.42

3-8 就业人员人数指数

INDICES OF NUMBER OF EMPLOYED PERSONS

以上年为100 （preceding year=100）

年 份 Year	年末就业人员合计 Number of Employed Persons (year-end)	其中：在岗职工 Fully Employed Staff and Workers	国有单位 State-owned Units	城镇集体单位 Urban Collective-owned Units	其他单位 Units of Other Types of Ownership	其中：私营个体就业人员 Self-employed Individuals
1980	106.7	120.9	120.2	124.6		92.7
1981	103.2	109.3	111.4	98.8		34.2
1982	120.4	155.9	155.2	160.0		84.6
1983	121.0	151.8	144.3	95.3		200.0
1984	121.9	145.8	140.0	176.2	163.2	227.3
1985	119.6	123.6	119.1	120.9	157.8	128.0
1986	110.5	114.2	112.6	103.1	131.4	145.3
1987	122.9	124.8	116.2	132.5	158.4	118.3
1988	123.1	129.3	127.2	127.6	136.9	153.6
1989	171.7	115.6	108.2	107.1	142.3	129.6
1990	116.6	114.9	111.6	108.2	125.0	153.4
1991	136.7	117.1	114.5	128.8	118.7	144.9
1992	117.8	109.6	100.2	118.2	125.3	253.2
1993	125.5	109.9	106.7	67.8	128.8	315.0
1994	123.6	105.4	93.4	152.8	113.0	140.7
1995	109.3	107.9	103.8	129.8	107.2	132.1
1996	107.9	100.4	102.2	88.7	101.9	120.7
1997	109.8	102.3	99.6	91.2	107.9	118.9
1998	110.4	102.3	84.6	49.2	130.7	110.8
1999	109.4	100.6	97.6	98.1	102.7	105.3
2000	111.3	100.9	94.1	92.1	105.6	115.7
2001	103.4	101.6	101.0	96.9	102.3	109.2
2002	103.8	107.2	94.6	69.1	116.2	109.3
2003	105.1	106.3	101.6	91.8	108.9	112.5
2004	104.9	116.4	103.2	69.2	123.2	108.8
2005	102.5	121.7	112.2	169.3	123.9	103.3
2006	105.8	111.4	111.2	55.9	112.7	118.9
2007	106.1	104.8	100.5	95.5	106.1	111.6
2008	105.4	102.8	103.2	90.7	102.8	107.9
2009	106.0	111.0	103.8	95.6	113.0	108.1
2010	104.8	114.0	108.6	118.5	115.4	115.3
2011	109.3	104.1	105.1	105.8	103.9	110.1
2012	108.4	106.3	101.3	101.8	107.5	109.4
2013	107.6	160.4	98.0	242.2	173.5	100.7
2014	107.0	100.7	88.3	83.1	102.4	111.8
2015	106.4	99.7	100.6	73.7	99.8	109.7
2016	105.9	98.9	96.9	95.5	102.4	110.1
2017	105.5	101.1	100.2	120.9	101.1	106.2
2018	105.0	104.4	93.1	52.6	105.9	108.3
2019	99.4	101.7	118.2	49.5	100.4	110.3

3-9 分经济类型和行业城镇单位就业人员人数（2019年末）

NUMBER OF EMPLOYED PERSONS IN URBAN UNITS AT YEAR-END BY OWNERSHIP AND SECTOR（2019）

单位：人　　　　(person)

项 目	Item	就业人员 Number of Employed Persons	国有单位 State-owned Units	城镇集体单位 Urban Collective-owned Units	其他单位 Units of Other Types of Ownership	在岗职工 Fully Employed Staff and Workers	国有单位 State-owned Units	城镇集体单位 Urban Collective-owned Units	其他单位 Units of Other Types of Ownership
合　计	**Total**	**4 956 093**	**485 455**	**7 582**	**4 463 056**	**4 750 391**	**461 151**	**7 394**	**4 281 846**
按企业、事业和机关分	**Grouped by Enterprises, Institutions and Agencies**								
企业	Enterprises	4 477 126	108 733	5 921	4 362 472	4 287 098	97 851	5 875	4 183 372
事业	Institutions	207 499	180 494	483	26 522	200 906	174 743	403	25 760
机关	Agencies	202 174	194 481		7 693	194 402	186 855		7 547
民营非营利组织	Private Non-profit Organizations	68 641	1 222	1 178	66 241	67 379	1 212	1 116	65 051
其他	Others	653	525		128	606	490		116
按国民经济行业分	**Grouped by Economic Sector**								
1.农、林、牧、渔业	Agriculture, Forestry, Animal Husbandry and Fishery	345	174		171	342	172		170
2.采矿业	Mining	3 689			3 689	3 686			3 686
3.制造业	Manufacturing	2 098 247	3 000	394	2 094 853	2 087 619	2 998	394	2 084 227
4.电力、热力、燃气及水生产和供应业	Production and Supply of Electricity,Heat,Gas and Water	23 295	109		23 186	23 136	109		23 027
5.建筑业	Construction	298 509	2 847	3	295 659	261 141	2 283	3	258 855
6.批发和零售业	Wholesale and Retail Trades	314 974	2 513	102	312 359	298 711	2 497	99	296 115
7.交通运输、仓储和邮政业	Transportation, Storage and Post	193 243	5 065	38	188 140	189 510	5 065	33	184 412
8.住宿和餐饮业	Hotels and Catering Services	118 648	1 731	275	116 642	108 120	1 728	274	106 118
9.信息传输、软件和信息技术服务业	Information Transmission, Software and Information Technology	303 677	2 131	116	301 430	296 254	2 097	61	294 096
10.金融业	Financial Intermediation	238 033	37 712		200 321	180 340	28 587		151 753
11.房地产业	Real Estate	274 892	1 739	643	272 510	272 218	1 654	641	269 923
12.租赁和商务服务业	Leasing and Business Services	337 340	34 947	4 092	298 301	305 267	34 859	4 087	266 321
13.科学研究和技术服务业	Scientific Research and Technical Service	141 646	10 934	21	130 691	139 791	10 759	21	129 011
14.水利、环境和公共设施管理业	Management of Water Conservancy, Environment and Public Facilities	19 761	6 654		13 107	17 437	4 652		12 785
15.居民服务、修理和其他服务业	Services to Households, Repair and Other Services	35 714	537	116	35 061	34 472	527	116	33 829
16.教育	Education	207 871	86 476	1 453	119 942	200 722	83 120	1 336	116 266
17.卫生和社会工作	Health and Social Work	107 338	78 755	100	28 483	105 908	77 921	100	27 887
18.文化、体育和娱乐业	Culture, Sports and Entertainment	31 345	7 923	102	23 320	26 050	7 632	102	18 316
19.公共管理、社会保障和社会组织	Public Management, Social Security and Social Organizations	207 526	202 208	127	5 191	199 667	194 491	127	5 049
按产业分	**Grouped by Industry**								
第一产业	Primary Industry	339	174		165	336	172		164
第二产业	Secondary Industry	2 420 203	5 871	397	2 413 935	2 372 054	5 305	397	2 366 352
第三产业	Tertiary Industry	2 535 551	479 410	7 185	2 048 956	2 378 001	455 674	6 997	1 915 330

3-10 各区城镇单位分行业在岗职工人数（2019年末）

NUMBER OF FULLY EMPLOYED STAFF AND WORKERS IN URBAN UNITS AT YEAR-END BY SECTOR AND BY DISTRICT （2019）

单位：人　　　　(person)

区别 District		合计 Total	农、林、牧、渔业 Agriculture, Forestry, Animal Husbandry and Fishery	采矿业 Mining	制造业 Manufa-cturing	电力、热力、燃气及水生产和供应业 Production and Supply of Eleltricity,Heat, Gas and Water	建筑业 Constru-ction	批发和零售业 Wholesale and Retail Trades	交通运输、仓储和邮政业 Transportation, Storage and Post	住宿和餐饮业 Hotels and Catering Services	信息传输、软件和信息技术服务业 Information Transmission, Software and Information Technology
福田区	Futian	896 666			36 704	6 092	112 153	88 387	44 744	48 514	89 247
罗湖区	Luohu	341 543	111		9 973	5 801	45 855	38 983	9 240	21 262	23 949
盐田区	Yantian	62 583			16 806	42	2 263	3 779	12 653	1 323	536
南山区	Nanshan	948 947	142	3 686	272 698	3 062	57 763	88 494	25 034	21 058	167 327
宝安区	Baoan	898 667			622 994	2 033	6 109	26 596	64 399	4 727	6 633
龙岗区	Longgang	693 935			490 730	1 907	5 685	25 281	22 014	2 672	3 606
龙华区	Longhua	489 469			326 827	1 010	25 969	19 575	8 839	6 192	3 696
坪山区	Pingshan	172 633	32		136 957	356	3 268	4 269	378	1 239	167
光明区	Guangming	202 773			154 295	567	170	2 563	1 171	408	847
大鹏新区	Dapeng	38 905	27		18 995	1 920	1 783	711	998	725	5
深汕特别合作区	Shenzhen-Shanwei Special Cooperation Zone	4 270	30		640	346	123	73	40		241

单位：人　　　　3-10 续表 continued (person)

区 别 District		金融业 Financial Intermediation	房地产业 Real Estate	租赁和商务服务业 Leasing and Business Services	科学研究和技术服务业 Scientific Research and Technical Service	水利、环境和公共设施管理业 Management of Water Conservancy, Environment and Public Facilities	居民服务、修理和其他服务业 Services to Households, Repair and other Services	教育 Education	卫生和社会工作 Health and Social Work	文化、体育和娱乐业 Culture, Sports and Entertainment	公共管理、社会保障和社会组织 Public Management, Solial Security and Social Organization
福田区	Futian	118 264	107 330	68 100	41 434	4 358	12 894	27 514	26 868	7 754	56 309
罗湖区	Luohu	44 913	41 369	31 360	10 698	1 358	4 404	19 630	15 014	1 774	15 849
盐田区	Yantian	35	2 389	6 121	2 504	480	327	3 119	2 883	2 170	5 153
南山区	Nanshan	14 083	83 592	68 996	62 167	5 239	10 036	35 141	11 207	9 380	9 842
宝安区	Baoan	658	15 338	47 448	6 139	670	4 134	35 556	16 307	892	38 034
龙岗区	Longgang	130	8 046	27 505	10 074	1 611	1 316	41 267	16 718	1 470	33 903
龙华区	Longhua	2 105	8 670	31 126	4 047	2 482	247	20 210	6 919	2 283	19 272
坪山区	Pingshan	103	2 335	5 705	648	185	177	6 320	3 280	53	7 161
光明区	Guangming	49	1 025	17 057	911	616	174	9 463	5 355	113	7 989
大鹏新区	Dapeng		1 794	1 456	1 105	412	763	1 707	1 154	154	5 196
深汕特别合作区	Shenzhen-Shanwei Special Cooperation Zone		330	393	64	26		795	203	7	959

3-11 各区城镇单位就业人员和在岗职工（2019年末）

NUMBER OF EMPLOYED PERSONS AND OF FULLY EMPLOYED STAFF AND WORKERS IN URBAN UNITS AT YEAR-END BY DISTRICT（2019）

单位：万人 (10 000 persons)

区 别	District	就业人员 Number of Employed Persons				在岗职工 Number of Fully Employed Staff and Workers			
		合计 Total	国有单位 State-owned Units	城镇集体单位 Urban Collective-owned Units	其他单位 Units of Other Types of Ownership	合计 Total	国有单位 State-owned Units	城镇集体单位 Urban Collective-owned Units	其他单位 Units of Other Types of Ownership
年末人数	**Year-end Number**	**495.61**	**48.55**	**0.76**	**446.31**	**475.04**	**46.12**	**0.74**	**428.18**
福田区	Futian	100.27	14.37	0.04	85.85	89.67	13.04	0.04	76.59
罗湖区	Luohu	36.31	4.54	0.07	31.69	34.15	4.47	0.07	29.61
盐田区	Yantian	6.31	1.31	0.01	4.99	6.26	1.29	0.01	4.96
南山区	Nanshan	100.32	6.94	0.03	93.34	94.89	6.36	0.03	88.51
宝安区	Baoan	90.82	6.34	0.09	84.39	89.87	6.14	0.09	83.63
龙岗区	Longgang	70.09	7.49	0.09	62.51	69.39	7.40	0.09	61.91
龙华区	Longhua	49.25	3.15	0.01	46.08	48.95	3.14	0.01	45.80
坪山区	Pingshan	17.40	1.40	0.41	15.59	17.26	1.35	0.41	15.50
光明区	Guangming	20.40	1.98	0.01	18.41	20.28	1.97	0.01	18.30
大鹏新区	Dapeng	4.00	0.81		3.19	3.89	0.76		3.13
深汕特别合作区	Shenzhen-Shanwei Special Cooperation Zone	0.45	0.21		0.24	0.43	0.19		0.24

主要统计指标解释

总人口　指一定时点、一定地区范围内有生命的个人的总和。按不同的统计范围可分为常住人口和户籍人口；统计时点通常为每年12月31日24时。

出生率　指某一人口在一定时期（通常为一年）内活产婴儿数与同期总人口的生存人口数（或同期平均总人口、年中人口数）之比。通常以千分比表示。本资料中的出生率指年出生率，其计算公式为：

$$出生率=\frac{年出生人数}{年平均人数}\times 1000‰$$

式中：出生人数指活产婴儿，即胎儿脱离母体时(不管怀孕月数)，有过呼吸或其他生命现象。年平均人数指年初、年底人口数的平均数，也可用年中人口数代替。

死亡率　也称粗死亡率。指一定时期（通常为一年）内全部死亡人数与同期平均总人口之比，反映该时期人口的死亡强度。通常以千分比表示。本资料中的死亡率指年死亡率，其计算公式为：

$$死亡率=\frac{年死亡人数}{年平均人数}\times 1000‰$$

自然增长率　指一定时期（通常为一年）内人口自然增加数（出生人口减死亡人口）与同期平均总人口之比。通常以千分比表示。计算公式为：

$$人口自然增长率=\frac{本年出生人数-本年死亡人数}{年平均人数}\times 1000‰$$

$$=人口出生率-人口死亡率$$

Explanatory Notes on Main Statistical Indicators

Total Population refers to the total number of people alive within a given area at a certain point of time. It can be divided into the permanent population and the population with residence registration according to different statistical coverage. The reference time of the statistics on total population is usually taken at midnight of December 31.

Birth Rate (or Crude Birth Rate) refers to the ratio of the number of births to the average population (or mid-period population) during a certain period of time (usually a year), expressed in ‰. Birth rate in the chapter refers to annual birth rate. The following formula is used:

$$\text{Birth Rate} = \frac{\text{Number of Births}}{\text{Annual Average Population}} \times 1000‰$$

Number of births in the formula refers to live births, i.e. when a baby has breathed or showed any vital phenomena regardless of the length of pregnancy.

Annual average population is the average of the number of population at the beginning of the year and that at the end of the year. Sometimes it is substituted by the mid-year population.

Death Rate (or Crude Death Rate) refers to the ratio of the number of deaths to the average population (or mid-period population) during a certain period of time (usually a year), expressed in ‰. Death rate in the chapter refers to annual death rate. The following formula is used:

$$\text{Death Rate} = \frac{\text{Number of Deaths}}{\text{Annual Average Population}} \times 1000‰$$

Natural Growth Rate of Population refers to the ratio of natural increase in population (number of births minus number of deaths) in a certain period of time (usually a year) to the average population (or mid-period population) of the same period, expressed in ‰. The following formula is applied:

$$\begin{array}{c}\text{Natural Growth}\\ \text{Rate of Population}\end{array} = \frac{\text{Number of Births - Number of Deaths}}{\text{Annual Average Population}} \times 1000‰$$

Natural Growth Rate of Population = Birth Rate−Death Rate

04 第四部分

工业和能源

INDUSTRY AND ENERGY

CHAPTER

4-1 规模以上工业主要指标

MAIN INDICATORS OF INDUSTRY ENTERPRISES ABOVE DESIGNATED SIZE

项　目	Item	2010	2015	2016	2017	2018	2019
企业单位数(个)	Number of Enterprises (unit)	8 249	6 539	6 627	7 943	9 006	10 337
工业总产值(亿元)	Gross Industrial Output Value (100 million yuan)	18 526.82	25 542.44	27 292.29	32 119.15	35 439.02	37 326.16
工业销售产值 (亿元)	Sales Output Value of Industy(100 million yuan)	18 181.22	25 055.34	26 606.38	31 162.23	34 289.83	—
主营业务收入 (亿元)	Main Business Revenue (100 million yuan)	18 813.72	25 047.17	26 764.55	30 821.68	34 181.92	35 763.76
主营业务成本（亿元）	Prime Operating Cost (100 million yuan)	15 620.81	20 313.06	21 456.65	24 717.61	27 601.71	—
资产总计 (亿元)	Total Assets (100 million yuan)	18 132.47	25 868.63	28 625.32	33 174.65	37 621.58	41 854.65
负债总计 (亿元)	Total Liabilities (100 million yuan)	9 439.26	15 830.71	16 779.42	19 641.96	22 324.66	24 730.08
利润总额 (亿元)	Total Profits (100 million yuan)	1 599.02	1 831.90	1 769.91	2 101.33	2 072.36	2 521.89
产品销售率（%）	Sales Rate of Products (%)	98.13	98.09	97.49	97.02	96.76	—
总资产贡献率（%）	Ratio of Total Assets to Industrial Output Value(%)	12.32	10.75	9.61	9.67	8.63	8.84
资产负债率（%）	Rate of Liabilities to Capital(%)	52.06	61.20	58.62	59.21	59.34	59.09
全员劳动生产率（元/人）	Total Labor Productivity（yuan/person）	127 608	197 971	229 008	252 660	267 507	293 142

4-2 规模以上工业总产值

GROSS OUTPUT VALUE OF INDUSTRY ABOVE DESIGNATED SIZE

单位：万元　　　　(10 000 yuan)

年 份 Year	按当年价格计算 Calculated At Current Prices		
	总 计 Total	轻工业 Light Industry	重工业 Heavy Industry
1979	6 061	5 240	821
1980	8 444	7 077	1 367
1981	24 282	22 762	1 520
1982	36 212	31 832	4 380
1983	72 041	57 561	14 480
1984	166 803	132 369	34 434
1985	241 213	188 659	52 554
1986	330 454	256 545	73 909
1987	547 722	423 150	124 572
1988	993 775	760 294	233 481
1989	1 440 533	1 044 386	396 147
1990	2 104 696	1 570 896	533 800
1991	3 077 749	2 156 668	921 081
1992	4 198 920	2 824 688	1 374 232
1993	6 550 051	4 336 788	2 213 263
1994	9 939 113	5 267 202	4 671 911
1995	11 106 974	5 582 798	5 524 176
1996	12 992 240	6 413 707	6 578 533
1997	15 175 861	7 317 890	7 857 971
1998	20 519 485	10 140 217	10 379 268
1999	23 006 355	11 168 372	11 837 983
2000	29 502 786	13 189 308	16 313 478
2001	36 141 861	12 926 934	23 214 927
2002	43 180 816	14 600 754	28 580 062
2003	63 514 355	19 950 280	43 564 075
2004	80 205 911	23 798 450	56 407 461
2005	98 675 451	26 579 636	72 095 815
2006	119 286 001	28 812 915	90 473 086
2007	139 580 064	34 676 919	104 903 145
2008	158 601 076	43 295 066	115 306 010
2009	154 162 429	38 217 652	115 944 777
2010	185 268 200	45 926 755	139 341 446
2011	204 307 516	51 382 302	152 925 214
2012	213 637 447	56 064 352	157 573 095
2013	230 952 085	62 023 841	168 928 244
2014	247 775 911	65 077 654	182 698 257
2015	255 424 444	58 400 993	197 023 452
2016	272 922 943	60 828 444	212 094 499
2017	321 191 539	58 579 928	262 611 611
2018	354 390 190	61 933 458	292 456 732
2019	373 261 578	66 940 211	306 321 367

注：　1979-1997年为镇及镇以上工业总产值，1998年及以后为规模以上工业总产值。

Note: Data in 1979-1997 are gross output value of industry of town level and above. Data from 1998 are gross output value of industry above designated size.

4-3 规模以上工业总产值指数

INDICES OF GROSS OUTPUT VALUE OF INDUSTRY ABOVE DESIGNATED SIZE

年份 Year	以1979年为100 1979=100			以上年为100 Preceding Year=100		
	总计 Total	轻工业 Light Industry	重工业 Heavy Industry	总计 Total	轻工业 Light Industry	重工业 Heavy Industry
1980	139.3	135.1	166.4	139.3	135.1	166.4
1981	400.6	434.4	185.1	287.6	321.6	111.3
1982	597.4	607.5	533.3	149.1	139.8	288.1
1983	1 188.5	1 098.5	1 763.0	198.9	180.8	330.6
1984	2 751.8	2 526.0	4 192.3	231.5	230.0	237.8
1985	4 396.3	4 153.2	5 947.9	159.8	164.4	141.9
1986	5 856.9	5 467.4	8 342.4	133.2	131.6	140.3
1987	9 497.8	8 722.3	14 445.2	162.2	159.5	173.2
1988	14 684.2	13 013.3	25 344.1	154.6	149.2	175.5
1989	21 527.8	17 781.8	45 426.6	146.6	136.6	179.2
1990	29 487.0	25 150.3	57 154.3	137.0	141.4	125.8
1991	40 721.5	32 307.8	94 394.4	138.1	128.5	165.2
1992	56 969.4	42 674.4	148 169.0	139.9	132.1	157.0
1993	77 820.2	58 701.0	199 797.4	136.6	137.6	134.8
1994	101 944.5	66 431.7	328 509.6	131.0	113.2	164.4
1995	126 921.1	70 603.5	486 216.8	124.5	106.3	148.0
1996	150 648.1	80 713.1	596 820.2	118.7	114.3	122.7
1997	177 140.0	95 637.7	697 109.7	117.6	118.5	116.8
1998	209 910.9	95 446.4	966 891.2	118.5	99.8	138.7
1999	262 808.4	122 457.7	1 188 309.3	125.2	128.3	122.9
2000	326 933.6	154 051.8	1 463 997.1	124.4	125.8	123.2
2001	384 800.8	167 300.3	1 791 932.5	117.7	108.6	122.4
2002	484 464.2	212 806.0	2 245 291.4	125.9	127.2	125.3
2003	651 604.3	258 559.3	3 165 860.9	134.5	121.5	141.0
2004	813 202.2	304 841.4	3 982 653.0	124.8	117.9	125.8
2005	984 787.9	336 849.7	5 002 212.2	121.1	110.5	125.6
2006	1 187 654.2	374 240.0	6 192 738.7	120.6	111.1	123.8
2007	1 397 869.0	420 271.5	7 394 130.0	117.7	112.3	119.4
2008	1 522 279.3	510 209.6	7 756 442.4	108.9	121.4	104.9
2009	1 537 502.1	521 434.2	7 802 981.1	101.0	102.2	100.6
2010	1 735 839.9	564 713.2	8 926 610.4	112.9	108.3	114.4
2011	1 914 631.4	595 772.4	9 997 803.6	110.3	105.5	112.0
2012	2 063 972.6	685 734.0	10 537 685.0	107.8	115.1	105.4
2013	2 200 194.8	735 792.6	11 201 559.2	106.6	107.3	106.3
2014	2 380 610.8	795 391.8	12 120 087.1	108.2	108.1	108.2
2015	2 475 835.2	717 443.4	13 186 654.8	104.0	90.2	108.8
2016	2 616 957.8	732 509.7	14 083 347.3	105.7	102.1	106.8
2017	2 876 036.6	783 785.4	1 560 4348.8	109.9	107.0	110.8
2018	3 137 755.9	813 569.2	17 211 596.7	109.1	103.8	110.3
2019	3 238 164.1	847 739.2	17 727 944.6	103.2	104.2	103.0
年平均增长率 **Average Annual Growth Rate**	**29.6**	**25.4**	**35.3**			

注： 本表按可比口径计算。

Note: Data in this table are calculated at comparable scope.

4-4 规模以上工业总产值构成（2019年）

COMPOSITION OF GROSS OUTPUT VALUE OF INDUSTRY ABOVE DESIGNATED SIZE（2019）

单位：%

类别	Item	全市 Total
总计	**Total**	**100**
一、按登记注册类型分	**Grouped by Registration**	
1.内资企业	Domestic Investment Enterprise	69.9
国有企业	State-owned	
集体企业	Collective-owned	
股份合作企业	Cooperative Shares Enterprise	
联营企业	Joint owned	
有限责任公司	Companies Limited with Liabilities	34.9
股份有限公司	Companies Limited by Shares	13.6
私营企业	Private	21.4
其他内资企业	Others	
2.港、澳、台投资企业	Funded by Entrepreneur from Hongkong,Macao and Taiwan	17.8
3.外商投资企业	Foreign Funded	12.3
二、按轻、重工业分	**Grouped by Light and Heavy Industry**	
1.轻工业	Light Industry	17.9
2.重工业	Heavy Industry	82.1
三、按企业规模分	**Grouped by Size of Enterprises**	
1.大型企业	Large Enterprises	60.1
2.中型企业	Medium-sized Enterprises	18.1
3.小型企业	Small Enterprises	21.8
四、按工业行业大类分	**Grouped by Sector**	
煤炭开采和洗选业	Mining and Washing of Coal	
石油和天然气开采业	Extraction of Petroleum and Natural Gas	0.9
黑色金属矿采选业	Mining and Processing of Ferrous Metal Ores	
有色金属矿采选业	Mining and Processing of Nonferrous Metal Ores	
非金属矿采选业	Mining and Processing of Nonmetal Ores	
开采专业及辅助性活动	Mining and Auxiliary Activities	0.1
其他采矿业	Mining and Processing of Other Ores	
农副食品加工业	Processing of Food from Agricultural Products	0.7
食品制造业	Manufacture of Foods	0.2
酒、饮料和精制茶制造业	Manufacture of Wine,Beverages and Refined Tea	0.5

(%)

类　别	Item	全 市 Total
烟草制品业	Manufacture of Tobacco	0.2
纺织业	Manufacture of Textile	0.3
纺织服装、服饰业	Manufacture of Textile Wearing Apparel,Footware and Caps	0.7
皮革、毛皮、羽毛及其制品和制鞋业	Manufacture of Leather, Fur, Feather and Related Products	0.3
木材加工及木、竹、藤、棕、草制品业	Processing of Timber, Manufacture of Wood, Bamboo, Rattan, Palm Fiber & Straw Products	0.0
家具制造业	Manufacture of Furniture	0.4
造纸及纸制品业	Manufacture of Paper and Paper Products	0.4
印刷和记录媒介复制业	Printing and Record Medium Reproduction	0.7
文教、工美、体育和娱乐用品制造业	Manufacture of Cultural, Educational and Sports Articles	3.3
石油加工、炼焦及核燃料加工业	Processing of Petroleum, Coking and Nuclear Fuel Processing	0.1
化学原料及化学制品制造业	Manufacture of Raw Chemical Materials and Chemical Products	0.8
医药制造业	Manufacture of Medicines	1.0
化学纤维制造业	Manufacture of Chemical Fibers	
橡胶和塑料制品业	Manufacture of Rubber	3.1
非金属矿物制品业	Manufacture of Non-metallic Mineral Products	1.3
黑色金属冶炼及压延加工业	Smelting and Pressing of Ferrous Metals	0.1
有色金属冶炼及压延加工业	Smelting and Pressing of Nonferrous Metals	0.9
金属制品业	Manufacture of Metal Products	1.6
通用设备制造业	Manufacture of General-purpose Machinery	2.7
专用设备制造业	Manufacture of Special-purpose Machinery	3.8
汽车制造业	Manufacfuer of Automobiles	2.0
铁路、船舶、航空航天和其他运输设备制造业	Manufacture of Railways Ships Aerospace and Other Transport Equipment	0.4
电气机械及器材制造业	Manufacture of Electrical Machinery and Equipment	7.8
计算机、通信和其他电子设备制造业	Manufacture of Communication Equipment, Computers and Other Electronic Equipment	59.9
仪器仪表制造业	Manufacture of Measuring Instruments	1.4
其他制造业	Other Manufacturing	0.3
废弃资源综合利用业	Recycling and Disposal of Waste	0.8
金属制品、机械和设备修理业	Manufacture of Metal Products,Machinery and Equipment Repair	0.1
电力、热力的生产和供应业	Production and Supply of Electric Power and Heat Power	2.5
燃气生产和供应业	Production and Supply of Gas	0.4
水的生产和供应业	Production and Supply of Water	0.4

4-5 规模以上工业企业主要指标（2019年）

MAIN INDICATORS OF INDUSTRIAL ENTERPRISES ABOVE DESIGNATED SIZE（2019）

单位：万元

类　　别	Item	企业单位数(个) Number of Enterprises (unit)
总　　计	**Total**	**10 337**
一、按登记注册类型分	**Grouped by Registration**	
1.内资企业	Domestic Investment Enterprise	7 995
国有企业	State-owned	1
集体企业	Collective-owned	
股份合作企业	Cooperative Shares Enterprise	
联营企业	Joint owned	
有限责任公司	Companies Limited with Liabilities	1 510
股份有限公司	Companies Limited by Shares	448
私营企业	Private	6 036
其他内资企业	Others	
2.港、澳、台投资企业	Funded by Entrepreneur from Hongkong,Macao and Taiwan	1 725
3.外商投资企业	Foreign Funded	617
二、按轻、重工业分	**Grouped by Light and Heavy Industry**	
1.轻工业	Light Industry	3 316
2.重工业	Heavy Industry	7 021
三、按企业规模分	**Grouped by Size of Enterprises**	
1.大型企业	Large Enterprises	345
2.中型企业	Medium-sized Enterprises	1 395
3.小型企业	Small Enterprises	8 072
4.微型企业	Micro Enterprises	525
四、按工业行业大类分	**Grouped by Sector**	
煤炭开采和洗选业	Mining and Washing of Coal	
石油和天然气开采业	Extraction of Petroleum and Natural Gas	2
黑色金属矿采选业	Mining and Processing of Ferrous Metal Ores	
有色金属矿采选业	Mining and Processing of Nonferrous Metal Ores	
非金属矿采选业	Mining and Processing of Nonmetal Ores	
开采专业及辅助性活动	Mining and Auxiliary Activities	2
其他采矿业	Mining and Processing of Other Ores	
农副食品加工业	Processing of Food from Agricultural Products	44
食品制造业	Manufacture of Foods	42
酒、饮料和精制茶制造业	Manufacture of Wine,Beverages and Refined Tea	16

(10 000 yuan)

工业总产值 Gross Industrial Output Value	资产总计 Total Asset	流动资产 Current Assets	应收账款 Value of Debts Receivable	负债合计 Total Liabilities
373 261 578	**418 546 518**	**285 686 384**	**93 745 617**	**247 300 824**
260 839 704	294 232 095	204 501 679	63 882 056	176 855 540
5 784	34 751	31 067	127	178
130 232 649	130 222 657	94 722 857	27 880 862	85 117 146
50 618 397	90 970 356	50 654 886	14 193 009	45 644 032
79 982 875	73 004 332	59 092 869	21 808 058	46 094 184
66 477 167	77 495 029	52 027 380	18 089 720	44 577 683
45 944 707	46 819 394	29 157 325	11 773 842	25 867 601
66 940 211	75 267 554	53 366 817	15 077 863	41 204 006
306 321 366	343 278 964	232 319 568	78 667 754	206 096 818
224 510 536	250 439 115	169 037 707	53 751 551	151 280 414
67 559 383	82 551 214	51 414 737	16 908 792	42 928 381
77 969 366	81 417 199	62 086 666	22 346 783	50 659 688
3 222 293	4 138 991	3 147 274	738 491	2 432 342
3 194 870	4 106 243	200 299	9 943	2 660 312
252 869	699 631	284 880	129 018	241 981
2 615 968	1 848 185	1 438 357	296 386	966 338
690 716	566 450	336 667	90 418	341 567
1 928 729	1 124 903	858 281	139 269	536 694

单位：万元

类　　别	Item	企业单位数（个） Number of Enterprises (unit)
烟草制品业	Manufacture of Tobacco	6
纺织业	Manufacture of Textile	61
纺织服装、服饰业	Manufacture of Textile Wearing Apparel,Footware and Caps	177
皮革、毛皮、羽毛及其制品和制鞋业	Manufacture of Leather, Fur, Feather and Related Products	87
木材加工及木、竹、藤、棕、草制品业	Processing of Timber, Manufacture of Wood, Bamboo, Rattan, Palm Fiber & Straw Products	22
家具制造业	Manufacture of Furniture	137
造纸及纸制品业	Manufacture of Paper and Paper Products	212
印刷和记录媒介复制业	Printing and Record Medium Reproduction	194
文教、工美、体育和娱乐用品制造业	Manufacture of Cultural, Educational and Sports Articles	366
石油加工、炼焦及核燃料加工业	Processing of Petroleum, Coking and Nuclear Fuel Processing	6
化学原料及化学制品制造业	Manufacture of Raw Chemical Materials and Chemical Products	225
医药制造业	Manufacture of Medicines	66
化学纤维制造业	Manufacture of Chemical Fibers	3
橡胶和塑料制品业	Manufacture of Rubber	753
非金属矿物制品业	Manufacture of Non-metallic Mineral Products	182
黑色金属冶炼及压延加工业	Smelting and Pressing of Ferrous Metals	20
有色金属冶炼及压延加工业	Smelting and Pressing of Nonferrous Metals	98
金属制品业	Manufacture of Metal Products	639
通用设备制造业	Manufacture of General-purpose Machinery	629
专用设备制造业	Manufacture of Special-purpose Machinery	905
汽车制造业	Manufacfuer of Automobiles	80
铁路、船舶、航空航天和其他运输设备制造业	Manufacture of Railways Ships Aerospace and Other Transport Equipment	84
电气机械及器材制造业	Manufacture of Electrical Machinery and Equipment	1 542
计算机、通信和其他电子设备制造业	Manufacture of Communication Equipment, Computers and Other Electronic Equipment	3 141
仪器仪表制造业	Manufacture of Measuring Instruments	394
其他制造业	Other Manufacturing	111
废弃资源综合利用业	Recycling and Disposal of Waste	5
金属制品、机械和设备修理业	Manufacture of Metal Products,Machinery and Equipment Repair	13
电力、热力的生产和供应业	Production and Supply of Electric Power and Heat Power	28
燃气生产和供应业	Production and Supply of Gas	6
水的生产和供应业	Production and Supply of Water	39

4—5 续表1 continued (10 000 yuan)

工业总产值 Gross Industrial Output Value	资产总计 Total Asset	流动资产 Current Assets	应收账款 Value of Debts Receivable	负债合计 Total Liabilities
709 772	613 519	536 914	13 895	62 588
1 175 688	982 977	624 620	165 072	411 326
2 494 630	3 200 244	1 804 682	451 454	1 573 208
934 281	952 910	727 718	305 769	577 925
148 892	160 273	105 279	36 126	102 104
1 389 704	1 841 990	1 351 785	254 353	1 136 547
1 524 398	1 722 737	1 063 559	435 348	867 914
2 743 583	3 728 451	2 270 534	809 864	1 887 553
12 170 542	12 697 080	11 118 651	1 831 153	9 137 756
462 956	655 398	594 822	80 854	112 025
2 987 773	4 265 412	2 769 399	835 279	2 005 868
3 626 937	7 031 821	3 680 432	874 822	2 895 698
18 226	10 258	9 585	4 625	4 156
11 689 795	9 032 662	6 626 972	2 961 425	5 059 007
4 850 582	5 747 083	4 390 685	2 025 588	3 537 314
296 810	413 621	269 376	75 288	332 331
3 280 887	1 743 636	1 430 125	369 656	1 339 229
5 881 246	5 648 636	4 337 357	1 823 510	3 215 465
9 918 795	11 846 247	9 538 397	3 097 368	5 966 701
14 237 958	18 573 758	13 494 816	4 200 810	8 795 493
7 624 624	14 047 920	10 201 735	3 446 029	11 556 566
1 463 642	2 064 807	1 359 353	486 835	1 020 104
29 151 937	36 360 832	25 155 336	9 069 966	20 020 318
223 737 709	227 046 712	163 192 801	55 893 814	139 299 964
5 238 874	8 211 572	5 894 042	1 974 332	4 154 409
1 012 438	1 170 011	767 753	241 054	600 552
3 068 908	2 000 393	1 973 294	2 961	1 975 037
192 288	243 349	196 595	85 538	111 206
9 511 886	19 449 291	4 848 430	915 620	10 251 910
1 527 147	3 077 945	889 653	92 297	1 428 957
1 505 520	5 659 563	1 343 202	219 881	3 114 704

单位：万元

类　　别	Item	营业收入 Business Revenue
总　　计	**Total**	**364 363 464**
一、按登记注册类型分	**Grouped by Registration**	
1.内资企业	Domestic Investment Enterprise	252 356 813
国有企业	State−owned	5 784
集体企业	Collective−owned	
股份合作企业	Cooperative Shares Enterprise	
联营企业	Joint owned	
有限责任公司	Companies Limited with Liabilities	129 929 540
股份有限公司	Companies Limited by Shares	45 091 386
私营企业	Private	77 330 104
其他内资企业	Others	
2.港、澳、台投资企业	Funded by Entrepreneur from Hongkong,Macao and Taiwan	65 851 804
3.外商投资企业	Foreign Funded	46 154 847
二、按轻、重工业分	**Grouped by Light and Heavy Industry**	
1.轻工业	Light Industry	66 708 062
2.重工业	Heavy Industry	297 655 402
三、按企业规模分	**Grouped by Size of Enterprises**	
1.大型企业	Large Enterprises	215 970 589
2.中型企业	Medium−sized Enterprises	67 118 948
3.小型企业	Small Enterprises	78 058 173
4.微型企业	Micro Enterprises	3 215 754
四、按工业行业大类分	**Grouped by Sector**	
煤炭开采和洗选业	Mining and Washing of Coal	
石油和天燃气开采业	Extraction of Petroleum and Natural Gas	3 192 673
黑色金属矿采选业	Mining and Processing of Ferrous Metal Ores	
有色金属矿采选业	Mining and Processing of Nonferrous Metal Ores	
非金属矿采选业	Mining and Processing of Nonmetal Ores	
开采专业及辅助性活动	Mining and Auxiliary Activities	252 869
其他采矿业	Mining and Processing of Other Ores	
农副食品加工业	Processing of Food from Agricultural Products	2 943 063
食品制造业	Manufacture of Foods	768 325
酒、饮料和精制茶制造业	Manufacture of Wine,Beverages and Refined Tea	1 488 520

4—5 续表2 continued（10 000 yuan）

营业成本 Business Cost	销售费用 Prime Operating Expense	管理费用 Management Expenses	财务费用 Financial Expenses	利润总额 Total Profits
290 041 041	**14 897 641**	**14 076 937**	**2 250 871**	**25 218 868**
194 950 120	11 993 188	9 809 691	1 629 726	18 633 232
3 939	4	1 573	−119	347
96 453 631	6 589 835	4 451 189	690 136	10 933 017
33 901 716	2 815 745	1 982 076	533 961	4 086 583
64 590 835	2 587 604	3 374 853	405 748	3 613 284
54 757 475	1 871 153	2 810 894	405 700	4 580 807
40 333 446	1 033 300	1 456 353	215 445	2 004 829
53 574 940	4 032 964	3 343 164	475 653	3 653 971
236 466 101	10 864 677	10 733 773	1 775 218	21 564 897
167 885 468	9 394 550	7 115 904	1 059 446	17 400 286
53 597 367	2 887 709	2 830 382	535 839	5 153 466
65 572 569	2 560 772	3 950 394	637 968	2 736 385
2 985 637	54 610	180 258	17 619	− 71 270
1 050 448	5 884	60 652	54 917	1 834 733
224 017	1 477	4 768	1 322	14 567
2 692 750	72 364	54 348	−2 638	118 246
559 597	138 614	49 556	3 027	23 415
1 110 165	258 728	45 589	−1 345	76 270

单位：万元

类　　别	Item	营业收入 Business Revenue
烟草制品业	Manufacture of Tobacco	752 119
纺织业	Manufacture of Textile	1 069 653
纺织服装、服饰业	Manufacture of Textile Wearing Apparel,Footware and Caps	2 338 361
皮革、毛皮、羽毛及其制品和制鞋业	Manufacture of Leather, Fur, Feather and Related Products	934 797
木材加工及木、竹、藤、棕、草制品业	Processing of Timber, Manufacture of Wood, Bamboo, Rattan, Palm Fiber & Straw Products	146 794
家具制造业	Manufacture of Furniture	1 393 703
造纸及纸制品业	Manufacture of Paper and Paper Products	1 577 781
印刷和记录媒介复制业	Printing and Record Medium Reproduction	2 659 996
文教、工美、体育和娱乐用品制造业	Manufacture of Cultural, Educational and Sports Articles	13 143 180
石油加工、炼焦及核燃料加工业	Processing of Petroleum, Coking and Nuclear Fuel Processing	702 746
化学原料及化学制品制造业	Manufacture of Raw Chemical Materials and Chemical Products	3 094 179
医药制造业	Manufacture of Medicines	3 271 718
化学纤维制造业	Manufacture of Chemical Fibers	18 909
橡胶和塑料制品业	Manufacture of Rubber	11 520 665
非金属矿物制品业	Manufacture of Non−metallic Mineral Products	5 064 142
黑色金属冶炼及压延加工业	Smelting and Pressing of Ferrous Metals	307 440
有色金属冶炼及压延加工业	Smelting and Pressing of Nonferrous Metals	3 289 727
金属制品业	Manufacture of Metal Products	6 077 121
通用设备制造业	Manufacture of General−purpose Machinery	9 878 503
专用设备制造业	Manufacture of Special−purpose Machinery	12 948 814
汽车制造业	Manufacfuer of Automobiles	7 741 031
铁路、船舶、航空航天和其他运输设备制造业	Manufacture of Railways Ships Aerospace and Other Transport Equipment	1 466 498
电气机械及器材制造业	Manufacture of Electrical Machinery and Equipment	29 257 523
计算机、通信和其他电子设备制造业	Manufacture of Communication Equipment, Computers and Other Electronic Equipment	215 137 056
仪器仪表制造业	Manufacture of Measuring Instruments	5 252 973
其他制造业	Other Manufacturing	1 050 373
废弃资源综合利用业	Recycling and Disposal of Waste	2 241 890
金属制品、机械和设备修理业	Manufacture of Metal Products,Machinery and Equipment Repair	192 035
电力、热力的生产和供应业	Production and Supply of Electric Power and Heat Power	10 115 971
燃气生产和供应业	Production and Supply of Gas	1 513 106
水的生产和供应业	Production and Supply of Water	1 559 210

4－5 续表3 continued（10 000 yuan）

营业成本 Business Cost	销售费用 Prime Operating Expense	管理费用 Management Expenses	财务费用 Financial Expenses	利润总额 Total Profits
229 489	11 744	29 372	−4 214	80 182
808 446	113 249	52 179	1 844	79 190
1 529 147	410 448	228 228	25 090	108 729
789 849	25 353	119 364	42	1 546
119 993	4 796	8 918	4 185	3 479
1 161 467	84 463	91 313	10 536	22 474
1 347 332	50 366	98 280	8 206	56 210
2 120 359	92 877	188 290	15 827	181 677
11 658 083	265 353	562 823	186 786	415 522
433 453	57 513	30 062	−323	156 704
2 512 232	144 520	172 142	39 991	172 492
1 356 013	1 071 089	205 981	16 822	594 739
17 451	669	2 139	−1	−2 883
10 075 745	210 075	541 054	25 760	361 032
4 306 344	166 910	176 313	38 997	275 764
275 991	6 357	11 267	4 957	5 854
3 122 440	12 986	37 259	7 662	33 014
5 037 231	162 993	409 581	16 152	267 209
7 884 695	416 665	493 164	10 020	781 098
9 076 060	1 037 524	774 824	27 050	1 464 588
6 778 808	187 543	243 432	148 298	− 195 966
1 224 647	39 280	70 903	−3 198	71 293
24 418 350	1 013 345	1 233 931	279 689	1 384 143
170 768 167	8 261 978	7 330 521	849 680	14 320 091
3 763 144	403 775	358 164	64 957	371 761
837 592	41 353	67 694	9 347	65 133
2 233 431	3 529	1 780	2 009	1 883
136 110	4 749	17 449	1 756	27 802
8 343 376	5 073	166 400	234 155	1 384 804
1 108 995	60 712	39 951	32 834	272 878
929 627	53 290	99 249	140 671	389 197

4-6 规模以上工业企业主要经济效益指标（2019年）

MAIN INDICATORS ON ECONOMIC BENEFIT OF INDUSTRIAL ENTERPRISES ABOVE DESIGNATED SIZE（2019）

类　别	Item	成本费用利润率(%) After-Tax Profits/Cost (%)
总　　计	**Total**	**7.37**
一、按登记注册类型分	**Grouped by Registration**	
1.内资企业	Domestic Investment Enterprise	7.88
国有企业	State-owned	6.43
集体企业	Collective-owned	
股份合作企业	Cooperative Shares Enterprise	
联营企业	Joint owned	
有限责任公司	Companies Limited with Liabilities	9.09
股份有限公司	Companies Limited by Shares	9.69
私营企业	Private	4.88
其他内资企业	Others	
2.港、澳、台投资企业	Funded by Entrepreneur from Hongkong,Macao and Taiwan	7.45
3.外商投资企业	Foreign Funded	4.54
二、按轻、重工业分	**Grouped by Light and Heavy Industry**	
1.轻工业	Light Industry	5.77
2.重工业	Heavy Industry	7.73
三、按企业规模分	**Grouped by Size of Enterprises**	
1.大型企业	Large Enterprises	8.66
2.中型企业	Medium-sized Enterprises	8.29
3.小型企业	Small Enterprises	3.61
4.微型企业	Micro Enterprises	-2.16
四、按工业行业大类分	**Grouped by Sector**	
煤炭开采和洗选业	Mining and Washing of Coal	
石油和天燃气开采业	Extraction of Petroleum and Natural Gas	155.98
黑色金属矿采选业	Mining and Processing of Ferrous Metal Ores	
有色金属矿采选业	Mining and Processing of Nonferrous Metal Ores	
非金属矿采选业	Mining and Processing of Nonmetal Ores	
开采专业及辅助性活动	Mining and Auxiliary Activities	5.98
其他采矿业	Mining and Processing of Other Ores	
农副食品加工业	Processing of Food from Agricultural Products	4.18
食品制造业	Manufacture of Foods	3.07
酒、饮料和精制茶制造业	Manufacture of Wine,Beverages and Refined Tea	5.39

流动资产周转率(次) Turnover Times of Circulating Funds(time)	资产负债率（%） Assets-Liability Ratio (%)	总资产贡献率（%） Ratio of Total Assets to Industrial Output Value (%)	资本保值增值率（%） Ratio of Capital Appreciation（%）	全员劳动生产率（元/人） Total Labor Productivity（yuan/person）
1.28	**59.09**	**8.84**	**111.94**	**293 142**
1.23	60.11	9.43	111.38	365 208
0.19	0.51	2.61	100.38	134 286
1.37	65.36	12.76	108.38	726 046
0.89	50.17	6.17	112.61	369 557
1.31	63.14	7.57	114.63	158 820
1.27	57.52	8.06	109.55	175 125
1.58	55.25	6.44	119.42	214 665
1.25	54.74	7.96	105.18	152 777
1.28	60.04	9.04	113.76	355 479
1.28	60.41	9.82	112.32	433 563
1.31	52.00	9.29	111.53	200 336
1.26	62.22	5.87	117.07	160 505
1.02	58.77	-0.37	58.90	400 802
15.94	64.79	56.07	123.87	9 670 075
0.89	34.59	2.35	101.18	898 338
2.05	52.29	8.63	97.01	242 229
2.28	60.30	9.66	99.59	118 143
1.73	47.71	12.94	119.24	239 717

类　　别	Item	成本费用利润率(%) After-Tax Profits/Cost (%)
烟草制品业	Manufacture of Tobacco	29.68
纺织业	Manufacture of Textile	7.94
纺织服装、服饰业	Manufacture of Textile Wearing Apparel,Footware and Caps	4.81
皮革、毛皮、羽毛及其制品和制鞋业	Manufacture of Leather, Fur, Feather and Related Products	0.16
木材加工及木、竹、藤、棕、草制品业	Processing of Timber, Manufacture of Wood, Bamboo, Rattan, Palm Fiber & Straw Products	2.43
家具制造业	Manufacture of Furniture	1.64
造纸及纸制品业	Manufacture of Paper and Paper Products	3.65
印刷和记录媒介复制业	Printing and Record Medium Reproduction	7.29
文教、工美、体育和娱乐用品制造业	Manufacture of Cultural, Educational and Sports Articles	3.25
石油加工、炼焦及核燃料加工业	Processing of Petroleum, Coking and Nuclear Fuel Processing	29.90
化学原料及化学制品制造业	Manufacture of Raw Chemical Materials and Chemical Products	5.81
医药制造业	Manufacture of Medicines	21.05
化学纤维制造业	Manufacture of Chemical Fibers	−14.23
橡胶和塑料制品业	Manufacture of Rubber	3.22
非金属矿物制品业	Manufacture of Non−metallic Mineral Products	5.75
黑色金属冶炼及压延加工业	Smelting and Pressing of Ferrous Metals	1.94
有色金属冶炼及压延加工业	Smelting and Pressing of Nonferrous Metals	1.01
金属制品业	Manufacture of Metal Products	4.60
通用设备制造业	Manufacture of General−purpose Machinery	8.45
专用设备制造业	Manufacture of Special−purpose Machinery	12.39
汽车制造业	Manufacfuer of Automobiles	−2.55
铁路、船舶、航空航天和其他运输设备制造业	Manufacture of Railways Ships Aerospace and Other Transport Equipment	5.10
电气机械及器材制造业	Manufacture of Electrical Machinery and Equipment	4.93
计算机、通信和其他电子设备制造业	Manufacture of Communication Equipment, Computers and Other Electronic Equipment	7.04
仪器仪表制造业	Manufacture of Measuring Instruments	7.51
其他制造业	Other Manufacturing	6.55
废弃资源综合利用业	Recycling and Disposal of Waste	0.08
金属制品、机械和设备修理业	Manufacture of Metal Products,Machinery and Equipment Repair	16.91
电力、热力的生产和供应业	Production and Supply of Electric Power and Heat Power	15.61
燃气生产和供应业	Production and Supply of Gas	21.55
水的生产和供应业	Production and Supply of Water	31.53

流动资产周转率(次) Turnover Times of Circulating Funds(time)	资产负债率（%） Assets-Liability Ratio (%)	总资产贡献率（%） Ratio of Total Assets to Industrial Output Value (%)	资本保值增值率（%） Ratio of Capital Appreciation（%）	全员劳动生产率（元/人） Total Labor Productivity（yuan/person）
1.40	10.20	89.06	104.29	2 120 031
1.71	41.84	10.55	98.20	155 695
1.30	49.16	6.96	105.05	111 002
1.28	60.65	3.00	82.89	81 718
1.39	63.71	6.30	107.30	111 323
1.03	61.70	4.08	84.08	105 254
1.48	50.38	5.42	90.54	120 740
1.17	50.63	7.36	103.08	158 638
1.18	71.97	5.39	97.94	128 001
1.18	17.09	32.47	102.04	3 089 001
1.12	47.03	6.59	102.45	179 795
0.89	41.18	11.49	109.73	519 408
1.97	40.51	-24.66	65.44	60 814
1.74	56.01	6.76	115.01	113 888
1.15	61.55	7.52	106.64	205 431
1.14	80.35	4.05	86.43	153 596
2.30	76.81	3.13	106.19	786 279
1.40	56.92	7.79	81.04	143 118
1.04	50.37	8.53	117.69	191 334
0.96	47.35	10.08	121.91	222 210
0.76	82.27	0.42	88.03	176 942
1.08	49.40	5.09	102.40	202 571
1.16	55.06	5.89	103.29	148 015
1.32	61.35	9.09	113.01	403 658
0.89	50.59	6.92	108.67	188 593
1.37	51.33	8.44	129.99	135 487
1.14	98.73	0.25	266.25	124 265
0.98	45.70	16.03	127.57	334 291
2.09	52.71	10.29	164.29	2 914 789
1.70	46.43	11.44	129.52	1 279 643
1.16	55.03	9.83	108.84	706 074

4-7 规模以上内资工业企业主要经济指标（2019年）

MAIN ECONOMIC INDICATORS OF DOMESTIC INDUSTRIAL ENTERPRISES ABOVE DESIGNATED SIZE（2019）

单位：万元

类　别	Item	企业单位数(个) Number of Enterprises (unit)
总　计	**Total**	**7 995**
一、按登记注册类型分	**Grouped by Registration**	
1.内资企业	Domestic Investment Enterprise	7 995
国有企业	State-owned	1
集体企业	Collective-owned	
股份合作企业	Cooperative Shares Enterprise	
联营企业	Joint owned	
有限责任公司	Companies Limited with Liabilities	1 510
股份有限公司	Companies Limited by Shares	448
私营企业	Private	6 036
其他内资企业	Others	
2.港、澳、台投资企业	Funded by Entrepreneur from Hongkong,Macao and Taiwan	
3.外商投资企业	Foreign Funded	
二、按企业规模分	**Grouped by Size of Enterprises**	
1.大型企业	Large Enterprises	168
2.中型企业	Medium-sized Enterprises	837
3.小型企业	Small Enterprises	6 565
4.微型企业	Micro Enterprises	425
三、按工业行业大类分	**Grouped by Sector**	
煤炭开采和洗选业	Mining and Washing of Coal	
石油和天然气开采业	Extraction of Petroleum and Natural Gas	
黑色金属矿采选业	Mining and Processing of Ferrous Metal Ores	
有色金属矿采选业	Mining and Processing of Nonferrous Metal Ores	
非金属矿采选业	Mining and Processing of Nonmetal Ores	
开采专业及辅助性活动	Mining and Auxiliary Activities	1
其他采矿业	Mining and Processing of Other Ores	
农副食品加工业	Processing of Food from Agricultural Products	29
食品制造业	Manufacture of Foods	29
酒、饮料和精制茶制造业	Manufacture of Wine,Beverages and Refined Tea	6

(10 000 yuan)

工业总产值 Gross Output Value of Industry	资产总计 Total Assets	流动资产 Current Assets	营业收入 Business Revenue	利润总额 Total Profits
260 839 704	**294 232 095**	**204 501 679**	**252 356 813**	**18 633 232**
260 839 704	294 232 095	204 501 679	252 356 813	18 633 232
5 784	34 751	31 067	5 784	347
130 232 649	130 222 657	94 722 857	129 929 540	10 933 017
50 618 397	90 970 356	50 654 886	45 091 386	4 086 583
79 982 875	73 004 332	59 092 869	77 330 104	3 613 284
152 043 385	166 661 822	115 870 167	144 160 425	13 598 251
44 709 642	59 625 152	36 549 029	44 162 765	2 982 859
62 303 253	64 634 185	49 547 771	62 002 793	2 055 071
1 783 425	3 310 936	2 534 713	2 030 831	− 2 949
211 524	652 499	263 111	211 524	599
988 366	498 518	361 831	1 267 387	37 976
447 700	370 054	208 572	494 100	12 841
27 560	59 139	39 686	59 509	968

单位：万元

类　　别 Item		企业单位数(个) Number of Enterprises (unit)
烟草制品业	Manufacture of Tobacco	6
纺织业	Manufacture of Textile	37
纺织服装、服饰业	Manufacture of Textile Wearing Apparel,Footware and Caps	96
皮革、毛皮、羽毛及其制品和制鞋业	Manufacture of Leather, Fur, Feather and Related Products	51
木材加工及木、竹、藤、棕、草制品业	Processing of Timber, Manufacture of Wood, Bamboo, Rattan, Palm Fiber & Straw Products	21
家具制造业	Manufacture of Furniture	110
造纸及纸制品业	Manufacture of Paper and Paper Products	142
印刷和记录媒介复制业	Printing and Record Medium Reproduction	134
文教、工美、体育和娱乐用品制造业	Manufacture of Cultural, Educational and Sports Articles	236
石油加工、炼焦及核燃料加工业	Processing of Petroleum, Coking and Nuclear Fuel Processing	4
化学原料及化学制品制造业	Manufacture of Raw Chemical Materials and Chemical Products	177
医药制造业	Manufacture of Medicines	47
化学纤维制造业	Manufacture of Chemical Fibers	2
橡胶和塑料制品业	Manufacture of Rubber	491
非金属矿物制品业	Manufacture of Non-metallic Mineral Products	158
黑色金属冶炼及压延加工业	Smelting and Pressing of Ferrous Metals	13
有色金属冶炼及压延加工业	Smelting and Pressing of Nonferrous Metals	78
金属制品业	Manufacture of Metal Products	482
通用设备制造业	Manufacture of General-purpose Machinery	478
专用设备制造业	Manufacture of Special-purpose Machinery	735
汽车制造业	Manufacfuer of Automobiles	56
铁路、船舶、航空航天和其他运输设备制造业	Manufacture of Railways Ships Aerospace and Other Transport Equipment	52
电气机械及器材制造业	Manufacture of Electrical Machinery and Equipment	1 226
计算机、通信和其他电子设备制造业	Manufacture of Communication Equipment, Computers and Other Electronic Equipment	2 636
仪器仪表制造业	Manufacture of Measuring Instruments	309
其他制造业	Other Manufacturing	79
废弃资源综合利用业	Recycling and Disposal of Waste	5
金属制品、机械和设备修理业	Manufacture of Metal Products,Machinery and Equipment Repair	8
电力、热力的生产和供应业	Production and Supply of Electric Power and Heat Power	22
燃气生产和供应业	Production and Supply of Gas	4
水的生产和供应业	Production and Supply of Water	35

工业总产值 Gross Output Value of Industry	资产总计 Total Assets	流动资产 Current Assets	营业收入 Business Revenue	利润总额 Total Profits
709 772	613 519	536 914	752 119	80 182
752 652	698 190	422 390	654 940	64 114
1 321 816	2 304 634	1 099 598	1 210 826	65 529
292 953	192 776	168 681	287 252	2 764
145 190	155 291	101 729	143 094	3 343
967 413	1 343 502	962 320	964 851	18 576
953 260	1 220 239	649 459	990 797	41 584
1 810 870	2 739 603	1 527 989	1 741 349	118 736
7 475 920	7 666 150	6 522 295	7 980 103	193 959
80 112	75 423	50 211	81 072	1 594
1 621 592	3 272 333	2 065 278	1 697 178	118 502
2 063 206	5 167 898	2 564 054	1 956 709	351 078
7 837	4 595	4 509	8 520	78
4 550 186	4 626 034	3 202 858	4 376 254	224 132
3 717 663	4 025 490	3 130 714	3 968 900	183 698
193 164	316 210	194 358	196 163	4 476
2 110 022	1 152 874	897 321	2 115 457	25 744
3 702 076	3 624 078	2 891 351	3 762 626	160 652
5 058 774	7 859 717	6 115 273	4 955 321	440 141
11 041 742	15 203 197	10 965 491	9 721 395	1 242 584
1 523 823	2 003 750	1 421 919	1 444 947	3 109
669 163	551 104	438 021	652 682	31 479
18 168 711	22 696 497	15 582 214	18 197 664	738 611
173 281 140	175 033 360	130 145 812	165 879 499	13 206 471
3 742 272	6 078 451	4 528 152	3 767 082	275 803
749 694	963 410	588 069	782 446	50 764
3 068 908	2 000 393	1 973 294	2 241 890	1 883
53 410	71 289	63 184	55 985	7 967
7 858 882	16 346 628	3 207 254	8 283 265	721 015
786 990	2 422 781	652 863	786 990	70 429
685 345	2 222 467	954 905	666 917	131 850

4-8 规模以上股份有限工业企业主要经济指标（2019年）

MAIN ECONOMIC INDICATORS OF SHARE-HOLDING INDUSTRIAL ENTERPRISES LIMITED ABOVE DESIGNATED SIZE（2019）

单位：万元

类　别	Item	企业单位数(个) Number of Enterprises (unit)
总　计	**Total**	**448**
一、按登记注册类型分	**Grouped by Registration**	
1.内资企业	Domestic Investment Enterprise	448
国有企业	State-owned	
集体企业	Collective-owned	
股份合作企业	Cooperative Shares Enterprise	
联营企业	Joint owned	
有限责任公司	Companies Limited with Liabilities	
股份有限公司	Companies Limited by Shares	448
私营企业	Private	
其他内资企业	Others	
2.港、澳、台投资企业	Funded by Entrepreneur from Hongkong,Macao and Taiwan	
3.外商投资企业	Foreign Funded	
二、按企业规模分	**Grouped by Size of Enterprises**	
1.大型企业	Large Enterprises	72
2.中型企业	Medium-sized Enterprises	117
3.小型企业	Small Enterprises	246
4.微型企业	Micro Enterprises	13
三、按工业行业大类分	**Grouped by Sector**	
煤炭开采和洗选业	Mining and Washing of Coal	
石油和天燃气开采业	Extraction of Petroleum and Natural Gas	
黑色金属矿采选业	Mining and Processing of Ferrous Metal Ores	
有色金属矿采选业	Mining and Processing of Nonferrous Metal Ores	
非金属矿采选业	Mining and Processing of Nonmetal Ores	
开采专业及辅助性活动	Mining and Auxiliary Activities	
其他采矿业	Mining and Processing of Other Ores	
农副食品加工业	Processing of Food from Agricultural Products	2
食品制造业	Manufacture of Foods	
酒、饮料和精制茶制造业	Manufacture of Wine,Beverages and Refined Tea	

(10 000 yuan)

工业总产值 Gross Output Value of Industry	资产总计 Total Assets	流动资产 Current Assets	营业收入 Business Revenue	利润总额 Total Profits
50 618 397	**90 970 356**	**50 654 886**	**45 091 386**	**4 086 583**
50 618 397	90 970 356	50 654 886	45 091 386	4 086 583
50 618 397	90 970 356	50 654 886	45 091 386	4 086 583
36 440 998	55 101 274	32 329 383	30 437 257	2 813 274
8 328 207	23 579 780	11 555 081	8 732 816	870 479
5 741 712	11 711 326	6 468 178	5 810 210	398 538
107 480	577 976	302 244	111 103	4 292
64 464	55 022	45 618	83 715	10 744

单位：万元

类　　别	Item	企业单位数(个) Number of Enterprises (unit)
烟草制品业	Manufacture of Tobacco	
纺织业	Manufacture of Textile	2
纺织服装、服饰业	Manufacture of Textile Wearing Apparel,Footware and Caps	8
皮革、毛皮、羽毛及其制品和制鞋业	Manufacture of Leather, Fur, Feather and Related Products	
木材加工及木、竹、藤、棕、草制品业	Processing of Timber, Manufacture of Wood, Bamboo, Rattan, Palm Fiber & Straw Products	1
家具制造业	Manufacture of Furniture	1
造纸及纸制品业	Manufacture of Paper and Paper Products	2
印刷和记录媒介复制业	Printing and Record Medium Reproduction	5
文教、工美、体育和娱乐用品制造业	Manufacture of Cultural, Educational and Sports Articles	4
石油加工、炼焦及核燃料加工业	Processing of Petroleum, Coking and Nuclear Fuel Processing	1
化学原料及化学制品制造业	Manufacture of Raw Chemical Materials and Chemical Products	17
医药制造业	Manufacture of Medicines	12
化学纤维制造业	Manufacture of Chemical Fibers	
橡胶和塑料制品业	Manufacture of Rubber	20
非金属矿物制品业	Manufacture of Non-metallic Mineral Products	8
黑色金属冶炼及压延加工业	Smelting and Pressing of Ferrous Metals	
有色金属冶炼及压延加工业	Smelting and Pressing of Nonferrous Metals	1
金属制品业	Manufacture of Metal Products	13
通用设备制造业	Manufacture of General-purpose Machinery	23
专用设备制造业	Manufacture of Special-purpose Machinery	45
汽车制造业	Manufacfuer of Automobiles	5
铁路、船舶、航空航天和其他运输设备制造业	Manufacture of Railways Ships Aerospace and Other Transport Equipment	1
电气机械及器材制造业	Manufacture of Electrical Machinery and Equipment	59
计算机、通信和其他电子设备制造业	Manufacture of Communication Equipment, Computers and Other Electronic Equipment	174
仪器仪表制造业	Manufacture of Measuring Instruments	33
其他制造业	Other Manufacturing	3
废弃资源综合利用业	Recycling and Disposal of Waste	
金属制品、机械和设备修理业	Manufacture of Metal Products,Machinery and Equipment Repair	
电力、热力的生产和供应业	Production and Supply of Electric Power and Heat Power	2
燃气生产和供应业	Production and Supply of Gas	1
水的生产和供应业	Production and Supply of Water	5

4-8 续表 continued（10 000 yuan）

工业总产值 Gross Output Value of Industry	资产总计 Total Assets	流动资产 Current Assets	营业收入 Business Revenue	利润总额 Total Profits
83 420	117 496	61 634	70 460	9 407
475 550	1 515 967	435 981	427 463	58 446
32 389	38 347	15 694	32 082	1 267
42 219	29 537	20 533	42 040	3 026
78 443	533 247	91 679	113 904	24 142
591 122	1 507 183	600 900	542 844	75 721
519 469	1 459 845	1 057 716	999 777	139 157
15 024	51 781	27 590	15 033	1 748
540 163	2 071 838	1 059 773	582 661	34 360
601 802	2 613 859	1 088 652	591 190	151 427
628 606	1 250 228	510 449	616 283	73 585
733 266	1 358 590	869 279	941 175	141 978
114 350	188 721	118 575	110 309	9 431
412 202	563 289	350 063	419 997	42 773
906 524	2 702 676	1 795 653	872 535	112 367
5 132 862	8 064 680	5 266 834	4 057 078	758 747
718 966	1 061 072	709 265	680 733	−33 148
12 599	4 559	4 532	12 599	65
2 845 598	6 462 520	3 309 967	2 677 625	200 237
33 593 120	47 468 332	28 844 325	28 244 362	2 070 007
1 289 322	3 067 416	1 975 907	1 321 071	34 205
102 383	478 810	209 916	101 807	9 959
251 969	5 555 639	1 135 615	702 248	39 575
718 027	1 855 165	617 239	718 027	94 773
114 538	894 537	431 499	114 368	22 585

4-9 规模以上私营工业企业主要经济指标（2019年）

MAIN ECONOMIC INDICATORS OF PRIVATE INDUSTRIAL ENTERPRISES ABOVE DESIGNATED SIZE（2019）

单位：万元

类 别	Item	企业单位数(个) Number of Enterprises (unit)
总　　计	**Total**	**6 036**
一、按登记注册类型分	**Grouped by Registration**	
1.内资企业	Domestic Investment Enterprise	6 036
国有企业	State-owned	
集体企业	Collective-owned	
股份合作企业	Cooperative Shares Enterprise	
联营企业	Joint owned	
有限责任公司	Companies Limited with Liabilities	
股份有限公司	Companies Limited by Shares	
私营企业	Private	6 036
其他内资企业	Others	
2.港、澳、台投资企业	Funded by Entrepreneur from Hongkong,Macao and Taiwan	
3.外商投资企业	Foreign Funded	
二、按企业规模分	**Grouped by Size of Enterprises**	
1.大型企业	Large Enterprises	58
2.中型企业	Medium-sized Enterprises	530
3.小型企业	Small Enterprises	5 121
4.微型企业	Micro Enterprises	327
三、按工业行业大类分	**Grouped by Sector**	
煤炭开采和洗选业	Mining and Washing of Coal	
石油和天然气开采业	Extraction of Petroleum and Natural Gas	
黑色金属矿采选业	Mining and Processing of Ferrous Metal Ores	
有色金属矿采选业	Mining and Processing of Nonferrous Metal Ores	
非金属矿采选业	Mining and Processing of Nonmetal Ores	
开采专业及辅助性活动	Mining and Auxiliary Activities	
其他采矿业	Mining and Processing of Other Ores	
农副食品加工业	Processing of Food from Agricultural Products	17
食品制造业	Manufacture of Foods	20
酒、饮料和精制茶制造业	Manufacture of Wine,Beverages and Refined Tea	5

(10 000 yuan)

工业总产值 Gross Output Value of Industry	资产总计 Total Assets	流动资产 Current Assets	营业收入 Business Revenue	利润总额 Total Profits
79 982 875	**73 004 332**	**59 092 869**	**77 330 104**	**3 613 284**
79 982 875	73 004 332	59 092 869	77 330 104	3 613 284
79 982 875	73 004 332	59 092 869	77 330 104	3 613 284
14 646 793	15 271 005	11 773 409	13 434 205	1 013 221
22 488 681	19 653 592	15 210 147	21 183 209	1 224 584
41 494 019	35 947 393	30 346 436	41 215 444	1 371 460
1 353 382	2 132 342	1 762 878	1 497 247	4 019
274 842	161 175	118 085	285 719	9 377
137 611	130 754	92 609	136 121	8 677
24 809	56 668	37 853	56 758	438

单位：万元

类　　别	Item	企业单位数（个）Number of Enterprises (unit)
烟草制品业	Manufacture of Tobacco	3
纺织业	Manufacture of Textile	33
纺织服装、服饰业	Manufacture of Textile Wearing Apparel,Footware and Caps	73
皮革、毛皮、羽毛及其制品和制鞋业	Manufacture of Leather, Fur, Feather and Related Products	42
木材加工及木、竹、藤、棕、草制品业	Processing of Timber, Manufacture of Wood, Bamboo, Rattan, Palm Fiber & Straw Products	19
家具制造业	Manufacture of Furniture	99
造纸及纸制品业	Manufacture of Paper and Paper Products	127
印刷和记录媒介复制业	Printing and Record Medium Reproduction	101
文教、工美、体育和娱乐用品制造业	Manufacture of Cultural, Educational and Sports Articles	202
石油加工、炼焦及核燃料加工业	Processing of Petroleum, Coking and Nuclear Fuel Processing	3
化学原料及化学制品制造业	Manufacture of Raw Chemical Materials and Chemical Products	125
医药制造业	Manufacture of Medicines	20
化学纤维制造业	Manufacture of Chemical Fibers	2
橡胶和塑料制品业	Manufacture of Rubber	385
非金属矿物制品业	Manufacture of Non-metallic Mineral Products	108
黑色金属冶炼及压延加工业	Smelting and Pressing of Ferrous Metals	10
有色金属冶炼及压延加工业	Smelting and Pressing of Nonferrous Metals	62
金属制品业	Manufacture of Metal Products	384
通用设备制造业	Manufacture of General-purpose Machinery	358
专用设备制造业	Manufacture of Special-purpose Machinery	562
汽车制造业	Manufacfuer of Automobiles	37
铁路、船舶、航空航天和其他运输设备制造业	Manufacture of Railways Ships Aerospace and Other Transport Equipment	45
电气机械及器材制造业	Manufacture of Electrical Machinery and Equipment	950
计算机、通信和其他电子设备制造业	Manufacture of Communication Equipment, Computers and Other Electronic Equipment	1 947
仪器仪表制造业	Manufacture of Measuring Instruments	221
其他制造业	Other Manufacturing	59
废弃资源综合利用业	Recycling and Disposal of Waste	4
金属制品、机械和设备修理业	Manufacture of Metal Products,Machinery and Equipment Repair	5
电力、热力的生产和供应业	Production and Supply of Electric Power and Heat Power	3
燃气生产和供应业	Production and Supply of Gas	1
水的生产和供应业	Production and Supply of Water	4

4—9 续表 continued (10 000 yuan)

工业总产值 Gross Output Value of Industry	资产总计 Total Assets	流动资产 Current Assets	营业收入 Business Revenue	利润总额 Total Profits
2 725	13 705	6 366	24 265	4 580
356 236	455 853	255 571	324 418	41 784
614 881	619 029	530 165	593 130	9 179
260 371	176 189	154 309	255 516	2 464
105 900	115 769	84 912	104 110	2 109
865 753	994 613	682 035	857 568	19 684
697 554	522 140	426 622	704 531	12 411
982 831	836 628	638 035	955 285	32 408
5 983 295	4 393 366	3 879 314	6 034 687	153 718
65 088	23 642	22 621	66 040	−154
923 726	913 295	738 115	941 211	68 980
536 781	1 490 865	850 493	448 218	73 092
7 837	4 595	4 509	8 520	78
2 979 042	2 547 882	2 066 093	2 900 798	119 132
1 562 736	1 243 067	1 060 125	1 589 252	34 307
183 828	299 393	178 714	186 756	4 128
1 842 419	865 824	709 562	1 855 093	11 331
2 604 680	2 380 973	1 992 337	2 632 121	96 324
3 462 781	4 227 231	3 535 576	3 361 139	300 518
4 600 686	5 193 360	4 301 990	4 351 682	376 431
509 851	548 842	430 469	469 958	25 462
611 285	496 871	389 886	592 761	29 962
9 343 525	10 256 031	7 847 483	9 714 590	438 418
35 269 484	29 884 894	24 300 993	33 514 887	1 548 308
1 543 518	1 648 597	1 402 429	1 546 701	147 078
470 253	327 737	267 925	488 217	26 121
3 057 850	1 995 116	1 968 797	2 231 217	1 874
36 176	42 976	38 509	35 694	7 424
14 590	37 518	31 444	16 526	5 723
14 429	1 318	1 186	14 429	−25
35 504	98 417	47 739	32 187	1 942

4-10 规模以上港澳台商投资和外商投资工业企业主要经济指标（2019年）

MAIN ECONOMIC INDICATORS OF INDUSTRIAL ENTERPAISES WITH FUNDS FROM HONGKONG,MACAO,TAIWAN AND FOREIGN FUNDS ABOVE DESIGNATED SIZE（2019）

单位：万元

类别	Item	企业单位数(个) Number of Enterprises (unit)
总　　计	**Total**	**2 342**
一、按登记注册类型分	**Grouped by Registration**	
1.内资企业	Domestic Investment Enterprise	
国有企业	State-owned	
集体企业	Collective-owned	
股份合作企业	Cooperative Shares Enterprise	
联营企业	Joint owned	
有限责任公司	Companies Limited with Liabilities	
股份有限公司	Companies Limited by Shares	
私营企业	Private	
其他内资企业	Others	
2.港、澳、台投资企业	Funded by Entrepreneur from Hongkong,Macao and Taiwan	1 725
3.外商投资企业	Foreign Funded	617
二、按企业规模分	**Grouped by Size of Enterprises**	
1.大型企业	Large Enterprises	177
2.中型企业	Medium-sized Enterprises	558
3.小型企业	Small Enterprises	1 507
4.微型企业	Micro Enterprises	100
三、按工业行业大类分	**Grouped by Sector**	
煤炭开采和洗选业	Mining and Washing of Coal	
石油和天然气开采业	Extraction of Petroleum and Natural Gas	2
黑色金属矿采选业	Mining and Processing of Ferrous Metal Ores	
有色金属矿采选业	Mining and Processing of Nonferrous Metal Ores	
非金属矿采选业	Mining and Processing of Nonmetal Ores	
开采专业及辅助性活动	Mining and Auxiliary Activities	1
其他采矿业	Mining and Processing of Other Ores	
农副食品加工业	Processing of Food from Agricultural Products	15
食品制造业	Manufacture of Foods	13
酒、饮料和精制茶制造业	Manufacture of Wine,Beverages and Refined Tea	10

（10 000 yuan）

工业总产值 Gross Output Value of Industry	资产总计 Total Assets	流动资产 Current Assets	营业收入 Business Revenue	利润总额 Total Profits
112 421 874	**124 314 423**	**81 184 705**	**112 006 650**	**6 585 636**
66 477 167	77 495 029	52 027 380	65 851 804	4 580 807
45 944 707	46 819 394	29 157 325	46 154 847	2 004 829
72 467 151	83 777 293	53 167 540	71 810 164	3 802 036
22 849 742	22 926 063	14 865 709	22 956 183	2 170 607
15 666 113	16 783 014	12 538 895	16 055 380	681 314
1 438 868	828 054	612 561	1 184 923	− 68 321
3 194 870	4 106 243	200 299	3 192 673	1 834 733
41 345	47 132	21 769	41 345	13 968
1 627 602	1 349 667	1 076 526	1 675 677	80 270
243 016	196 396	128 095	274 225	10 574
1 901 169	1 065 764	818 594	1 429 011	75 303

单位：万元

类　　别 Item		企业单位数 (个) Number of Enterprises (unit)
烟草制品业	Manufacture of Tobacco	
纺织业	Manufacture of Textile	24
纺织服装、服饰业	Manufacture of Textile Wearing Apparel,Footware and Caps	81
皮革、毛皮、羽毛及其制品和制鞋业	Manufacture of Leather, Fur, Feather and Related Products	36
木材加工及木、竹、藤、棕、草制品业	Processing of Timber, Manufacture of Wood, Bamboo, Rattan, Palm Fiber & Straw Products	1
家具制造业	Manufacture of Furniture	27
造纸及纸制品业	Manufacture of Paper and Paper Products	70
印刷和记录媒介复制业	Printing and Record Medium Reproduction	60
文教、工美、体育和娱乐用品制造业	Manufacture of Cultural, Educational and Sports Articles	130
石油加工、炼焦及核燃料加工业	Processing of Petroleum, Coking and Nuclear Fuel Processing	2
化学原料及化学制品制造业	Manufacture of Raw Chemical Materials and Chemical Products	48
医药制造业	Manufacture of Medicines	19
化学纤维制造业	Manufacture of Chemical Fibers	1
橡胶和塑料制品业	Manufacture of Rubber	262
非金属矿物制品业	Manufacture of Non-metallic Mineral Products	24
黑色金属冶炼及压延加工业	Smelting and Pressing of Ferrous Metals	7
有色金属冶炼及压延加工业	Smelting and Pressing of Nonferrous Metals	20
金属制品业	Manufacture of Metal Products	157
通用设备制造业	Manufacture of General-purpose Machinery	151
专用设备制造业	Manufacture of Special-purpose Machinery	170
汽车制造业	Manufacfuer of Automobiles	24
铁路、船舶、航空航天和其他运输设备制造业	Manufacture of Railways Ships Aerospace and Other Transport Equipment	32
电气机械及器材制造业	Manufacture of Electrical Machinery and Equipment	316
计算机、通信和其他电子设备制造业	Manufacture of Communication Equipment, Computers and Other Electronic Equipment	505
仪器仪表制造业	Manufacture of Measuring Instruments	85
其他制造业	Other Manufacturing	32
废弃资源综合利用业	Recycling and Disposal of Waste	
金属制品、机械和设备修理业	Manufacture of Metal Products,Machinery and Equipment Repair	5
电力、热力的生产和供应业	Production and Supply of Electric Power and Heat Power	6
燃气生产和供应业	Production and Supply of Gas	2
水的生产和供应业	Production and Supply of Water	4

4—10 续表 continued (10 000 yuan)

工业总产值 Gross Output Value of Industry	资产总计 Total Assets	流动资产 Current Assets	营业收入 Business Revenue	利润总额 Total Profits
423 035	284 787	202 230	414 713	15 076
1 172 814	895 610	705 084	1 127 535	43 200
641 328	760 134	559 037	647 545	−1 219
3 702	4 981	3 550	3 700	136
422 291	498 488	389 464	428 851	3 898
571 138	502 498	414 099	586 985	14 625
932 713	988 848	742 545	918 647	62 941
4 694 623	5 030 930	4 596 355	5 163 076	221 563
382 844	579 975	544 611	621 673	155 110
1 366 182	993 079	704 121	1 397 001	53 989
1 563 731	1 863 923	1 116 378	1 315 010	243 661
10 389	5 663	5 076	10 389	−2 961
7 139 609	4 406 628	3 424 114	7 144 411	136 900
1 132 919	1 721 593	1 259 971	1 095 242	92 067
103 646	97 411	75 018	111 277	1 378
1 170 865	590 762	532 805	1 174 271	7 270
2 179 169	2 024 558	1 446 005	2 314 495	106 557
4 860 020	3 986 530	3 423 124	4 923 183	340 957
3 196 216	3 370 561	2 529 325	3 227 419	222 004
6 100 802	12 044 170	8 779 816	6 296 083	−199 075
794 480	1 513 702	921 332	813 816	39 813
10 983 226	13 664 335	9 573 123	11 059 859	645 532
50 456 569	52 013 352	33 046 989	49 257 557	1 113 620
1 496 602	2 133 121	1 365 890	1 485 891	95 958
262 744	206 601	179 684	267 927	14 369
138 878	172 060	133 411	136 050	19 835
1 653 004	3 102 663	1 641 175	1 832 706	663 789
740 157	655 164	236 790	726 116	202 450
820 175	3 437 096	388 297	892 293	257 346

4-11 规模以上大中型工业企业主要经济指标（2019年）

MAIN ECONOMIC INDICATORS OF LARGE AND MEDIUM-SIZED INDUSTRIAL ENTERPRISES ABOVE DESIGNATED SIZE（2019）

单位：万元

类　别	Item	企业单位数(个) Number of Enterprises (unit)
总　　计	**Total**	**1 740**
一、按登记注册类型分	**Grouped by Registration**	
1.内资企业	Domestic Investment Enterprise	1 005
国有企业	State-owned	
集体企业	Collective-owned	
股份合作企业	Cooperative Shares Enterprise	
联营企业	Joint owned	
有限责任公司	Companies Limited with Liabilities	228
股份有限公司	Companies Limited by Shares	189
私营企业	Private	588
其他内资企业	Others	
2.港、澳、台投资企业	Funded by Entrepreneur from Hongkong,Macao and Taiwan	514
3.外商投资企业	Foreign Funded	221
二、按企业规模分	**Grouped by Size of Enterprises**	
1.大型企业	Large Enterprises	345
2.中型企业	Medium-sized Enterprises	1 395
3.小型企业	Small Enterprises	
4.微型企业	Micro Enterprises	
三、按工业行业大类分	**Grouped by Sector**	
煤炭开采和洗选业	Mining and Washing of Coal	
石油和天燃气开采业	Extraction of Petroleum and Natural Gas	1
黑色金属矿采选业	Mining and Processing of Ferrous Metal Ores	
有色金属矿采选业	Mining and Processing of Nonferrous Metal Ores	
非金属矿采选业	Mining and Processing of Nonmetal Ores	
开采专业及辅助性活动	Mining and Auxiliary Activities	2
其他采矿业	Mining and Processing of Other Ores	
农副食品加工业	Processing of Food from Agricultural Products	7
食品制造业	Manufacture of Foods	8
酒、饮料和精制茶制造业	Manufacture of Wine,Beverages and Refined Tea	5

(10 000 yuan)

工业总产值 Gross Output Value of Industry	资产总计 Total Assets	流动资产 Current Assets	营业收入 Business Revenue	利润总额 Total Profits
292 069 919	**332 990 329**	**220 452 445**	**283 089 537**	**22 553 753**
196 753 027	226 286 974	152 419 196	188 323 190	16 581 110
114 848 348	112 681 323	81 551 176	114 535 704	10 659 552
44 769 205	78 681 054	43 884 464	39 170 073	3 683 753
37 135 475	34 924 597	26 983 556	34 617 414	2 237 805
55 186 964	66 095 541	43 600 189	54 615 724	4 177 802
40 129 929	40 607 814	24 433 060	40 150 623	1 794 840
224 510 536	250 439 115	169 037 707	215 970 589	17 400 286
67 559 383	82 551 214	51 414 737	67 118 948	5 153 466
3 169 802	4 025 332	171 615	3 167 604	1 828 111
252 869	699 631	284 880	252 869	14 567
1 711 090	962 023	716 340	1 713 075	51 326
473 331	261 193	163 715	547 906	15 418
1 825 375	716 706	561 683	1 370 767	58 563

单位：万元

类　　别 Item		企业单位数（个）Number of Enterprises (unit)
烟草制品业	Manufacture of Tobacco	3
纺织业	Manufacture of Textile	9
纺织服装、服饰业	Manufacture of Textile Wearing Apparel,Footware and Caps	59
皮革、毛皮、羽毛及其制品和制鞋业	Manufacture of Leather, Fur, Feather and Related Products	18
木材加工及木、竹、藤、棕、草制品业	Processing of Timber, Manufacture of Wood, Bamboo, Rattan, Palm Fiber & Straw Products	1
家具制造业	Manufacture of Furniture	25
造纸及纸制品业	Manufacture of Paper and Paper Products	19
印刷和记录媒介复制业	Printing and Record Medium Reproduction	31
文教、工美、体育和娱乐用品制造业	Manufacture of Cultural, Educational and Sports Articles	94
石油加工、炼焦及核燃料加工业	Processing of Petroleum, Coking and Nuclear Fuel Processing	1
化学原料及化学制品制造业	Manufacture of Raw Chemical Materials and Chemical Products	15
医药制造业	Manufacture of Medicines	20
化学纤维制造业	Manufacture of Chemical Fibers	
橡胶和塑料制品业	Manufacture of Rubber	121
非金属矿物制品业	Manufacture of Non-metallic Mineral Products	23
黑色金属冶炼及压延加工业	Smelting and Pressing of Ferrous Metals	1
有色金属冶炼及压延加工业	Smelting and Pressing of Nonferrous Metals	4
金属制品业	Manufacture of Metal Products	80
通用设备制造业	Manufacture of General-purpose Machinery	98
专用设备制造业	Manufacture of Special-purpose Machinery	128
汽车制造业	Manufacfuer of Automobiles	18
铁路、船舶、航空航天和其他运输设备制造业	Manufacture of Railways Ships Aerospace and Other Transport Equipment	16
电气机械及器材制造业	Manufacture of Electrical Machinery and Equipment	246
计算机、通信和其他电子设备制造业	Manufacture of Communication Equipment, Computers and Other Electronic Equipment	602
仪器仪表制造业	Manufacture of Measuring Instruments	52
其他制造业	Other Manufacturing	13
废弃资源综合利用业	Recycling and Disposal of Waste	
金属制品、机械和设备修理业	Manufacture of Metal Products,Machinery and Equipment Repair	2
电力、热力的生产和供应业	Production and Supply of Electric Power and Heat Power	7
燃气生产和供应业	Production and Supply of Gas	2
水的生产和供应业	Production and Supply of Water	9

工业总产值 Gross Output Value of Industry	资产总计 Total Assets	流动资产 Current Assets	营业收入 Business Revenue	利润总额 Total Profits
707 047	599 813	530 548	727 854	75 601
709 912	432 264	293 507	632 449	32 813
1 736 483	2 444 283	1 176 199	1 590 680	106 187
635 210	749 890	538 673	630 038	−4 347
12 182	18 286	16 234	12 393	−433
771 294	922 991	632 861	716 522	26 314
450 396	840 904	317 497	477 746	41 739
1 687 871	2 583 939	1 366 098	1 602 429	143 354
7 566 614	8 501 473	7 341 616	8 377 163	511 413
382 296	575 286	540 074	617 873	152 867
742 988	1 380 069	820 912	778 536	28 644
3 138 767	6 032 650	3 094 272	2 805 109	523 844
7 671 620	5 645 135	3 927 739	7 556 479	233 474
2 478 673	2 999 766	2 360 895	2 635 394	254 371
98 026	238 583	127 514	105 519	905
191 932	274 997	177 531	184 736	16 397
2 399 342	2 414 307	1 746 142	2 432 502	153 793
6 604 831	7 521 020	5 987 154	6 478 161	566 791
9 341 252	11 760 503	8 387 908	7 990 572	1 158 157
7 015 090	13 107 875	9 476 243	7 150 321	−179 917
952 099	1 511 076	933 147	931 685	64 423
18 951 218	25 992 047	16 542 293	18 941 730	1 083 258
196 292 440	199 778 217	142 480 473	187 871 004	13 534 831
2 673 101	4 853 451	3 450 209	2 687 122	166 369
387 108	687 312	346 880	378 941	34 476
101 198	111 416	89 010	100 913	10 031
8 318 332	17 031 137	4 021 412	8 966 551	1 227 093
1 451 910	2 492 399	845 717	1 433 683	295 106
1 168 221	4 824 357	985 456	1 223 213	328 216

4-12 主要工业产品产量

PRODUCTION OF MAIN INDUSTRIAL PRODUCTS

年 份 Year	自来水生产量 (万立方米) Tap Water (10 000 cu.m)	发电量 (万千瓦小时) Electricity (10 000 kwh)	小麦粉 (吨) Flour (ton)	啤 酒 (千升) Beer (kiloliter)	卷 烟 (万支) Cigarettes (10 000 pieces)	化学纤维 (吨) Chemical Fiber (ton)	布 (万米) Cloth (10 000 m)
1979		609					
1980		437					
1981		608					
1982		1 152					
1983		1 322					
1984		1 261			27 570		
1985		1 012			45 500		
1986	7 051	3 130			52 225		
1987	8 617	4 408			75 000	3 731	280
1988	13 060	2 508	16 794		252 255	4 190	925
1989	19 962	1 124	17 285		303 825	4 451	380
1990	19 736	31 065	21 155		380 820	5 050	631
1991	24 446	107 727	35 151		430 000	7 694	1 872
1992	23 785	195 007	44 302	57 256	442 500	7 637	30 484
1993	30 335	416 568	72 252	76 715	472 575	14 194	3 907
1994	43 425	1 739 463	75 536	82 128	472 915	19 768	2 674
1995	50 151	1 652 038	92 977	101 425	522 800	22 348	4 413
1996	53 691	1 873 881	219 700	125 302	594 120	17 576	106
1997	60 408	1 960 433	273 300	131 346	629 205	20 243	2 375
1998	62 585	2 150 147	250 000	152 279	756 095	13 271	1 716
1999	66 816	2 380 518	287 400	150 880	943 600	14 543	3 200
2000	75 547	2 618 545	229 000	250 417	1 044 490	14 368	2 356
2001	93 047	2 737 802	360 000	275 180	1 145 465	13 805	1 940
2002	113 315	3 515 696	346 000	334 590	1 175 810	13 821	2 247
2003	123 709	4 846 256	328 200	396 150	1 207 066	14 281	1 317
2004	119 510	5 220 982	313 300	477 766	1 277 700	15 083	2 697
2005	148 221	5 685 750	350 325	581 161	1 373 606	8 497	3 885
2006	141 218	5 472 103	351 289	574 554	1 454 359	4 913	2 210
2007	148 349	5 578 728	360 171	561 371	1 605 650	8 382	2 857
2008	150 221	5 844 154	368 498	473 027	1 656 000	1 115	2 541
2009	137 824	5 677 546	339 457	524 696	1 753 150	2 284	464
2010	153 218	5 778 497	324 406	597 184	1 817 025	7 627	1 904
2011	155 802	6 784 694	306 664	653 279	1 877 085	3 310	716
2012	159 944	7 001 845	442 134	623 503	1 919 220	4 548	775
2013	159 177	6 796 228	457 511	558 856	1 951 555	4 988	1 398
2014	162 415	6 959 097	355 599	513 932	1 937 700	6 037	1 474
2015	148 257	6 819 392	365 403	445 595	1 890 210	5 621	687
2016	171 064	6 942 888	369 579	423 210	1 860 920	4 579	664
2017	176 876	8 415 444	426 107	362 720	1 835 540	6 426	482
2018	181 262	8 326 420	435 913	338 127	1 868 710	6 489	300
2019	184 196	8 183 380	418 356	270 571	1 836 000	4 305	578

年　份 Year	印染布 (万米) Printed and Dyed Fabric (10 000 m)	服　装 (万件) Garments (10 000 pieces)	塑料制品 (吨) Plastic Products (ton)
1979			
1980			
1981			
1982			
1983			
1984	4 321	649	16 419
1985	5 271	1 004	
1986	5 731	7 988	16 419
1987	6 655	8 008	28 572
1988	6 708	12 828	44 359
1989	8 344	9 931	73 945
1990	9 212	29 333	103 779
1991	14 869	16 437	233 094
1992	16 161	18 857	244 000
1993	22 918	27 026	290 508
1994	7 627	36 314	375 757
1995	20 991	25 938	449 183
1996	22 543	38 196	411 132
1997	18 522	32 089	387 692
1998	20 191	32 119	256 327
1999	16 670	25 667	378 099
2000	13 614	24 242	464 617
2001	13 338	14 509	722 024
2002	14 082	14 344	611 619
2003	15 502	18 559	669 683
2004	12 873	17 536	644 751
2005	11 351	25 281	760 206
2006	8 917	32 104	1 276 641
2007	3 531	31 611	1 119 397
2008	1 865	31 711	1 296 995
2009	1 322	35 441	1 396 805
2010	1 593	27 217	1 190 914
2011	498	19 212	1 337 546
2012	440	17 408	1 024 870
2013	325	15 130	888 056
2014	1 155	17 005	836 216
2015	1 291	21 628	728 073
2016	1 992	20 023	711 435
2017	2 065	17 628	700 522
2018	1 913	14 021	726 046
2019	1 478	13 780	968 463

年 份 Year	铝材 (吨) Aluminium (ton)	两轮脚踏自行车 (万辆)Bicycles (10 000 sets)	表 (万只) Watches (10 000 units)	照相机 (万台) Cameras (10 000 sets)	家用电风扇 (万台) Electric Fans (10 000 sets)	电话单机 (万部)Telephone Sets (10 000 units)
1979						
1980						
1981						
1982						
1983						
1984		2.03	339.68		0.57	9.77
1985		4.31	3 447.58		40.87	123.22
1986	5 566	14.13	11 020.66	160.15	66.60	144.75
1987	6 805	41.29	11 688.16	44.24	248.01	498.94
1988	6 808	60.39	11 014.49	348.25	368.60	815.76
1989	7 399	82.01	8 318.00	159.96	323.31	926.10
1990	10 799	128.20	10 060.00	519.95	379.30	1 019.21
1991	14 361	257.78	9 646.00	423.12	407.58	1 360.80
1992	18 985	272.08	17 593.65	813.76	152.73	1 461.59
1993	21 540	288.41	22 875.39	1 247.89	433.59	2 292.50
1994	19 618	238.94	27 344.89	1 277.61	1 132.43	2 592.38
1995	19 633	215.56	24 542.05	252.57	907.35	3 902.49
1996	25 356	140.52	28 667.91	1 636.74	818.76	4 080.80
1997	23 874	123.38	16 629.66	1 531.48	845.18	4 506.65
1998	19 632	156.96	12 665.44	2 346.95	650.48	2 741.97
1999	24 408	210.99	11 593.89	1 551.80	544.74	2 711.82
2000	27 271	239.60	9 126.00	942.83	901.04	2 809.58
2001	29 379	172.66	7 908.37	642.03	753.09	2 965.67
2002	46 746	319.67	7 575.78	312.83	1 129.22	4 091.29
2003	56 805	636.70	7 100.70	428.95	1 202.76	4 947.64
2004	43 274	586.47	5 790.44	341.25	1 127.19	4 894.31
2005	43 823	665.75	7 183.60	1 207.88	958.54	6 579.87
2006	61 578	742.84	8 021.58	1 082.41	1 425.82	7 444.34
2007	6 1606	593.53	7 003.35	880.47	1 403.87	7 055.94
2008	7 7847	615.28	6 438.34	887.06	1 559.63	6 283.11
2009	48 087	398.60	7 991.26	793.86	1 457.34	5 312.90
2010	53 653	486.50	8 515.91	785.71	1 393.28	5 559.25
2011	35 014	438.43	7 155.89	631.57	1 975.53	3 229.52
2012	13 930	379.08	6 557.43	493.35	1 771.45	3 382.70
2013	8 580	347.82	6 399.28	404.51	1 809.56	3 139.46
2014	10 454	310.95	7 953.13	317.91	1 790.29	2 711.63
2015	6 292	279.77	7 659.11	223.61	1 639.74	2 362.04
2016	4 171	224.41	6 819.88	220.00	1 469.59	1 801.72
2017	4 382	258.41	6 208.91	180.33	1 248.95	1 372.17
2018	3 995	178.91	5 663.53	205.17	1 492.01	1 387.07
2019	18 993	179.77	5 810.22	395.48	1 701.18	1 272.61

4-12 续表 3 continued

年　份 Year	微型计算机设备 (台) Micro Computers (unit)	打印机 (万部) Printers (10 000 units)	彩色电视机（万台） Color TV Sets (10 000 sets)
1979			
1980			
1981			0.70
1982			0.62
1983	71.00		1.23
1984	4 357		18.25
1985	1 575		48.10
1986	6 617		61.39
1987	2 728		101.64
1988	2 788		155.90
1989	15 955		137.38
1990	17 622		228.67
1991	62 440		288.08
1992	31 357		272.12
1993	27 836		269.33
1994	51 877		251.42
1995	194 131	194.84	373.50
1996	312 687	193.06	540.62
1997	568 681	433.50	519.63
1998	464 614	584.76	491.85
1999	834 476	315.68	834.13
2000	1 074 486	507.62	753.97
2001	1 642 151	695.00	659.50
2002	3 076 052	469.20	1 297.35
2003	4 866 723	570.30	1 820.33
2004	7 350 491	592.73	1 857.02
2005	11 435 877	984.50	1 964.43
2006	13 633 633	835.33	2 071.14
2007	8 947 600	1 041.78	1 803.85
2008	9 662 828	1 452.97	2 003.47
2009	18 023 372	1 493.84	1 910.03
2010	34 032 969	1 973.98	2 043.61
2011	41 718 350	1 810.97	2 203.07
2012	52 285 567	2 266.73	3 237.51
2013	19 100 994	1 721.10	3 320.12
2014	26 073 252	1 607.62	3 714.14
2015	27 793 649	1 304.84	3 545.93
2016	29 567 574	1 203.61	3 883.49
2017	27 067 302	874.06	3 695.43
2018	23 975 801	811.67	4 519.50
2019	29 465 022	539.26	4 951.98

年 份 Year	电子元件 (万只) Electronic Units (10 000 units)	硬盘存储器 (万部) Hard Drives (10 000 units)	集成电路 (万块) Semiconductor Integrated Circuit (10 000 units)	程控交换机 (万线) Telephone Exchanges (10 000 lines)
1979				
1980				
1981				
1982				
1983				
1984				
1985				
1986	15 584			
1987	7 823			
1988	73 316			
1989	112 921		513	
1990	309 649		998	
1991	332 657		1 357	
1992	522 291		1 164	
1993	708 147		1 520	105.30
1994	1 561 900		2 263	209.70
1995	9 681 839	199.47	14 558	269.13
1996	1 403 557	440.86	22 471	331.74
1997	1 491 620	841.39	14 346	647.35
1998	1 390 107	770.54	23 976	1 515.69
1999	262 057	699.36	64 232	1 962.38
2000	527 216	867.07	87 598	3 535.33
2001	746 630	1 116.60	96 122	2 994.30
2002	1 334 537	480.04	134 966	1 856.47
2003	1 294 335	766.60	182 340	2 919.57
2004	549 722	831.71	255 504	1 976.65
2005	2 600 991	2 267.05	268 006	2 644.04
2006	10 104 734	2 035.33	604 302	1 625.75
2007	11 445 606	3 746.12	619 532	1 747.76
2008	9 138 530	5 225.41	828 381	1 960.98
2009	10 557 452	5 509.84	737 265	1 745.46
2010	21 862 763	6 866.21	1 240 820	1 526.23
2011	21 382 825	7 149.85	1 589 988	2 155.78
2012	17 486 985	8 218.81	1 424 912	1 213.55
2013	17 415 795	6 850.58	1 455 794	1 645.30
2014	14 921 810	6 264.78	1 481 497	1 527.43
2015	11 191 275	4 440.19	1 311 268	1 179.82
2016	12 516 547	4 194.02	1 810 728	1 030.74
2017	14 055 332	2 146.46	2 185 951	752.01
2018	15 911 724	690.09	2 551 057	845.31
2019	28 304 413	261.20	3 104 156	623.88

4-13 全社会能耗水平

ENERGY CONSUMPTION LEVEL OF THE WHOLE SOCIETY

年 份 Year	单位GDP能耗 Energy Consumption per Unit of GDP		单位工业增加值能耗 Energy Consumption per Unit of Value-added of Industry		单位GDP电耗 Electricity Consumption per Unit of GDP	
	指标值 （吨标准煤/万元） Equivalent value (ton of SCE/ 10 000 yuan)	增长速度 Growth Rate (%)	指标值 （吨标准煤/万元） Equivalent value (ton of SCE/ 10 000 yuan)	增长速度 Growth Rate (%)	指标值 （千瓦时/万元） Equivalent value (Kwh/10 000 yuan)	增长速度 Growth Rate (%)
2005	0.593		0.598		889.10	
2006	0.576	-2.81	0.572	-3.04	844.10	-5.06
2007	0.560	-2.76	0.551	-3.76	848.80	0.54
2008	0.544	-2.90	0.530	-4.46	785.50	-7.46
2009	0.529	-2.76	0.511	-3.59	712.37	-9.33
2010	0.513	-2.94	0.492	-3.72	720.33	1.12
2011	0.472	-4.39		-24.02		-4.69
2012	0.451	-4.51		-12.68		-3.28
2013	0.428	-5.12		-9.49		-8.30
2014		-4.35		-8.45		-0.65
2015		-3.26		-11.07		-5.01
2016		-4.21		-4.98		-4.17
2017		-4.23		-0.75		-4.82
2018		-4.20		-11.24		-3.62
2019		-3.54		-3.89		-0.39

注：单位GDP能耗数据2005-2009年采用的GDP为2005年可比价，2010-2015年采用的是2010年可比价，2016年及以后采用的是2015年可比价。

Note: The data of Energy Consumption per Unit of GDP from 2005 to 2009 are calculated at 2005 constant prices of GDP,from 2010 to 2015 at 2010 constant prices of GDP,2016 at 2015 constant prices of GDP, from 2016 at 2015 constant prices of GDP.

4-14 主要能源按工业行业分组消费量（2019年）

CONSUMPTION OF ENERGY BY SECTOR（2019）

单位：吨 （ton）

项 目	Item	原煤 Coal	原油 Crude Oil	汽油 Gasoline	煤油 Kerosene
全部规模以上工业企业	**Total Consumption**	**8 419 610.29**	**202 817.00**	**66 511.58**	**487.55**
一、按轻、重工业分	**Grouped by Light and Heavy Industry**	**8 419 610.29**	**202 817.00**	**66 511.58**	**487.55**
1.轻工业	Light Industry	540.00		18 226.85	370.51
2.重工业	Heavy Industry	8 419 070.29	202 817.00	48 284.73	117.04
二、按工业行业大类分	**Grouped by Sector**	**8 419 610.29**	**202 817.00**	**66 511.58**	**487.55**
(一)采矿业	Mining and Quarrying		202 817.00	13.59	
煤炭开采和洗选业	Mining and Washing of Coal				
石油和天然气开采业	Extraction of Petroleum and Natural Gas		202 817.00	2.52	
黑色金属矿采选业	Mining and Processing of Ferrous Metal Ores				
有色金属矿采选业	Mining and Processing of Nonferrous Metal Ores				
非金属矿采选业	Mining and Processing of Nonmetal Ores				
开采专业及辅助性活动	Mining and Auxiliary Activities			11.07	
其他采矿业	Mining and Processing of Other Ores				
(二)制造业	Manufacturing	579.02		64 289.28	487.55
农副食品加工业	Processing of Food from Agricultural Products	539.00		245.43	
食品制造业	Manufacture of Foods			79.85	
酒、饮料和精制茶制造业	Manufacture of Wine, Beverages and Refined Tea			142.77	
烟草制品业	Manufacture of Tobacco			87.51	
纺织业	Manufacture of Textile			241.20	
纺织服装、服饰业	Manufacture of Textile Wearing Apparel,Footware and Caps			697.78	
皮革、毛皮、羽毛及其制品和制鞋业	Manufacture of Leather, Fur, Feather and Related Products	1.00		771.66	
木材加工及木、竹、藤、棕、草制品业	Processing of Timber, Manufacture of Wood, Bamboo, Rattan, Palm Fiber & Straw Products			158.50	
家具制造业	Manufacture of Furniture			657.52	
造纸及纸制品业	Manufacture of Paper and Paper Products			1 016.07	
印刷和记录媒介复制业	Printing and Record Medium Reproduction			2 196.20	

注： 本表使用《国民经济行业分类》（GB/T 4754-2017）

Note：Data in this table are classified according to the Industry Classification for National Economic Activities(GB/T 4754-2017).

单位：吨　　　　4-14 续表 1 continued（ton）

项　目	Item	原 煤 Coal	原 油 Crude Oil	汽 油 Gasoline	煤 油 Kerosene
文教、工美、体育和娱乐用品制造业	Manufacture of Cultural, Educational and Sports Articles			1 891.36	
石油、煤炭及其他燃料加工业	Petroleum, Coal and Other Fuel Processing Industry			103.56	
化学原料及化学制品制造业	Manufacture of Raw Chemical Materials and Chemical Products	39.02		1 946.78	347.00
医药制造业	Manufacture of Medicines			338.62	
化学纤维制造业	Manufacture of Chemical Fibers			14.45	
橡胶和塑料制品业	Manufacture of Rubber			4 618.18	7.21
非金属矿物制品业	Manufacture of Non−metallic Mineral Products			1 115.31	
黑色金属冶炼及压延加工业	Smelting and Pressing of Ferrous Metals			87.24	9.60
有色金属冶炼及压延加工业	Smelting and Pressing of Nonferrous Metals			824.05	
金属制品业	Manufacture of Metal Products			3 399.45	23.84
通用设备制造业	Manufacture of General−purpose Machinery			6 844.94	55.88
专用设备制造业	Manufacture of Special−purpose Machinery			5 205.00	2.40
汽车制造业	Manufacfuer of Automobiles			1 682.68	27.72
铁路、船舶、航空航天和其他运输设备制造业	Manufacture of Railways Ships Aerospace and Other Transport Equipment			615.10	13.90
电气机械及器材制造业	Manufacture of Electrical Machinery and Equipment			8 721.30	
计算机、通信和其他电子设备制造业	Manufacture of Communication Equipment, Computers and Other Electronic Equipment			18 401.85	
仪器仪表制造业	Manufacture of Measuring Instruments			1 643.78	
其他制造业	Other Manufacturing			526.68	
废弃资源综合利用业	Recycling and Disposal of Waste				
金属制品、机械和设备修理业	Manufacture of Metal Products,Machinery and Equipment Repair			14.46	
(三)电力、燃气及水的生产和供应业	Production and Distribution of Electricity Heat,Gas and Water	8 419 031.27		2 208.71	
电力、热力的生产和供应业	Production and Supply of Electric Power and Heat Power	8 419 031.27		916.49	
燃气生产和供应业	Production and Supply of Gas			650.28	
水的生产和供应业	Production and Supply of Water			641.94	

项 目	Item	柴 油 Diesel Oil	燃料油 Fuel Oil	液化石油气 Liquefied Petroleum Gas	天然气（万立方米） Natural Gas (10 000 cu.m)	电 力（万千瓦时） Electricity (10 000 Kwh)
全部规模以上工业企业	**Total Consumption**	**179 976.66**	**707.40**	**7 100.43**	**207 665.97**	**3 501 836.36**
一、按轻、重工业分	**Grouped by Light and Heavy Industry**	**179 976.66**	**707.40**	**7 100.43**	**207 665.97**	**3 501 836.36**
1.轻工业	Light Industry	16 456.14	45.62	4 060.64	13 988.75	846 100.94
2.重工业	Heavy Industry	163 520.52	661.78	3 039.79	193 677.22	2 655 735.42
二、按工业行业大类分	**Grouped by Sector**	**179 976.66**	**707.40**	**7 100.43**	**207 665.97**	**3 501 836.36**
(一)采矿业	Mining and Quarrying	81 499.03			7 765.00	1 357.14
煤炭开采和洗选业	Mining and Washing of Coal					
石油和天然气开采业	Extraction of Petroleum and Natural Gas	62 052.00			7 765.00	977.57
黑色金属矿采选业	Mining and Processing of Ferrous Metal Ores					
有色金属矿采选业	Mining and Processing of Nonferrous Metal Ores					
非金属矿采选业	Mining and Processing of Nonmetal Ores					187.27
开采专业及辅助性活动	Mining and Auxiliary Activities	19 447.03				192.30
其他采矿业	Mining and Processing of Other Ores					
(二)制造业	Manufacturing	95 720.25	707.40	7 098.93	24 031.97	2 943 263.21
农副食品加工业	Processing of Food from Agricultural Products	613.09		81.00	860.01	20 064.77
食品制造业	Manufacture of Foods	433.34		76.07	1 308.07	12 809.42
酒、饮料和精制茶制造业	Manufacture of Wine, Beverages and Refined Tea	33.86		72.39	1 341.89	9 504.75
烟草制品业	Manufacture of Tobacco	5.08			125.73	1 687.32
纺织业	Manufacture of Textile	166.24		115.50	655.81	14 351.54
纺织服装、服饰业	Manufacture of Textile Wearing Apparel,Footware and Caps	574.22		64.61	238.28	23 497.82
皮革、毛皮、羽毛及其制品和制鞋业	Manufacture of Leather, Fur, Feather and Related Products	164.22		0.60	104.60	9 389.21
木材加工及木、竹、藤、棕、草制品业	Processing of Timber, Manufacture of Wood, Bamboo, Rattan, Palm Fiber & Straw Products	335.79			94.69	2 606.67
家具制造业	Manufacture of Furniture	822.12		201.59	147.20	15 487.75
造纸及纸制品业	Manufacture of Paper and Paper Products	2 592.43		514.83	2 080.19	23 592.45
印刷和记录媒介复制业	Printing and Record Medium Reproduction	1 239.50		32.92	293.00	52 146.80

单位：吨 4-14 续表 3 continued (ton)

项目	Item	柴油 Oiesel Oil	燃料油 Fuel Oil	液化石油气 Liquefied Petroleum Gas	天然气（万立方米） Natural Gas (10 000 cu.m)	电力（万千瓦时） Electricity (10 000 Kwh)
文教、工美、体育和娱乐用品制造业	Manufacture of Cultural, Educational and Sports Articles	1 613.98	2.64	363.80	301.24	49 945.70
石油、煤炭及其他燃料加工业	Petroleum, Coal and Other Fuel Processing Industry	59.07		2.20	3.53	186.64
化学原料及化学制品制造业	Manufacture of Raw Chemical Materials and Chemical Products	2 148.32		40.51	186.44	49 601.42
医药制造业	Manufacture of Medicines	495.64			1 627.61	28 966.26
化学纤维制造业	Manufacture of Chemical Fibers	8.56			557.06	2 193.11
橡胶和塑料制品业	Manufacture of Rubber	4 658.03	25.94	792.93	2 213.41	285 787.22
非金属矿物制品业	Manufacture of Non−metallic Mineral Products	48 516.72	17.04	203.19	1 096.01	106 721.96
黑色金属冶炼及压延加工业	Smelting and Pressing of Ferrous Metals	341.31			684.00	6 407.30
有色金属冶炼及压延加工业	Smelting and Pressing of Nonferrous Metals	529.10		4.70	685.92	17 480.27
金属制品业	Manufacture of Metal Products	4 653.44		1 975.08	1 896.07	137 454.89
通用设备制造业	Manufacture of General−purpose Machinery	2 798.02		558.80	223.40	77 127.95
专用设备制造业	Manufacture of Special−purpose Machinery	1 715.77		115.93	106.76	114 947.72
汽车制造业	Manufacfuer of Automobiles	491.56		6.31	967.83	56 207.80
铁路、船舶、航空航天和其他运输设备制造业	Manufacture of Railways Ships Aerospace and Other Transport Equipment	9 012.50		1 135.56	923.53	23 631.56
电气机械及器材制造业	Manufacture of Electrical Machinery and Equipment	4 209.42	556.38	324.19	1 675.31	352 075.32
计算机、通信和其他电子设备制造业	Manufacture of Communication Equipment, Computers and Other Electronic Equipment	6 913.23	105.40	403.80	3 261.97	1 395 964.75
仪器仪表制造业	Manufacture of Measuring Instruments	246.84		12.42		34 386.70
其他制造业	Other Manufacturing	153.38			372.42	15 962.40
废弃资源综合利用业	Recycling and Disposal of Waste					965.07
金属制品、机械和设备修理业	Manufacture of Metal Products,Machinery and Equipment Repair	175.47				2 110.67
(三)电力、燃气及水的生产和供应业	Production and Distribution of Electricity Heat,Gas and Water	2 757.38		1.50	175 869.00	557 216.01
电力、热力的生产和供应业	Production and Supply of Electric Power and Heat Power	1 590.06			172 977.92	405 253.69
燃气生产和供应业	Production and Supply of Gas	729.61			2 647.25	17 744.02
水的生产和供应业	Production and Supply of Water	437.71		1.50	243.83	134 218.30

4-15 综合能源平衡表

OVERALL ENERGY BALANCE SHEET

单位：万吨标准煤 (10 000 tons of SCE)

项 目	Item	2013	2014	2015	2016	2017	2018	2019
可供本地区消费的能源量	**Total Energy Available for Consumption by Locality**	**3594.42**	**3711.72**	**3 909.91**	**4 080.91**	**4 272.64**	**4 404.73**	**4 534.14**
年初库存量	Stock at the Year-beginning	188.61	172.85	189.17	183.55	148.19	133.80	129.26
一次能源生产量	Primary Energy Output	2669.65	2761.70	3 007.01	2 999.29	2 919.57	2 725.43	2 928.57
外省调入量	Allocation from Other Provinces	3523.55	3685.25	3 515.37	3 575.25	3 728.24	3 931.60	3 950.64
进口量	Imports	129.83	134.79	400.47	350.08	426.57	513.23	482.13
境内轮船和飞机在境外加油量	Petroleum Consumed by Chinese Airplanes and Ships Abroad	3.17	2.54	3.10	12.01	15.12	37.64	62.02
本省调出量(-)	Allocation over Other Provinces(-)	-2637.41	-2756.28	-2 928.88	-2 829.85	-2 785.17	-2 764.63	-2 843.35
出口量(-)	Exports(-)	-89.31	-80.49	-76.41	-35.91	-29.16	-28.42	-22.46
境外轮船和飞机在境内加油量(-)	Petroleum Consumed by Foreign Airplanes and Ships in China(-)	-20.82	-19.48	-16.36	-24.80	-15.05	-14.95	-39.91
年末库存量(-)	Stock at the Year-end(-)	-172.85	-189.17	-183.55	-148.72	-135.67	-128.98	-112.77
加工转换投入(-)产出(+)量	**Input Output in Processing and Transformation**			**-0.13**	**-0.18**	**-0.22**	**-0.13**	**-0.14**
火力发电	Thermal Power							
供热	Heating			-0.13	-0.18	-0.22	-0.13	-0.14
洗选煤	Coal Washing							
炼焦	Coking							
炼油	Petroleum Refining							
制气	Gas Production							
回收能	Recovery of Energy							

项 目	Item	2013	2014	2015	2016	2017	2018	2019
损失量	**Losses**	**96.01**	**95.19**	**73.08**	**84.29**	**99.70**	**95.75**	**84.15**
#运输和输配损失	Losses in Transmission	96.01	95.19	73.08	84.29	99.70	95.75	84.15
终端消费量	**End-use**	**3498.41**	**3616.53**	**3836.70**	**3 996.43**	**4 172.72**	**4 308.85**	**4 449.85**
第一产业	Primary Industry	0.92	11.13	10.86	15.08	8.11	12.11	14.73
农、林、牧、渔业	Farming, Forestry, Animal Husbandry and Fishery	0.92	11.13	10.86	15.08	8.11	12.11	14.73
第二产业	Secondary Industry	1487.16	1685.27	1697.91	1 632.88	1 603.45	1 522.51	1 684.01
工业	Industry	1442.67	1640.22	1651.18	1 580.90	1 567.96	1 493.02	1 644.88
#用作原材料、燃料	As Raw Materials and Fuel	1.64	0.99	1.08	0.94	0.23	0.98	0.81
建筑业	Construction	44.49	45.06	46.73	51.99	35.50	29.49	39.13
第三产业	Tertiary Industry	1440.91	1337.70	1512.50	1 662.84	1 817.08	2 008.86	1 927.54
交通运输仓储及邮电通信业	Transport, Storage, Postal and Telecommunication Services	713.11	629.76	732.83	808.80	881.62	960.72	928.19
批发和零售贸易业、餐饮业	Wholesale and Retail Trade and Catering	387.89	373.27	420.53	456.94	468.50	546.63	452.77
其他	ServicesOthers	339.92	334.67	359.14	397.10	466.96	501.52	546.57
生活消费	Residential Consumption	569.42	582.42	615.43	685.63	744.09	765.37	823.57
城镇	Urban Areas	569.42	582.42	615.43	685.63	742.80	765.37	823.57
乡村	Rural Areas					1.29		
消费量合计	**Total Energy Consumption**	**3594.42**	**3711.72**	**3909.91**	**4 080.91**	**4 272.64**	**4 404.73**	**4 534.14**

4-16 各区单位GDP能耗增长速度

GROWTH RATE OF ENERGY CONSUMPTION PER UNIT OF GDP BY DISTRICT

单位：%　　　　　　　　　　　　　　　　　　　　　　　　　　　　　　　　　　　(%)

地 区	Region	2010	2011	2012	2013	2014	2015	2016	2017	2018	2019
全 市	**Total**	**-2.94**	**-4.39**	**-4.51**	**-5.12**	**-4.35**	**-3.26**	**-4.21**	**-4.23**	**-4.20**	**-3.54**
福田区	Futian	−2.82	−3.45	−3.75	−4.24	−3.54	−2.50	−3.73	−3.80	−3.73	−4.21
罗湖区	Luohu	−2.93	−3.21	−3.43	−3.81	−3.30	−2.49	−3.73	−3.80	−3.73	−4.63
盐田区	Yantian	−4.05	−4.37	−4.62	−5.27	−4.51	−3.47	−4.37	−4.48	−4.32	−4.50
南山区	Nanshan	−2.67	−4.36	−4.62	−5.27	−4.51	−3.42	−4.37	−4.48	−4.32	−2.36
宝安区	Baoan	−3.93	−4.61	−4.76	−6.02	−5.10	−3.83	−4.45	−4.45	−4.32	−4.94
龙岗区	Longgang	−3.33	−4.61	−4.79	−5.71	−4.81	−3.88	−4.45	−4.40	−4.32	−3.21
龙华区	Longhua				−4.97	−4.30	−3.23	−4.44	−4.40	−4.32	−3.65
坪山区	Pingshan		−4.28	−4.46	−5.09	−4.38	−3.35	−4.20	−4.30	−4.20	−5.94
光明区	Guangming		−4.41	−4.42	−5.19	−4.39	−3.21	−4.20	−4.30	−4.20	−3.15
大鹏新区	Dapeng				−5.08	−4.32	−3.15	−4.32	−4.40	−4.32	−4.01
深汕特别合作区	Shenzhen−Shanwei Special Cooperation Zone								−8.32	−2.33	25.20

注：　1、2010年宝安区数据含光明、龙华新区，龙岗区数据含坪山、大鹏新区。
Note: The data of Guangming and Longhua are included in Baoan;The data of Pingshan and Dapeng are included in Longgang in 2010.
2、2011、2012年宝安区数据含龙华新区，龙岗区数据含大鹏新区。
The data of Longhua are included in Baoan;The data of Dapeng are included in Longgang in 2011-2012.

4-17 能源加工转换效率

EFFICIENCY OF ENERGY CONVERSION

单位：%　　　　(%)

年 份 Year	火力发电 Thermal Power Generation	供热 Heating
2005	40.23	
2006	40.16	
2007	39.74	
2008	40.26	
2009	41.78	
2010	43.54	
2011	43.26	69.18
2012	42.54	70.22
2013	41.53	
2014	42.18	
2015	42.30	69.53
2016	43.10	63.90
2017	43.50	68.00
2018	42.60	59.40
2019	41.30	71.40

4-18 能源消费弹性系数

ELASTICITY RATIO OF ENERGY CONSUMPTION

年 份 Year	能源消费 比上年增长 (%) Growth Rate of Energy Consumption over Preceding Year(%)	电力消费 比上年增长(%) Growth Rate of Electricity Consumption over Preceding Year(%)	地区生产总值 比上年增长(%) Growth Rate of Gross Domestic Product(GDP) over Preceding Year(%)	能源消费弹性系数 Elasticity Ratio of Energy Consumption	电力消费弹性系数 Elasticity Ratio of Electricity Consumption
2005	9.8	12.8	15.3	0.64	0.84
2006	13.3	10.7	16.7	0.80	0.64
2007	11.6	16.5	14.8	0.79	1.12
2008	8.8	2.8	12.3	0.72	0.23
2009	7.8	0.3	11.5	0.68	0.03
2010	9.1	13.3	12.3	0.74	1.08
2011	4.5	4.9	10.1	0.45	0.49
2012	2.7	3.7	10.2	0.26	0.37
2013	2.5	1.1	10.6	0.24	0.10
2014	3.3	8.1	8.9	0.37	0.91
2015	5.3	2.3	9.0	0.59	0.26
2016	4.4	4.4	9.3	0.47	0.47
2017	4.2	3.6	8.8	0.48	0.40
2018	3.1	3.7	7.7	0.40	0.48
2019	2.9	6.3	6.7	0.43	0.94

主要统计指标解释

工业 指从事自然资源的开采，对采掘品和农产品进行加工和再加工的物质生产部门。具体包括：(1)对自然资源的开采，如采矿、晒盐、森林采伐等（但不包括禽兽捕猎和水产捕捞）；(2)对农副产品的加工、再加工，如粮油加工、食品加工、轧花、缫丝、纺织、制革等；(3)对采掘品的加工、再加工，如炼铁、炼钢、化工生产、石油加工、机器制造、木材加工等，以及电力、自来水、煤气的生产和供应等；(4)对工业品的修理、翻新，如机器设备的修理、交通运输工具（包括小卧车）的修理等。

1984年以前农村的村及村以下办工业归属农业，1984年以后划归工业。

轻工业 指主要提供生活消费品和制作手工工具的工业。按其所使用的原料不同，可分为两大类：(1)以农产品为原料的轻工业，是指直接或间接以农产品为基本原料的轻工业。主要包括食品制造、饮料制造、烟草加工、纺织、缝纫、皮革和毛皮制作、造纸以及印刷等工业；(2)以非农产品为原料的轻工业，是指以工业品为原料的轻工业。主要包括文教体育用品、化学药品制造、合成纤维制造、日用化学制品、日用玻璃制品、日用金属制品、手工工具制造、医疗器械制造、文化和办公用机械制造等工业。

重工业 是指为国民经济各部门提供物质技术基础的主要生产资料的工业。按其生产性质和产品用途，可分为下列三类：(1)采掘（伐）工业，是指对自然资源的开采，包括石油开采、煤炭开采、金属矿开采、非金属矿开采和木材采伐等工业；(2)原材料工业，指向国民经济各部门提供基本材料、动力和燃料的工业。包括金属冶炼及加工、炼焦及焦炭化学、化工原料、水泥、人造板以及电力、石油和煤炭加工等工业；(3)加工工业，是指对工业原材料进行再加工制造的工业。包括装备国民经济各部门的机械设备制造工业、金属结构、水泥制品等工业，以及为农业提供的生产资料如化肥、农药等工业。 根据上述划分原则，修理业中以重工业产品为修理作业对象的划为重工业，反之划为轻工业。

工业总产值 是以货币表现的工业企业在一定时期内生产的已出售或可供出售工业产品总量，它反映一定时间内工业生产的总规模和总水平。它包括：在本企业内不再进行加工，经检验、包装入库（规定不需包装的产品除外）的成品价值，对外加工费收入，自制半成品、在产品期末期初差额价值。工业总产值采用“工厂法”计算，即以工业企业作为一个整体，按企业工业生产活动的最终成果来计算，企业内部不允许重复计算，不能把企业内部各个车间（分厂）生产的成果相加。但在企业之间、行业之间、地区之间存在着重复计算。

轻重工业总产值的划分也是按“工厂法”计算的，即一个工业企业在正常情况下生产的主要产品的性质属于轻工业，则该企业的全部总产值作为轻工业总产值；一个工业企业生产的主要产品的性质属于重工业，则该企业的全部总产值作为重工业总产值。

工业销售产值（当年价格） 是以货币形式表现的，工业企业在本年内销售的本企业生产的工业产品或提供工业性劳务价值的总价值量。工业销售产值包括的内容为：

1. 销售成品价值：指企业在报告期内实际销售（包括本期生产和非本期生产）的全部成品、半成品的总价值，即按报告期产品的实际销售数量乘以不含增值税（销项税额）的产品实际销售平均单价计算。销售成品价值中包括企业生产的自制设备及提供给本企业在建工程、其他非工业部门和生活福利部门等单位使用的成品价值，但不包括用订货者来料加工，并且只收取加工费的成品（半成品）价值。

2. 对外加工费收入：指企业在报告期内完成的对外承接的工业品加工（包括用定货者来料加工的产品）的加工费收入；对外工业品修理作业可收取的加工费收入和对内非工业部门提供的加工修理、设备安装等收入。对外加工费收入按不含增值税（销项税额）的价格计算。

对于以对外加工生产为主，对外加工费收入所占比重较大的企业，如果对外加工费收入出现跨年度支付的情况，为保证总产值生产口径计算的准确性，则应将对外加工费收入按实际情况调整，记录本年应实际收取的对外加工费收入。

应收账款 指企业因销售商品、产品、提供劳务等，应向购货单位或接受劳务单位收取款项。该指标根据会计“资产负债表”中“应收账款”项的年末数填报。

资产合计 指企业拥有或控制的能以货币计量的经济资源，包括各种财产、债权和其他权利。资产按其流动性(即资产的变现能力和支付能力)划分为：流动资产、长期投资、固定资产、无形资产、递延资产和其他资产。

负债合计 指企业所承担的能以货币计量，将以资产或劳务偿付的债务，偿还形式包括货币、资产或提供劳务。负债一般按偿还期长短分为流动负债和长期负债。

主营业务收入 是企业销售产品的销售收入和提供劳务等经营业务取得的业务收入。

主营业务成本 是指企业销售产品和提供劳务等主要经济业务的实际成本。

管理费用 指企业为组织和管理企业生产经营所发生的管理费用，包括企业的董事会和行政管理部门在企业经营管理中发生的，或者应当由企业统一负担的各项管理费用。包括行政管理部门职工工资、福利费、差旅费、办公费、会议费、印刷费、水电费、社保费、招待费、技术转让费等。

财务费用 指企业为筹集生产经营所需资金而发生的费用，包括企业生产经营期间发生的利息支出（减利息收入）、汇兑损失（减汇兑收益）以及相关的手续费等。

利润总额 指企业在生产经营过程中各种收入扣除各种耗费后的盈余，反映企业在报告期内实现的亏盈总额，包括营业利润、补贴收入、投资净收益和营业外收支净额。

成本费用利润率 是指工业企业投入生产成本及费用的经济效益，同时也反映企业降低成本所取得的经济效益。计算公式为：

$$\text{成本费用利润率（\%）}=\frac{\text{利润总额}}{\text{成本费用总额}}\times 100\%$$

成本费用总额为主营业务成本和营业费用、管理费用、财务费用三项期间费用。

流动资金周转率 是指一定时期内流动资产完成的周转次数，反映投入工业企业流动资金的周转速度，一般以一年时间内周转多少次表示。计算公式为：

$$\text{流动资产周转率（次）}=\frac{\text{主营业务收入}}{\text{流动资产平均余额}}$$

全员劳动生产率 是指反映企业的生产效率和劳动投入的经济效益。一般用平均每人一年创造的工业增加值表示。计算公式为：

$$\text{全员劳动生产率（元/人）}=\frac{\text{工业增加值}}{\text{全部职工平均人数}}\times 100\%$$

全部职工平均人数为企业在报告期内全部从业人员的平均人数，计算公式为：

$$\text{全部从业人员年平均人数}=\frac{\text{1至12月全部从业人员平均人数之和}}{12}$$

或：

$$\text{全部从业人员年平均人数}=\frac{\text{1至12月各月月初、月末全部从业人员之和}}{24}$$

资产负债率　是指反映企业经营风险的大小，反映企业利用债权人提供的资金从事经营活动的能力。计算公式为：

$$资产负债率（\%）=\frac{负债总计}{资产总计}\times100\%$$

资产及负债均为报告期末数。

总资产贡献率　是指企业一定时期内全部资产获利能力，是企业经营业绩和管理水平的集中体现，是评价和考核企业盈利能力的核心指标。计算公式为：

$$总资产贡献率（\%）=\frac{利润总额+税金+利息支出}{平均资产总额}\times100\%$$

税金总额为产品销售税金及附加与应交增值税之和，平均资产总额为期初、期末资产总计的算术平均值 。

资本保值增值率　是反映企业净资产变动状况的一个重要指标，是企业发展能力的集中体现。它是指期末所有者权益总额与上年同期期末所有者权益总额的比率。计算公式为：

$$资本保值增值率（\%）=\frac{报告期期末所有者权益}{上年同期期末所有者权益}\times100\%$$

所有者权益等于资产总计减负债总计。

单位国内生产总值能耗　指一定时期内，一个国家或地区每生产一个单位的国内生产总值所消耗的能源。计算公式为：

$$单位国内生产总值能耗=\frac{能源消费总量}{国内生产总值}$$

单位国内生产总值电耗　指一定时期内，一个国家或地区每生产一个单位的国内生产总值所消耗的电力。计算公式为：

$$单位国内生产总值电耗=\frac{全社会用电量}{国内生产总值}$$

单位工业增加值能耗　指一定时期内，一个国家或地区每生产一个单位的工业增加值所消耗的能源。计算公式为：

$$单位工业增加值能耗=\frac{工业能源消费量}{工业增加值}$$

能源消费总量　指一定时期内全国（地区）生产和生活消费的各种能源的总和，是观察能源消费水平、构成和增长速度的总量指标，能源消费总量包括原煤和原油及其制品、天然气、电力。不包括低热值燃料、生物质能和太阳能等的利用。能源消费总量分为三部分，即终端能源消费量、能源加工转换损失量和损失量。

(1) 终端能源消费量　指一定时期内全国（地区）生产和生活消费的各种能源在扣除了用于加工转换二次能源消费量和损失量以后的数量。

(2) 能源加工转换损失量　指一定时期内全国（地区）投入加工转换的各种能源数量之和与产出各种能源产品之和的差额。它是观察能源在加工转换过程中损失量变化的指标。

(3) 能源损失量　指一定时期内能源在输送、分配、储存过程中发生的损失和由客观原因造成的各种损失量。不包括各种气体能源放空、放散量。

能源消费弹性系数　是反映能源消费增长速度与国民经济增长速度之间比例关系的指标。计算公式：

$$能源消费弹性系数=\frac{能源消费增长速度}{国民经济增长速度}$$

电力消费弹性系数　是反映电力消费增长速度与国民经济增长速度之间比例关系的指标。计算公式：

$$电力消费弹性系数=\frac{电力消费量增长速度}{国民经济增长速度}$$

能源加工转换效率 指一定时期内能源经过加工、转换后，产出的各种能源产品的数量与同期内投入加工转换的各种能源数量的比率。它是观察能源加工转换装置和生产工艺先进与落后、管理水平高低等的重要指标。计算公式：

$$能源加工转换效率=\frac{能源加工、转换产出量}{能源加工、转换投入量}\times100\%$$

Explanatory Notes on Main Statistical Indicators

Industry refers to the material production sector which is engaged in extraction of natural resources and processing and reprocessing of minerals and agricultural products, including (1) extraction of natural resources, such as mining, salt production, and logging (but excluding hunting and fishing); (2) processing and reprocessing of farm and sideline produces, such as rice husking, flour milling, wine making, oil pressing, cotton ginning, silk reeling, spinning and weaving, and leather making; (3) manufacture of industrial products, such as steel making, iron smelting, chemicals manufacturing, petroleum processing, machine building, timber processing; and production and supply of electricity, water and gas; (4) repair and renovation of industrial products, such as the repair of machinery and means of transport (including cars).

Prior to 1984, industrial enterprises run by villages and cooperative organizations under village were classified into agriculture. Since 1984, these enterprises have been grouped into industry.

Light Industry refers to the industry that produces consumer goods and hand tools. It consists of two categories, depending on the materials used:

(1) Industries using farm products as raw materials. These are branches of light industry which directly or indirectly use farm products as basic raw materials, including the manufacture of food and beverages, tobacco processing, textile, clothing, fur and leather manufacturing, paper making, printing, etc.

(2) Industries using non−farm products as raw materials. These are branches of light industry which use manufactured goods as raw materials, including the manufacture of cultural, educational and sports articles, chemicals, synthetic fiber, chemical products for daily use, glass products for daily use, metal products for daily use, hand tools, medical apparatus and instruments, and the manufacture of cultural and clerical machinery.

Heavy Industry refers to the industry which produces capital goods and provides various sectors of the national economy with necessary material and technical basis. It consists of the following three branches according to the purpose of production or the use of products:

(1) Mining, quarrying and logging industry refers to the industry that extracts natural resources, including extraction of petroleum, coal, metal and non−metal ores, and logging.

(2) Raw materials industry refers to the industry that provides various sectors of the national economy with raw materials, fuels and power. It includes smelting and processing of metals, coking and coke chemistry, chemical materials and building materials such as cement, plywood, and power, petroleum refining and coal dressing.

(3) Manufacturing industry refers to the industry that processes raw materials. It includes machine−building industry which equips sectors of the national economy, industries of metal structure and cement products, industries producing means of agricultural production, such as chemical fertilizers and pesticides.

According to the above principle of classification, repairing trades engaged primarily in repairing products of heavy industry are classified into heavy industry, while those engaged in repairing products of light industry are classified into light industry.

Gross Industrial Output Value refers to the total volume of industrial products sold or available for sale in monetary terms during a given period, which reflects the total achievements and overall scale of industrial production during a given period. It includes the value of the finished products in the enterprises, which are not to be further processed and have been inspected, packed and put in storage (where applicable), the income from external processing and the value gain of semi–finished products at the end of the reference period over the beginning. The gross industrial output value is calculated by the factory approach, i.e. the whole industrial enterprise is regarded as the basic accounting unit in calculating the gross industrial output value. No double calculations are to be made within the same enterprise and the output value of different workshops (branch factories) should not be added. However, this approach does not exclude the possibility of double calculations between enterprises, sectors and regions. Output value of light and heavy industries is also classified by the factory approach. Under normal conditions, if the major products of an industrial enterprise belong to light industry products, the gross output value of that enterprise is classified wholly into light industry; the same principle applies to heavy industry.

Sales Value of Industry (Current Price) refers to the total value of industrial products sold or industrial services provided in monetary terms within the current year. It includes:

(1) Sales Value of Finished Products. Sale value of finished products refers to the total value of finished and semi–finished products sold within the reporting period (including those produced within and outside the period). It equals the actual sales volume of products sold within the reporting period timing the actual average sales price (excluding value added or sales tax). It includes the equipment made by the enterprise itself, as well as the finished products provided to the projects under construction, non–industrial departments and welfare department, and excludes the value of finished or semi–finished products of external processing with supplied materials that produces only processing charges.

(2) Income from External Processing refers to income from contracted external processing of industrial products (including processing of industrial products using materials from the clients), and the income from industrial repairing work provided to other units. Income from external processing is calculated using information from the item "products sales income" in the enterprise accounting at the prices excluding value–added tax. For an enterprise whose main business is external processing and the charges of external processing constitute a large proportion of its income, in case of cross–year payment, the income of external processing charges shall be adjusted and the actual income of external processing charges of the current year shall be recorded to ensure the accuracy of the coverage of gross industrial output.

Account Receivable refers to accounts receivable from purchasers or receivers due to the delivery of goods, products or services. The index is recorded in accordance with the year–end figure of Account Receivable of the balance sheet.

Total Assets refer to all economic resources, in monetary terms that is owned or controlled by enterprises including properties, creditors' equity and other economic rights of all forms. Classified by the degree of equitability, total assets include circulating assets, long–term investment, fixed assets, intangible assets and deferred assets, and other assets.

Total Liabilities refer to payable liabilities of enterprises that have to be repaid in terms of money, assets or labor services. In terms of payment, it can be classified as liquid liabilities, long–term liabilities and deferred taxes,etc.

Prime Operating Revenue refers to the revenue from the principal business, including the sales of products and from rendering of industrial services by industrial enterprises.

Prime Operating Cost refers to the actual cost of products sold and industrial services provided by industrial enterprises.

Management Cost refers to the costs of organizing and managing enterprise operation, including the operational cost of the board of directors and the executive body in management that shall be borne by the enterprise. Management costs include staff wages, welfare, the costs of administration, meeting, printing, water and electricity, social security, reception, technology transfer, etc.

Financial Cost refers to the cost from raising fund for production and operation, including expenditure of interests, loss of momentary exchange and related charges.

Total Profits refer to the profits gained by the enterprises.

Ratio of Profits to Industrial Costs refers to the ratio of profits realized in a given period to the total production costs of industrial enterprises in the same period, which also reflects the economic benefit attained by the enterprises from reduced costs. This ratio is calculated as follows:

$$\text{Ratio of Profits to Industrial Costs(\%)} = \left(\frac{\text{Total Profits}}{\text{Total Costs}}\right) \times 100\%$$

where Total costs are the sum of cost of products sold, marketing cost, management cost and financial cost.

Number of Times of Turnover of Circulating Funds refers to the number of times in which turnover of circulating funds is completed in a given period of time, which reflects the speed of the turnover of circulating funds. It is expressed as times of turnover within a year and is calculated as follows:

$$\begin{matrix}\text{Number of Times of}\\ \text{Turnover of Circulating Funds}\end{matrix} = \left(\frac{\text{Sales Revenue of Products}}{\begin{matrix}\text{Average Balance of Total Number of}\\ \text{Times of Turnover of Circulating Funds}\end{matrix}}\right) \times 100\%$$

Value-added Labor Productivity reflects the production efficiency of the enterprise and economic benefit of its labor input. It is usually expressed as the industrial value–added created by an average member of an industrial enterprise in a year. The formula used is:

$$\begin{matrix}\text{Value - added Labor Productivity}\\ \text{(yuan/person)}\end{matrix} = \left(\frac{\text{Value - added of Industry}}{\text{Average Number of Staff and Workers}}\right) \times 100\%$$

Average Number of Staff and Workers refers to the average number of all employed persons by an industrial enterprise within the reference period. The formula used is:

$$\text{verage Number of Staff and Workers} = \frac{\text{Sum of Average Monthly Numbers from January to December}}{12}$$

Or

$$\begin{matrix}\text{verage Number of}\\ \text{Staff and Workers}\end{matrix} = \frac{\text{Sum of Average Numbers at the Beginning and End of Each Month from January to December}}{24}$$

Assets-Liability Ratio reflects both the operation risk and the capability of the enterprise in making use of the capital from the creditors. It is calculated as follows: where both assets and debts are figures at the end of the reference period.

$$\text{Assets - Liability Ratio(\%)} = \left(\frac{\text{Total Debts}}{\text{Total Assets}}\right) \times 100\%$$

Ratio of Total Assets to Industrial Output Value refers to the profit–making capability of all assets of the enterprise. As a core indicator for the evaluation and assessment of the profit–making potential of the enterprise, it is a focused reflection of the performance and management efficiency of the enterprise. This ratio is calculated as follows: where Total Taxes are the sum of tax and extra charges on the sales of products and value–added tax payable; and

Average Assets are the arithmetic mean of beginning assets and ending assets.

$$\text{Ratio of Total Assets to Industrial Output Yalue} = \left(\frac{\text{Total Profits} + \text{Total Taxes} + \text{Interst Expenditure}}{\text{Average Assets}}\right) \times 100\%$$

Assets-Liability Ratio reflects both the operation risk and the capability of the enterprise in making use of the capital from the creditors. It is calculated as follows: where both assets and debts are figures at the end of the reference period.

$$\text{Assets - Liability Ratio(\%)} = \left(\frac{\text{Total Debts}}{\text{Total Assets}}\right) \times 100\%$$

Ratio of Capital Maintenance and Appreciation is an important indicator of the changes of net assets of an enterprise and a focused reflection of the development capability of enterprises. It is the ratio of total creditors' equity at the end of the reference period to that of the same period of the previous year, calculated as follows:

$$\text{Ratio of Capital Maintenance and Appreciatio} = \left(\frac{\text{Total Creditors' Equity at the End of the Reference Period}}{\text{Total Creditors' Equity ofthe Same Period of the Previous Year}}\right) \times 100\%$$

where Creditors' equity is equal to the total assets of the enterprise minus its total liabilities.

Energy Consumption per Unit of GDP refers to the energy consumption per unit of Gross Domestic Product in a country or the Gross Regional Product in a region in the same reference period. The formula is:

$$\text{Energy Consumption per Unit of GDP} = \frac{\text{Total Energy Consumption}}{\text{Cross Domestic Product}}$$

Electricity Consumption per Unit of GDP refers to the electricity consumption per unit of Gross Domestic Product in a country or the Gross Regional Product in a region in the same reference period. The formula is:

$$\text{Electricity Consumption per Unitof GDP} = \frac{\text{Total Electricity Consumption}}{\text{Cross Domestic Product}}$$

Energy Consumption per Unit of Industrial Value-added refers to the energy consumption per unit of industrial value-added in a country or region in the same reference period. The formula is:

$$\text{Energy Consumption Unit of Industrial Value-added} = \frac{\text{Total Energy Consumption}}{\text{Industrial Value-added}}$$

Total Domestic Energy Consumption refers to the total consumption of energy of various kinds by production sectors and households in the country (region) in a given period of time. It is a comprehensive indicator of the scale, composition and development speed of energy consumption. The total energy consumption includes that of coal, crude oil and their products, natural gas and electricity, but excludes the consumption of fuel of low calorific value, bioenergy and solar energy. Total domestic energy consumption can be divided into three parts:

(1) Final Energy Consumption: This refers to the total energy consumption by production sectors and households in the country (region) in a given period of time, excluding primary energy consumption and loss in the process of conversion into secondary energy.

(2)Loss During the Process of Energy Conversion: This refers to the total input of various kinds of energy for conversion minus the total output of various kinds of energy in the country (region) in a given period of time. It is an indicator of the loss that occurs during the process of energy conversion.

(3)Loss: This refers to the total loss of energy during the course of energy transmission, distribution and storage and the loss caused by any objective reason in a given period of time, excluding the loss of various kinds of gas due to gas discharges and stocktaking.

Elasticity Ratio of Energy Consumption is an indicator of the relationship between the growth rate of energy consumption and the growth rate of the national economy. The formula is:

$$\text{Elasticity Ratio of Energy Consumption} = \frac{\text{Growth Rate of Energy Consumption}}{\text{Growth Rate of National Economy}}$$

Elasticity Ratio of Electricity Consumption is an indicator of the relationship between the growth rate of electricity consumption and the growth rate of the national economy. The formula is:

$$\text{Elasticity Ratio of Electricity Consumption} = \frac{\text{Growth Rate of Electricity Consumption}}{\text{Growth Rate of National Economy}}$$

Efficiency of Energy Processing and Conversion refers to the ratio of the total output of energy products of various kinds after processing and conversion to the total input of energy of various kinds for processing and conversion in the same reference period. It is an important indicator of the current conditions of energy processing and conversion equipment, production technique and management. The formula is:

$$\text{Efficiency of Energy Processing \& Conversion} = \frac{\text{Output of Energy after Processing \& Conversion}}{\text{Input of Energy for Processing \& Conversion}} \times 100\%$$

05 第五部分

建筑业

CONSTRUCTION

CHAPTER

5-1 建筑企业主要经济指标

MAIN ECONOMIC INDICATORS ON CONSTRUCTION ENTERPRISES

指 标	Indicators	2015	2016	2017	2018	2019
建筑业企业个数（个）	Number of Construction Enterprises(unit)	817	849	931	1 041	1 256
年末从业人员（万人）	Number of Year-end Employed Persons(10 000persons)	60.32	60.62	65.64	67.79	79.93
资产合计（亿元）	Total Assets(100 million yuan)	2 849.27	3 435.09	4 478.55	5131.89	5 348.30
固定资产原价（亿元）	Original Value of Fixed Assets(100 million yuan)	180.29	189.13	200.28	241.80	235.06
自有机械设备台数（万台）	Number of Machinery and Equipment Owned(10 000 sets)	4.19	4.16	5.11	2.18	2.29
自有机械净值（亿元）	Net value of Machinery and Equipment Owned(100 million yuan)	16.34	30.05	29.03	41.76	64.91
自有机械设备总功率（万千瓦）	Total Power of Machiner and Equipment Owned(10 000 kw)	134.82	104.77	143.30	102.59	130.49
建筑业总产值（亿元）	Gross Output Value of Construction (100 million yuan)	2 237.99	2 346.95	2 797.38	3 471.02	4 361.44
# 建筑工程产值（亿元）	Output Value of Construction(100 million yuan)	1 905.58	1 878.48	2 234.17	2 837.31	3 559.07
安装工程产值（亿元）	Output Value of Installation(100 million yuan)	237.87	345.99	428.06	459.89	604.56
其他产值（亿元）	Others(100 million yuan)	94.54	122.48	135.16	173.82	197.81
本年固定资产折旧（亿元）	Depreciation of Fixed Assets in the year (100 million yuan)	10.57	13.10	11.03	14.44	15.72
本年应付工资总额（亿元）	Total Wages in the Year(100 million yuan)	348.90	389.87	403.14	578.66	604.15
工程结算税金及附加（亿元）	Taxes and Extra Charges on Project Settle Accounts(100 million yuan)	78.36	40.35	14.89	18.72	16.99
营业利润（亿元）	Operating Profit(100 million yuan)	110.82	100.95	112.29	119.01	150.44
房屋建筑施工面积（万平方米）	Floor Space of Buildings Under Construction (10 000 sq.m)	7 682.65	8 501.07	9 240.74	10 782.00	15 901.54
利润总额（亿元）	Total Profits(100 million yuan)	115.08	110.39	118.27	121.04	154.69
按总产值计算劳动生产率（元/人）	In Terms of Gross Output ValueOverall Labor Productivity(yuan/person)	353 004	375 253	386 146	475 213	474 309

5-2 建筑业总产值

GROSS OUTPUT VALUE OF CONSTRUCTION

单位：万元　　　　（10 000 yuan）

指 标	Indicators	2015	2016	2017	2018	2019
总　计	**Total**	**22 379 924**	**23 469 541**	**27 973 830**	**34 710 249**	**43 614 387**
按登记注册类型分组	**Grouped by Type of Registration**					
1、内资企业	Domestic Funded Enterprises	21 966 435	23 003 775	27 471 478	34 168 551	43 073 819
国有企业	State－owned Enterprises	894 502	592 366	1 390 035	863 850	656 098
集体企业	Collective-owned Enterprises	10 391	11 091	20 613	4 947	14 236
股份合作企业	Cooperative Operation with Share Holding			680	1 902	
联营企业	Joint Enterprises					
国有联营企业	State-owned Joint					
集体联营企业	Collective-owned Joint					
国有与集体联营	State-owned and Collective-owned Joint					
其他联营企业	Others					
有限责任公司	Limited Liability Companies	10 946 351	10 513 452	11 544 453	15 614 186	18 240 894
国有独资公司	State Exclusively Funded Companies	1 710 399	2 084 146	2 269 198	4 040 848	3 936 300
其他有限责任公司	Others	9 235 953	8 429 306	9 275 255	11 573 338	14 304 594
股份有限公司	Limited Share-holding Companies	4 327 705	4 843 194	6 018 791	7 830 234	8 534 380
私营企业	Private Enterprises	5 787 485	7 037 470	8 493 752	9 850 430	15 628 210
私营独资企业	Private Exclusively Funded Enterprises	7 502	3 504	5 289	47 653	12 893
私营合作企业	Private Partnership Enterprises	17 923	2 031	3 233	31	164
私营有限责任公司	Private Limited Liability Companies	5 396 571	6 566 512	7 594 978	8 816 082	14 683 392
私营股份有限公司	Private Limited Share-holding Companies	365 489	465 423	890 251	986 663	931 759
其他企业	Others		6 204	3 154	3 000	
2、港、澳、台商投资企业	Enterprises Funded by Entrepreneurs from Hong Kong, Macao and Taiwan	336 242	367 364	405 396	435 886	537 961
3、外商投资企业	Foreign Funded Enterprises	77 247	98 402	96 956	105 812	2 606

5-3 分行业建筑业生产情况（2019年）

STATISTICS ON CONSTRUCTION BY SECTOR（2019）

单位：万元、万平方米 （10 000 yuan, 10 000 sq. m）

指 标	Indicators	总 计 Total	房屋建筑业 Building	土木工程建筑业 Civil Engineering	建筑安装业 Construction installation	建筑装饰和其他建筑业 Construction Decoration and Other Construction
企业个数（个）	Number of Enterprise(unit)	1 256	273	273	252	458
签订的合同额	Contractual Value	116 853 342	55 066 760	21 424 675	11 871 884	28 490 021
建筑业总产值	Gross Output Value of Construction	43 614 387	16 553 045	6 347 663	5 924 217	14 789 461
#装饰装修产值	Decorate and Materials Construction	9 797 614	297 283	85 538	275 181	9 139 611
#在外省完成的产值	Output Value of buildings Completed outside of Guangdong province	15 366 673	5 931 696	1 384 380	1 140 499	6 910 097
#建筑工程产值	Output Value of Contraction	35 590 689	14 903 524	4 999 292	3 882 468	11 805 405
安装工程产值	Output Value of Installation	6 045 617	1 041 594	618 153	1 980 956	2 404 913
其他产值	Others	1 978 080	607 927	730 218	60 792	579 142
竣工产值	Output Value of buildings Completed	12 687 608	5 614 580	1 501 434	876 806	4 694 786
房屋建筑施工面积	Floor Space of Buildings Under Construction	15 901.54	15 392.13	182.64	289.81	36.96
#本年新开工面积	Floor Space of Newly-started Buildings in this Year	522.98	509.17	3.24	8.21	2.37
自有施工机械设备年末总台数（台）	Number of Machinery and Equipment Owned(10 000 sets)	22 903	5 376	8 867	2 636	6 024
自有施工机械设备年末总功率（万千瓦）	Total Power of Machiner and Equipment Owned(10 000 kw)	130.49	24.36	76.43	5.56	24.14
自有施工机械设备年末净值	Net value of Machinery and Equipment Owned	649 096	108 715	110 551	388 639	41 191
计算劳动生产率的平均人数（人）	Average Number of Employed Persons in Calculation of Labor Productivity(person)	919 535	318 758	127 242	86 041	387 494
全员劳动生产率（万元/人）	Overall Labor Productivity (10 000 yuan/person)	47.43	51.93	49.89	68.85	38.17

5-4 分登记注册类型建筑业生产情况（2019年）

STATISTICS ON CONSTRUCTION BY TYPE OF REGISTRATION（2019）

单位：万元、万平方米　　　　（10 000 yuan, 10 000 sq. m）

指标	Indicators	总计 Total	内资企业 Domestic Funded	#国有 State-owned	#集体 Collctive Owned	港澳台商投资企业 Hong Kong,Macao and Taiwan Funded	外商投资企业股份有限公司 Foreign Funded Share-holding Corporations Ltd.
企业个数（个）	Number of Enterprises(unit)	1 256	1 241	6	1	14	1
#有工作量的企业个数	Number of Enterprises with Workload						
签订的合同额	Contractual Value	116 853 342	111 864 211	3 163 364	15 090	4 986 385	2 745
建筑业总产值	Gross Output Value of Construction	43 614 387	43 073 819	656 098	14 236	537 961	2 606
#装饰装修产值	Decorate and Materials Construction	9 797 614	9 539 904	3 456		257 710	
#在外省完成的产值	Output Value of buildings Completed outside of Guangdong province	15 366 673	15 096 792	223 161		267 623	2 258
#建筑工程产值	Output Value of Contraction	35 590 689	35 144 217	361 148		446 472	
安装工程产值	Output Value of Installation	6 045 617	5 952 025	30 958		90 985	2 606
其他产值	Others	1 978 080	1 977 577	263 991	14 236	503	
竣工产值	Output Value of buildings Completed	12 687 608	12 182 246	1 668 948		502 754	2 606
房屋建筑施工面积	Floor Space of Buildings Under Construction	15 901.54	14 913.60	32.40		987.94	
#本年新开工面积	Floor Space of Newly-started Buildings in this Year	522.98	478.90	0.81		44.07	
自有施工机械设备年末总台数（台）	Number of Machinery and Equipment(year-end)(unit)	22 903	22 557	5		336	10
自有施工机械设备年末总功率（万千瓦）	Total Power of Machinery and Equipment(10 000 kw)	130.49	128.10	0.04		2.31	0.08
自有施工机械设备年末净值	Net value of Machinery and Equipment Owned	649 096	647 297	44		1 399	400
计算劳动生产率的平均人数（人）	Average Number of Employed Persons in Calculation of Labor Productivity(person)	919 535	906 795	16 575	109	12 638	102
全员劳动生产率（万元/人）	Overall Labor Productivity (10 000 yuan/person)	47.43	47.50	39.58	130.61	42.57	25.55

5-5 分行业建筑业财务状况（2019年）
FINANCIAL CONDITIONS OF CONSTRUCTION BY SECTOR（2019）

单位：万元　　　　(10 000 yuan)

指标	Indicators	总计 Total	房屋建筑业 Building	土木工程建筑业 Civil Engineering	建筑安装业 Construction installation	建筑装饰和其他建筑业 Construction Decoration and Other Construction
年末资产负债	**Asset and Liabilities at Year-end**					
流动资产	Circulating Assets	53 483 041	24 046 683	7 740 156	5 877 836	15 818 366
#存货	Inventory	5 588 748	2 322 863	836 701	968 897	1 460 287
固定资产原价	Original Value of Fixed Assets	2 350 584	805 928	682 816	262 676	599 164
累计折旧	Accumulative Total Depreciation	1 094 454	369 256	368 243	148 623	208 332
#本年折旧	Depreciation Within the Year	157 159	60 868	47 297	19 894	29 100
在建工程	Project under Construction	403 952	122 893	59 747	99 591	121 721
资产合计	Total Assets	63 215 821	28 757 008	9 746 799	6 771 778	17 940 236
流动负债	Liquid Liabilities	41 132 150	19 323 504	6 371 028	4 625 871	10 811 747
非流动负债	Non-Liquid Liabities	31 811 154	1 517 451	284 701	230 526	1 148 436
负债合计	Total Liabilities	45 161 902	21 066 173	6 984 452	4 890 364	12 220 913
所有者权益	Creditors'Equity	18 053 918	7 690 835	2 762 347	1 881 413	5 719 323
损益及分配	**Expenditure,Income and Distribution**					
营业收入	Revenue of Project Settlement Accounts	45 308 647	16 023 021	7 619 984	5 923 944	15 741 698
营业成本	Costs of Project Settlement Accounts	40 857 936	14 620 266	7 030 630	5 279 266	13 927 774
税金及附加	Taxes and Extra Charges on Project Settle Accounts	169 870	55 409	21 619	30 942	61 900
营业利润	Operating Surplus	1 504 490	545 487	195 552	266 463	496 988
利润总额	Total Profits	1 546 952	565 868	198 865	270 790	511 429
应交增值税	Income Taxes Payable	878 245	258 686	127 517	184 185	307 857

5-6 分登记注册类型建筑业财务状况（2019年）

FINANCIAL CONDITIONS OF CONSTRUCTION BY TYPE OF REGISTRATION（2019）

单位：万元　　　　（10 000 yuan）

指　标	Indicators	总　计 Total	内资企业 Domestic Funded	#国有 State-owned	#集体 Collctive Owned	港澳台商投资企业 Hong Kong, Macao and Taiwan Funded	外商投资企业 Foreign Funded
年末资产负债	**Asset and Liabilities at Year-end**						
流动资产	Circulating Assets	53 483 041	52 248 063	228 831		1 232 584	2 394
#存货	Inventory	5 588 748	5 356 463	55 689		232 087	198
固定资产原价	Original Value of Fixed Assets	2 350 584	2 309 764	36 845		38 203	2 617
累计折旧	Accumulative Total Depreciation	1 094 454	1 080 441	23 672		12 142	1 871
#本年折旧	Depreciation Within the Year	157 159	156 642	987		429	88
在建工程	Project under Construction	403 952	403 952	3 568			
资产合计	Total Assets	63 215 821	61 558 927	272 909		1 653 753	3 141
流动负债	Liquid Liabilities	41 132 150	40 330 353	193 248		801 071	726
非流动负债	Non-Liquid Liabities	3 181 115	2 939 875	792		241 240	
负债合计	Total Liabilities	45 161 902	44 118 865	196 298		1 042 311	726
所有者权益	Creditors'Equity	18 053 918	17 440 062	76 612		611 442	2 414
损益及分配	**Expenditure,Income and Distribution**						
营业收入	Revenue of Project Settlement Accounts	45 308 647	44 444 522	350 734		861 513	2 612
营业成本	Costs of Project Settlement Accounts	40 857 936	40 232 513	323 126		623 354	2 069
税金及附加	Taxes and Extra Charges on Project Settle Accounts	169 870	166 972	911		2 886	12
营业利润	Operating Surplus	1 504 490	1 320 272	9 897		184 427	-209
利润总额	Total Profits	1 546 952	1 360 256	9 744		186 904	-208
应交增值税	Income Taxes Payable	878 245	868 548	4 294		9 619	77

5-7 建筑业企业生产情况

PRODUCTION SITUATIONS OF CONSTRUCTION ENTERPRISE

指 标	Indicators	2015	2016	2017	2018	2019
企业个数（个）	Number of Enterprises(unit)	734	804	931	1 041	1 256
签订的合同额(万元)	Contractual Value(10000 yuan)	51 548 765	73 088 157	78 636 397	95 412 396	116 853 342
建筑业总产值(万元)	Gross Output Value of Construction (10000 yuan)	22 379 924	23 469 541	27 973 830	34 710 249	43 614 387
#装饰装修产值	Decorate and Materials Construction	8 549 706	8 916 677	9 965 061	10 946 984	9 797 614
#在外省完成的产值	Output Value of buildings Completed outside of Guangdong province	9 805 416	9 157 373	10 403 920	12 560 992	15 366 673
#建筑工程产值	Output Value of Contraction	19 055 814	18 784 835	22 341 675	28 373 103	35 590 689
安装工程产值	Output Value of Installation	2 378 744	3 459 952	4 280 585	4 598 909	6 045 617
其他产值	Others	945 367	1 224 754	1 351 571	1 738 237	1 978 080
竣工产值(万元)	Output Value of buildings Completed (10000 yuan)	12 860 541	9 115 042	13 430 714	12 936 893	12 687 608
房屋建筑施工面积（万平方米）	Floor Space of Buildings Under Construction(10000 sq.m)	7 683	8 501	9 241	10 782	15 902
#本年新开工面积	Floor Space of Newly-started Buildings in this Year	1 833	2 696	3 142	4 434	523
自有施工机械设备年末总台数（台）	Number of Machinery and Equipment (year-end)(unit)	41 888	41 603	51 128	21 817	22 903
自有施工机械设备年末总功率（万千瓦）	Total Power of Machinery and Equipment(10000 kw)	165	105	143	103	130
自有施工机械设备年末净值(万元)	Net value of Machinery and Equipment Owned(10000 yuan)		300 578	290 279	417 554	649 096
计算劳动生产率的平均人数（人）	Average Number of Employed Persons in Calculation of Labor Productivity(person)	633 913	625 433	724 436	730 412	919 535

5-8 建筑业企业财务状况

FINANCIAL SITUATIONS OF CONSTRUCTION ENTERPRISE

单位：万元 （10000 yuan）

指 标	Indicators	2015	2016	2017	2018	2019
年末资产负债	**Asset and Liabilities at Year-end**					
流动资产	Circulating Assets	24 253 968	29 234 932	39 077 684	43 483 395	53 483 041
#存货	Inventory	4 828 482	4 842 875	5 064 046	6 307 577	5 588 748
固定资产原价	Original Value of Fixed Assets	1 802 916	1 891 265	2 002 845	2 417 985	2 350 584
累计折旧	Accumulative Total Depreciation	827 036	928 994	917 786	1 068 771	1 094 454
#本年折旧	Depreciation Within the Year	105 671	130 973	110 291	144 421	157 159
在建工程	Project under Construction	239 179	299 894	273 482	342 378	403 952
资产合计	Total Assets	28 492 725	34 350 892	44 785 518	51 318 908	63 215 821
流动负债	Liquid Liabilities	16 796 161	19 557 260	27 286 380	33 297 242	41 132 150
非流动负债	Non-Liquid Liabities	1 159 424	1 560 451	1 838 300	1 941 695	3 181 115
负债合计	Total Liabilities	19 246 842	21 618 648	29 751 975	36 799 477	45 161 902
所有者权益	Creditors'Equity	10 099 663	12 731 928	15 031 962	14 519 430	18 053 918
损益及分配	**Expenditure,Income and Distribution**					
营业收入	Revenue of Project Settlement Accounts	24 278 977	26 639 202	29 418 125	36 425 022	45 308 647
营业成本	Costs of Project Settlement Accounts	21 200 088	23 838 557	26 438 641	32 669 395	40 857 936
税金及附加	Taxes and Extra Charges on Project Settle Accounts	939 890	403 543	148 908	187 158	169 870
营业利润	Operating Surplus	1 108 194	1 009 543	1 122 907	1 190 113	1 504 490
利润总额	Total Profits	1 150 755	1 103 947	1 182 741	1 210 432	1 546 952
应交增值税	Income Taxes Payable				699 697	878 245

主要统计指标解释

建筑业总产值　是以货币表现的建筑业企业在一定时期内生产的建筑业产品和服务的总和。建筑业总产值包括三部分内容：

⑴建筑工程产值：指列入建筑工程预算内的各种工程价值。

⑵设备安装工程产值：指设备安装工程价值，但不包括设备本身的价值。

⑶其他产值：建筑业总产值中除建筑工程、安装工程以外的产值。包括房屋构筑物修理产值、非标准设备制造产值、总包企业向分包企业收取的管理费以及不能明确划分的施工活动所完成的产值。

①房屋构筑物修理产值：指房屋和构筑物的修理所完成的价值，但不包括被修理房屋构筑物的本身价值和生产设备的修理价值。

②非标准设备制造产值：指加工制造没有定型的非标准生产设备的加工费和原材料价值以及附属加工厂为本企业承建工程制作的非标准设备的价值。

房屋施工面积　指在报告期内施工的全部房屋建筑面积，它包括本期新开工的房屋面积、上期跨入本期继续施工的房屋面积、上期停缓建在本期恢复施工的房屋面积、本期竣工的房屋面积以及本期施工后又停缓建的房屋面积。

计算建筑业劳动生产率的平均人数　指建筑业企业(或单位)报告期实际拥有的、与建筑施工活动有关的人员的平均人数，包括参加本企业(或单位)建筑施工活动的非本企业(或单位)人员，但不包括企业内部社会服务性机构的人员以及由本企业支付工资但所从事的工作与本企业生产基本无关的人员。

工程结算税金及附加　指因从事建筑业生产活动，取得工程价款结算收入而按规定应该交纳的营业税、城市维护建设税等以及随同营业税金一并计算交纳的教育费附加等。

利润总额　指企业在生产经营过程中各种收入扣除各种耗费后的盈余，反映企业在报告期内实现的亏盈总额，包括营业利润、补贴收入、投资净收益和营业外收支净额。

Explanatory Notes on Main Statistical Indicators

Gross Output Value of Construction refers to the sum in monetary terms of construction products and services completed by construction enterprises during a given period of time. It includes:

(1) Output value of construction projects, which is the value of various projects covered by the project budgets;

(2)Output value of equipment installation projects refers to the value of the installation of equipment. It does not include the value of the equipment itself.

(3) Other output values, which are output values other than output value of construction projects and output value of installation projects, including output value of house and building repair, output value of non-standard equipment manufacture, management expenses received by overall contractor enterprises from subcontractor enterprises and output value completed in unclassified construction activities.

①Output value of house and building repair is the value created through the repairs of houses and buildings, excluding the value of houses or buildings being repaired and the value of the repair of production equipment.

②Output value of non-standard equipment manufacture is the value of non-standard production equipment with unique specifications (including raw materials and manufacturing costs), and equipment manufactured by subsidiary workshops for construction projects contracted by construction enterprises.

Floor Space of Buildings under Construction refers to the floor space of buildings under construction during the reference period, including newly started buildings, buildings started earlier and continued into the reference period, buildings suspended in preceding periods but resumed during the reference period, buildings completed during the reference period, and buildings started and then suspended during the reference period.

Average Number of Persons for Labor Productivity Calculation of the Construction Industry refers to the average number of persons actually employed in the construction enterprises (units) and engaged in related activities of construction in the reference period, including non-staff personnel engaged in the construction activities of the enterprises (units), but excluding personnel employed in social service institutions of the enterprises and those receiving remunerations therefrom but engaged in activities basically irrelevant to the production of the enterprises.

Taxes and Extra Charges on Project Settlement Accounts refer to business tax, city maintenance and construction tax and extra charges for education calculated and paid with business tax, which should be borne by the enterprises obtaining project settlement incomes from the production activities of construction.

Total Profits refer to the surplus of various incomes in the production and operation of the enterprises after deducting all expenses. This reflects the total profits or losses realized by the enterprises in the reference period, including profits from operation, income from subsidies, net investment earnings and net income from activities other than operations.

06 第六部分

运输和邮电

TRANSPORT, POSTAL AND TELECOMMUNICATION SERVICES

CHAPTER

6-1 全社会客货运输（吞吐）量

PASSENGER AND FREIGHT TRAFFIC

项 目	Item	2015	2016	2017	2018	2019
一、货运量（万吨）	**Freight Traffic (10 000 tons)**	**32 475**	**31 164**	**32 269**	**32 764**	**34 219**
1. 铁路	Railways	67	72	71	70	120
2. 公路	Highways	24 774	23 787	23 953	24 610	25 403
3. 水运	Waterways	7 557	7 211	8 147	7 976	8 579
4. 民航	Civil Aviation	77	94	99	108	117
二、机场货物吞吐量（万吨）	**Cargo Handled at Airport (10 000 tons)**	**101**	**113**	**116**	**122**	**128**
三、货物周转量(亿吨公里)	**Turnover Volume of Freight Traffic (100 million ton-km)**	**2 253.07**	**2 246.86**	**2 302.53**	**2 173.97**	**2 194.93**
1. 铁路	Railways	0.67	0.67	0.74	0.82	1.32
2. 公路	Highways	324.91	368.05	383.07	391.89	407.00
3. 水运	Waterways	1 916.20	1 864.06	1 903.75	1764.35	1766.88
4. 民航	Civil Aviation	11.29	14.08	14.97	16.91	19.63
四、客运量(万人)	**Passenger Traffic (10 000 persons)**	**16 511**	**17 009**	**18 142**	**19 872**	**21 284**
1. 铁路	Railways	5 532	6 616	7 042	8 197	8 741
2. 公路	Highways	6 574	5 585	6 001	6 136	6 373
3. 水运	Waterways	466	454	466	518	534
4. 民航	Civil Aviation	3 939	4 354	4 633	5 022	5 635
五、机场旅客吞吐量(万人)	**Passenger Departing at Airport (10 000 persons)**	**3 972**	**4 198**	**4 561**	**4 935**	**5 293**
六、旅客周转量(亿人公里)	**Turnover Volume of Passenger Traffic (100 million person-km)**	**953.21**	**1 026.99**	**1 092.39**	**1180.52**	**1317.95**
1. 铁路	Railways	177.51	201.51	210.16	235.64	250.95
2. 公路	Highways	142.28	116.60	123.63	126.75	132.59
3. 水运	Waterways	2.03	2.00	2.14	2.28	2.34
4. 民航	Civil Aviation	631.39	706.88	756.46	815.85	932.06
七、港口	**Harbor**					
1. 泊位数(个)	Berths (unit)	156	152	155	156	157
#万吨级	10 000 Ton Class	67	72	74	75	76
2. 货物吞吐量(万吨)	Cargo Handled at Seaports (10 000 tons)	21 706	21 410	24 136	25 127	25 785
#蛇口港区	Shekou Seaport	5 975	5 825	7 913	8 391	7 626
赤湾港区	Chiwan Seaport	5 483	5 555	5 648	5 325	5 034
妈湾港区	Mawan Seaport	1 011	983	771	1 158	1 275
盐田港区	Yantian Seaport	6 740	6 421	7 108	7 561	7 323
内河港区	Neihe Seaport	14	12	165	205	338

注：2007年、2009年、2012年、2014年货运量、货物周转量、客运量、旅客周转量分别有口径调整。

Note: The statistical ranges of Freight Traffic, Turnover Volume of Freight Traffic, Passenger Traffic and Turnover Volume of Traffic are changed in 2007, 2009, 2012 and 2014, the data in the same period last year have been adjusted by the same caliber.

6-2 全社会客货运输和邮电业务量（一）

PASSENGER AND FREIGHT TRAFFIC，REVENUE FROM POSTAL AND TELECOMMUNICATIONS SERVICES

年 份 Year	机场货邮吞吐量 （万吨） Cargo Handled at Airport (10 000 tons)	机场旅客吞吐量 (万人) Passenger Departing at Airport (10 000 persons)	货运量 (万吨) Freight Traffic (10 000 tons)	货物周转量 (亿吨公里) Turnover Volume of Freight Traffic (100 million ton-km)	客运量 (万人) Passenger Traffic (10 000 persons)
1986			1 521	15	3 973
1987			1 627	14	4 268
1988			1 704	22	5 858
1989			1 383	36	6 349
1990			1 349	26	8 833
1991		2	1 486	44	6 400
1992	2	166	1 801	55	8 153
1993	4	255	2 050	74	10 218
1994	6	319	2 604	78	8 531
1995	8	412	3 542	223	8 261
1996	9	435	3 647	233	8 281
1997	10	444	3 853	232	8 515
1998	11	515	4 050	213	8 484
1999	16	525	4 274	197	8 754
2000	21	642	4 697	206	9 346
2001	25	777	5 147	204	9 869
2002	33	935	5 683	211	10 632
2003	41	1 084	6 478	244	10 471
2004	50	1 424	7 168	283	12 019
2005	55	1 574	8 249	322	12 602
2006	56	1 836	11 429	731	13 965
2007	62	2 062	13 678	794	15 056
2008	60	2 140	19 570	1 094	154 283
2009	61	2 449	22 367	1 137	146 316
2010	81	2 671	26 174	1 654	156 203
2011	83	2 825	28 901	1 956	168 447
2012	85	2 957	28 678	1 981	184 982
2013	91	3 227	27 512	1 999	12 059
2014	96	3 627	29 382	2 386	15 103
2015	101	3 972	32 475	2 253	16 511
2016	113	4 198	31 164	2 247	17 009
2017	116	4 561	32 269	2 303	18 142
2018	122	4 935	32 764	2 174	19 872
2019	128	5 293	34 219	2 195	21 284

6-2 全社会客货运输和邮电业务量（二）

PASSENGER AND FREIGHT TRAFFIC，REVENUE FROM POSTAL AND TELECOMMUNICATIONS SERVICES

年 份 Year	旅客周转量 (亿人公里) Turnover Volume of Passenger Traffic (100 million person-km)	港口货物吞吐量 (万吨) Cargo Handled at Seaports (10 000 tons)	港口集装箱吞吐量 （万标箱） Cargo Handled at Seaports (10 000 TEU)	# 出口 Exports	邮电业务总量 (万元) Revenue from Postal and Telecommunications Services (10 000 yuan)
1979		10			138
1980		30			190
1981		70			340
1982		91			420
1983		141			567
1984		210			923
1985		327			1 761
1986	9	302			2 633
1987	14	485			4 880
1988	19	734	1		14 826
1989	22	956	2		21 293
1990	27	1 292	2		55 356
1991	19	1 563	5		84 927
1992	41	1 956	11		114 492
1993	48	2 541	13		174 045
1994	79	3 002	18	11	259 432
1995	82	3 080	28	16	368 945
1996	83	3 021	59	32	462 261
1997	83	3 357	115	63	610 111
1998	82	3 444	195	104	764 658
1999	87	4 663	299	158	982 686
2000	99	5 697	400	210	1 336 000
2001	112	6 643	508	266	1 419 000
2002	131	8 767	762	396	1 644 200
2003	145	11 220	1 065	552	1 980 300
2004	186	13 537	1 366	713	2 660 100
2005	226	15 351	1 620	841	3 208 000
2006	268	17 598	1 847	961	3 795 000
2007	311	19 994	2 110	1 101	5 135 400
2008	485	21 125	2 142	1 087	6 117 500
2009	544	19 365	1 825	937	6 765 200
2010	635	22 098	2 251	1 154	2 937 000
2011	693	22 325	2 257	1 169	3 562 600
2012	802	22 807	2 294	1 173	5 635 800
2013	632	23 398	2 328	1 208	6 229 900
2014	806	22 324	2 404	1 247	7 619 900
2015	953	21 706	2 420	1 236	10 403 200
2016	1 027	21 410	2 398	1 239	17 150 200
2017	1 092	24 136	2 521	1 278	16 455 500
2018	1 181	25 127	2 574	1 313	27 824 427
2019	1 318	25 785	2 576	1 301	40 390 310

注：邮电业务总量1989年以前按1980年不变价格计算，1990-2000年按1990年不变价格计算；2001-2009年按2000年不变价格计算；2011-2017年按2010年不变价计算；2018年起，按2015年不变价计算。

Note: Revenue from Postal and Telecommunications Services in 1989, calculated at 1980 constant prices; from 1990 to 2000 at 1990 constant prices; 2001-2009 at 2000 constant prices; 2011-2017 calculated at 2010 constant prices;from 2018, calculated at 2015 constant prices.

6-3 全社会客货运输和邮电业务量指数

INDICES OF PASSENGER AND FREIGHT TRAFFIC，REVENUE FROM POSTAL AND TELECOMMUNICATIONS SERVICES

(以上年为100) (preceding year=100)

年 份 Year	货运量 Freight Traffic	货物周转量 Turnover Volume of Freight Traffic	客运量 Passenger Traffic	旅客周转量 Turnover Volume of Passenger Traffic	港口货物吞吐量 Cargo Handled at Seaports	邮电业务总量 Revenue from Postal and Telecommunications Services
1980					300.0	137.7
1981					233.3	178.9
1982					130.0	123.5
1983					154.9	135.0
1984					148.9	162.8
1985					155.7	190.8
1986					92.4	149.5
1987	107.0	94.0	93.1	165.2	160.6	185.3
1988	104.7	153.6	137.3	133.9	151.3	303.8
1989	81.2	164.7	108.4	115.7	130.2	143.6
1990	97.5	72.0	139.1	123.0	135.1	151.7
1991	110.2	169.2	72.5	69.7	121.0	153.4
1992	121.2	125.3	127.1	219.4	125.1	134.8
1993	113.8	136.3	125.6	116.6	129.9	152.0
1994	127.0	104.8	81.5	161.2	118.1	149.1
1995	136.0	285.8	96.8	103.9	102.6	142.2
1996	103.0	104.5	100.2	100.8	98.1	125.3
1997	105.6	99.5	102.8	100.1	111.1	132.0
1998	105.1	91.8	99.6	99.3	102.6	125.3
1999	105.6	92.8	103.2	105.2	135.4	128.5
2000	109.9	104.3	106.8	114.8	122.2	136.0
2001	109.6	99.3	105.6	112.4	116.6	106.2
2002	110.4	103.2	107.7	117.3	132.0	115.9
2003	114.0	115.5	98.5	110.8	128.0	120.4
2004	110.6	116.0	114.8	128.1	120.7	134.3
2005	115.1	114.0	104.8	121.3	113.4	120.6
2006	113.3	117.2	110.8	118.8	114.6	118.3
2007	119.7	108.6	107.8	116.0	113.6	123.4
2008	108.9	93.9	105.6	116.3	105.7	119.1
2009	114.3	103.9	94.8	112.1	91.7	110.6
2010	117.0	145.5	106.8	116.7	114.1	120.7
2011	110.4	118.2	107.8	113.6	101.0	121.3
2012	99.2	101.3	109.8	115.7	102.2	118.6
2013	103.5	106.1	109.0	107.1	102.6	126.5
2014	106.8	119.4	125.2	127.5	95.4	122.3
2015	110.5	94.4	109.3	118.3	97.2	130.4
2016	96.0	99.7	103.0	107.7	98.6	164.1
2017	103.5	102.5	106.7	106.4	112.7	153.3
2018	101.5	94.4	109.5	108.1	104.1	166.9
2019	104.4	101.0	107.1	111.6	102.6	145.2

注：本表指数均按可比口径计算。
Note: The index in this table are calculated at comparable caliber.

6-4 全社会民用车辆和运输船舶拥有量

NUMBER OF CIVIL MOTOR VEHICLES AND TRANSPORT VESSELS OWNED

项 目	Item	2014	2015	2016	2017	2018	2019
民用车辆总计(辆)	**Total Civil Motor Vehicles (unit)**	**3 153 902**	**3 193 498**	**3 225 879**	**3 265 998**	**3 366 643**	**3 482 011**
一、民用汽车(辆)	Civil Automobile (unit)	3 111 488	3 147 043	3 178 832	3 214 434	3 313 358	3 430 227
1. 载客汽车(辆)	Buses and Cars (unit)	2 776 710	2 817 908	2 828 974	2 827 106	2 880 095	2 971 331
载客量(客位)	Number of Seats in Buses and Cars(seat)	21 973 631	16 612 523	16 606 573	17 088 098	16 819 056	17 089 673
#大型(辆)	Large Scales (unit)	35 109	33 764	38 329	44 571	36 866	35 014
载客量(客位)	Number of Seats(seat)	1 376 671	1 635 274	1 851 291	2 312 149	1 888 382	1 805 608
2. 载货汽车(辆)	Ordinary Trucks (unit)	320 778	314 730	335 476	372 024	417 475	442 821
载重量(吨位)	Capacity(ton)	1 945 272	1 785 759	1 905 504	915 073	966 090	1 036 982
#重型(辆)	Heavy (unit)	68 851	71 165	80 366	91 887	93 659	95 965
载重量(吨位)	Capacity (ton)	750 612	411 299	875 186	583 366	584 855	636 202
3. 其他专用汽车(辆)	Other Special Motor Vehicles (unit)	14 000	14 405	14 382	15 304	15 788	16 075
4. 特种汽车(辆)	Particular Motor Vehicles	235		14 382			
二、摩托车(辆)	Motorcycle(unit)	6 752	7 535	6 221	6 814	5 035	4 361
三、挂车(辆)	Trailer Trucks(unit)	35 658	38 916	40 826	44 750	48 250	47 423
四、其他(辆)	Other (unit)	4	4				
民用运输船舶总计(艘)	**Total Civil Transport Vessels (unit)**	**265**	**269**	**277**	**295**	**303**	**286**
一、机动船艘数(艘)	Motor Vessels (unit)	261	265	273	291	299	282
载客量(客位)	Number of Seats (seat)	4 533	4 892	5 431	5 942	5 815	6 408
净载重量(吨位)	Dead Weight Tonnage (ton)	3 802 578	3 781 309	3 801 680	3 780 781	3 621 172	3 280 176
总功率(千瓦)	Total Power (kw)	880 739	887 538	908 786	964 226	924 985	857 742
1. 客船艘数(艘)	Passenger Transport Vessels (unit)	22	24	26	29	29	33
载客量(客位)	Number of Seats (seat)	4 533	4 892	5 431	5 942	5 815	6 408
2. 货船艘数(艘)	Freight Transport Vessels (unit)	228	232	238	253	260	241
净载重量(吨位)	Dead Weight Tonnage (ton)	3 802 164	3 780 844	3 801 175	3 780 204	3 620 598	3 279 521
3. 拖船艘数(艘)	Tugboats (unit)	11	9	9	9	10	8
二、驳船艘数(艘)	Barges (unit)	4	4	4	4	4	4
净载重量(吨位)	Dead Weight Tonnage(ton)	10 000	10 000	10 000	10 000	10 000	10 000

6-5 邮电业务量及邮电通讯设施
BUSINESS VOLUME OF POSTAL AND TELECOMMUNICATIONS SERVICES, FACILITIES OF POST AND TELECOMMUNICATIONS

项　目	Item	2015	2016	2017	2018	2019
邮电业务总量(亿元)	Business Volume of Post and Telecommunications (100 million yuan)	1040.32	1 715.02	1645.55	2 782.44	4 039.03
# 邮政（快递）业务量(亿元）	Business Volume of Post(100 million yuan)	429.52	666.67	375.49	435.70	561.37
函件(万件)	Mail (10 000 pcs)	17 623	21 179	22 134	19 290	16 931
包件(万件)	Parcels (10 000 pcs)	28	12	10	21	21
订销报纸期发数(万份)	Number of Newspapers Circulation (10 000pcs)	34	32	33	33	31
订销报纸累计份数(万份)	Total Copy of Newspapers (10 000 pcs)	9 023	8 709	8 847	8 803	8 593
订销杂志期发数(万份)	Number of Magazines Circulation (10 000 pcs)	44	37	38	38	40
订销杂志累计份数(万份)	Total Copy of Magazines (10 000 pcs)	710	642	651	646	667
固定电话用户(万户)	Number of Installed Telephone Subscribers (subscribers)	754	644	478	430	431
移动电话用户(万户)	Number of Mobile Telephones Subscribers (10 000 subscribers)	2 621	2 505	2 679	2 978	2 896
互联网宽带网用户(万户)	Internet Subscribers Nunber of Wide Band(10 000 subscriders)	674	632	483	506	533
邮政.电信局、所(处)	Number of Post and Telecommunications Offices(Unit)	678	745	541	541	541
邮运邮路总条数(条)	Total Number of Mail Routes (route)	105	157	242	282	834
邮路长度(单程)(公里)	Length of Postal Routes (km)	10 538	12 583	32 964	33 000	131 000
城市投递段道长度(单程)(公里)	Length of City Delivery Routes (km)	23 075	33 306	41 700	44 000	71 000

6-6 年末公路通车里程到达数（按技术等级）

LENGTHS OF OPERATION MILEAGE AT YEAR-END（GROUPED BY GRADE）

单位：公里 （km）

年 份 Year	公路里程总计 Operation Mileage	高速公路 Express Way	一级公路 First Class Highways	二级公路 Second Class Highwsys	三级公路 Third Class Highwsys	四级公路 Fourth Class Highwsys
1980	746			3	120	508
1981	736			14	103	504
1982	743			17	111	501
1983	745			17	152	461
1984	786			17	173	482
1985	791			19	194	463
1986	810			19	202	515
1987	803			19	267	454
1988	835			16	286	476
1989	837		13	14	279	475
1990	832		13	12	276	496
1991	827		56	12	236	488
1992	907		58	11	235	567
1993	917		81	11	221	568
1994	972	28	121	39	210	538
1995	1 103	110	202	68	185	503
1996	1 169	110	246	84	174	519
1997	1 214	133	267	88	177	514
1998	1 258	155	355	178	216	352
1999	1 344	176	401	195	214	355
2000	1 357	176	420	197	196	365
2001	1 361	186	525	257	180	213
2002	1 510	196	575	282	255	202
2003	1 540	203	590	282	255	210
2004	1 540	203	588	280	260	210
2005	1 580	245	588	280	258	210
2006	1 930	268	860	366	274	162
2007	1 938	269	867	351	284	167
2008	1 619	340	703	259	217	100
2009	1 619	340	703	259	217	100
2010	1 617	340	691	270	217	100
2011	1 618	340	691	270	217	100
2012	1 659	390	686	270	209	105
2013	1 680	420	685	270	209	96
2014	1 647	421	665	256	209	96
2015	1 644	421	665	256	207	96
2016	1 638	420	664	255	203	96
2017	1 634	420	677	239	202	96
2018	727	417	257	7	36	9
2019	736	426	257	7	36	9

注： 公路里程统计口径2008年、2018年分别有调整。
Note: The statistical coverage of operaton mileage have been adjusted in 2008 and 2018.

主要统计指标解释

货(客)运量　指在一定时期内，各种运输工具实际运送的货物(旅客)数量。该指标是反映运输业为国民经济和人民生活服务的数量指标，也是制定和检查运输生产计划、研究运输发展规模和速度的重要指标。货运按吨计算，客运按人计算。货物不论运输距离长短、货物类别，均按实际重量统计。旅客不论行程远近或票价多少，均按一人一次客运量统计；半价票、小孩票也按一人统计。

货物(旅客)周转量　指在一定时期内，由各种运输工具运送的货物(旅客)数量与其相应运输距离的乘积之总和。该指标可以反映运输业生产的总成果，也是编制和检查运输生产计划，计算运输效率、劳动生产率以及核算运输单位成本的主要基础资料。计算货物(旅客)周转量通常按发出站与到达站之间的最短距离，也就是计费距离计算。计算公式为：

货物（旅客）周转量=∑（货物（旅客）运输量×运输距离）

港口货物吞吐量　指经水运进出港区范围，并经过装卸的货物数量，包括邮件及办理托运手续的行李、包裹以及补给运输船舶的燃料、物料和淡水。货物吞吐量按货物流向分为进口、出口吞吐量，按货物交流性质分为外贸货物吞吐量和国内贸易货物吞吐量。货物吞吐量的货类构成及其流向，是衡量港口生产能力大小的重要指标。

民用汽车　指报告期末，在公安交通管理部门按照《机动车注册登记工作规范》，已注册登记领有民用车辆牌照的全部汽车数量。汽车统计的主要分类：根据汽车结构分为载客汽车、载货汽车及其他汽车；根据汽车所有者不同分为个人(私人)汽车、单位汽车；根据汽车的使用性质分为营运汽车、非营运汽车；根据汽车大小规格不同载客汽车分为大型、中型、小型和微型，载货汽车分为重型、中型、轻型和微型。

邮电业务总量　指以价值量形式表现的邮电通信企业为社会提供各类邮电通信服务的总数量。邮电业务量按专业分类包括函件、包件、汇票、报刊发行、邮政快件、特快专递、邮政储蓄、集邮、公众电报、用户电报、传真、长途电话、出租电路、无线寻呼、移动电话、分组交换数据通信、出租代维等。计算方法为各类产品乘以相应的平均单价(不变价)之和，再加上出租电路和设备、代用户维护电话交换机和线路等的服务收入。该指标综合反映了一定时期邮电业务发展的总成果，是研究邮电业务量构成和发展趋势的重要指标。计算公式为：

邮电业务总量=∑（各类邮电业务量×不变单价）+出租代维及其他业务收入 =邮政业务总量+通信业务总量

移动电话用户　指通过移动电话交换机进入移动电话网、占用移动电话号码的各类电话用户。包括签约用户和智能网预付费用户。一个移动电话号码统计为一户。

移动电话交换机容量　指移动电话交换机根据一定话务模型和交换机处理能力计算出来的最大同时服务用户的数量。

Explanatory Notes on Main Statistical Indicators

Freight (Passenger) Traffic refers to the volume of freight (passengers) transported with various means. This indicator provides a quantitative measure of how the transport industry serves the national economy and the needs of the people, as well as an important reference for drafting and checking production plans in the transport industry and for studying the scale and speed of development in the transport industry. Freight transport is calculated in tons and passenger traffic is calculated in the number of persons. Freight transport is calculated in the actual weight of goods regardless of traveling distances and types of freight; while passenger traffic is calculated as the number of individuals traveling once, regardless of traveling distances, ticket prices, whether the passengers are traveling with half–price tickets or child tickets.

Freight Ton-kilometers (Passenger-kilometers) refer to the sum of the products of the volume of transported cargo (passengers) multiplied by the transport distance. These are important indicators of the total achievements of the transport industry, as well as the major foundation for drafting and checking production plans in the transport industry and for calculating the efficiency, labor productivity and the cost of transport enterprises. Normally, the shortest distance between the departure station and the destination station (i.e. the payable distance) is the basis to calculate the freight ton–kilometers and passenger–kilometers on. These indicators are calculated as follows: Freight Ton–kilometers (Passenger–kilometers) = $\sum$(Freight (Passenger) Traffic $\times$Transport Distance)

Volume of Freight Handled in Ports refers to the volume of cargo passing in and out of the harbor area that undergoes the loading and unloading processes, including mails, checked baggage and bales, as well as fuel, material and fresh water supplies to ships. The volume of freight handled may be classified by direction of flow as import volume and export volume, or by nature of cargo as volume of freight for domestic trade and volume of freight for foreign trade. The classification of volume of freight handled and its direction of flow are important indicators of the production capacity of ports.

Possession of Civil Motor Vehicles refers to the total number of vehicles that are registered at transport management offices under the public security authorities and provided with civil vehicle licenses and tags according to the Work Standard for Motor Vehicles Registration at the end of the reference period. Major categories of vehicle are: passenger vehicles, freight vehicles and other vehicles in terms of structure; private vehicles and organization–owned vehicles in terms of ownership; commercial vehicles and non–commercial vehicles in terms of use; large, medium, small and mini passenger vehicles, and heavy, medium, light and mini trucks in terms of size.

Business Volume of Postal and Telecommunication Services refers to the total amount of postal and telecommunication services, expressed in value terms, provided by postal and telecommunication enterprises for the society. Postal and telecommunication services can be classified as letters, parcels, remittance, delivery of newspapers and magazines, fast mail service, express mail service, savings deposits, stamps for collection, public and individual telegraph service, facsimiles, long–distance telephone service, leasing of telephone lines, urban paging service, mobile telephone service, data communication through packet networks, network elements lease and maintenance, etc. To calculate the volume, the business volume of each product is multiplied by its average unit price (at constant prices), summed, and added to income from other services such as leasing of telephone lines and equipment, maintenance of telephone switchboards and lines on behalf of customers. This indicator reflects the overall achievements of postal and telecommunication services during a given period, and is an important reference for studying the composition of business volume and the development trend of postal and telecommunication services. This volume is calculated as follows:

Business Volume of Postal and Telecommunication Services = $\sum$(Business Volume of Each Product $\times$ Constant Unit Price) + Income from Leasing, Maintenance, and Other Services = Business Volume of Postal Services + Business Volume of Telecommunication Services

Mobile Telephone Subscribers refer to persons who own mobile telephone numbers and are connected with the mobile telephone communication network through mobile telephone switchboards, including contracted subscribers and pre-paid subscribers for intelligent network. One mobile telephone number is calculated as one subscriber.

Capacity of Mobile Telephone Exchanges refers to the maximum number of subscribers that can be served simultaneously, calculated according to a certain calling model and the handling capacity of the mobile telephone exchanges.

07 第七部分 农业

AGRICULTURE

CHAPTER

7-1 农林牧渔业总产值

GROSS OUTPUT VALUE OF AGRICULTURE，FORESTRY,ANIMAL HUSBANDRY AND FISHERY

单位：万元 （10 000 yuan）

年 份 Year	农林牧渔业总产值 Gross Output Value of Agriculture，Forestry,Animal Husbandry and Fishery	农业 Foaming	林 业 Forestry	牧 业 Animal Husbandry	渔 业 Fishery	农林牧渔专业及辅助性活动 Professional and Support Activities for Agriculture，Forestry，Animan Husbandry，Fishery
1979	13 106	6 494	85	1 598	433	4 496
1980	16 938	6 913	69	2 186	1 084	6 686
1981	24 181	8 515	153	5 677	1 869	7 967
1982	26 929	9 402	281	7 540	2 744	6 962
1983	29 083	10 930	207	7 832	3 400	6 714
1984	40 416	13 931	912	10 346	7 895	7 332
1985	45 821	15 641	1 371	14 444	7 875	6 490
1986	49 552	18 947	1 259	17 132	10 956	1 258
1987	73 772	26 631	1 678	28 869	14 339	2 255
1988	99 404	32 296	1 315	42 202	19 852	3 739
1989	108 015	31 412	1 253	54 389	19 010	1 951
1990	119 205	37 622	1 716	52 550	24 043	3 274
1991	143 063	40 697	4 097	63 117	31 025	4 127
1992	185 297	57 458	5 637	81 532	36 334	4 335
1993	192 880	49 977	3 519	94 969	38 506	5 909
1994	224 776	54 363	2 334	110 150	52 322	5 607
1995	232 653	58 407	2 207	125 623	43 173	3 243
1996	273 246	70 642	2 989	141 464	52 080	6 071
1997	270 889	73 030	3 792	124 140	64 676	5 250
1998	298 174	79 738	6 773	139 244	65 967	6 452
1999	299 662	91 560	5 312	126 799	68 401	7 590
2000	311 359	95 289	5 560	128 417	72 522	9 571
2001	327 111	105 153	5 060	127 565	76 213	13 120
2002	340 757	115 021	4 790	135 377	76 279	9 290
2003	337 406	111 989	6 557	135 940	76 935	5 985
2004	299 939	96 930	6 409	102 689	88 516	5 395
2005	217 369	53 152	4 861	75 334	76 831	7 191
2006	180 017	38 280	3 930	66 538	59 615	11 654
2007	171 380	43 415	6 682	64 678	42 875	13 730
2008	187 859	45 786	5 474	69 383	53 131	14 084
2009	154 760	42 590	2 062	55 992	39 550	14 564
2010	150 467	48 707	1 606	43 734	38 918	17 502
2011	152 533	46 535	2 159	48 691	37 855	17 293
2012	148 572	45 024	1 298	43 669	42 291	16 290
2013	139 479	53 307	757	36 547	44 149	4 719
2014	129 156	37 842	1 307	26 292	58 352	5 363
2015	159 515	32 799	1 975	22 422	95 487	6 831
2016	190 940	65 741	1 952	16 201	98 749	8 298
2017	388 609	123 414	2 379	29 013	214 992	18 811
2018	424 606	117 928	1 750	25 464	259 541	19 923
2019	481 641	121 729	3 949	33 254	303 901	18 808

注：1、本表按当年价格计算
Note:The data in this table are calculated at current prices.
2、2016年农业数据已按照第三次全国农业普查省反馈数进行修订（后同）。
The agricultural data of 2016 have been revised according to the feedback from the third national agricultural census (same later).

7-2 农林牧渔业总产值构成

COMPOSITION OF GROSS OUTPUT VALUE OF AGRICULTURE, FORESTRY,ANIMAL HUSBANDRY AND FISHERY

单位：% (%)

年 份 Year	总 计 Total	农业 Foaming	林 业 Forestry	牧 业 Animal Husbandry	渔 业 Fishery	农林牧渔专业及辅助性活动 Professional and Support Activities for Agriculture, Forestry, Animan Husbandry, Fishery
1979	100.0	49.6	0.6	12.2	3.3	34.3
1980	100.0	40.8	0.4	12.9	6.4	39.5
1981	100.0	35.2	0.6	23.5	7.7	33.0
1982	100.0	34.9	1.0	28.0	10.2	25.9
1983	100.0	37.6	0.7	26.9	11.7	23.1
1984	100.0	34.5	2.3	25.6	19.5	18.1
1985	100.0	34.1	3.0	31.5	17.2	14.2
1986	100.0	38.2	2.6	34.6	22.1	2.5
1987	100.0	36.1	2.3	39.1	19.4	3.1
1988	100.0	32.5	1.3	42.5	20.0	3.7
1989	100.0	29.1	1.2	50.3	17.6	1.8
1990	100.0	31.6	1.4	44.1	20.2	2.7
1991	100.0	28.4	2.9	44.1	21.7	2.9
1992	100.0	31.0	3.0	44.0	19.6	2.4
1993	100.0	25.9	1.8	49.2	20.0	3.1
1994	100.0	24.2	1.0	49.0	23.3	2.5
1995	100.0	25.1	0.9	54.0	18.6	1.4
1996	100.0	25.9	1.1	51.8	19.0	2.2
1997	100.0	27.0	1.4	45.8	23.9	1.9
1998	100.0	26.7	2.3	46.7	22.1	2.2
1999	100.0	30.6	1.8	42.3	22.8	2.5
2000	100.0	30.6	1.8	41.2	23.3	3.1
2001	100.0	32.1	1.6	39.0	23.3	4.0
2002	100.0	33.8	1.4	39.7	22.4	2.7
2003	100.0	33.2	1.9	40.3	22.8	1.8
2004	100.0	32.3	2.1	34.2	29.5	1.8
2005	100.0	24.5	2.2	34.7	35.3	3.3
2006	100.0	21.3	2.2	37.0	33.1	6.5
2007	100.0	25.3	3.9	37.7	25.0	8.0
2008	100.0	24.4	2.9	36.9	28.3	7.5
2009	100.0	27.5	1.3	36.2	25.6	9.4
2010	100.0	32.4	1.1	29.1	25.9	11.5
2011	100.0	30.5	1.4	31.9	24.8	11.4
2012	100.0	30.3	0.9	29.4	28.5	11.0
2013	100.0	38.2	0.5	26.2	31.7	3.4
2014	100.0	29.3	1.0	20.4	45.2	4.2
2015	100.0	20.6	1.2	14.1	59.9	4.3
2016	100.0	34.4	1.0	8.5	51.8	4.3
2017	100.0	31.8	0.6	7.5	55.3	4.8
2018	100.0	27.8	0.4	6.0	61.1	4.7
2019	100.0	25.3	0.8	6.9	63.1	3.9

7-3 农林牧渔业总产值及其指数

GROSS OUTPUT VALUE OF AGRICULTURE,FORESTRY,ANIMAL HUSBANDRY AND FISHERY AND ITS INDICES

年 份 Year	农林牧渔业总产值(万元) 当年价格 Gross Output Value of Agriculture, Forestry, Animal Husbandry and Fishery (10000yuan) At Current Prices	以上年为100 Preceding Year=100
1979	13 106	
1980	16 938	85.4
1981	24 181	119.1
1982	26 929	108.1
1983	29 083	98.4
1984	40 416	102.3
1985	45 821	119.2
1986	49 552	116.5
1987	73 772	111.8
1988	99 404	119.4
1989	108 015	112.1
1990	119 205	115.2
1991	143 063	109.3
1992	185 297	99.2
1993	192 880	92.9
1994	224 776	96.1
1995	232 653	101.0
1996	273 246	114.2
1997	270 889	101.7
1998	298 174	104.3
1999	299 662	107.9
2000	311 359	102.4
2001	327 111	103.7
2002	340 757	107.0
2003	337 406	109.8
2004	299 939	111.7
2005	217 369	87.8
2006	180 017	75.3
2007	171 380	89.2
2008	187 859	84.0
2009	154 760	87.1
2010	150 467	92.2
2011	152 533	94.0
2012	148 572	103.1
2013	139 479	70.8
2014	129 156	92.2
2015	159 515	108.6
2016	190 940	96.4
2017	388 609	122.7
2018	424 606	97.0
2019	481 641	105.7

注：　2005年起国家统计报表制度中取消1990年不变价，增长速度按可比口径计算。

Note: Since 2005, the national statistical reporting system has cancelled the index, Gross Output Value of Agriculture (at 1990 constant prices), the growth rates are calculated at comparable coverage.

7-4 农作物播种面积

TOTAL SOWN AREAS OF FARM CROPS

单位：亩　　　　(mu)

年　份 Year	一、农作物总播种面积 Total Sown Areas	# 粮食作物合　计 Grain Crops	# 薯　类 Tubers	# 经济作物合　计 Cash Crops	# 花　生 Peanuts
1979	953 300	758 100	55 095	165 800	107 148
1980	808 500	646 000	38 663	125 500	100 186
1981	728 400	576 000	27 457	119 200	96 606
1982	739 500	536 000	27 219	125 200	97 152
1983	711 300	536 400	27 700	95 103	65 700
1984	705 078	507 255	28 036	91 147	68 523
1985	625 716	379 247	22 690	85 356	61 095
1986	632 747	363 895	22 755	89 810	60 765
1987	617 290	331 531	24 911	84 466	57 508
1988	607 146	284 545	19 370	77 678	51 331
1989	591 309	280 930	18 897	71 134	51 120
1990	573 090	261 454	18 177	67 306	52 035
1991	523 174	194 055	19 529	63 530	49 146
1992	355 244	103 946	13 348	31 910	30 545
1993	191 711	21 361	6 711	12 118	9 579
1994	163 838	16 136	6 029	5 022	4 544
1995	164 870	16 970	6 814	5 031	3 965
1996	205 078	19 448	9 444	6 151	4 675
1997	175 250	14 907	7 183	5 386	3 854
1998	180 525	11 742	5 946	6 770	3 224
1999	177 372	10 354	5 381	5 616	2 680
2000	187 401	9 714	5 559	5 138	2 842
2001	184 038	8 023	5 194	4 098	2 568
2002	159 063	6 480	4 442	3 357	1 142
2003	164 363	4 679	2 490	1 227	807
2004	147 094	5 304	2 955	2 870	260
2005	106 167	1 572	815	310	300
2006	90 614	305	175	105	100
2007	95 596	290	240	236	220
2008	109 423	438	365	10764	20
2009	103 673	163	150	914	42
2010	96 090	151	136	67	41
2011	90 803	52	44	50	41
2012	87 311	12	12	2 255	19
2013	81 472	155	13	8	8
2014	73 775	144	14	513	5
2015	72 358	152	50	6 702	9
2016	86 659	597	258	2 243	332
2017	179 190	34 718	4 760	5 169	4 319
2018	189 272	34 813	7 210	5 267	4 345
2019	184 095	34 745	7 997	5 273	4 341

单位：亩 7-4 续表 continued (mu)

年 份 Year	# 其它作物 合 计 Other Crops	# 蔬 菜 Vegetable	二、茶园面积 Area of Tea Plantations (year-end)	三、果园面积 Area of Orchards (year-end)	# 柑桔橙 Citrus	# 荔 枝 Litchi
1979	22 813	14 798		55 604	6 248	18 600
1980	28 802	15 712		56 701	8 169	19 760
1981	24 327	17 935		55 353	7 476	21 021
1982	68 296	44 020		56 040	6 331	25 399
1983	72 219	66 048		85 897	15 154	4 687
1984	98 843	86 037		85 567	11 204	39 384
1985	154 494	139 353		108 418	16 889	44 979
1986	172 688	160 467		168 790	38 698	70 782
1987	196 065	185 202		218 396	59 358	91 744
1988	240 104	223 191		236 876	69 972	100 912
1989	235 349	217 929		245 516	71 429	107 979
1990	240 865	231 308		256 110	72 632	109 477
1991	261 772	244 591		254 021	73 350	111 324
1992	217 456	201 422		227 207	60 844	104 390
1993	157 909	144 468		191 838	50 147	92 227
1994	142 640	133 284	460	188 411	44 124	97 613
1995	142 849	135 212	3 003	185 285	36 267	98 358
1996	179 479	167 063	2 976	195 926	32 532	111 332
1997	154 957	145 591	2 968	216 996	26 733	136 123
1998	162 013	153 026	2 440	215 058	26 240	136 006
1999	161 402	152 890	2 435	218 811	22 013	144 201
2000	172 549	166 916	2 355	224 820	19 551	152 804
2001	171 917	168 147	353	209 232	16 406	142 580
2002	149 226	147 278	348	191 031	9 949	130 896
2003	158 457	156 899	350	159 817	11 066	102 095
2004	138 920	137 887		150 523	6 830	109 407
2005	104 285	104 059		149 175	5 908	111 154
2006	90 204	89 478		127 809	2 249	100 771
2007	95 070	94 891	312	64 630	1 728	43 004
2008	98 221	98 023	350	46 273	1 088	32 882
2009	102 596	98 505	340	55 508	548	44 320
2010	95 872	95 371	340	53 567	629	43 279
2011	90 701	89 908	340	50 813	484	41 501
2012	85 044	84 704	340	46 990	391	39 088
2013	81 309	81 057	350	38 035	234	32 087
2014	73 118	67 975	340	36 825	204	31 000
2015	65 504	65 249	340	35 474	282	30 658
2016	83 564	82 778	340	68 876	1 050	57 441
2017	139 123	137 558	1 040	95 170	5 787	65 051
2018	149 192	147 361	1 320	65 175	5 361	36 563
2019	144 077	142 513	1 385	53 659	5 339	26 003

7-5 主要农业产品产量

YIELD OF MAJOR FARM CROPS

单位：吨　　　　　　　　　　　　　　　　　　　　　　　　　　　　　　　（ton）

年 份 Year	粮 食 Grain	#稻 谷 Rice	#薯 类 Tubers	花 生 Peanuts	蔬 菜 Vegetable	茶 叶 Tea	水 果 Fruits	#柑桔橙 Citrus	#荔 枝 Litchi
1979	132 584	127 559	4 285	6 877	8 639		2 401	157	742
1980	126 461	123 022	3 003	7 323	14 593		2 280	388	1 127
1981	116 489	114 070	2 310	8 641	22 772		3 245	284	1 534
1982	124 189	121 026	3 046	9 276	34 484		2 866	571	798
1983	126 977	122 936	3 906	5 761	74 251		3 575	1 105	839
1984	126 960	123 205	3 595	6 060	107 820		5 752	1 579	1 829
1985	94 465	90 106	4 026	5 208	162 898		6 420	1 726	1 559
1986	92 495	88 369	3 787	5 894	151 629		13 249	3 467	3 522
1987	85 534	80 110	5 081	5 634	159 937		18 180	5 368	1 336
1988	76 263	72 114	3 850	5 275	182 190		21 324	7 931	2 366
1989	82 215	77 928	3 974	5 777	193 367		23 928	10 910	1 293
1990	81 018	75 380	5 161	6 107	227 346		39 986	23 769	4 184
1991	59 138	52 847	5 418	6 284	238 716		52 392	35 195	2 855
1992	32 906	27 924	4 211	3 874	201 517		59 505	36 082	8 230
1993	6 950	3 838	2 077	1 315	151 421		45 807	31 968	2 791
1994	5 166	1 660	1 676	652	141 899	2	42 744	26 949	4 886
1995	4 887	1 848	1 700	613	147 171	4	40 914	22 973	5 674
1996	6 586	1 801	2 557	735	193 966	4	36 961	21 148	5 944
1997	4 990	954	1 793	595	169 683	5	39 775	21 509	7 546
1998	3 781	743	1 367	496	185 747	8	34 310	22 042	2 055
1999	3 412	555	1 235	444	183 517	9	43 183	19 662	13 516
2000	3 700	429	1 579	556	210 479	14	27 498	14 114	4 513
2001	3 966	248	2 331	548	194 849	11	24 835	10 571	5 250
2002	3 094	31	1 219	384	217185	12	35 279	7 085	18 393
2003	1 850	8	773	184	201 395	11	29 087	8 323	8 753
2004	2 028	6	936	98	162 788		28 028	5 334	14 486
2005	599	4	248	67	141 652		25 843	3 546	15 008
2006	59		49	6	111 509		12 793	839	7 852
2007	55		46	42	121 539		7 389	503	4 016
2008	110		92	4	114 086	3	4 520	487	2 076
2009	52		46	9	107 203	2	3 921	134	2 315
2010	49		42	8	110 739	2	3 179	163	1 952
2011	18		11	8	101 783	2	2 873	205	1 933
2012	5		5	4	103 941	3	2 695	190	1 835
2013	59		3	6	101 324	2	1 745	122	1 141
2014	77		65	5	67 167	2	2 120	77	1 420
2015	63		63	5	63 030	2	4 014	62	2 901
2016	157	58	63	78	82 423	2	12 304	23	9 537
2017	7 955	7 497	330	505	149 544	42	41 292	6 584	12 069
2018	9 013	6 855	2 000	514	158 738	57	41 506	6 907	11 116
2019	9 103	6 680	2 232	512	157 057	59	36 088	7 392	6 499

7-6 农作物亩产量

OUTPUT OF FARM CROPS PER MU

单位：千克 (kg)

年 份 Year	粮 食 Grain	薯 类 Tubers	花 生 Peanuts	蔬 菜 Vegetable	茶 叶 Tea	水 果 Fruits	柑桔橙 Citrus	荔 枝 Litchi
1979	175	78	64	584				
1980	196	78	73	929				
1981	202	84	89	1 269				
1982	232	112	95	783				
1983	237	141	87	1 124				
1984	251	128	88	1 253				
1985	249	178	85	1 169				
1986	254	166	97	945				
1987	258	204	98	864				
1988	268	199	103	816				
1989	293	210	113	887				
1990	310	284	117	983				
1991	305	277	128	976				
1992	317	315	127	1 000				
1993	325	309	137	1 048				
1994	340	302	107	1 064	4.76	467	786	50.1
1995	288	249	155	1 088	6.45	414	765	57.7
1996	339	271	157	1 161	6.06	345	799	53.4
1997	335	257	154	1 165	6.30	307	897	55.4
1998	322	230	154	1 214	3.40	456	840	15.1
1999	330	230	166	1 200	3.70	322	958	93.7
2000	381	284	196	1 261	5.94	122	722	29.5
2001	494	449	213	1 266	31.16	119	644	36.8
2002	477	274	336	1 475	34.48	185	712	140.5
2003	395	310	228	1 284	31.43	182	752	85.7
2004	382	317	377	1 181		186	781	132.4
2005	381	304	223	1 361		173	135	135.0
2006	193	280	60	1 246		100	370	77.9
2007	190	192	191	1 281	6.41	114	291	93.4
2008	251	252	200	1 164	8.57	98	448	63.1
2009	319	307	214	1 088	5.88	71	245	52.2
2010	325	309	195	1 161	5.88	59	259	45.0
2011	346	250	195	1 132	5.88	57	424	46.6
2012	417	417	211	1 227	8.82	57	486	46.9
2013	381	231	750	1 250	5.71	46	521	35.6
2014	535	4 642	1 000	988	5.88	58	378	45.8
2015	414	1 260	555	966	5.88	113	220	94.6
2016	263	244	235	996	5.88	179	22	166.0
2017	229	69	117	1 087	40.38	434	1 138	185.5
2018	259	277	118	1 077	43.18	637	1 288	304.0
2019	262	279	118	1 102	43.00	673	1 385	250.0

7-7 畜牧业、林业和渔业

ANIMAL HUSBANDRY, FORESTRY AND FISHERY

年 份 Year	畜 牧 业 Animal Husbandry				
	牛年末头数(头) Year-end Number of Cattle (head)	#奶 牛 Milk Cows	牛奶产量 (吨) Milk Output (ton)	生猪饲养量 (万头) Raised Hogs (the whole year) (10 000 heads)	生猪年末 存栏量(万头) Raised Hogs (Year-end) (10 000 heads)
1979	25 633	465	1 622	22.90	11.69
1980	24 451	2 365	2 876	15.58	8.42
1981	28 917	3 066	5 214	10.69	6.06
1982	31 301	3 233	6 852	15.61	8.51
1983	31 200	3 642	7 411	17.60	9.40
1984	30 716	4 506	9 830	18.59	8.89
1985	28 474	5 352	10 815	20.34	9.58
1986	27 685	6 204	12 837	25.41	12.29
1987	26 587	6 460	14 237	36.02	16.94
1988	24 759	6 764	13 720	52.20	21.90
1989	24 618	7 384	16 729	65.28	24.45
1990	24 105	7 715	18 887	59.37	22.58
1991	20 660	7 380	20 566	64.23	22.07
1992	16 451	7 059	20 592	61.36	20.89
1993	11 460	7 107	20 255	62.39	20.77
1994	9 780	7 235	20 080	64.49	23.38
1995	9 960	7 955	19 475	68.09	25.76
1996	9 509	8 152	20 420	75.61	27.35
1997	8 900	7 478	18 857	80.26	30.52
1998	8 625	7 575	19 851	89.36	30.09
1999	8 881	7 990	22 480	85.98	28.16
2000	9 808	9 094	24 926	93.02	26.88
2001	9 661	8 883	22 176	92.23	27.08
2002	9 740	9 285	22 802	96.11	31.42
2003	8 196	6 780	24 128	79.31	18.56
2004	8 579	8 511	22 018	63.17	12.49
2005	7 857	7 832	19 567	68.69	17.15
2006	8 009	7 980	18 727	60.66	13.73
2007	7 625	7 585	18 130	53.19	16.25
2008	6 772	5 681	16 150	48.36	15.92
2009	5 035	5 035	10 699	41.04	11.21
2010	6 487	6 479	15 000	29.37	6.93
2011	6 610	6 580	14 310	27.39	6.98
2012	5 671	5 671	13 322	24.96	6.49
2013	5 523	5 523	13 759	18.06	5.88
2014	4 211	4 211	11 805	10.06	3.09
2015	3 656	3 656	12 973	6.71	1.56
2016	2 110	2 110	8 197	3.97	1.26
2017	2 688	2 120	8 364	10.72	3.71
2018	2 577	2 017	8 695	10.13	4.22
2019	2 584	2 026	9 225	10.16	4.07

年 份 Year	畜牧业 Animal Husbandry					造林面积 (万亩) Areas of Forestation (10 000 mu)
	肉猪全年出栏量(万头) Slaughtered Fattened Hogs of the Year (10 000 heads)	家禽饲养量 (万只) Raised Poultry (10 000 heads)	# 出栏量 Slaughtered Fattened Poultry	鲜蛋(吨) Fresh eggs (ton)	当年出售肉类总产量(吨) Total Output of Meat Sold (ton)	
1979	11.21	99.59	69.71	57	6 726	1.84
1980	7.16	160.90	112.63	88	4 296	1.65
1981	4.63	321.84	257.42	119	2 778	1.38
1982	7.10	578.61	506.31	265	4 260	2.62
1983	8.20	786.79	586.40	1 352	4 920	2.37
1984	9.70	857.31	686.27	1 137	12 648	1.78
1985	10.76	1 305.20	944.32	1 085	22 932	16.85
1986	13.12	1 548.94	1 115.77	1 169	25 323	4.01
1987	19.08	1 955.78	1 371.76	805	33 935	15.38
1988	30.30	2 634.80	1 892.70	1 335	47 449	13.32
1989	40.83	3 101.80	2 291.00	1 212	65 300	5.33
1990	36.79	3 330.80	2 445.20	1 895	62 513	5.92
1991	42.16	3 522.27	2 964.39	3 462	79 022	13.10
1992	40.47	4 063.21	2 911.96	4 172	74 081	0.62
1993	41.62	3 534.32	2 668.70	2 472	77 254	0.15
1994	41.11	2 988.07	2 280.63	2 100	67 043	1.10
1995	42.33	2 635.46	2 015.59	2 120	70 277	1.85
1996	48.26	2 111.72	1 633.59	1 351	64 280	3.74
1997	49.74	2 142.36	2 142.36	1 333	65 911	6.27
1998	59.27	2 900.24	2 462.97	1 421	82 947	4.93
1999	57.82	3 090.74	2 616.25	1 130	77 608	3.44
2000	66.14	2 340.20	1 953.85	1 546	79 893	3.30
2001	65.15	2 503.53	1 871.64	922	73 495	2.63
2002	64.68	2 158.62	1 803.00	380	75 531	2.47
2003	60.74	1 698.14	1 515.24	289	66 730	4.96
2004	50.68	1 329.01	1 159.61	292	55 810	3.41
2005	51.55	1 156.99	999.48	110	46 846	3.05
2006	46.93	934.53	811.00	20	42 478	2.45
2007	37.94	866.48	679.75	1 176	32 016	7.35
2008	32.44	903.06	764.50	838	27 458	
2009	29.83	913.76	732.78	282	25 525	1.85
2010	22.44	703.03	568.39	406	18 992	1.87
2011	20.40	582.74	456.06	654	17 142	1.55
2012	18.47	509.96	438.10	902	15 066	1.30
2013	12.18	264.01	184.47	304	11 149	0.81
2014	6.97	287.86	247.71	242	6 422	0.29
2015	5.15	260.64	225.18	27	4 597	0.34
2016	2.71	73.99	61.46		2 587	
2017	7.01	168.47	127.90	1 359	8 019	0.61
2018	5.91	256.54	141.20	1 465	5 966	0.62
2019	6.09	211.27	163.77	1 489	6 192	0.78

年 份 Year	渔 业 Fishery							
	水产品生产总量(吨) Total Output of Aquatic Products(ton)	1、海水产品 Seawater Aquatic Products	#鱼 类 Fish	2、淡水产品 Freshwater Aquatic Products	#鱼 类 Fish	养殖面积(万亩) Cultured Areas of Aquatic (10 000 mu)	1、海水面积 Seawater	2、淡水面积 Freshwater
1979	7 039	6 068		971				1.13
1980	7 667	5 315		2 352				3.27
1981	7 410	5 048		2 362				3.54
1982	10 406	6 128		4 278				4.24
1983	12 303							
1984	16 086							4.68
1985	16 762	4 485		12 277				8.84
1986	23 654	5 595	3 716	18 059		19.33	7.88	11.45
1987	26 889	17 363		9 526		21.16	13.40	7.76
1988	31 535	20 923	16 515	10 612	6 860	20.92	7.53	13.39
1989	32 148	20 153	16 454	11 995	11 995	21.36	14.18	7.18
1990	38 587	24 239	18 420	14 348	13 793	21.88	14.73	7.15
1991	41 740	12 076	8 402	29 664	29 664	16.91	7.81	9.10
1992	44 349	27 558	18 488	16 791	15 836	18.77	13.64	5.13
1993	31 104	11 527	8 423	19 577	19 577	11.77	5.90	5.87
1994	28 196	10 661	6 733	17 535	17 535			
1995	37 394	30 041	26 438	7 353	7 353			
1996	41 183	21 957	17 718	19 226	19 188	16.00	13.60	2.40
1997	55 569	47 687	32 229	7 882	7 773	13.47	10.82	2.65
1998	58 315	50 352	32 371	7 963	7 962	13.61	10.52	3.09
1999	59 764	52 410	34 888	7 354	7 334	11.19	8.16	3.03
2000	59 881	51 191	31 649	8 690	8 690	11.41	8.50	2.91
2001	65 784	56 566	32 850	9 218	9 218	10.84	7.20	3.64
2002	64 059	54 757	22 248	9 302	9 116	9.31	6.59	2.72
2003	85 324	77 506	50 446	7 818	7 610	8.81	6.89	1.92
2004	96 682	88 718	67 553	7 964	6 899	7.33	5.61	1.71
2005	81 764	74 560	55 435	7 204	7 038	7.19	5.84	1.35
2006	56 126	51 411	33 443	4 715	4 697	6.91	5.86	1.05
2007	34 068	31 173	21 708	2 895	2 765	4.67	3.93	0.74
2008	38 468	37 126	27 547	1 342	1 232	3.76	3.07	0.69
2009	30 329	28 544	17 391	1 785	1 714	3.03	2.62	0.41
2010	27 230	25 302	13 010	1 928	1 838	2.92	2.51	0.41
2011	24 929	23 488	13 795	1 441	1 306	2.92	2.51	0.41
2012	28 738	27 430	17 784	1 308	1 253	1.75	1.50	0.25
2013	19 107	18 062	14 287	1 045	990	1.71	1.50	0.21
2014	27 205	26 285	17 867	920	865	0.57	0.41	0.16
2015	39 777	38 796	30 407	981	918	0.46	0.39	0.07
2016	39 624	39 294	30 907	330	330	0.45	0.40	0.05
2017	82 905	80 164	54 335	2 741	2 683	0.31	0.31	
2018	78 453	75 685	44 741	2 768	2 701	1.32	0.94	0.38
2019	84 444	81 540	49 463	2 904	2 779	1.59	1.25	0.34

主要统计指标解释

农林牧渔业总产值 是以货币表现的农林牧渔业的全部产品总量和对农林牧渔业生产活动进行的各种支持性服务活动的价值。它反映一定时期内农林牧渔业生产总规模和总成果，是观察农林牧渔业生产水平和发展速度，研究农林牧渔业内部比例关系、农林牧渔业与工业、农林牧渔业与国家建设、人民生活比例关系的重要指标，同时也是计算农林牧渔业劳动生产率和农林牧渔业增加值的基础资料。

农林牧渔业总产值的计算，一般采用“产品法”，即凡有产品产量的，都按单位产品价格乘产量的办法求得每种产品产量的产值，然后相加求得各业的产值，最后各业相加求出农林牧渔业总产值。

农作物播种面积 是指一定生产季节结束时实际播种或移植有农作物的面积。播种面积的大小，反映农作物的生产规模和耕地的利用程度。正确地核算播种面积，对于组织农业生产活动，计算农作物产量，研究农作物的种植结构和分布情况以及制定各项增产技术措施，都是非常必要的。

播种面积的统计年度，凡是能在本日历年度内（自1月1日至12月31日）收获的农作物（包括上年秋冬播和本年春播、夏播以及南方地区的晚秋播而在本年收获的全部作物）播种面积，都包括在内。

粮食产量 指全社会的产量。包括国有经济经营的、集体统一经营的和农民家庭经营的粮食产量，还包括工矿企业办的农场和其他生产单位的产量。粮食除包括稻谷、小麦、玉米、高粱、谷子及其他杂粮外，还包括薯类和豆类。其产量计算方法，豆类按去豆荚后的干豆计算；薯类(包括甘薯和马铃薯，不包括芋头和木薯)1963年以前按每4公斤鲜薯折1公斤粮食计算，从1964年开始改为按5公斤鲜薯折1公斤粮食计算。城市郊区作为蔬菜的薯类(如马铃薯等)按鲜品计算，并且不作粮食统计。其他粮食一律按脱粒后的原粮计算。1989年以前全国粮食产量数据主要靠全面报表取得，1989年开始使用抽样调查数据。

水产品产量 指人工养殖的水产品和天然生长的水产品的捕捞量。包括海水的鱼类、虾蟹类、贝类和藻类以及内陆水域的鱼类、虾蟹类和贝类，不包括淡水生植物。水产品产量是通过各级水产和统计部门逐级上报取得数据。1995年及以前，贝类中牡蛎按鲜肉计算；蚶、蛤、蛙按 5 斤鲜品折 1 斤计算。1996年以后则统一按鲜品计算。

Explanatory Notes on Main Statistical Indicators

Gross Output Value of Agriculture refers to the total volume of products of farming, forestry, animal husbandry, and fishery and the value of various services supporting the production of farming, forestry, animal husbandry and fishery in monetary terms, which reflects the total scale and total results of farming, forestry, animal husbandry and fishery production during a given period of time. It is an important indicator to observe the production level and development speed of farming, forestry, animal husbandry and fishery, to study the internal structure of farming, forestry, animal husbandry and fishery, and to review the proportionate relationship of farming, forestry, animal husbandry and fishery to industry, to national construction and to people' s life. It is also the foundation for calculating the labor productivity and value-added of farming, forestry, animal husbandry and fishery.

Generally, the gross output value of farming, forestry, animal husbandry and fishery is calculated with the production approach. Where applicable, the gross output value of each single product is obtained by multiplying the output of each product by its price. These values are then summed up to obtain the output value of each sector. The sum of output values of all sectors is the gross output value of farming, forestry, animal husbandry and fishery.

Area of Regularly Cultivated Land refers to farmland among the total land resources which is exclusively used for farming and is under regular cultivation with harvest in normal years. Included are currently cultivated land, land that has been abandoned or put in idle for less than 3 years and is available for recultivation at any time, newly-claimed land that has been put into cultivation for more than 3 years, and ditches, trenches, roads, and ridges with a width of less than 1 meter. Excluded under this category are steep slope land over 25 degrees under temporary cultivation, stretches or scattered plots temporarily claimed along river bends, lake sides or banks of reservoirs, as well as land that has been designated under the "Green for Grain" programmes of the state and provincial governments but is still temporarily under cultivation. Regularly cultivated land is classified into basic farmland and odd pieces of land used for cultivation.

Grain Output refers to the total output in the whole country including grains produced by State farms, collective units, rural households, as well as by farms affiliated to industrial and mining enterprises and other production units. Grain includes rice, wheat, corn, sorghum, millet and other miscellaneous grains as well as tubers and beans. Output of beans refers to dry beans without pods. The output of tubers (sweet potatoes and potatoes, not including taros and cassava) are converted into that of grain at the ratio 4:1, i.e. 4 kilograms of fresh tubers were equivalent to 1 kilogram of grain up to 1963. Since 1964 the ratio for conversion has been 5:1. Tubers supplied as vegetables (such as potatoes) in cities and suburbs are calculated as fresh vegetables and their output is not included in the output of grain. Output of all other grains refers to husked grain. Data on grain production before 1989 were obtained through the Comprehensive Statistical Reporting System. Since 1989, data from sample surveys are used.

Output of Aquatic Products refers to catches of both artificially cultured and naturally grown aquatic products, including fish, shrimps, crabs and shellfish in sea and inland water as well as seaweed. Freshwater plants are not included. Data on output of aquatic products are reported by aquatic product and statistical agencies level by level. Before 1995, among the shellfish, oyster was counted as fresh meat; 5 kilograms of ark shell, clams and frogs are equivalent to 1 kilogram of fresh aquatic products; they have all been counted as fresh aquatic products since 1996.

08 第八部分 固定资产投资

INVESTMENT IN FIXED ASSETS

CHAPTER

8-1 固定资产投资主要指标

MAIN INDICATORS OF INVESTMENT IN FIXED ASSETS

项 目	Item	2000	2010	2016	2017	2018	2019
投资完成额(亿元, %)	**Investment (100 million yuan)**	**677.12**	**1 944.70**	**4 078.16**	**5 147.32**	**20.6**	**18.8**
#房地产开发	Real Estate Development	260.97	458.47	1 756.52	2 135.86	23.6	15.9
按登记注册类型分	Grouped by Status of Registration						
内资	Domestic	367.20	1 615.49	3 385.83	4 464.60	25.2	18.0
国有	State-owned	216.77	819.70	530.63	1 355.83	36.7	38.2
集体	Collective-owned	44.21	44.24	0.19	19.16	682.7	-64.0
其他	Others	106.21	751.55	2 855.00	3 089.61	16.7	10.4
港澳台投资	Funds from Hong Kong, Macao and Taiwan	194.69	237.61	475.70	513.45	-22.6	-0.5
外商投资	Foreign Funded	115.23	91.60	216.64	169.27	30.3	75.0
按构成分	Grouped by Use of Funds						
建筑安装工程	Construction and Installation		1 149.37	2 550.15	3 000.08	10.6	18.5
设备工具器具购置	Purchase of Equipments and Instruments		375.36	488.36	656.19	10.5	1.6
其他费用	Others		278.02	1 039.66	1 491.05	45.1	25.1
按三次产业分	Grouped by Three Strata of Industry						
第一产业	Primary Industry		0.64	0.13	0.21	-91.3	1 000.6
第二产业	Secondary Industry		480.86	695.47	911.23	7.0	12.6
第三产业	Tertiary Industry		1 463.21	3 382.56	4 235.88	23.4	19.9
按财务拨款合计(亿元, %)	**Grouped by Source of Funds (100 million yuan)**	**267.36**	**2 339.36**	**5 645.43**	**2 627.83**	**17.7**	**13.9**
国家预算资金	State and Local Budget	2.36	9.14	452.49	783.97	27.3	38.7
国内贷款	Domestic Loans	21.27	539.62	1 159.09	392.98	-0.4	-4.4
债券	Securities		1.08	4.90	1.67	1 636.8	54.6
利用外资	Foreign Investment	18.25	46.48	1.18	13.25	-32.7	-77.4
自筹资金	Self-raising Funds	213.72	1 293.40	2 397.14	1 334.91	21.8	5.8
其他资金	Others	11.75	449.64	1 630.62	101.05	27.0	30.2
房屋建筑面积(万平方米)	**Floor Space of Buildings (10 000 sq.m)**						
施工面积	Floor Space under Construction	3 591.22	5 178.84	6 677.50	7 560.49	21.9	12.5
竣工面积	Floor Space Completed	1 287.21	692.70	587.81	351.23	4.3	77.7
商品房屋销售面积(万平方米)	**Floor Space of Commercial Buildings(10 000 sq.m)**	**611.37**	**465.59**	**736.19**	**671.03**	**7.6**	**14.5**
#住宅	Residential Buildings	556.82	413.80	660.08	520.97	10.0	14.9

注：1、2011年起固定资产投资项目统计起点由50万元提高至500万元，且不包含农村农户投资；2010年以前为全社会固定资产投资，后同。

Note: Since 2011, the cut-off point of investment statistics is changed from a minimum of 500,000 yuan to a minimum of 5,000,000 yuan, and the data do not include the investment made by rural households. Data before 2010 refer to total investment in fixed assets. The same applies to all tables following.

2、2011年报起，原国家预算内资金改为国家预算资金，后同。

Since 2011, state budget is changed to state and local budget.The same applies to all tables following.

3、2018年起，资金来源指标不包含5000万元以下项目数据，增速为可比口径，后同。

Since 2018, sources of funds for investment do not include projects under 50 million yuan. The growth rate is caculated by comparable coverage, and the same applies to the following table.

4、根据第三次全国农业普查统计执法检查和第四次全国经济普查单位清查，2018年固定资产投资增速按可比口径计算，后同。

According to comparable statistics The Third National Agricultural Census Law Enforcement Inspection, investigation of those censused during the Fourth National Economic Census, growth rate of investment in fixed assets in 2018 are calculated with comparable coverage. The same applies to the following tables.

5.2018年起，数据为比上年增长数据。

From 2018, The data in the table is the increase over the previous year.

8-2 固定资产投资增长速度

GROWTH RATE OF INVESTMENT IN FIXED ASSETS

单位：% (%)

年 份 Year	固定资产投资额 Investment in Fixed Assets	非房地产开发项目 Non-Real Estate Development	房地产开发项目 Real Estate Development
1980	132.4	132.4	
1981	115.1	115.1	
1982	148.5	148.5	
1983	46.9	46.9	
1984	79.6	79.6	
1985	71.3	71.3	
1986	−25.4	−25.4	
1987	14.7	14.7	
1988	52.9	52.9	
1989	14.6	14.6	
1990	24.7	24.7	
1991	46.4	28.4	128.2
1992	95.4	62.5	179.7
1993	39.0	35.9	43.8
1994	13.8	4.5	26.9
1995	−2.2	14.1	−21.0
1996	18.7	17.3	21.1
1997	20.0	26.5	9.5
1998	22.2	22.0	22.6
1999	18.6	13.2	28.5
2000	18.9	17.4	21.2
2001	1.4	−10.9	20.9
2002	14.8	7.8	23.1
2003	20.4	34.2	6.2
2004	15.1	22.7	5.2
2005	8.2	15.2	−2.4
2006	7.7	7.0	9.1
2007	5.6	8.9	−0.2
2008	9.1	16.2	−4.5
2009	16.5	23.8	−0.7
2010	13.8	16.9	4.8
2011	6.0	4.0	12.3
2012	12.3	2.0	43.1
2013	7.6	2.3	19.0
2014	9.1	2.1	22.0
2015	21.4	19.4	24.5
2016	23.6	18.0	32.0
2017	23.8	25.4	21.6
2018	20.6	18.4	23.6
2019	18.8	21.0	15.9

注：1993年以前房地产开发投资主要是商品房建设投资。

Notes: Prior to 1993, investment in real estate development focused mainly on the construction of commercial buildings.

8-3 新增固定资产

NEWLY INCREASED FIXED ASSETS

单位：万元 (10 000 yuan)

年 份 Year	固定资产投资额 Investment in Fixed Assets	非房地产开发项目 Non-Real Estate Development	房地产开发项目 Real Estate Development
1979	3 201	3 201	
1980	7 753	7 753	
1981	19 032	19 032	
1982	42 369	42 369	
1983	81 902	81 902	
1984	149 020	149 020	
1985	190 359	190 359	
1986	192 016	192 016	
1987	185 758	185 758	
1988	269 475	269 475	
1989	384 183	384 183	
1990	379 167	310 915	68 252
1991	573 793	490 199	83 594
1992	682 768	556 594	126 174
1993	1 010 590	798 022	212 568
1994	1 542 090	1 199 729	342 361
1995	1 634 350	981 780	652 570
1996	2 549 663	1 302 786	1 246 877
1997	2 997 015	1 952 308	1 044 707
1998	3 865 634	2 189 077	1 676 557
1999	4 556 303	2 661 567	1 894 736
2000	5 474 627	2 981 399	2 493 228
2001	5 378 592	2 651 070	2 727 522
2002	6 153 318	2 720 727	3 432 591
2003	5 527 718	2 454 025	3 073 693
2004	6 863 722	3 905 969	2 957 753
2005	8 870 417	4 610 708	4 259 709
2006	7 476 770	3 913 902	3 562 868
2007	7 644 448	5 176 711	2 467 737
2008	6 827 922	3 897 679	2 930 243
2009	6 424 221	4 032 767	2 391 454
2010	8 258 270	5 950 452	2 307 818
2011	13 103 117	11 304 379	1 798 738
2012	16 695 671	13 076 993	3 618 678
2013	23 742 351	19 783 173	3 959 178
2014	23 740 961	19 606 539	4 134 422
2015	14 785 593	10 792 355	3 993 238
2016	19 150 135	15 035 087	4 115 048
2017	10 390 404	7 504 016	2 886 388
2018	12 414 328	8 609 897	3 804 431
2019	19 240 819	9 271 883	9 968 936

8-4 固定资产投资额（按区域分）

INVESTMENT IN FIXED ASSETS（GROUPED BY DISTRICT）

单位：万元，%

年 份 Year	全市 Total	福田区 Futian	罗湖区 Luohu	盐田区 Yantian	南山区 Nanshan	大宝安 Original Baoan
1998	4 803 901	1 784 698	651 825	281 358	1 114 038	555 262
1999	5 695 878	2 074 046	852 818	358 135	1 214 324	669 676
2000	6 771 205	2 295 119	994 334	376 515	1 462 357	888 938
2001	6 863 749	2 306 192	831 700	481 386	1 465 527	973 073
2002	7 881 459	2 464 975	870 025	491 513	1 612 012	1 213 488
2003	9 491 016	2 559 087	969 324	547 965	1 923 414	1 803 186
2004	10 925 571	2 585 071	966 473	554 665	2 297 922	2 332 793
2005	11 823 245	2 052 337	834 046	526 955	2 656 686	2 906 828
2006	12 736 693	1 801 066	762 101	609 949	2 899 380	3 331 725
2007	13 450 037	1 701 123	707 931	708 264	2 691 670	3 841 235
2008	14 676 043	1 602 214	643 690	730 332	2 571 590	4 676 889
2009	17 091 514	1 683 418	683 182	872 004	2 705 194	5 846 894
2010	19 447 008	1 744 163	731 777	873 096	2 871 308	6 902 828
2011	20 609 180	1 737 597	756 050	850 994	2 860 146	7 608 192
2012	23 144 319	1 604 050	860 784	900 942	3 120 392	8 851 825
2013	24 901 970	1 652 532	891 661	919 145	3 294 549	9 662 238
2014	27 174 226	1 811 806	951 102	921 701	4 159 002	10 488 710
2015	32 983 076	2 353 842	1 259 008	995 926	6 339 870	12 263 409
2016	40 781 638	3 000 289	1 843 702	1 225 743	8 879 664	14 477 957
2017	51 473 152	3 745 056	2 289 818	1 486 533	10 967 612	11 886 199
2018	20.6	24.1	22.9	3.6	21.6	
2019	18.8	16.1	23.9	10.7	19.4	

注：1. 2007年以来，深圳陆续设立功能新区及新行政区，表中大宝安区数据2011年及以前为原宝安区数据，2012-2016年包含宝安区、龙华新区和光明新区，2017年包含宝安区和光明新区。大龙岗区数据2011年及以前为原龙岗区数据，2012-2016年包含龙岗区、坪山新区和大鹏新区，2017年包含龙岗区和大鹏新区。

Note:Since 2007, functional zones and new administrative districts have been established in Shenzhen. The data of Original Baoan were the data of Baoan in 2011 and before, included Baoan Longhua and Guangming in 2012-2016, included Baoan and Guangming in 2017. The data of Original Longgang were the data of Longgang in 2011 and before, l, included Longgang, Pingshan and Dapeng in 2012-2016, included Longgang and Dapeng in 2017.

2. 2018年起，数据为比上年增长数据。

From 2018, the data in the table is the increase over the previous year.

(10 000 yuan,%)

宝安区 Baoan	光明区 Guangming	龙华区 Longhua	大龙岗 Original Longgang	龙岗区 Longgang	坪山区 Pingshan	大鹏新区 Dapeng	深汕特别合作区 Shenzhen-Shanwei Special Cooperation Zone
			416 720				
			526 879				
			753 943				
			805 871				
			1 229 446				
			1 688 040				
			2 188 647				
			2 846 392				
			3 332 472				
			3 799 814				
			4 451 328				
			5 300 822				
			6 323 836				
			6 796 201				
3 715 334	2 046 433	3 090 057	7 806 327	5 234 668	1 882 445	689 215	
4 289 041	2 212 184	3 161 012	8 481 845	5 763 807	2 016 046	701 991	
4 606 802	2 311 908	3 570 000	8 841 905	6 020 000	2 141 905	680 000	
5 457 214	2 692 767	4 113 428	9 771 021	6 580 947	2 468 152	721 922	
6 504 842	3 024 869	4 948 246	11 354 283	7 636 984	2 978 899	738 400	
8 170 568	3 715 631	6 182 721	10 243 457	9 466 863	3 776 637	776 594	895 119
30.3	28.8	20.9		18.7	3.5	11.8	−15.0
22.3	29.7	17.1		17.6	0.2	20.0	36.8

8-5 固定资产投资增长速度（按区域分）

GROWTH RATE OF INVESTMENT IN FIXED ASSETS（GROUPED BY DISTRICT）

单位：%

年 份 Year	全市 Total	福田区 Futian	罗湖区 Luohu	盐田区 Yantian	南山区 Nanshan	大宝安 Original Baoan
1999	18.6	16.2	30.8	27.3	9.0	20.6
2000	18.9	10.7	16.6	5.1	20.4	32.7
2001	1.4	0.5	−16.4	27.9	0.2	9.5
2002	14.8	6.9	4.6	2.1	10.0	24.7
2003	20.4	3.8	11.4	11.5	19.3	48.6
2004	15.1	1.0	−0.3	1.2	19.5	29.4
2005	8.2	−20.6	−13.7	−5.0	15.6	24.6
2006	7.7	−12.2	−8.6	15.7	9.1	14.6
2007	5.6	−5.5	−7.1	16.1	−7.2	15.3
2008	9.1	−5.8	−9.1	3.1	−4.5	21.8
2009	16.5	5.1	6.1	19.4	5.2	25.0
2010	13.8	3.6	7.1	0.1	6.1	18.1
2011	6.0	−0.4	3.3	−2.5	−0.4	10.2
2012	12.3	−7.7	13.9	5.9	9.1	16.3
2013	7.6	3.0	3.6	2.0	5.6	9.2
2014	9.1	9.6	6.7	0.3	26.2	8.6
2015	21.4	29.9	32.4	8.1	52.4	16.9
2016	23.6	27.5	46.4	23.1	40.1	18.1
2017	23.8	24.8	24.2	21.3	23.5	−17.9
2018	20.6	24.1	22.9	3.6	21.6	
2019	18.8	16.1	23.9	10.7	19.4	

（%）

宝安区 Baoan	光明区 Guangming	龙华区 Longhua	大龙岗 Original Longgang	龙岗区 Longgang	坪山区 Pingshan	大鹏新区 Dapeng	深汕特别合作区 Shenzhen-Shanwei Special Cooperation Zone
			26.4				
			43.1				
			6.9				
			52.6				
			37.3				
			29.7				
			30.1				
			17.1				
			14.0				
			17.1				
			19.1				
			19.3				
			7.5				
			14.9				
15.4	8.1	2.3	8.7	10.1	7.1	1.9	
7.4	4.5	12.9	4.2	4.4	6.2	−3.1	
18.5	16.5	15.2	10.5	9.3	15.2	6.2	
19.2	12.3	20.3	16.2	16.0	20.7	2.3	
25.6	22.8	24.9	−9.8	24.0	26.8	5.2	11.5
30.3	28.8	20.9		18.7	3.5	11.8	−15.0
22.3	29.7	17.1		17.6	0.2	20.0	36.8

8-6 固定资产投资额比重（按区域分）
INVESTMENT IN FIXED ASSETS（GROUPED BY DISTRICT）

单位：%

年 份 Year	全市 Total	福田区 Futian	罗湖区 Luohu	盐田区 Yantian	南山区 Nanshan	大宝安 Original Baoan
1998	100	37.2	13.6	5.9	23.2	11.6
1999	100	36.4	15.0	6.3	21.3	11.8
2000	100	33.9	14.7	5.6	21.6	13.1
2001	100	33.6	12.1	7.0	21.4	14.2
2002	100	31.3	11.0	6.2	20.5	15.4
2003	100	27.0	10.2	5.8	20.3	19.0
2004	100	23.7	8.8	5.1	21.0	21.4
2005	100	17.4	7.1	4.5	22.5	24.4
2006	100	14.1	6.0	4.8	22.8	26.2
2007	100	12.6	5.3	5.3	20.0	28.6
2008	100	10.9	4.4	5.0	17.5	31.9
2009	100	9.9	4.0	5.1	15.8	34.2
2010	100	9.0	3.8	4.5	14.8	35.5
2011	100	8.4	3.7	4.1	13.9	36.9
2012	100	6.9	3.7	3.9	13.5	38.2
2013	100	6.6	3.6	3.7	13.2	38.8
2014	100	6.7	3.5	3.4	15.3	38.6
2015	100	7.1	3.8	3.0	19.2	37.2
2016	100	7.4	4.5	3.0	21.8	35.5
2017	100	7.3	4.4	2.9	21.3	23.1
2018	100	7.5	4.5	2.5	21.5	
2019	100	7.3	4.7	2.3	21.7	

(%)

	宝安区 Baoan	光明区 Guangming	龙华区 Longhua	大龙岗 Original Longgang	龙岗区 Longgang	坪山区 Pingshan	大鹏新区 Dapeng	深汕特别合作区 Shenzhen-Shanwei Special Cooperation Zone
				8.5				
				9.2				
				11.1				
				11.7				
				15.6				
				17.7				
				20.0				
				24.1				
				26.1				
				28.2				
				30.3				
				31.0				
				32.5				
				33.0				
	16.1	8.8	13.4	33.7	22.6	8.1	3.0	
	17.2	8.9	12.7	34.1	23.1	8.1	2.8	
	17.0	8.5	13.1	32.5	22.2	7.9	2.5	
	16.5	8.2	12.5	29.6	20.0	7.5	2.2	
	16.0	7.4	12.1	27.8	18.7	7.3	1.8	
	15.9	7.2	12.0	19.9	18.4	7.3	1.5	1.7
	17.2	7.7	12.1		18.1	6.3	1.4	1.1
	17.7	8.4	11.9		18.0	5.3	1.4	1.2

8-7 固定资产投资增长速度（按注册登记类型分）

GROWTH RATE OF IVESTMENT IN FIXED ASSETS（GROUPED BY REGISTRATION）

单位：%　　　　(%)

年 份 Year	固定资产投资额 Investment in fixed Assets	一、内资 Domestic Funded	1、国有 State-Owned	2、集体 Collective-Owned	3、其他 Others	二、港奥台商投资 Hong Kong Macao and Taiwan Funded	三、外商投资 Foreign Funded
1980	132.4	56.0	66.5	7.4	52.0	1343.1	506.4
1981	115.1	92.1	108.3	23.1	18.1	207.8	38.9
1982	148.5	238.1	261.1	138.3	-44.3	48.2	11.8
1983	46.9	57.7	47.3	212.8	331.8	8.4	60.5
1984	79.6	95.2	85.4	179.6	108.5	-2.0	102.7
1985	71.3	76.8	74.9	64.6	224.9	20.6	65.4
1986	-25.4	-57.9	-70.5	-15.8	60.3	369.5	66.2
1987	14.7	100.2	128.0	44.0	91.3	-77.0	-52.0
1988	52.9	60.3	78.2	5.1	51.5	4.2	-9.3
1989	14.6	11.5	-2.6	-38.7	127.5	34.1	87.4
1990	24.7	8.9	5.1	-14.9	22.9	164.9	153.6
1991	46.4	50.9	38.5	130.5	61.2	13.5	56.8
1992	95.4	83.3	36.0	274.0	115.9	168.8	118.5
1993	39.0	26.3	55.1	-32.0	20.3	80.1	76.8
1994	13.8	8.4	23.3	-21.4	-4.5	21.3	31.8
1995	-2.2	-15.6	-15.5	55.8	-29.0	22.4	24.6
1996	18.7	22.0	29.3	41.3	-0.7	11.3	18.8
1997	20.0	18.9	16.9	6.3	31.3	25.9	16.3
1998	22.2	34.3	21.3	36.6	63.9	-0.3	14.0
1999	18.6	9.7	11.2	4.1	9.2	48.5	16.7
2000	18.9	10.3	15.7	11.2	0.3	37.7	21.1
2001	1.4	6.0	16.2	-2.5	-11.1	-6.8	0.3
2002	14.8	12.1	4.0	12.0	33.9	19.0	17.5
2003	20.4	37.1	30.5	18.3	57.8	-4.8	6.9
2004	15.1	22.1	12.3	-27.3	52.9	-3.5	12.7
2005	8.2	-8.6	-6.3	-17.7	-10.4	78.7	-2.0
2006	7.7	16.6	-0.1	-31.0	44.6	-2.9	-5.8
2007	5.6	31.2	13.8	7.2	48.5	-26.7	-52.7
2008	9.1	17.1	19.6	38.5	14.4	-26.1	19.3
2009	16.5	22.4	47.8	22.0	3.8	-3.6	-22.4
2010	13.8	10.4	13.3	3.5	7.8	32.3	38.4
2011	6.0	10.0	-5.3	22.2	25.9	-20.2	3.7
2012	12.3	11.6	1.2	89.0	15.7	-10.5	71.0
2013	7.6	11.8	3.8	-24.8	20.8	-5.2	-29.8
2014	9.1	9.9	-7.1	28.1	19.4	1.7	4.1
2015	21.4	11.2	5.6	-68.6	18.8	114.7	102.2
2016	23.6	25.1	16.4	-44.6	29.9	35.5	-9.7
2017	23.8	31.9	45.5	11.7	26.8	7.9	-21.9
2018	20.6	25.2	36.7	682.7	16.7	-22.6	30.3
2019	18.8	18.0	38.2	-64.0	10.4	-0.5	75.0

8-8 固定资产投资增长速度（按国民经济行业分）
GROWTH RATE OF INVESTMENT IN FIXED ASSETS（GROUPED BY NATIONAL ECONOMIC INDUSTRIES）

单位：% （%）

年 份 Year	合 计 Total	农、林、牧、渔业 Agriculture, Forestry,Animal Husbandry and Fishery	采矿业 Mining	制造业 Manufacturing	电力、热力、燃气及水的生产和供应业 Production and Distribution of Electricity,Gas and Water	建筑业 Construction	批发和零售业 Wholesale and Retail Trades
1980	132.4	−32.7		502.0	−65.2	98.4	141.0
1981	115.1	9.1		14.0	16.5	−56.9	86.3
1982	148.5	179.8		11.3	5.1	248.6	245.1
1983	46.9	−68.0		82.3	59.0	238.1	52.4
1984	79.6	159.5	−71.8	49.5	2003.3	215.5	110.0
1985	71.3	124.5	199.2	131.9	43.6	143.3	70.2
1986	−25.4	−36.9	29.1	21.7	−71.8	−69.4	−52.5
1987	14.7	33.5		−4.5	71.1	−38.3	−41.4
1988	52.9	25.5		115.6	114.6	106.4	95.3
1989	14.6	−11.3		5.9	−1.0	630.5	−27.6
1990	24.7	−31.4		49.3	454.6	−67.7	−49.1
1991	46.4	43.0		−18.1	3.2	−62.6	102.0
1992	95.4	97.5	−38.4	50.4	22.9	162.7	58.8
1993	39.0	47.3	−46.7	−13.9	53.2	369.3	−27.2
1994	13.8	−2.1		13.6	−19.2	86.3	40.7
1995	−2.2	−40.3		4.7	23.2	−45.3	221.2
1996	18.7	67.1		36.6	30.6	−72.3	66.2
1997	20.0	43.0		65.7	−11.3	103.5	−63.5
1998	22.2	14.5		3.1	−51.3	110.4	43.1
1999	18.6	70.6		60.8	−36.2	20.7	−1.0
2000	18.9	84.1		29.7	56.0	10.0	127.2
2001	1.4	−62.3		−14.1	133.4	−97.2	−32.7
2002	14.8	−33.8	55.2	25.4	13.4	363.9	5.1
2003	20.4	213.4	−49.8	14.4	17.6	1554.7	−42.7
2004	15.1	−81.3	2.1	67.7	94.3	−9.2	173.2
2005	8.2	−70.1	75.9	16.2	96.2		69.0
2006	7.7		−26.3	19.4	2.6		−36.0
2007	5.6		−78.0	7.2	−26.3		29.7
2008	9.1			−11.4	8.0		0.0
2009	16.5	−37.0		−11.5	35.5		−41.2
2010	13.8	938.4		43.6	−13.8		4.3
2011	6.0	−91.2		0.6	−20.1		138.7
2012	12.3	7147.5	−87.2	13.4	0.8	−75.3	8.5
2013	7.6	−24.7		−24.1	−46.5	226.2	−8.0
2014	9.1	−87.2		41.8	36.9	−77.1	30.4
2015	21.4	57.8		12.5	19.6	−62.3	0.6
2016	23.6	−57.2	−76.7	20.3	−4.0	1773.6	−24.8
2017	23.8	−22.2		28.9	61.8		33.7
2018	20.6	−34.9		4.4	24.2		−39.7
2019	18.8	47.8	117.7	8.6	19.7	31.7	−2.3

单位：%

年　份 Year	交通运输、仓储和邮政业 Transportation, Storage and Post Services	住宿和餐饮业 Hotels and Catering Services	信息传输、软件和信息技术服务业 Information Transmission, Software and Information Technology	金融业 Financial Intermediation	房地产业 Real Estate	租赁和商务服务业 Leasing and Business Services
1980	519.0	139.8	163.2	113.9	7.4	
1981	−75.8	86.4	36.5	84.4	438.5	992.4
1982	671.0	245.3	37.0	85.2	184.8	80.2
1983	132.4	52.4	248.7	87.1	64.3	43.0
1984	44.6	110.0	44.6	251.2	195.3	−35.4
1985	117.9	70.2	117.9	186.7	62.6	87.1
1986	−29.9	−52.5	−29.9	44.9	−35.0	−38.6
1987	11.5	−41.4	11.5	−27.5	72.8	−46.5
1988	92.0	95.3	92.0	−95.3	26.8	206.2
1989	92.3	−27.6	92.3	1460.8	−18.8	−26.2
1990	19.4	−49.1	19.4	−94.1	42.4	−20.9
1991	53.6	29.8	53.6	165.2	96.1	291.0
1992	64.3	58.8	64.3	−15.3	181.6	−2.9
1993	21.4	−27.2	21.4	1317.3	32.9	370.5
1994	59.8	40.8	59.8	15.3	14.8	−20.6
1995	−16.8	221.2	−16.8	125.9	−11.4	5.5
1996	18.1	−3.0	18.1	34.2	22.7	−14.9
1997	35.4	−2.7	35.4	−78.2	10.9	66.2
1998	4.5	−35.7	4.5	−51.1	31.5	1.7
1999	−32.4	−2.2	−32.4	59.3	17.8	−13.7
2000	42.5	1.1	42.5		22.2	−6.6
2001	−23.2	−7.3	−23.2		7.6	−21.8
2002	−15.2	−47.6	−15.2		25.3	−36.1
2003	214.3	−94.0	214.3	−39.3	14.9	−64.8
2004	−10.8	6402.1	44.0	13.0	−2.6	74.1
2005	72.5	17.0	−24.0	320.9	−11.4	282.5
2006	32.2	131.7	−37.7	−54.5	7.5	22.1
2007	48.0	−48.5	10.2	27.1	−0.3	−79.3
2008	13.8	125.9	−28.2	329.6	5.3	23.9
2009	39.6	−13.4	79.7	43.0	4.6	397.6
2010	−7.3	−17.7	115.7	114.6	1.9	3.8
2011	−7.9	180.9	10.2	−49.9	21.8	50.6
2012	−24.7	65.5	10.4	328.7	41.2	180.2
2013	67.2	−42.7	−31.2	−27.3	27.8	−20.5
2014	−18.3	51.2	−11.3	1.3	10.0	−49.7
2015	14.9	−33.3	52.1	66.6	21.0	282.2
2016	12.5	−54.8	122.3	4.5	26.0	−11.9
2017	13.8	13.3	−8.4	−22.5	24.2	84.2
2018	14.1	312.9	39.7	19.8	22.6	60.8
2019	23.3	−32.6	12.7	87.5	12.0	34.8

8-8 续表 continued (%)

科学研究和技术服务业 Scientific Research and Technical Services	水利、环境和公共设施管理业 Management of Water Conservancy, Environment and Public Facilities	居民服务、修理和其他服务业 Services to Househdds, Repair and Other Services	教育 Education	卫生和社会工作 Health and Social Work	文化、体育和娱乐业 Culture,Sports and Entertainment	公共管理、社会保障和社会组织 Public Management, Social Security and Social Organizations
41.7	64.5					57.7
105.5	993.3	1004.1	94.4	17.8	95.8	16.6
41.2	82.3	80.2	156.9	140.2	791.0	418.1
33.6	43.3	42.9	−10.0	111.4	1.5	28.6
154.9	−36.0	−35.4	718.8	103.0	24.4	31.1
0.7	87.4	87.2	−1.1	178.3	24.5	19.0
22.9	−37.9	−38.6	30.0	−53.3	26.5	4.1
61.0	20.1	−46.5	−45.9	−11.5	−27.7	−10.5
27.6	34.7	206.1	2.3	44.6	−19.9	79.5
2.5	−23.0	−26.2	125.3	21.9	345.8	10.5
0.0	−2.7	−20.9	−30.6	−20.5	−44.3	−51.4
93.0	222.2	291.0	42.5	408.2	61.8	43.1
−8.5	5.4	−2.9	11.2	−26.2	45.4	52.3
11.5	315.5	370.5	−3.3	55.6	−25.4	−35.0
14.8	−18.6	−20.6	36.1	2.4	−0.2	143.3
11.6	11.5	5.5	67.4	42.5	46.9	78.1
38.0	−11.8	−14.9	43.3	4.8	10.3	20.3
−19.9	71.3	−13.3	91.2	28.7	9.2	−0.3
7.8	73.7	−24.3	22.0	73.6	−6.5	9.3
45.7	42.5	−59.5	10.0	0.5	59.0	5.4
52.7	−19.7	−12.6	10.9	6.1	−15.1	76.7
49.9	10.5	−52.3	−2.1	−15.4	58.7	−21.4
−38.4	−13.5	11.8	13.7	−25.4	−10.6	−5.5
−27.2	−27.2	−48.9	11.7	−30.6	70.8	6.1
86.1	57.5	−44.8	11.4	143.7	−9.5	0.4
−33.4	9.6		−14.7	13.9	−23.5	37.6
−13.9	−7.5		−4.3	−43.5	−3.7	−56.8
17.2	−35.7	2056.7	−29.5	62.2	1.6	333.7
676.0	136.5	256.0	−21.5	25.0	86.0	−37.4
−9.6	31.2	20.0	76.5	145.1	31.8	87.3
90.0	60.9	−92.2	160.1	2.0	31.4	−38.1
−46.9	12.5	347.6	48.7	−7.1	−21.9	−33.2
−20.8	−28.6	89.6	1.6	22.9	−41.9	44.3
41.0	−15.6	13.0	−44.4	−1.5	−0.9	−59.1
62.5	27.5	15.8	16.2	−29.1	−43.9	−29.3
86.4	4.0	116.4	37.0	149.2	33.8	−65.3
15.2	42.9	−19.3	79.3	−13.0	88.4	275.7
28.1	52.4	−9.9	28.5	48.5	−37.1	120.2
−16.1	28.1	−88.8	33.8	14.4	82.5	22.2
24.7	45.2	167.8	47.0	22.7	21.4	−1.5

8-9 固定资产投资额比重（按注册登记类型分）

INVESTMENT IN FIXED ASSETS（GROUPED BY REGISTRATION）

单位：%　　　（%）

年份 Year	固定资产投资额 Investment in Fixed Assets	一、内资 Domestic Funded	1、国有 State-owned	2、集体 Collective-owned	3、其他 Others	二、港澳台商投资 Hongkong Macao and Taiwan Funded	三、外商投资 Foreign Funded
1979	100	90.8	69.2	14.5	7.1	4.2	5.0
1980	100	60.9	49.6	6.7	4.6	25.9	13.1
1981	100	54.4	48.0	3.8	2.5	37.1	8.5
1982	100	74.1	69.8	3.7	0.6	22.1	3.8
1983	100	79.5	70.0	7.8	1.7	16.3	4.2
1984	100	86.4	72.3	12.2	1.9	8.9	4.7
1985	100	89.2	73.8	11.7	3.7	6.3	4.5
1986	100	50.4	29.2	13.2	7.9	39.5	10.1
1987	100	87.8	58.0	16.6	13.2	7.9	4.2
1988	100	92.1	67.6	11.4	13.1	5.4	2.5
1989	100	89.6	57.4	6.1	26.0	6.3	4.1
1990	100	78.2	48.4	4.2	25.7	13.4	8.4
1991	100	80.7	45.8	6.5	28.3	10.4	9.0
1992	100	75.7	31.9	12.5	31.2	14.3	10.0
1993	100	68.7	35.6	6.1	27.0	18.5	12.7
1994	100	65.5	38.6	4.2	22.7	19.7	14.8
1995	100	56.5	33.3	6.7	16.5	24.7	18.8
1996	100	58.0	36.3	8.0	13.8	23.2	18.8
1997	100	57.5	35.3	7.1	15.1	24.3	18.2
1998	100	63.2	35.1	7.9	20.2	19.8	17.0
1999	100	58.5	32.9	7.0	18.6	24.8	16.7
2000	100	54.2	32.0	6.5	15.7	28.8	17.0
2001	100	56.7	36.7	6.3	13.8	26.4	16.8
2002	100	55.4	33.2	6.1	16.0	27.4	17.2
2003	100	63.1	36.0	6.0	21.0	21.7	15.3
2004	100	66.9	35.1	3.8	27.9	18.2	15.0
2005	100	56.5	30.4	2.9	23.1	30.0	13.6
2006	100	61.1	28.2	1.9	31.0	27.0	11.9
2007	100	76.0	30.4	1.9	43.6	18.7	5.3
2008	100	81.5	33.4	2.4	45.6	12.7	5.8
2009	100	85.6	42.3	2.5	40.8	10.5	3.9
2010	100	83.1	42.2	2.3	38.6	12.2	4.7
2011	100	86.2	37.7	2.6	45.9	9.2	4.6
2012	100	85.7	33.9	4.4	47.3	7.3	7.0
2013	100	89.0	32.8	3.1	53.1	6.5	4.6
2014	100	89.6	27.9	3.6	58.1	6.0	4.4
2015	100	82.3	31.0	2.9	48.4	11.5	6.1
2016	100	83.0	22.8	0.4	59.8	11.7	5.3
2017	100	86.7	26.3	0.4	60.0	10.0	3.3
2018	100	90.0	29.9	2.0	58.1	6.4	3.6
2019	100	89.4	34.8	0.6	54.0	5.4	5.2

8-10 固定资产投资资金来源增长速度

GROWTH RATE OF INVESTMENT IN FIXED ASSETS BY SOURCE OF FUNDS AND STRUCTURE OF INVESTMENT

单位：%　　(%)

年 份 Year	财务拨款额 Financial Appropriation	国家预算资金 State and Local Budget	国内贷款 Domestic Loans	债券 Securities	利用外资 Foreign Investment	自筹资金 Self-raising Funds	其他资金 Others
1991	17.3	-24.1	67.4		-24.8	16.8	53.4
1992	31.2	-75.0	19.9		-29.3	74.9	41.5
1993	61.2		6.6		78.9	81.8	78.4
1994	7.1		-28.6	-50.9	12.0	23.2	-4.5
1995	4.8		-4.7		31.9	9.6	-38.8
1996	9.7		13.5		40.7	2.4	-4.9
1997	33.1		-17.1		61.1	38.2	-22.0
1998	5.7		22.5		-75.4	34.9	32.0
1999	18.6	930.7	52.7		74.3	6.3	57.8
2000	5.1	-51.5	-27.8		-18.6	15.7	-8.4
2001	4.4	178.1	70.0		-27.0	1.8	-53.6
2002	4.7	-89.1	5.9		106.4	2.1	-32.9
2003	40.5	-19.5	50.4		10.6	40.6	133.7
2004	33.0	420.5	45.3	-34.0	53.3	23.4	210.0
2005	19.4	309.0	39.6		55.1	13.3	-45.9
2006	18.0	-67.8	49.1		47.8	8.8	-32.0
2007	-1.0	92.0	29.8	97.8	7.3	-20.7	277.3
2008	157.1	-90.0	128.7	37.1	-21.6	177.5	732.5
2009	13.4	1 271.3	13.3	37.2	-35.9	8.2	42.3
2010	5.2	-11.5	-7.9	-7.8	-19.3	14.3	3.0
2011	8.9	-48.7	5.6		-38.5	21.6	-17.2
2012	12.2	7 568.1	-12.8		48.9	-3.2	17.8
2013	24.6	-5.2	35.7		9.3	9.5	90.5
2014	-1.8	21.9	4.2		-41.9	7.8	-33.4
2015	54.3	4.6	45.4		-60.3	37.9	160.9
2016	4.6	4.2	13.4	178.8	-89.0	-3.3	12.3
2017	3.8	73.3	37.2	-65.9	1 686.6	-11.3	-18.0
2018	12.8	27.3	-0.4	1 636.8	-32.7	21.8	27.0
2019	13.9	38.7	-4.4	54.6	-77.4	5.8	30.2

注：1991年及以后的资金来源为财务拨贷款数，各项相加不等于投资总额；从2012年定报开始，资金来源中的"国家预算内资金"改为"国家预算资金"，包括中央预算资金和地方预算资金，口径有所扩大；2018年资金来源不含5000万元以下项目。

Note: Source of funds for investment since 1991 refers to financial appropriations, which do not add up to total investment. Since 2012, state budget is changed to state and local budget. Since 2018, sources of funds for Investment do not include projects under 50 million yuan.

8-11 各区按登记注册类型分固定资产投资增长速度 (2019年)

GROWTH RATE OF INVESTMENT IN FIXED ASSETS BY STATUS OF REGISTRATION AND DISTRICT（2019）

单位：% (%)

地 区 District		总计 Total	一、内资 Funded	1、国有 State-owned	2、集体 Collective-owned	3、其他 Others	二、港澳台商投资 Hongkong Macao and Taiwan Funded	三、外商投资 Foreign Funded
全市总计	**Total**	**18.8**	**18.0**	**38.2**	**-64.0**	**10.4**	**-0.5**	**75.0**
福田区	Futian	16.1	9.6	216.5		-32.2	660.9	414.6
罗湖区	Luohu	23.9	23.6	36.9		7.8	17.4	56.4
盐田区	Yantian	10.7	14.8	5.3	-29.7	27.7	-73.1	-62.8
南山区	Nanshan	19.4	11.3	103.9	-99.4	-6.3	57.7	119.5
宝安区	Baoan	22.3	28.3	18.3	-77.1	46.6	-23.3	-0.8
龙岗区	Longgang	17.6	18.2	49.2	-4.9	7.0	-10.9	32.8
龙华区	Longhua	17.1	24.2	2.1	22.3	35.7	-9.9	-43.2
坪山区	Pingshan	0.2	3.4	-29.4	1.6	29.1	-54.3	-14.6
光明区	Guangming	29.7	13.3	14.4		6.1	-64.2	308.4
大鹏新区	Dapeng	20.0	64.2	31.2		113.1	-93.0	-100.0
深汕特别合作区	Shenzhen-Shanwei Special Cooperation Zone	36.8	38.0	57.6	-100.0	12.9	-6.2	

8-12 各区按主要行业分固定资产投资增长速度（2019年）

GROWTH RATE OF INVESTMENT IN FIXED ASSETS IN BY DISTRICT AND SECTOR（2019）

单位：%　　　　　　　　　　　　　　　　　　　　　　　　　　　　(%)

地 区 District		合计 Total	农、林、牧、渔业 Agriculture, Forestry, Animal Husbandry and Fishery	采矿业 Mining	制造业 Manufa-cturing	电力、燃气及水的生产和供应业 Production and Supply of Electricity, Gas and Water	建筑业 Construction	批发和零售业 Wholesale and Retail Trades
全市总计	**Total**	**18.8**	**47.8**	**117.7**	**8.6**	**19.7**	**31.7**	**-2.3**
福田区	Futian	16.1			31.0	185.7		
罗湖区	Luohu	23.9			-66.4	55.6		
盐田区	Yantian	10.7			-57.3			
南山区	Nanshan	19.4			1.0	-50.1		-38.0
宝安区	Baoan	22.3			44.3	17.1		-3.5
龙岗区	Longgang	17.6			-1.7	80.5	31.7	30.2
龙华区	Longhua	17.1			3.2	-36.5		191.8
坪山区	Pingshan	0.2			-32.2	17.0		135.9
光明区	Guangming	29.7			10.5	-69.6		-85.7
大鹏新区	Dapeng	20.0			94.4	27.4		
深汕特别合作区	Shenzhen-Shanwei Special Cooperation Zone	36.8			51.5	317.1		

单位：%　　　　8-12 续表1　continued(%)

地　区 District		交通运输、仓储和邮政业 Transport, Storage and Post	住宿和餐饮业 Hotels and Catering Services	信息传输、软件和信息技术服务业 Information Transmission, Software and Information Technology	金融业 Financial Interme-diation	房地产业 Real Estate	租赁和商务服务业 Leasing and Business Services	科学研究和技术服务业 Scientific Research and Technical Services
全市总计	**Total**	**23.3**	**-32.6**	**12.7**	**87.5**	**12.0**	**34.8**	**24.7**
福田区	Futian	15.0		3 394.6	26.8	5.4	−30.0	−73.5
罗湖区	Luohu	−35.1				23.3		0.0
盐田区	Yantian	−39.8	−25.8	61.3		58.6		−90.7
南山区	Nanshan	23.3	−89.7	13.2	149.7	7.3	131.8	75.0
宝安区	Baoan	17.5	8.0	−38.6	−57.7	−5.4	48.6	−55.5
龙岗区	Longgang	7.4	68.1	−44.6	263.6	17.0	133.1	36.1
龙华区	Longhua	50.5		9.1		18.4	188.2	87.8
坪山区	Pingshan	464.3		4 028.4		2.0	−78.9	83.0
光明区	Guangming	64.4	19.2	−70.0		32.2	−63.6	95.8
大鹏新区	Dapeng		−43.1	15.2		46.4	−43.9	5 372.5
深汕特别合作区	Shenzhen−Shanwei Special Cooperation Zone	89.4	−76.0	−28.9		62.6	−76.0	−77.4

单位：%　　　　8-12 续表2　continued(%)

地 区 District		水利、环境和公共设施管理业 Management of Water Conservancy, Environment and Public Facilities	居民服务、修理和其他服务业 Services to Househdds, Repair and Other Services	教育 Education	卫生和社会工作 Health and Social Work	文化、体育和娱乐业 Culture, Sports and Entert-ainment	公共管理、社会保障和社会组织 Public Management, Social Security and Social Organizations
全市总计	**Total**	**45.2**	**167.8**	**47.0**	**22.7**	**21.4**	**-1.5**
福田区	Futian	71.9	32.2	262.0	−13.1	295.7	399.6
罗湖区	Luohu	172.7		6.1	−49.3	−78.2	−20.7
盐田区	Yantian	9.3		29.9	−56.2	−80.5	−44.9
南山区	Nanshan	−5.1	509.5	−6.8	19.9	118.7	634.6
宝安区	Baoan	96.0		−13.1	55.0	42.3	−53.3
龙岗区	Longgang	30.2	−74.7	37.5	58.8	−23.3	−21.3
龙华区	Longhua	29.2		−21.4	44.2	3.1	−65.6
坪山区	Pingshan	−28.6		110.3	158.7	−99.3	−83.6
光明区	Guangming	207.5		237.8	−25.9	13.8	−23.5
大鹏新区	Dapeng	−5.6		−28.4	180.7	324.4	616.3
深汕特别合作区	Shenzhen−Shanwei Special Cooperation Zone	9.5			73.1	−69.2	

8-13 国有经济固定资产投资主要指标

MAIN INDICATORS OF INVESTMENT IN FIXED ASSETS OF STATE-OWNED ECONOMY

单位：亿元 (100 million yuan)

项目	Item	2015	2016	2017	2018	2019
建设项目个数(个)	**Number of Projects(unit)**					
施工项目	Projects under Construction	1 042	975	2 019	2 218	1 926
全部建成投产项目	Projects Completed and Put into Use	550	512	557	451	922
投资总额	**Total Investment**	**800.47**	**931.74**	**1 355.83**	**1 850.56**	**2 557.73**
#住宅	Residential Buildings	43.02	10.32	21.93	70.63	137.15
按构成分	Grouped by Structure of Investment					
建筑安装工程	Construction and Installation	700.74	723.18	1 044.63	1 202.11	1 798.71
设备工具器具购置	Purchase of Equipment and Instruments	150.98	73.55	96.25	116.55	114.28
其他费用	Others	172.21	135.01	214.95	531.90	644.75
按建设性质分	Grouped by Type of Construction					
#新建	New Construction	990.08	787.24	1 164.93	1 709.91	2 356.39
#扩建	Expansion	27.70	33.94	43.38	44.76	90.05
#改建	Reconstruction	6.15	55.29	62.17	77.57	90.71
按资金来源分	Grouped by Source of Funds	1 187.33	868.52	1 361.49	1 462.36	2 067.41
国家预算资金	State and Local Budget	405.32	410.32	758.76	836.33	1 072.09
国内贷款	Domestic Loans	187.92	115.85	247.52	219.09	259.09
利用外资	Foreign Investment		0.05	1.55		
自筹资金	Self-raising Funds	502.29	223.22	316.75	363.87	485.33
其他资金	Others	91.80	119.08	36.91	43.06	250.91
新增固定资产	**Newly Increased Fixed Assets**	**600.54**	**186.93**	**393.12**	**331.81**	**533.26**
房屋建筑面积(万平方米)	**Floor Space of Buildings(10 000 sq.m)**					
施工面积	Floor Space under Construction	924.38	636.22	1 146.82	1 923.44	2 270.36
竣工面积	Floor Space Completed	304.05	41.02	28.71	22.68	97.41
#住宅	Residential Buildings	8.00	5.16	11.42	0.05	14.01

注： 建设项目个数不含房地产开发部分。
Note: Number of projects exclude real estate development.

8-14 基础产业和基础设施完成投资额

COMPLETED INVESTMENT IN BASIC INDUSTRIES AND NFRASTRUCTURE

单位：亿元 (100 million yuan)

项目	Item	2016	2017	2018	2019
基础产业投资完成额	Completed Investment in Basic Industries	869.62	1 173.31	1 426.75	1 940.58
#基础设施投资	Investment in Infrastructure	864.95	1 163.45	1 419.60	1 896.97
（一）电力、热力、燃气及水的生产和供应业	Production and Distribution of Electric,Heat,Gas and Water	74.16	119.95	139.67	167.16
（二）交通运输、仓储和邮政业	Transport , Storage and Postal Services	447.19	508.75	576.27	710.79
#交通运输业	Transport Service	390.15	473.30	545.88	690.62
1、铁路运输业	Railway Transport	8.04	10.32	14.12	49.05
2、道路运输业	Road Transport	296.61	352.96	397.66	517.13
# 城市公共交通业	Urban Public Transport	229.71	265.86	321.91	427.14
3、水上运输业	Waterway Trarsport	32.32	31.24	23.82	22.76
4、航空运输业	Air Transport	53.18	78.79	100.78	90.76
5、管道运输业	Pipeline Transport				
（三）信息传输、软件和信息技术服务业	Information Trarismission,Computer Services and Software	100.20	91.83	127.23	143.38
（四）水利、环境和公共设施管理业	Management of Water Conservarcy,Environment and Public Facilities	336.78	513.09	657.10	954.25
#水利管理投资	Investment of Water Conservancy	55.51	79.21	49.62	35.01
1、防洪管理	Flood Prevention Management	10.30	19.92	17.73	16.54
2、水资源管理	Water Resources Management	4.00	2.82	1.43	2.64
3、其他水利管理	Other Water Conservacy	38.21	55.87	29.29	15.57
#能源产业投资	Investment of Energy Industry	66.19	99.93	106.37	143.42
1、煤炭开采和洗选业	Mining and Washing of Coal				
2、石油和天然气开采业	Extraction of Petroleum and Natual Gas	0.01			24.58
3、石油加工炼焦及核燃料加工业	Processing of Petroleum, Coking and Nuclear Fuel Processing	0.17			
4、电力、热力的生产和供应业	Production and Supply of Electric Power and Heat Power	51.12	91.25	94.67	92.39
5、燃气的生产和供应业	Production and Supply of Gas	14.90	8.67	11.70	26.44

8-15 各区固定资产投资财务拨款资金来源主要指标（2019年）

MAIN INDICATORS OF SOURCES OF FUNDS FOR INVESTMENT BY DISTRICT（2019）

单位：万元 （10 000 yuan）

地 区	District	本年资金来源小计 Source of Sub-total Funds	国家预算资金 State and Local Budget	国内贷款 Domestic Loans	债券 Bonds	利用外资 Foreign Investment	自筹资金 Self-raising Fund	其他资金 Others
全市总计	**Total**	**74 230 858**	**11 813 116**	**15 052 689**	**443 079**	**30 501**	**25 070 308**	**21 821 165**
福田区	Futian	9 779 602	1 044 334	3 145 008	8 551		2 148 814	3 432 895
罗湖区	Luohu	4 733 401	422 456	1 644 670		2	1 240 804	1 425 469
盐田区	Yantian	2 046 353	271 635	317 695			943 068	513 955
南山区	Nanshan	14 002 608	1 049 866	2 926 262			6 014 121	4 012 359
宝安区	Baoan	13 241 898	3 358 251	1 526 745	101 906	8 000	4 176 640	4 070 356
龙岗区	Longgang	11 594 403	2 802 403	2 611 436	1 389		3 168 698	3 010 477
龙华区	Longhua	7 681 419	991 821	1 514 940	30 981		2 925 775	2 217 902
坪山区	Pingshan	3 693 278	265 150	765 722	182 350		1 356 712	1 123 344
光明区	Guangming	5 771 043	1 459 210	399 767	117 902	22 499	2 141 781	1 629 884
大鹏新区	Dapeng	750 789	91 815	71 846			309 954	277 174
深汕特别合作区	Shenzhen-Shanwei Special Cooperation Zone	936 064	56 175	128 598			643 941	107 350

8-16 各区按构成和建设性质分城镇固定资产投资增长速度（2019年）

GROWTH RATE OF INVESTMENT IN FIXED ASSETS IN URBAN AREA BY COMPOSITION OF FUNDS, TYPE OF CONSTRUCTION AND DISTRICT（2019）

单位：%　　　　(%)

地 区	District	投资额 Total Investment	按构成分 By Composition of Funds			按建设性质分 By Type of Construction		
			建筑安装工程 Construction and Installation	设备、工器具购置 Purchase of Equipment and Instruments	其他费用 Others	#新建 New Construction	#扩建 Expansion	#改建、技术改造 Reconstruction and Technological Transformation
全市总计	**Total**	**18.8**	**18.5**	**1.6**	**25.1**	**18.8**	**20.1**	**14.5**
福田区	Futian	16.1	5.5	133.5	21.8	21.5	1 032.0	81.1
罗湖区	Luohu	23.9	41.5	12.7	12.9	21.9	-91.5	55.4
盐田区	Yantian	10.7	-6.4	1.8	71.6	2 081.2	958.0	-88.5
南山区	Nanshan	19.4	3.1	-14.8	38.0	20.9	31.8	21.7
宝安区	Baoan	22.3	29.6	37.7	-7.0	-1.3	24.6	68.0
龙岗区	Longgang	17.6	11.9	-9.2	38.1	23.1	22.4	-14.8
龙华区	Longhua	17.1	28.9	2.2	5.1	17.7	-55.4	23.0
坪山区	Pingshan	0.2	7.7	9.4	-19.0	-12.8	115.2	-32.5
光明区	Guangming	29.7	56.6	-38.9	83.3	39.4	-77.0	-5.3
大鹏新区	Dapeng	20.0	34.5	147.3	-21.1	9.5	434.9	126.8
深汕特别合作区	Shenzhen-Shanwei Special Cooperation Zone	36.8	1.3	155.2	334.9	30.3	602.0	334.1

8-17 房屋施工建筑面积

FLOOR SPACE OF BUILDINGS UNDER CONSTRUCTION

单位：万平方米 （10 000 sq.m）

年 份 Year	合 计 Total	非房地产开发项目 Non-Real Estate Development	房地产开发项目 Real Estate Development
1979	29.26	29.26	
1980	52.36	52.36	
1981	96.88	96.88	
1982	250.71	250.71	
1983	368.40	368.40	
1984	644.59	644.59	
1985	1 030.94	1 030.94	
1986	940.39	771.29	
1987	887.21	642.48	
1988	1 161.77	888.29	
1989	1 088.02	926.36	
1990	848.65	408.71	304.62
1991	1 257.19	533.66	467.82
1992	1 813.80	532.45	950.06
1993	2 319.40	566.70	1 396.44
1994	2 733.59	704.15	1 298.82
1995	2 733.59	951.68	1 371.06
1996	2 878.53	965.41	1 495.27
1997	2 775.82	847.14	1 454.17
1998	3 218.81	862.96	1 656.65
1999	3 369.43	829.19	1 834.13
2000	3 591.22	790.57	2 134.95
2001	4 137.47	977.07	2 392.77
2002	4 467.16	861.88	2 776.29
2003	5 567.66	1 277.01	2 838.22
2004	5 856.65	2 177.17	3 120.25
2005	4 841.55	1 624.60	3 058.90
2006	4 512.66	1 204.30	3 122.10
2007	4 184.86	920.16	3 149.56
2008	4 619.53	1 116.83	3 276.30
2009	5 257.21	2 144.85	3 112.36
2010	5 178.84	2 238.90	2 939.94
2011	5 162.10	2 286.12	2 875.98
2012	5 259.50	2 042.81	3 216.69
2013	6 308.89	2 305.40	4 003.49
2014	6 249.70	1 757.52	4 492.18
2015	7 010.06	2 031.65	4 978.41
2016	6 677.50	1 503.51	5 173.99
2017	7 560.49	1 851.16	5 709.34
2018	9 216.78	2 469.09	6 747.69
2019	10 370.79	2 403.29	7 967.50

8-18 房屋竣工建筑面积

FLOOR SPACE OF BUILDINGS COMPLETED

单位：万平方米　　　　　　　　　　　　　　　　　　　　　　　　　　（10 000 sq. m）

年 份 Year	合 计 Total	非房地产开发项目 Non-Real Estate Development	房地产开发项目 Real Estate Development
1979	13.01	13.01	
1980	34.63	34.63	
1981	54.59	54.59	
1982	92.67	92.67	
1983	146.86	146.86	
1984	266.63	266.63	
1985	320.94	320.94	
1986	453.07	453.07	
1987	464.69	464.69	
1988	567.38	567.38	
1989	563.01	563.01	
1990	383.42	250.01	133.41
1991	539.20	388.76	150.44
1992	682.29	483.89	198.40
1993	781.07	499.61	281.46
1994	783.62	472.52	311.10
1995	838.46	526.91	311.55
1996	964.52	570.20	394.32
1997	942.91	615.87	327.04
1998	1 211.89	748.58	463.31
1999	1 267.00	764.85	502.15
2000	1 287.21	655.16	632.05
2001	1 526.90	798.93	727.97
2002	1 668.25	776.01	892.24
2003	2 228.44	1 208.13	1 020.31
2004	2 155.82	1 143.43	1 012.39
2005	1 488.86	543.08	945.78
2006	1 184.00	335.11	848.89
2007	905.56	269.54	636.02
2008	877.18	247.45	629.73
2009	712.58	310.57	402.01
2010	692.70	348.27	344.43
2011	962.10	637.10	325.00
2012	815.47	389.72	425.75
2013	895.76	542.21	353.55
2014	954.77	529.46	425.31
2015	818.86	458.65	360.21
2016	587.81	97.78	490.03
2017	351.23	66.17	285.06
2018	366.40	104.84	261.56
2019	650.97	78.86	572.11

8-19 竣工房屋价值

VALUE OF BUILDINGS COMPLETED

单位：万元 （10 000 yuan）

年 份 Year	合 计 Total	非房地产开发项目 Non-Real Estate Development	房地产开发项目 Real Estate Development
1979	1 207	1 207	
1980	4 607	4 607	
1981	9 189	9 189	
1982	20 865	20 865	
1983	37 164	37 164	
1984	79 318	79 318	
1985	103 970	103 970	
1986	157 701	157 701	
1987	151 670	151 670	
1988	348 453	348 453	
1989	276 535	276 535	
1990	210 323	143 647	66 676
1991	308 940	209 291	99 649
1992	601 150	441 123	160 027
1993	640 545	402 632	237 913
1994	784 100	450 155	333 945
1995	1 343 491	589 564	753 927
1996	1 825 063	689 196	1 135 867
1997	1 745 964	831 798	914 166
1998	2 416 223	951 213	1 465 010
1999	2 670 993	1 196 580	1 474 413
2000	2 955 291	895 867	2 059 424
2001	2 795 702	1 029 008	1 766 694
2002	3 601 624	992 766	2 608 858
2003	4 260 940	1 578 186	2 682 754
2004	3 421 757	1 121 432	2 300 325
2005	3 632 843	673 980	2 958 863
2006	3 594 969	419 621	3 175 348
2007	2 933 541	523 025	2 410 516
2008	2 862 722	206 362	2 656 360
2009	2 993 216	585 173	2 408 043
2010	2 663 742	573 198	2 090 544
2011	3 340 401	1 731 089	1 609 312
2012	3 384 230	788 002	2 596 228
2013	4 851 340	2 101 465	2 749 875
2014	3 858 122	1 110 096	2 748 026
2015	4 238 203	1 222 205	3 015 998
2016	4 166 251	546 280	3 619 971
2017	3 040 094	255 529	2 784 565
2018	3 895 487	371 728	3 523 759
2019	9 613 925	476 682	9 137 243

8-20 住宅投资

INVESTMENT IN RESIDENTIAL HOUSING

单位：万元 （10 000 yuan）

年 份 Year	合 计 Total	非房地产开发项目 Non-Real Estate Development	房地产开发项目 Real Estate Development
1979	914	914	
1980	2 838	2 838	
1981	6 428	6 428	
1982	19 021	19 021	
1983	27 640	27 640	
1984	38 406	38 406	
1985	64 863	64 863	
1986	46 940	46 940	
1987	54 629	54 629	
1988	114 993	114 993	
1989	123 617	123 617	
1990	184 564	113 964	70 600
1991	368 786	215 386	153 400
1992	886 272	435 872	450 400
1993	913 193	245 193	668 000
1994	1 131 517	257 417	874 100
1995	937 427	308 927	628 500
1996	1 101 662	315 262	786 400
1997	1 135 054	280 005	855 049
1998	1 500 548	501 698	998 850
1999	1 874 853	461 747	1 413 106
2000	2 185 195	398 406	1 786 789
2001	2 471 512	374 412	2 097 100
2002	3 046 579	337 379	2 709 200
2003	2 987 720	485 806	2 501 914
2004	3 018 249	459 849	2 558 400
2005	2 785 401	130 001	2 655 400
2006	3 384 498	134 044	3 250 454
2007	3 468 913	151 346	3 317 567
2008	3 494 643	344 854	3 149 789
2009	3 456 595	558 747	2 897 848
2010	3 601 242	552 364	3 048 878
2011	4 055 301	523 183	3 532 118
2012	5 422 058	676 077	4 745 981
2013	6 544 510	603 463	5 941 047
2014	7 779 946	477 182	7 302 764
2015	9 239 015	267 684	8 971 331
2016	10 612 596	167 234	10 445 362
2017	23 970 296	68 430	23 901 866
2018	13 153 220	119 938	13 033 282
2019	15 394 475	205 636	15 188 839

8-21 住宅施工建筑面积

FLOOR SPACE OF RESIDENTIAL HOUSING UNDER CONSTRUCTION

单位：万平方米 （10 000 sq.m）

年 份 Year	合 计 Total	非房地产开发项目 Non-Real Estate Development	房地产开发项目 Real Estate Development
1979	13.41	13.41	
1980	27.81	27.81	
1981	43.34	43.34	
1982	128.3	128.3	
1983	156.68	156.68	
1984	258.52	258.52	
1985	362.7	362.7	
1986	366.59	366.59	
1987	339.69	339.69	
1988	447.03	447.03	
1989	434.43	434.43	
1990	393.02	200.87	192.15
1991	630.97	351.97	279
1992	1 040.81	439.71	601.1
1993	1 302.24	392.73	909.51
1994	1 344.78	475.92	868.86
1995	1 443.75	599.55	844.2
1996	1 474.14	533.53	940.61
1997	1 365.44	399.26	966.18
1998	1 866.76	719.79	1 146.97
1999	1 944.88	589.26	1 355.62
2000	2 059.39	482.5	1 576.89
2001	2 261.63	471.14	1 790.49
2002	2 575.33	450.47	2 124.86
2003	2 824.41	751.52	2 072.89
2004	2 944.42	686.74	2 257.68
2005	2 343.55	190.97	2 152.58
2006	2 292.72	135.33	2 157.39
2007	2 302.93	125.15	2 177.78
2008	2 487.73	277.37	2 210.36
2009	2 490.16	402.69	2 087.47
2010	2 510.02	484.88	2 025.14
2011	2 252.60	286.97	1 965.63
2012	2 547.67	440.08	2 107.59
2013	3 067.52	459.23	2 608.29
2014	3 165.22	295.22	2 870.00
2015	3 343.16	186.17	3 156.99
2016	3 195.56	116.28	3 079.28
2017	3 076.68	87.26	2 989.42
2018	3 453.99	3.67	3 450.31
2019	3 994.33	33.99	3 960.34

8-22 住宅竣工建筑面积

FLOOR SPACE OF RESIDENTIAL HOUSING COMPLETED

单位：万平方米 （10 000 sq.m）

年 份 Year	合 计 Total	非房地产开发项目 Non-Real Estate Development	房地产开发项目 Real Estate Development
1979	5.26	5.26	
1980	17.85	17.85	
1981	23.41	23.41	
1982	45.57	45.57	
1983	62.42	62.42	
1984	123.76	123.76	
1985	139.31	139.31	
1986	197.15	197.15	
1987	199.09	199.09	
1988	245.10	245.10	
1989	236.98	236.98	
1990	204.77	120.37	84.40
1991	305.17	213.95	91.22
1992	416.31	285.41	130.90
1993	440.36	243.61	196.75
1994	438.83	232.33	206.50
1995	485.23	268.85	216.38
1996	565.86	315.35	250.51
1997	512.24	269.05	243.19
1998	729.48	373.18	356.30
1999	800.60	388.14	412.46
2000	755.59	231.04	524.55
2001	852.58	279.37	573.21
2002	1 000.19	301.87	698.32
2003	1 290.61	473.99	816.62
2004	1 245.59	473.39	772.20
2005	781.54	77.10	704.44
2006	627.31	45.44	581.87
2007	507.71	70.57	437.14
2008	519.72	75.95	443.77
2009	415.18	145.64	269.54
2010	376.03	124.92	251.11
2011	283.34	50.68	232.66
2012	310.85	21.45	289.40
2013	229.38	33.05	196.33
2014	336.24	66.98	269.26
2015	206.60	4.23	202.37
2016	302.26	21.62	280.64
2017	183.89	0.10	183.79
2018	125.16	0.25	124.91
2019	303.76		303.76

8-23 住宅竣工价值
VALUE OF RESIDENTIAL HOUSING COMPLETED

单位：万元 （10 000 yuan）

年 份 Year	合 计 Total	非房地产开发项目 Non-Real Estate Development	房地产开发项目 Real Estate Development
1979	449	449	
1980	2 440	2 440	
1981	4 322	4 322	
1982	9 873	9 873	
1983	15 043	15 043	
1984	37 418	37 418	
1985	38 341	38 341	
1986	54 880	54 880	
1987	46 707	46 707	
1988	88 625	88 625	
1989	109 242	109 242	
1990	105 056	54 141	50 915
1991	180 594	97 555	83 039
1992	256 111	126 101	130 010
1993	351 941	183 002	168 939
1994	432 365	197 797	234 568
1995	754 577	256 370	498 207
1996	918 088	320 698	597 390
1997	879 347	280 726	598 621
1998	1 426 708	381 849	1 044 859
1999	1 604 378	413 281	1 191 097
2000	2 023 916	295 545	1 728 371
2001	1 768 793	360 468	1 408 325
2002	2 317 417	256 691	2 060 726
2003	2 718 868	573 862	2 145 006
2004	2 140 997	349 310	1 791 687
2005	2 249 795	105 330	2 144 465
2006	2 166 187	35 346	2 130 841
2007	1 782 456	126 881	1 655 575
2008	2 859 458	403 511	2 455 947
2009	1 954 702	174 664	1 780 038
2010	1 809 542	145 208	1 664 334
2011	1 304 387	140 743	1 163 644
2012	1 731 885	41 786	1 690 099
2013	1 624 371	112 366	1 512 005
2014	2 098 830	182 101	1 916 729
2015	1 710 751	12 941	1 697 810
2016	2 240 657	44 430	2 196 227
2017	1 707 425	180	1 707 245
2018	1 926 382	1 200	1 925 182
2019	6 133 752	298	6 133 454

8-24 固定资产投资完成情况主要指标

MAIN INDICATORS OF INVESTMENT IN FIXED ASSETS

单位：亿元，% (100 million yuan, %)

指 标	Indicators	2016	2017	2018	2019
一、计划总投资及项目个数	**Total Planned Investment and Project Number**				
1、计划总投资	Total Planned Investment	19 722.11	30 509.75	27.0	22.8
其中：本年新开工项目	New Projects under Construction in Current Year	4 195.35	2 047.08	92.4	-12.2
2、施工项目个数（个）	Number of Projects under Construction(unit)	3 090	3 840	17.3	28.5
其中：本年新开工（个）	Newly Started Projects of the Year(unit)	1 724	1 942	4.2	23.2
本年投产项目个数（个）	Number of Projects Put into Use in Current Year	1 447	1 329	8.7	97.0
二、本年完成投资	**Investment Completed in Current Year**	**4 078.16**	**5147.31**	**20.6**	**18.8**
（一）按登记注册类型分组	Grouped by Registration Status				
1、内资	Domestic-funded	3 385.83	4 464.60	25.2	18.0
国有经济	State-owned	931.74	1 355.83	36.7	38.2
集体经济	Collective-owned	17.15	19.16	682.7	-64.0
其他内资经济	Others	2 436.94	3 089.61	16.7	10.4
2、港澳台商投资	Funds from Hong Kong,Macao and Taiwan	475.70	513.45	-22.6	-0.5
3、外商投资	Foreign-funded	216.64	169.27	30.3	75.0
（二）按建设性质分	Grouped by Type of Construction				
#新建	New Construction	3 557.04	4 598.94	20.3	18.8
#扩建	Expansion	112.54	141.29	-14.4	20.1
#改建和技术改造	Reconstruction and Technical Reconstruction	321.10	293.25	63.7	14.5
（三）按构成分	Grouped by Use of Funds				
1、建筑安装工程	Construction and Installation	2 550.15	3 000.08	10.6	18.5
2、设备工器具购置	Purchase of Equipment and Instruments	488.36	656.19	10.5	1.6
3、其他费用	Other Expenses	1 039.66	1 491.05	45.1	25.1
（四）按主要产业分	Grouped by Major Industries				

注： 1. 计划总投资及项目个数不含房地产开发部分。
Note: The data of total planned investment and project number exclude the data of real estate development.
2. 2018年起，数据为比上年增长数据。
From 2018, the data in the table is the increase over the previous year.

单位：亿元，%　　　　8-24 续表1 (100 million yuan, %)

指标	Indicators	2016	2017	2018	2019
1、第一产业	Primary Industry	0.13	0.21	−91.3	1000.6
2、第二产业	Secondary Industry	695.47	911.23	7.0	12.6
#工业合计	Total Industries	691.57	915.89	8.2	11.5
#工业九大产业	Nine Main Industrial Sectors	554.85	688.60	−0.2	16.1
电子信息业	Electronic Information	294.43	455.72	5.4	14.9
电气机械及专用设备	Electrical Machinery and Special− Equipment	177.11	157.62	−24.5	2.7
石油及化学	Petroleum and Chemistry	9.69	14.01	−18.9	241.5
纺织及服装	Textile and Garments	1.58	6.19	44.5	49.8
食品饮料	Food and Beverage	4.14	4.60	−21.5	102.9
建筑材料	Construction Materials	2.54	8.26	31.5	84.4
森工造纸	Paper Manufacturing	1.18	0.55	63.4	129.2
医药	Medicine	14.48	18.23	63.8	−15.8
汽车	Automobile	49.71	23.42	−26.4	−40.3
3、第三产业	Tertiary Industry	3 382.56	4 235.88	23.4	19.9
（五）按国民经济行业分	Grouped by Economic Sector				
农、林、牧、渔业	Agriculture,Forestry,Animal Husbandry and Fishery	0.26	0.21	−34.9	47.8
采矿业	Mining	0.11			117.7
制造业	Manufacturing	617.30	795.94	4.4	8.6
电力、燃气及水的生产和供应业	Production and Supply of Electric Power,Gas and Water	74.16	119.95	24.2	19.7
建筑业	Construction	4.59			31.7
批发和零售业	Wholesale and Retail Trades	22.94	30.66	14.1	−2.3
交通运输、仓储和邮政业	Transport,Storage and Postal Services	447.19	508.75	39.7	23.3
住宿与饮食业	Hotels and Catering Services	6.91	7.83	−39.7	−32.6
信息传输、软件和信息技术服务业	Information Transmission, Software and Information Technology	100.20	91.83	312.9	12.7
金融业	Financial Intermediation	73.83	57.18	19.8	87.5
房地产业	Real Estate	2 095.75	2 602.40	22.6	12.0
租赁和商务服务业	Leasing and Business Services	73.57	135.49	60.8	34.8
科学研究和技术服务业	Scientific Research and Technical Services	65.09	83.39	−16.1	24.7
水利、环境和公共设施管理业	Management of Water Consercancy,Environment and Public Facilities	336.78	513.09	28.1	45.2
居民服务、修理和其他服务业	Services to Househdds, Repair and Other Services	3.26	2.93	−88.8	167.8
教育	Education	71.24	91.51	33.8	47.0
卫生和社会工作	Health and Social Work	38.13	56.63	14.4	22.7
文化、体育和娱乐业	Culture,Sports and Recreation	34.12	21.47	82.5	21.4
公共管理、社会保障和社会组织	Public Management,Social Security and Social Organizations	12.72	28.02	22.2	−1.5
国际组织	International Organizations				

指　标	Indicators	2016	2017	2018	2019
三、本年新增固定资产	**Newly Increased Fixed Assets in Current Year**	**1 915.01**	**1 039.04**	**19.5**	**55.0**
四、房屋面积	**Floor Space**				
本年施工房屋面积(万平方米)	Floor Space of Buildings Under Construction in Current Year(10 000sq.m)	6 677.50	7 560.49	21.9	12.5
其中：住宅(万平方米)	Residential Buildings(10 000sq.m)	3 195.56	3 076.68	12.3	15.6
本年竣工房屋面积(万平方米)	Floor Space of Buildings Completed in Current Year(10 000sq.m)	587.81	351.23	4.3	77.7
其中：住宅(万平方米)	Residential Buildings(10 000sq.m)	302.26	183.89	-31.9	142.7
本年竣工房屋价值	Value of Buildings Completed in Current Year	416.63	304.01	28.1	146.8
其中：住宅	Residential Buildings	224.07	170.74	12.8	218.4
五、资金来源情况	**Source of Funds**				
（一）本年资金来源合计	Source of Total Funds This Year	6 827.12	3 026.66	12.8	21.3
上年末结余资金	Surplur Funds From the Year-end of Proceding Year	1 181.69	398.83	0.3	43.6
本年资金来源小计	Source of Sub-total Funds This Year	5 645.43	2 627.83	17.7	13.9
国家预算资金	State and Local Budget	452.49	783.97	27.3	38.7
国内贷款	Domestic Loans	1 159.09	392.98	-0.4	-4.4
债券	Bond	4.90	1.67	1 636.8	54.6
利用外资	Foreign Investment	1.18	13.25	-32.7	-77.4
其中：外商直接投资	Foreign Direct Investment	1.18			
自筹资金	Self-raising Funds	2 397.14	1 334.91	21.8	5.8
其他资金来源	Other Sources of Funds	1 630.62	101.05	27.0	30.2
（二）各项应付款合计	Total Payment Of This Year	765.95	493.82	28.9	6.3

主要统计指标解释

固定资产投资额 是以货币形式表现的在一定时期内建造和购置固定资产的工作量以及与此有关的费用的总称。它是反映固定资产投资规模、结构和发展速度的综合性指标，又是观察工程进度和考核投资效果的重要依据。固定资产投资包括国有经济单位投资、城乡集体及其他各种登记注册类型的单位投资和城乡居民个人投资。按照国家统计制度规定，固定资产投资统计范围包括：城镇和农村投资两大部分。城乡集体经济单位投资包括城镇集体所有制单位投资和农村集体所有制单位投资；其它各种经济类型单位投资包括联营经济、股份制经济、中外合资经济、中外合作经济、外资、与大陆合资经营、与大陆合作经营、港澳台独资及其它经济的单位投资；城乡居民个人投资包括城市、县城、镇、工矿区所辖范围内的个人建房和农村个人建房及购买生产性固定资产的投资。

1.城镇和农村建设项目投资月报统计范围为：城镇和农村各种登记注册类型的企业、事业、行政单位及个体户进行的计划总投资500万元及500万元以上的建设项目，包括城镇各种经济类型的建设项目和工矿区私人建房项目，以及农村非农户投资项目、农村农户建房和购置生产性设备投资。年报统计范围中的城镇和工矿区私人建房为市、县城、镇、工矿区所辖范围内的全部私人建房（不论其房主是否系本地的常住户口均应包括），其他部分与月报统计范围一致。年报统计范围中的农户固定资产投资为所辖范围内的全部私人建房和其他购置生产性设备等投资。

2.城镇建设项目投资在城乡分组中:“城镇”、农村非农户建设项目投资在城乡分组中“农村”，农村农户在城乡分组中填“农户”，汇总表中“农村”包含“农户”。

房地产开发投资 各种登记注册类型的房地产开发公司 、商品房建设公司及其他房地产开发单位统一开发的包括统代建、拆迁还建的住宅、厂房、仓库、饭店、宾馆、度假村、写字楼、办公楼等房屋建筑物和配套的服务设施、土地开发工程，如道路、给水、排水、供电 、供热、通讯、平整场地等基础设施工程的投资。包括实际从事房地产开发或经营活动的附营房地产开发单位。不包括单纯的土地交易活动。

住宅建筑面积 指施工和竣工房屋建筑面积中供居住用的房屋建筑面积。

房屋施工面积 指在报告期内施工的全部房屋建筑面积。包括本期新开工的面积和上期开工跨入本期继续施工的面积，以及上期已停建在本期恢复施工的房屋面积。本期竣工和本期施工后又停缓建的房屋，其建筑面积仍计入本期房屋施工面积中。

房屋竣工面积 指在报告期内房屋建筑按照设计要求已经全部完工，达到住人和使用条件，经验收鉴定合格（或达到竣工验收标准），正式移交使用的各栋房屋建筑面积的总和。

新增固定资产 指已经完成建造和购置过程，并已交付生产或使用单位的固定资产的价值。它是表示固定资产投资成果的价值指标，也是反映建设进度，计算固定资产投资效果的重要依据。

Explanatory Notes on Main Statistical Indicators

Amount of Investment in Fixed Assets refers to the sum in monetary terms of the volume of activities in the construction and purchase of fixed assets as well as related expenses. It is not only a comprehensive indicator of the size, proportional relations and developmental pace of investment in fixed assets, but also an important basis to follow the progress of projects and check the result of investment on. Total investment in fixed assets includes investment by state-owned units, urban and rural collective units, units of other types of ownership and individuals in urban and rural areas. According to China's current statistics system, investment in fixed assets is classified into two parts: urban and rural. Investment by urban and rural collective units includes investment by urban collective units and investment by rural collective units. Investment by units of other types of ownership includes investment by units of joint ownership economy, shareholding economy, Sino-foreign joint economy, Sino-foreign cooperative economy, economy exclusively funded by foreign investors, joint economy with the mainland, cooperative economy with the mainland, economy exclusively funded by compatriots from Hong Kong, Macao and Taiwan and units of other types of ownership. Investment by individuals in urban and rural areas includes investment in personal housing in areas under the jurisdiction of the city, county, town and special industrial and mining areas as well as investment in personal housing and purchase of productive fixed assets in rural areas.

Investment in Real Estate Development includes investment by real estate developers, commercial builders and other units of real estate development of various statuses of registration in the construction of house buildings, such as residential buildings, factory buildings, warehouses, restaurants, hotels, holiday resorts, office buildings, and complementary service facilities and land development projects, such as roads, water supply, water drainage, power supply, heating, telecommunications, land leveling and other projects of infrastructure. This indicator covers the activities of non-real estate companies engaged in real estate development or management, but excludes simple land transactions.

Floor Space of Residential Buildings refers to the floor space of the residential buildings among the total space of buildings under construction or completed.

Floor Space under Construction refers to total floor space of all buildings under construction during the reference period, including floor space of newly started buildings during the reference period, floor space of construction extended from the previous period to the current period, and floor space of construction suspended during the previous period but resumed in the current period. Floor space of construction completed in the current period and floor space of construction started and then suspended in the current period are also included in floor space under construction.

Floor Space of Buildings Completed refers to total floor space of all buildings completed in the reference period, which have come up to the designed standards with proper conditions of residence and use, and have been examined and accepted (or met the standards for completion), and put into use.

Newly Increased Fixed Assets refer to the value of fixed assets which have been completed and transfered to production units or users. It is a value indicator of the achievements of investment in fixed assets as well as an important basis to evaluate the result of investment in fixed assets on.

09 第九部分

房地产开发

REAL ESTATE EDEVELOPMENT

CHAPTER

9-1 房地产开发投资额（按投资去向分）

INVESTMENT IN REAL ESTATE DEVELOPMENT（GROUPED BY INVESTMENT DESTINATION）

单位：亿元 (100 million yuan)

年　份 Year	本年完成投资 Investment Completed This Year	土地购置费 Total Value of Land Purchased
1993	102.77	19.69
1994	130.46	20.28
1995	103.04	3.90
1996	124.83	5.72
1997	136.65	13.52
1998	167.49	24.18
1999	215.25	32.88
2000	260.97	36.87
2001	315.64	70.99
2002	388.44	71.01
2003	412.66	75.82
2004	434.24	71.80
2005	423.69	64.05
2006	462.09	43.86
2007	461.04	62.22
2008	440.49	65.98
2009	437.46	45.25
2010	458.46	60.98
2011	514.74	89.01
2012	736.84	129.77
2013	876.90	98.88
2014	1 069.49	195.67
2015	1 331.03	316.76
2016	1 756.52	416.81
2017	2 135.86	723.33
2018	2 640.71	986.28
2019	3 059.94	1 269.37

9-2 房地产开发投资额（按用途分）

INVESTMENT IN REAL ESTATE DEVELOPMENT(GROUPED BY USE)

单位：亿元 (100 million yuan)

年 份 Year	本年完成投资 Investment Completed This Year	住 宅 Residential Buildings	办公楼 Office Buildings	商业用房 Houses for Business Use	其 他 Others
1993	102.77	66.80	11.30	14.39	10.28
1994	130.46	87.41	13.05	18.26	11.74
1995	103.04	62.85	16.49	14.43	9.27
1996	124.83	78.64	19.97	16.23	9.99
1997	136.65	85.50	18.18	14.78	18.19
1998	167.49	99.89	12.10	19.97	35.53
1999	215.25	141.31	13.57	17.95	42.42
2000	260.97	178.68	13.62	22.90	45.77
2001	315.64	209.71	9.32	28.21	68.40
2002	388.44	270.92	13.00	35.26	69.26
2003	412.66	250.19	15.05	47.29	100.13
2004	434.24	255.84	24.51	57.43	96.46
2005	423.69	265.54	28.04	53.07	77.04
2006	462.09	325.05	30.63	67.40	39.01
2007	461.04	331.76	30.08	53.48	45.72
2008	440.49	314.98	26.12	51.96	47.43
2009	437.46	289.78	35.34	53.22	59.12
2010	458.46	304.88	37.98	59.35	56.32
2011	514.74	353.21	36.78	64.61	60.14
2012	736.84	474.60	27.00	90.11	145.13
2013	876.90	583.29	64.63	90.22	138.76
2014	1 069.49	730.28	104.22	118.22	116.77
2015	1 331.03	897.13	158.84	142.72	132.34
2016	1 756.52	1 044.54	310.44	246.45	155.09
2017	2 135.86	1 014.05	535.82	340.06	245.92
2018	2 640.71	1 303.33	598.56	331.87	406.96
2019	3 059.94	1 518.88	600.80	370.68	569.57

9-3 房地产开发投资额（按构成分）

INVESTMENT IN REAL ESTATE DEVELOPMENT（GROUPED BY COMPOSITION）

单位：亿元 (100 million yuan)

年 份 Year	本年完成投资 Investment Completed This Year	建筑安装工程 Constructional Project	设备购置 Purchase of Equipment	其 他 Others
1993	102.77	93.06	4.77	4.94
1994	130.46	104.23	8.75	17.48
1995	103.04	79.32	6.75	16.97
1996	124.83	92.22	12.38	20.23
1997	136.65	98.41	6.36	31.89
1998	167.49	115.79	7.35	44.35
1999	215.25	150.26	10.47	54.53
2000	260.97	187.90	9.59	63.47
2001	315.64	217.69	6.39	91.56
2002	388.44	281.11	11.35	95.99
2003	412.66	298.08	12.63	101.95
2004	434.24	315.44	15.06	103.74
2005	423.69	314.11	11.40	98.17
2006	462.09	380.02	10.93	71.14
2007	461.04	356.66	6.61	97.77
2008	440.49	327.83	10.53	102.13
2009	437.46	352.79	8.87	75.80
2010	458.46	347.15	8.67	102.66
2011	514.74	358.98	10.08	145.68
2012	736.84	488.33	8.58	239.94
2013	876.90	684.81	10.39	181.70
2014	1 069.49	794.76	17.85	256.88
2015	1 331.03	892.03	26.75	412.25
2016	1 756.52	1 200.97	18.76	536.79
2017	2 135.86	1 193.23	32.54	910.09
2018	2 640.71	1 366.58	25.73	1 248.40
2019	3 059.94	1 310.16	35.78	1 714.00

9-4 房地产开发投资额（按区域分）

INVESTMENT IN REAL ESTATE DEVELOPMENT（GROUPED BY DISTRICT）

单位：亿元 （100 million yuan）

年 份 Year	本年完成投资 Investment Completed This Year	福田区 Futian	罗湖区 Luohu	盐田区 Yantian	南山区 Nanshan	大宝安区 Original Baoan	宝安区 Baoan	龙华区 Longhua	光明区 Guangming	大龙岗区 Original Longgang	龙岗区 Longgang	坪山区 Pingshan	大鹏新区 Dapeng	深汕特别合作区 Shenzhen-Shanwei Special Cooperation Zone
1997	136.65	42.36	41.00		20.50	15.03				17.76				
1998	167.49	50.25	48.57	1.67	31.82	16.75				18.42				
1999	215.25	73.19	53.81	2.15	38.75	15.07				32.29				
2000	260.97	83.51	65.24	5.22	49.58	26.10				31.32				
2001	315.64	107.32	66.28	3.16	72.60	31.56				34.72				
2002	388.44	116.53	69.80	7.77	89.34	54.38				46.61				
2003	412.66	118.23	66.18	11.07	101.93	61.75				53.50				
2004	434.24	115.68	67.90	16.59	96.45	79.57				58.05				
2005	423.69	104.13	53.21	9.83	86.26	107.38				62.88				
2006	462.09	89.84	50.83	13.21	93.59	126.52				88.10				
2007	461.04	54.35	36.11	19.70	82.73	139.68				128.47				
2008	440.49	41.93	32.71	30.04	101.47	130.51				103.83				
2009	437.46	40.82	36.50	41.68	99.12	96.36				122.98				
2010	458.46	48.13	38.32	32.67	72.51	126.41				140.42				
2011	514.74	44.50	37.11	26.97	69.33	160.00				176.83				
2012	736.84	85.22	45.05	34.54	82.26	233.88	125.99	91.36	16.53	255.90	215.28	25.95	14.67	
2013	876.90	114.38	41.80	38.16	94.74	250.75	116.96	112.03	21.76	337.08	277.98	46.62	12.48	
2014	1 069.49	126.60	40.00	37.30	149.22	360.22	169.66	161.21	29.35	356.16	296.32	45.39	14.44	
2015	1 331.03	156.09	35.57	42.39	228.86	460.56	213.55	185.57	61.45	407.56	347.28	49.55	10.73	
2016	1 756.52	180.57	92.91	41.67	350.35	618.32	292.54	248.25	77.53	472.70	374.18	84.51	14.02	
2017	2 135.86	239.40	98.80	47.10	457.94	371.63	280.45	331.70	91.18	449.81	428.99	134.48	20.82	4.99
2018	2 640.71	265.96	124.30	40.78	579.55		380.68	399.29	128.76		554.45	141.07	14.69	11.20
2019	3 059.94	258.88	145.49	66.89	691.52		407.24	461.75	170.76		680.85	128.33	29.94	18.29

注：2007年以来，深圳陆续设立功能新区及新行政区，表中大宝安区数据2011年及以前为原宝安区数据，2012-2016年包含宝安区、龙华新区和光明新区，2017年包含宝安区和光明新区。大龙岗区数据2011年及以前为原龙岗区数据，2012-2016年包含龙岗区、坪山新区和大鹏新区，2017年包含龙岗区和大鹏新区。

Note: Since 2007, functional zones and new administrative districts have been established in Shenzhen.The data of Original Baoan were the data of Baoan in 2011 and before,included Baoan Longhua and Guangming in 2012-2016,included Baoan and Guangming in 2017.The data of Original Longgang were the data of Longgang in 2011 and before,1,included Longgang,Pingshan and Dapeng in 2012-2016,included Longgang and Dapeng in 2017.

9-5 房地产开发投资额（按注册登记类型分）

INVESTMENT IN REAL ESTATE DEVELOPMENT（GROUPED BY REGISTRATION）

单位：亿元　　　　（100 million yuan）

年　份	Year	2011	2012	2013	2014	2015	2016	2017	2018	2019
合计	Total	514.74	736.84	887.71	1 069.49	1 331.03	1 756.52	2 135.86	2 640.71	3 059.94
1、内资企业	Domestic Investment Enterprises	418.35	599.72	739.96	892.77	1 096.32	1 494.14	1 852.08	2 401.23	2 784.50
国有企业	State-Owned	33.64	50.35	57.57	47.39	15.47	2.58	14.22	82.80	177.41
集体企业	Collective-Owned	0.77	0.00	3.11	6.66			1.66	26.30	9.65
股份合作企业	Shareholding	3.26	5.16	5.48	2.44	1.80	5.99		15.61	15.67
联营企业	Joint Owned	0.13	0.04						23.92	14.67
国有联营企业	State-Joint Owned									
集体联营企业	Collective-Joint Owned									6.51
国有与集体联营企业	State Collective Joint Owned									
其他联营企业	Other Joint Owned		0.04						23.92	8.16
有限责任公司	Limited-Liability Corporations	176.01	256.23	297.84	395.06	502.76	797.15	1 039.33	1 257.34	1 248.83
国有独资公司	Enterprises Solely Funded by the State		14.52			27.28	30.82	49.60	75.78	142.93
其他有限责任公司	Others		241.71			475.48	766.32	989.73	1 181.55	1 105.90
股份有限公司	Shareholding	45.80	66.67	54.35	66.74	87.65	61.17	53.09	122.91	183.95
私营企业	Private	149.58	218.97	314.90	374.44	456.59	625.43	740.82	851.69	1 134.32
其他内资	Others	9.16	2.31	6.71	0.04	32.05	1.82	2.96	20.66	
2、港、澳、台商投资企业	Enterprises with Funds from Hong Kong,Macao and Taiwan	88.45	101.12	121.72	136.76	197.34	234.82	245.39	190.99	185.32
3、外商投资企业	Foreign Funded	7.94	36.00	26.03	39.96	37.38	27.56	38.38	48.50	90.12

9-6 房地产开发投资资金来源及构成

TOTAL CAPITAL SOURCE AND COMPOSITION OF REAL ESTATE DEVELOPMENT

单位：亿元 （100 million yuan）

年 份 Year	本年资金来源小计 Sud-total Capital Source of this Year	国内贷款 Domestic Loans	利用外资 Foreign Capital Utilized	自筹资金 Self-raising Capital	其他资金 Other Capital
1994	189.90	40.01		63.56	86.33
1995	147.83	31.43	28.14	49.41	38.85
1996	149.10	29.46	28.30	45.49	45.85
1997	168.11	30.91	20.14	61.20	55.86
1998	223.04	55.03	9.31	80.32	78.38
1999	252.88	59.59	4.64	83.31	105.34
2000	333.36	89.06	6.68	96.11	141.52
2001	391.47	102.64	8.93	131.38	148.52
2002	516.40	127.01	9.24	138.96	241.19
2003	644.70	166.37	8.02	179.19	291.12
2004	663.35	149.33	7.04	197.98	309.00
2005	694.01	159.87	2.38	216.49	315.27
2006	837.85	229.39	8.94	174.78	424.74
2007	847.90	169.83	11.78	241.42	424.87
2008	396.35	124.78	0.45	97.90	173.22
2009	881.76	258.83	1.39	171.95	449.59
2010	773.08	199.88	10.33	203.97	358.90
2011	818.81	199.85	2.06	294.03	322.87
2012	1 190.97	302.88	0.00	473.24	414.84
2013	1 686.91	441.09	0.12	456.97	788.73
2014	1 631.90	538.02	20.46	545.65	527.77
2015	2 938.53	730.79	3.21	783.13	1 421.41
2016	3 400.48	812.56		1 081.80	1 506.11
2017	3 233.05	1 196.93	7.91	792.43	1 235.77
2018	3 847.61	1 159.98		1 103.54	1 584.09
2019	4 392.05	1 140.67		1 213.02	2 038.36

9-7 商品房施工面积（按用途分）

TOTAL FLOOR SPACE UNDER CONSTRUCTION OF COMMODITY HOUSING （GROUPED BY USE）

单位：万平方米 （10 000 sq. m）

年 份 Year	施工面积 Floor Space Under Construction	住 宅 Residential Buiding	办公楼 Office Building	商业用房 Houses For Business Use	其 他 Others
1991	467.82	279.00	47.72	73.62	67.48
1992	950.06	601.10	101.91	139.21	107.84
1993	1 396.44	909.51	152.43	199.92	134.58
1994	1 298.82	868.86	132.75	176.36	120.85
1995	1 371.06	844.20	214.51	187.71	124.64
1996	1 495.27	940.61	238.93	193.68	122.05
1997	1 454.17	966.18	181.76	185.17	121.06
1998	1 656.65	1 146.97	175.09	208.97	125.62
1999	1 834.13	1 355.62	137.58	201.34	139.59
2000	2 134.95	1 576.89	146.62	225.46	185.98
2001	2 392.77	1 790.49	115.10	255.38	231.80
2002	2 776.29	2 124.86	120.83	279.14	251.46
2003	2 838.22	2 072.89	134.29	317.74	313.30
2004	3 120.25	2 257.68	147.78	379.15	335.64
2005	3 058.90	2 152.58	155.67	370.34	380.31
2006	3 122.10	2 157.39	171.88	385.71	407.12
2007	3 149.56	2 177.78	189.65	335.98	446.15
2008	3 276.30	2 210.36	201.55	346.45	517.94
2009	3 112.36	2 087.47	189.09	328.27	507.53
2010	2 939.94	2 025.13	182.36	298.62	433.83
2011	2 875.98	1 965.63	171.46	298.47	440.42
2012	3 216.69	2 107.59	156.93	339.25	612.92
2013	4 003.49	2 608.29	261.51	383.62	750.06
2014	4 492.18	2 870.00	337.32	481.78	803.09
2015	4 978.41	3 156.99	467.48	614.59	739.35
2016	5 173.99	3 079.28	562.84	705.77	826.09
2017	5 709.34	2 989.42	911.54	821.27	987.11
2018	6 747.69	3 450.31	1 168.28	915.13	1 213.97
2019	7 967.50	3 960.34	1 486.04	1 137.77	1 383.35

9-8 商品房施工面积（按区域分）

TOTAL FLOOR SPACE UNDER CONSTRUCTION OF COMMODITY HOUSING（GROUPED BY DISTRICT）

单位：万平方米 （10 000 sq. m）

年 份 Year	施工面积 Floor Space Under Construction	福田区 Futian	罗湖区 Luohu	盐田区 Yantian	南山区 Nanshan	大宝安区 Original Baoan	宝安区 Baoan	龙华区 Longhua	光明区 Guangming	大龙岗区 Original Longgang	龙岗区 Longgang	坪山区 Pingshan	大鹏新区 Dapeng	深汕特别合作区 Shenzhen-Shanwei Special Cooperation Zone
1996	1 495.27	403.72	613.06		254.20	119.62				104.67				
1997	1 451.17	415.27	435.18		214.29	163.51				195.62				
1998	1 656.65	493.49	483.06	10.29	321.63	171.62				176.56				
1999	1 834.13	622.47	459.35	16.77	334.98	125.71				274.85				
2000	2 134.95	691.02	523.64	41.69	415.09	212.04				251.47				
2001	2 392.77	807.12	510.52	29.91	554.37	228.69				262.16				
2002	2 776.29	830.24	511.82	57.08	631.89	397.97				347.29				
2003	2 838.22	812.15	472.85	56.07	717.41	436.46				343.28				
2004	3 120.25	789.79	437.61	76.11	743.36	639.07				434.31				
2005	3 058.90	667.26	333.72	76.90	513.84	865.27				601.91				
2006	3 122.10	517.48	329.37	94.44	586.94	859.65				734.22				
2007	3 149.56	397.80	192.14	97.66	603.23	891.86				966.87				
2008	3 276.30	314.50	251.52	125.13	689.71	880.39				1 015.05				
2009	3 112.36	315.12	236.45	138.35	547.83	823.30				1 051.31				
2010	2 939.94	252.00	208.68	147.83	503.31	777.89				1 050.23				
2011	2 875.98	257.07	227.71	136.45	377.74	871.40				1 005.61				
2012	3 216.69	261.24	199.69	151.13	369.77	948.14	459.12	440.63	48.39	1 286.72	1 170.81	81.51	34.41	
2013	4 003.49	404.18	311.03	145.12	341.04	1 136.80	521.22	552.22	53.36	1 665.32	1 438.74	186.86	39.71	
2014	4 492.18	522.37	247.94	168.10	558.18	1 307.34	578.95	618.05	110.34	1 688.26	1 457.18	169.95	61.13	
2015	4 978.41	574.92	227.63	136.88	688.22	1 617.08	666.82	691.75	258.50	1 733.69	1 483.34	173.94	76.40	
2016	5 173.99	568.95	217.03	140.27	804.18	1 771.70	851.98	683.63	236.09	1 671.85	1 419.71	197.00	55.14	
2017	5 709.34	575.56	235.56	145.95	1 225.74	1 110.92	951.18	695.97	159.74	1 538.46	1 462.54	147.91	75.92	33.26
2018	6 747.69	675.41	355.01	166.14	1 453.02		1 093.69	940.88	229.83		1 502.64	196.76	85.19	49.12
2019	7 967.50	717.30	435.47	177.57	1 922.45		1 278.23	984.50	445.48		1 500.74	304.62	141.50	59.65

9-9 商品房新开工面积（按用途分）

FLOOR SPACE OF NEWLY STARTED OF COMMODITY HOUSING （GROUPED BY USE）

单位：万平方米　　　　（10 000 sq. m）

年份 Year	新开工面积 Floor Space of Newly Started Buildings	住宅 Residential Buildings	办公楼 Office Buildings	商业用房 Houses For Business Use	其他 Others
1998	414.14	333.27	25.62	33.19	22.06
1999	580.56	492.81	6.98	31.94	48.83
2000	646.41	487.48	26.10	64.72	68.12
2001	999.71	792.24	26.96	83.74	96.77
2002	959.32	747.50	41.71	101.12	68.99
2003	932.86	645.18	35.89	119.88	131.91
2004	1 025.55	766.91	25.32	123.24	110.08
2005	1 054.19	753.90	39.89	127.15	133.25
2006	798.12	609.46	19.91	69.98	98.77
2007	876.40	621.91	40.06	72.94	141.49
2008	752.60	471.80	46.61	84.91	149.28
2009	489.18	328.04	29.82	60.70	70.62
2010	470.96	355.17	15.25	38.69	61.84
2011	537.99	367.32	18.54	54.76	97.37
2012	905.24	561.89	50.69	103.47	189.18
2013	1 366.40	910.13	114.88	120.68	220.70
2014	932.68	549.50	91.30	118.00	173.88
2015	1 208.27	777.32	126.79	153.91	150.24
2016	975.33	472.09	165.80	154.75	182.69
2017	1 001.53	446.31	261.28	138.09	155.86
2018	1 529.57	794.68	297.03	185.83	252.02
2019	1 455.54	772.83	293.20	220.20	169.32

9-10 商品房新开工面积（按区域分）

FLOOR SPACE OF NEWLY STARTED OF COMMODITY HOUSING (GROUPED BY DISTRICT)

单位：万平方米 （10 000 sq.m）

	新开工面积 Floor Space of Newly Started Buildings	福田区 Futian	罗湖区 Luohu	盐田区 Yantian	南山区 Nanshan	大宝安区 Original Baoan	宝安区 Baoan	龙华区 Longhua	光明区 Guangming	大龙岗区 Original Longgang	龙岗区 Longgang	坪山区 Pingshan	大鹏新区 Dapeng	深汕特别合作区 Shenzhen-Shanwei Special Cooperation Zone
1998	414.14	114.77	101.25	0.56	82.98	47.37				67.21				
1999	580.56	201.65	119.44	2.84	114.81	47.33				94.49				
2000	646.41	169.62	103.02	26.03	168.21	96.96				82.57				
2001	999.71	299.01	132.88	6.74	305.10	140.30				115.68				
2002	959.32	238.00	136.41	25.56	242.46	175.92				140.97				
2003	932.86	220.77	158.89	24.30	210.84	199.54				118.52				
2004	1 025.55	152.62	112.05	34.14	201.34	307.07				218.33				
2005	1 054.19	208.29	24.81	37.99	205.98	319.96				257.16				
2006	798.12	69.00	15.49	42.61	123.74	271.85				275.43				
2007	876.40	38.69	36.93	25.03	211.70	203.18				360.87				
2008	752.60	52.23	87.76	57.60	153.94	195.60				205.47				
2009	489.18	24.29	44.61	34.27	144.97	126.67				114.36				
2010	470.96	25.97	4.10	10.04	70.63	225.06				135.16				
2011	537.99	33.69	13.98	35.46	42.06	230.90				181.90				
2012	905.24	93.28	58.61	61.27	88.03	195.98	103.76	69.48	22.74	408.07	379.06	12.23	16.79	
2013	1 366.40	187.83	103.63	16.11	83.63	312.42	120.91	168.74	22.77	662.77	559.84	97.35	5.57	
2014	932.68	91.01	28.91	24.91	227.56	364.18	145.68	161.34	57.16	196.11	178.28	9.64	8.18	
2015	1 208.27	159.92	14.33	11.25	176.85	468.83	221.40	163.39	84.04	377.10	343.42	25.48	8.20	
2016	975.33	32.51	61.48	39.07	179.27	383.80	236.73	139.81	7.26	279.20	214.70	56.33	8.16	
2017	1 001.53	135.77	23.60	19.76	214.32	210.53	206.34	64.36	4.19	226.51	205.73	75.97	20.78	30.70
2018	1 529.57	184.03	109.53	17.20	313.55		286.01	268.19	87.47		190.50	48.85	8.38	15.86
2019	1 455.54	64.25	83.72	27.86	250.79		252.04	127.73	165.25		323.43	73.96	78.15	8.35

9-11 商品房竣工面积（按用途分）

TOTAL FLOOR SPACE OF COMMERCIAL HOUSES COMPLETED (GROUPED BY USE)

单位：万平方米 （10 000 sq. m）

年 份 Year	竣工面积 Floor Space Completed	住 宅 Residential Buildings	办公楼 Office Buildings	商业用房 Houses For Business Use	其 他 Others
1991	150.44	91.22	7.93	11.21	40.08
1992	198.40	130.90	9.20	14.70	43.60
1993	281.46	196.75	11.51	21.32	51.88
1994	311.10	206.50	10.01	39.90	54.69
1995	311.55	216.38	34.24	36.98	23.95
1996	394.32	250.51	42.50	48.58	52.73
1997	327.04	243.19	34.22	29.57	20.06
1998	463.31	356.30	42.26	41.05	23.70
1999	502.15	412.46	16.89	37.05	35.75
2000	632.05	524.55	12.94	53.92	40.64
2001	727.97	573.21	27.74	53.84	73.18
2002	892.24	698.32	25.07	79.15	89.70
2003	1 020.31	816.62	24.43	95.63	83.63
2004	1 012.39	772.20	35.66	105.54	98.99
2005	945.78	704.44	18.70	96.67	125.97
2006	848.89	581.87	36.83	126.63	103.56
2007	636.02	437.14	32.38	73.99	92.51
2008	629.73	443.77	27.55	59.79	98.62
2009	402.01	269.54	25.05	32.20	75.22
2010	344.43	251.10	32.05	25.26	36.02
2011	325.00	232.66	20.97	35.89	35.48
2012	425.75	289.40	12.30	39.75	84.31
2013	353.55	196.33	30.84	53.35	73.03
2014	425.31	269.26	10.97	39.22	105.86
2015	360.21	202.37	47.48	31.69	78.67
2016	490.03	280.64	51.33	39.09	118.97
2017	285.06	183.79	34.41	31.96	34.90
2018	261.56	124.91	60.34	30.24	46.07
2019	572.11	303.76	58.37	72.35	137.63

9-12 商品房竣工面积（按区域分）

TOTAL FLOOR SPACE OF COMMERCIAL HOUSES COMPLETED（GROUPED BY DISTRICT）

单位：万平方米　　　　(10 000 sq. m)

年份 Year	竣工面积 Floor Space Completed	福田区 Futian	罗湖区 Luohu	盐田区 Yantian	南山区 Nanshan	大宝安区 Original Baoan	宝安区 Baoan	龙华区 Longhua	光明区 Guangming	大龙岗区 Original Longgang	龙岗区 Longgang	坪山区 Pingshan	大鹏新区 Dapeng	深汕特别合作区 Shenzhen-Shanwei Special Cooperation Zone
1998	463.31	137.29	105.53	2.67	103.33	58.96				55.53				
1999	502.15	159.44	100.38	5.09	75.99	46.81				114.44				
2000	632.05	161.53	142.36	13.09	113.69	96.68				104.70				
2001	727.97	225.65	215.53	2.61	152.54	42.44				89.20				
2002	892.24	208.95	186.66	21.10	234.61	117.81				123.11				
2003	1 020.31	275.96	155.56	17.25	278.90	155.27				137.37				
2004	1 012.39	258.59	106.41	21.20	343.98	173.98				108.23				
2005	945.78	203.91	149.96	37.16	157.39	213.12				184.24				
2006	848.89	176.37	91.89	27.36	159.17	228.39				165.71				
2007	636.02	110.74	15.15	26.01	126.68	245.68				111.76				
2008	629.73	32.97	59.61	8.51	214.86	179.03				134.75				
2009	402.01	58.69	0.57	26.98	93.58	100.63				121.56				
2010	344.43	20.12	0.24	9.87	70.60	120.97				122.63				
2011	325.00	24.12	65.63	16.00	21.76	57.36				140.13				
2012	425.75	50.32	8.28	6.41	73.97	151.25	72.29	78.97		135.52	121.16	14.36		
2013	353.55	53.21	68.79		35.39	98.08	67.56	30.52		98.08	66.98	27.90	3.20	
2014	425.31	14.47	24.65	35.91	73.03	161.65	25.03	109.16	27.46	115.60	110.29	5.31		
2015	360.21	80.07	24.73	19.02	47.81	120.36	14.36	106.00		68.22	52.60	1.00	14.62	
2016	490.03	141.19	3.03	11.41	113.32	151.61	89.15	38.17	24.29	69.48	69.48			
2017	285.06	44.29	19.48		55.43	114.15	114.15	0.18		51.52	51.52			
2018	261.56	43.71	2.90	14.89	44.43		31.26	26.29			92.78		5.31	
2019	572.11	76.79	24.95	6.76	160.73		78.95	49.95	66.21		83.85	23.92		

9-13 商品房销售面积（按用途分）

TOTAL FLOOR SPACE OF BUILDINGS SOLD(GROUPED BY USE)

单位：万平方米　　　　(10 000 sq.m)

年 份 Year	销售面积 Floor Space of Buildings Sold	住 宅 Residential Buildings	办公楼 Office Buildings	商业用房 Houses For Business Use	其 他 Others
1991	112.54	97.13	2.10	0.63	12.68
1992	151.46	96.00	9.00	10.00	36.46
1993	180.17	140.89	5.85	9.58	23.85
1994	246.93	183.28	13.29	17.14	33.22
1995	274.59	209.07	17.37	16.89	31.26
1996	324.92	261.13	32.33	21.23	10.23
1997	405.44	336.70	28.88	27.40	12.46
1998	432.22	372.38	22.06	19.85	17.93
1999	541.84	492.51	15.02	26.20	8.11
2000	611.37	556.82	12.19	26.32	16.04
2001	643.47	593.72	11.01	27.40	11.34
2002	791.70	724.41	17.94	46.36	2.99
2003	877.85	811.90	19.54	39.37	7.04
2004	908.62	802.58	26.90	58.09	21.05
2005	993.20	901.13	28.49	53.48	10.10
2006	797.66	704.89	37.64	46.89	8.24
2007	555.11	500.35	20.87	30.64	3.25
2008	466.71	413.65	5.59	33.58	13.89
2009	762.16	717.40	19.63	18.07	7.07
2010	465.59	413.80	15.00	21.88	14.91
2011	496.89	469.43	9.90	16.96	0.60
2012	525.83	488.44	5.98	21.00	10.41
2013	588.58	527.16	21.31	19.05	21.06
2014	532.57	474.81	23.17	23.59	11.00
2015	831.46	747.83	56.54	19.84	7.25
2016	736.19	660.08	50.57	23.49	2.05
2017	671.03	520.97	98.56	27.22	24.29
2018	722.01	572.99	96.60	24.13	28.29
2019	826.62	658.48	96.57	39.79	31.78

9-14 商品房销售面积（按区域分）

TOTAL FLOOR SPACE OF BUILDINGS SOLD(GROUPED BY DISTRICT)

单位：万平方米 (10 000 sq. m)

年 份 Year	销售面积 Floor Space of Buildings Sold	福田区 Futian	罗湖区 Luohu	盐田区 Yantian	南山区 Nanshan	大宝安区 Original Baoan	宝安区 Baoan	龙华区 Longhua	光明区 Guangming	大龙岗区 Original Longgang	龙岗区 Longgang	坪山区 Pingshan	大鹏新区 Dapeng	深汕特别合作区 Shenzhen-Shanwei Special Cooperation Zone
1997	405.44	126.57	95.18		70.27	54.48				58.94				
1998	432.22	135.99	90.89	7.69	75.68	54.63				67.34				
1999	541.84	162.69	118.53	12.10	94.89	71.62				82.01				
2000	611.37	200.59	86.13	7.57	125.39	78.65				113.04				
2001	643.47	165.28	110.75	9.01	140.62	95.21				122.60				
2002	791.70	206.81	129.45	9.67	182.60	127.22				135.95				
2003	877.85	206.30	120.49	25.45	236.85	149.76				139.02				
2004	908.62	164.74	83.90	17.32	285.04	186.40				171.22				
2005	993.20	210.36	103.11	22.85	171.05	283.84				201.99				
2006	797.66	122.22	53.56	18.63	130.60	260.36				212.29				
2007	555.11	69.29	35.26	17.92	72.60	189.08				170.97				
2008	466.71	35.47	37.27	15.55	71.11	161.66				145.65				
2009	762.16	52.49	34.86	30.95	171.33	217.20				255.33				
2010	465.59	18.74	17.10	14.37	81.76	122.11				211.51				
2011	496.89	153.60	7.07	10.38	53.35	106.07				166.42				
2012	525.83	22.53	9.36	7.47	61.84	214.73	104.16	102.56	8.01	209.90	184.54	25.01	0.36	
2013	588.58	61.27	11.18	14.31	53.94	218.56	98.38	106.60	13.58	229.32	197.57	30.59	1.15	
2014	532.57	39.06	8.42	22.06	58.42	204.45	107.52	89.4	7.53	200.16	163.32	35.01	1.84	
2015	831.46	73.72	17.75	27.94	101.72	296.37	120.86	117.61	57.90	313.96	240.47	54.97	18.51	
2016	736.19	46.75	42.17	21.92	129.04	245.83	78.64	120.29	46.89	250.49	222.63	18.38	9.48	
2017	671.03	25.71	36.75	5.15	127.06	125.35	86.02	87.44	39.34	237.98	231.89	25.59	6.09	
2018	722.01	35.79	32.69	10.21	121.07		133.18	86.72	27.86		214.67	56.22	3.60	
2019	826.62	50.27	33.96	20.19	131.48		158.83	108.52	60.07		178.76	60.81	3.66	20.06

9-15 商品住宅销售面积（按区域分）

TOTAL FLOOR SPACE OF RESIDENTIAL BUILDINGS SOLD (GROUPED BY DISTRICT)

单位：万平方米 （10 000 sq. m）

年份 Year	销售面积 Floor Space of Buildings Sold	福田区 Futian	罗湖区 Luohu	盐田区 Yantian	南山区 Nanshan	大宝安区 Original Baoan	宝安区 Baoan	龙华区 Longhua	光明区 Guangming	大龙岗区 Original Longgang	龙岗区 Longgang	坪山区 Pingshan	大鹏新区 Dapeng	深汕特别合作区 Shenzhen-Shanwei Special Cooperation Zone
1996	261.13	82.35	71.87		43.19	21.26				42.46				
1997	336.70	106.75	71.23		61.63	43.31				53.78				
1998	372.38	111.06	75.29	3.80	70.61	50.07				61.55				
1999	492.51	147.54	109.57	6.36	88.59	64.24				76.21				
2000	556.82	181.94	77.17	6.80	114.95	69.70				106.26				
2001	593.72	155.44	97.85	7.97	135.20	86.75				110.51				
2002	724.41	186.29	119.80	9.38	173.18	111.31				124.45				
2003	811.90	186.59	111.08	24.29	222.60	142.53				124.82				
2004	802.58	125.29	83.78	17.26	270.81	167.84				137.60				
2005	901.13	172.73	100.15	21.77	157.76	266.25				182.49				
2006	704.89	77.58	52.72	17.28	119.41	244.08				193.82				
2007	500.35	49.22	31.36	17.50	63.95	176.32				162.00				
2008	413.65	31.77	21.36	15.04	64.33	146.68				134.47				
2009	717.40	37.11	34.46	30.27	167.42	205.59				242.55				
2010	413.80	7.2	10.21	18.36	69.30	114.91				193.82				
2011	469.43	148.36	5.25	10.03	46.44	101.80				157.55				
2012	488.43	11.39	7.74	7.16	54.22	207.17	98.03	101.13	8.01	200.75	176.46	23.96	0.33	
2013	527.16	36.20	10.54	9.46	49.61	213.02	93.83	105.61	13.58	208.32	178.51	29.11	0.70	
2014	474.81	19.52	7.97	17.11	56.22	190.19	99.10	83.60	7.49	183.80	149.36	33.71	0.73	
2015	747.83	44.43	17.61	24.49	94.53	281.34	109.50	114.71	57.12	285.43	214.14	52.78	18.51	
2016	660.08	15.32	42.05	17.33	125.18	232.07	73.55	115.34	43.18	228.14	203.51	15.45	9.17	
2017	520.97	17.93	21.77	4.11	97.34	94.00	71.11	52.09	22.89	219.50	213.54	14.24	5.96	
2018	572.99	28.76	16.52	6.22	93.69		111.28	51.36	22.36		196.91	42.30	3.60	
2019	658.48	33.69	11.62	19.78	86.02		134.95	84.03	56.18		155.89	52.61	3.66	20.06

9-16　办公楼销售面积（按区域分）

TOTAL FLOOR SPACE OF OFFICE BUILDINGS SOLD（GROUPED BY DISTRICT）

单位：万平方米　　　　　　　　　　　　　　　　　　　　　　　　　　　　　　　　(10 000 sq. m)

年　份 Year	销售面积 Floor Space of Buildings Sold	福田区 Futian	罗湖区 Luohu	盐田区 Yantian	南山区 Nanshan	大宝安区 Original Baoan	宝安区 Baoan	龙华区 Longhua	光明区 Guangming	大龙岗区 Original Longgang	龙岗区 Longgang	坪山区 Pingshan	大鹏新区 Dapeng	深汕特别合作区 Shenzhen-Shanwei Special Cooperation Zone
1996	32.33	8.80	14.35		9.18									
1997	28.88	9.34	13.06		3.59	1.39				1.50				
1998	22.06	12.11	7.60	0.31	0.94					1.10				
1999	15.02	9.30	3.70	1.33	0.63	0.06								
2000	12.19	6.15	3.95	0.05	1.50	0.13				0.41				
2001	11.01	2.91	5.77	0.14	0.66	0.01				1.52				
2002	17.94	12.63	3.39	0.29	1.37	0.02				0.24				
2003	19.54	13.72	2.16		1.68	1.45				0.53				
2004	26.90	23.11		26.90	3.66	0.01				0.12				
2005	28.49	22.19			5.04	0.54				0.72				
2006	37.64	31.85	0.06		5.22					0.51				
2007	20.87	15.51	0.61		3.80	0.87				0.08				
2008	5.59	2.27			1.65	1.67								
2009	19.63	12.65			2.24	4.46				0.28				
2010	15.00	5.80	4.19		0.27	3.21				1.53				
2011	9.90	4.68	0.37		4.51	0.34								
2012	5.98	1.68			3.60	0.51	0.51			0.19	0.19			
2013	21.31	13.70	0.64	1.39	3.63	0.36		0.36		1.59	1.59			
2014	23.17	9.69	0.46	2.10	2.06	6.03	2.53	3.50		2.84	2.84			
2015	56.54	23.19	0.14	3.21	5.92	7.39	7.02	0.37		16.69	16.69			
2016	50.57	30.30		2.37	2.52	5.69	4.16	1.53		9.68	8.95	0.73		
2017	98.56	7.50	12.20	1.03	16.48	16.52	10.12	27.56	6.40	5.96	5.96	11.30		
2018	96.60	6.56	9.53	3.99	21.51		11.34	23.65	1.70		9.15	9.16		
2019	96.57	7.51	19.13	0.28	28.81		15.61	7.55	0.86		12.47	4.35		

9-17 商业用房销售面积（按区域分）

TOTAL FLOOR SPACE OF COMMERCIAL BUILDINGS SOLD (GROUPED BY DISTRICT)

单位：万平方米 （10 000 sq. m）

年 份 Year	销售面积 Floor Space of Buildings Sold	福田区 Futian	罗湖区 Luohu	盐田区 Yantian	南山区 Nanshan	大宝安区 Original Baoan	宝安区 Baoan	龙华区 Longhua	光明区 Guangming	大龙岗区 Original Longgang	龙岗区 Longgang	坪山区 Pingshan	大鹏新区 Dapeng	深汕特别合作区 Shenzhen-Shanwei Special Cooperation Zone
1996	21.23	2.66	11.49		1.32	4.38				1.38				
1997	27.40	4.48	8.75		2.48	9.54				2.15				
1998	19.85	3.70	5.34	0.08	2.00	4.04				4.69				
1999	26.20	2.15	5.26	4.43	2.91	5.85				5.60				
2000	26.32	3.88	3.21	0.72	4.64	7.57				6.30				
2001	27.40	3.42	4.92	0.28	2.59	8.23				7.96				
2002	46.36	6.52	6.15		6.53	15.89				11.27				
2003	39.37	4.81	6.61	1.16	7.62	5.51				13.66				
2004	58.09	8.16	0.94	0.15	9.66	17.79				21.39				
2005	53.48	9.20	2.93	1.17	8.55	16.77				14.86				
2006	46.89	7.72	0.69	1.36	5.96	16.25				14.91				
2007	30.64	1.64	3.28	0.41	4.85	11.89				8.57				
2008	33.58	1.43	15.91	0.51	2.20	4.85				8.68				
2009	18.07	0.40	0.22	0.67	1.67	7.15				7.96				
2010	21.88	0.35	1.79	0.07	1.79	4.70				13.18				
2011	16.95	0.70	1.36	0.34	2.22	3.78				8.55				
2012	21.00	0.68	1.62	0.30	4.01	7.06	5.62	1.43		7.33	6.25	1.05	0.02	
2013	19.05	2.67		3.46	0.70	5.17	4.55	0.63		7.04	5.11	1.48	0.45	
2014	23.59	3.70		2.85	0.14	4.02	2.94	1.04	0.04	12.88	10.49	1.29	1.10	
2015	19.84	3.89		0.24	1.26	4.77	2.28	1.70	0.78	9.67	7.48	2.19		
2016	23.49	0.92	0.12	2.21	0.57	7.83	0.92	3.27	3.64	11.84	9.77	2.04	0.03	
2017	27.22	0.06	2.25	0.01	1.22	5.63	1.90	7.76	3.74	10.29	10.16		0.13	
2018	24.13	0.47	1.75		1.16		5.39	7.62	0.54		5.59	1.60		
2019	39.79	8.90	0.14	0.03	5.19		5.92	9.37	1.42		6.84	1.97		

9-18 商品房屋待售面积（按用途分）

TOTAL FLOOR SPACE OF COMMERCIALIZED BUILDINGS FOR SALE （GROUPED BY USE）

单位：万平方米 (10 000 sq.m)

年 份 Year	待售面积 Floor space of Commercialized Buildings	住 宅 Residential Buildings	办公楼 Office Buildings	商业用房 Houses For Business Use	其 他 Others
1996	328.68	191.94	40.31	55.20	41.23
1997	258.69	137.34	48.69	48.66	24.00
1998	296.94	158.88	55.96	56.73	25.37
1999	249.60	139.67	42.49	52.90	14.54
2000	272.62	170.92	47.17	48.49	6.04
2001	241.35	142.72	29.53	51.69	17.41
2002	311.03	206.50	23.03	59.99	21.51
2003	319.94	190.88	26.23	81.12	21.71
2004	251.53	138.15	21.62	68.45	23.31
2005	191.51	90.24	14.38	63.44	23.45
2006	185.41	69.63	23.98	66.41	25.39
2007	152.36	58.92	15.81	55.30	22.33
2008	231.58	121.17	15.02	69.22	26.17
2009	141.64	63.60	15.41	49.56	13.07
2010	134.36	53.15	9.00	51.82	20.39
2011	257.69	148.13	5.15	84.49	19.92
2012	310.05	188.94	16.89	80.14	24.09
2013	351.66	203.06	14.08	103.06	31.47
2014	319.85	191.95	16.09	96.27	15.54
2015	336.51	231.66	14.72	65.56	24.57
2016	272.98	140.17	29.86	77.44	25.52
2017	261.30	147.20	28.83	72.74	12.53
2018	277.29	158.30	36.18	65.30	17.51
2019	396.15	224.42	62.71	79.41	29.61

9-19 商品房屋待售面积（按区域分）

TOTAL FLOOR SPACE OF VACANT BUILDINGS（GROUPED BY DISTRICT）

单位：万平方米 （10 000 sq. m）

年 份 Year	待售面积 Floor space of Commercialized Buildings	福田区 Futian	罗湖区 Luohu	盐田区 Yantian	南山区 Nanshan	大宝安区 Original Baoan	宝安区 Baoan	龙华区 Longhua	光明区 Guangming	大龙岗区 Original Longgang	龙岗区 Longgang	坪山区 Pingshan	大鹏新区 Dapeng	深汕特别合作区 Shenzhen-Shanwei Special Cooperation Zone
1996	328.68	92.03	105.18		55.88	49.30				26.29				
1997	258.69	55.41	78.56		59.13	37.47				28.12				
1998	296.94	74.08	82.92	2.59	76.22	39.61				21.52				
1999	249.60	60.46	82.32	4.03	45.21	25.51				32.07				
2000	272.62	61.38	98.36	2.82	50.22	29.99				29.85				
2001	241.35	72.12	81.50	1.81	34.59	24.00				27.33				
2002	311.03	89.77	75.29	9.04	69.26	30.38				37.29				
2003	319.94	103.76	74.54	8.20	67.50	34.87				31.07				
2004	251.53	81.49	61.37	12.38	38.04	22.46				35.79				
2005	191.51	56.42	46.46	11.26	21.81	30.27				25.29				
2006	185.41	57.02	48.47	7.40	26.31	12.79				33.42				
2007	152.36	42.48	32.39	3.50	21.38	16.29				36.32				
2008	231.58	36.14	33.45	6.88	43.75	46.79				64.57				
2009	141.64	34.65	28.45	3.57	29.30	19.38				26.29				
2010	134.36	31.51	23.00	8.75	16.51	33.34				21.25				
2011	257.69	37.28	22.64	13.67	10.72	106.12				67.26				
2012	310.05	45.64	20.36	16.51	18.02	93.40	56.75	36.33	0.33	116.12	114.21	0.63	1.28	
2013	351.66	34.72	37.87	18.44	40.92	104.67	50.04	54.31	0.33	115.05	100.16	6.16	8.73	
2014	319.85	18.49	27.68	25.48	45.92	98.76	49.01	42.87	6.87	103.52	84.76	10.63	8.12	
2015	336.51	22.26	31.32	15.26	33.23	138.06	57.42	69.32	11.32	96.38	69.93	8.14	18.31	
2016	272.98	12.87	14.78	15.90	65.51	96.29	49.95	35.29	11.06	67.63	52.25		15.38	
2017	261.30	15.22	16.13	11.59	56.50	68.58	66.49	30.56	2.09	55.61	46.31	7.11	9.30	
2018	277.29	13.58	18.01	19.91	50.18		80.02	29.65	3.30		50.95		11.70	
2019	396.15	15.72	27.96	38.23	55.62		74.56	51.40	12.43		80.89	28.21	11.14	

9-20 商品房二级市场平均交易价格（按用途分）

AVERAGE SELLING PRICE OF COMMERCIAL HOUSES IN SECONDARY MARKET （GROUPED BY USE）

单位：元/平方米 (yuan/ sq.m)

年 份 Year	商品房二级市场平均交易价格 Average Selling Price of Commercial Houses in Secondary Market	住 宅 Residential Buildings	办公楼 Office Buildings	商业用房 Houses For Business Use	其 他 Others
1998	5 927	5 191	11 995	10 241	3 468
1999	5 503	5 004	10 504	11 195	3 743
2000	5 718	5 275	10 954	10 306	3 186
2001	5 779	5 517	13 717	11 916	4 126
2002	6 074	5 641	8 145	12 175	5 000
2003	6 215	5 879	8 678	11 624	2 804
2004	6 771	6 419	9 670	12 764	5 672
2005	7 582	6 996	12 374	15 083	6 869
2006	10 039	9 190	15 762	18 257	9 714
2007	14 050	13 370	23 535	19 103	10 203
2008	12 665	12 823	19 071	11 469	8 286
2009	15 214	14 858	23 919	20 826	12 768
2010	20 850	20 297	24 797	23 346	24 787
2011	20 674	19 038	39 481	31 654	28 603
2012	20 035	18 848	37 814	29 859	27 472
2013	23 776	21 808	36 402	18 059	28 337
2014	25 700	23 955	32 926	34 911	30 165
2015	35 071	33 406	46 327	42 552	26 273
2016	52 777	53 455	52 529	53 090	43 210
2017	54 430	54 455	49 977	60 365	35 514
2018	54 090	54 120	55 173	57 382	36 241
2019	55 250	54 741	58 030	62 802	34 516

注： 本表2017年及以前数据来源为深圳市规划和国土资源委员会，2018年及以后数据来源为深圳市住房和建设局。

Note: The data of this table are provided by Shenzhen Municipal Bureau of Planning and Land Resources before 2018, provided by Housing and Construction Bureau of ShenZhen Municipality from 2018.

9-21 商品房二级市场平均交易价格（按区域分）

AVERAGE SELLING PRICE OF COMMERCIAL HOUSES IN SECONDARY MARKET （GROUPED BY DISTRICT）

单位：元/平方米 (yuan/ sq. m)

年份 Year	商品房二级市场平均交易价格 Average Selling Price of Commercial Houses in Secondary Market	福田区 Futian	罗湖区 Luohu	盐田区 Yantian	南山区 Nanshan	宝安区 Baoan	龙岗区 Longgang	龙华区 Longhua	坪山区 Pingshan	光明区 Guangming	大鹏新区 Dapeng	深汕特别合作区 Shenzhen-Shanwei Special Cooperation Zone
1999	5 503	6 299	8 763	3 379	4 472	3 222	3 226					
2000	5 718	7 048	8 047	6 437	4 682	3 452	3 976					
2001	5 779	7 171	6 272	4 079	6 007	3 256	3 537					
2002	6 145	7 981	7 048	5 360	5 930	4 302	3 925					
2003	6 215	7 787	7 444	6 111	6 041	3 866	4 046					
2004	6 771	8 324	7 953	9 003	6 738	4 989	5 067					
2005	7 582	9 565	8 548	7 896	8 929	5 799	5 889					
2006	10 039	15 485	10 115	9 793	12 855	8 626	6 906					
2007	14 050	20 639	17 834	14 293	18 196	12 256	10 785					
2008	12 665	16 946	14 011	24 748	17 230	11 425	9 136					
2009	15 214	24 338	22 674	25 349	19 751	13 677	9 822					
2010	20 850	27 691	26 016	40 780	31 463	19 752	14 288					
2011	20 674	39 481	26 118	20 869	35 936	18 236	15 010					
2012	20 035	33 852	29 928	29 924	34 924	18 288	14 526					
2013	23 776	42 843	34 715	25 964	41 636	21 616	17 621					
2014	25 700	44 171	40 866	31 358	41 406	24 221	18 938					
2015	35 071	55 570	47 518	34 725	57 700	34 971	26 728	33 005	16 764	19 648	17 051	
2016	52 777	64 750	58 211	46 220	76 077	57 369	39 723	43 853	30 271	31 289	27 531	
2017	54 430	84 869	63 937	55 230	86 411	57 149	37 520	53 235	32 310	32 692	37 639	
2018	54 090	81 199	59 850	47 717	87 876	52 204	41 541	57 914	27 530	40 020	37 043	
2019	55 250	86 225	54 605	45 226	91 001	52 390	41 430	55 685	33 740	44 481	30 151	10 789

注： 本表2017年及以前数据来源为深圳市规划和国土资源委员会，2018年及以后数据来源为深圳市住房和建设局。

Note: The data of this table are provided by Shenzhen Municipal Bureau of Planning and Land Resources before 2018, provided by Housing and Construction Bureau of ShenZhen Municipality from 2018.

9-22 商品住宅二级市场平均交易价格（按区域分）

AVERAGE SELLING PRICE OF COMMERCIAL HOUSES IN SECONDARY MARKET（GROUPED BYDISTRICT）

单位：元/平方米 (yuan/ sq. m)

年 份 Year	住宅平均平均交易价格 Average Selling Price of Commercial Houses in Secondary Market	福田区 Futian	罗湖区 Luohu	盐田区 Yantian	南山区 Nanshan	宝安区 Baoan	龙岗区 Longgang	龙华区 Longhua	坪山区 Pingshan	光明区 Guangming	大鹏新区 Dapeng	深汕特别合作区 Shenzhen-Shanwei Special Cooperation Zone
1999	5 004	6 027	7 394	3 194	4 390	3 074	3 033					
2000	5 275	6 728	7 200	4 252	4 540	3 025	3 718					
2001	5 517	6 465	6 408	4 139	5 709	2 851	3 402					
2002	5 641	7 664	6 496	5 265	5 639	3 805	3 522					
2003	5 879	7 640	6 866	6 076	5 778	3 640	3 485					
2004	6 419	7 806	7 789	9 002	6 499	4 787	4 447					
2005	6 996	8 627	8 135	7 698	8 502	5 353	5 353					
2006	9 190	13 803	9 988	9 454	12 119	8 297	6 423					
2007	13 370	18 441	16 946	14 178	18 008	12 212	10 478					
2008	12 823	16 876	16 891	24 995	17 050	11 652	9 112					
2009	14 858	23 216	22 607	25 366	19 636	13 726	9 626					
2010	20 297	29 248	23 470	40 861	30 840	19 944	14 166					
2011	19 038	29 866	24 656	19 392	35 370	17 805	14 705					
2012	18 848	29 958	30 319	23 254	34 401	18 028	13 942					
2013	21 808	41 439	36 396	19 485	42 273	20 947	17 118					
2014	23 955	42 445	42 480	28 253	41 259	23 747	18 755					
2015	33 406	54 461	48 636	30 498	56 463	35 841	27 230	32 835	16 014	18 791	17 051	
2016	53 455	83 292	64 330	44 606	82 142	58 745	40 859	41 850	30 837	33 833	27 531	
2017	54 455	87 377	75 042	55 230	101 134	56 960	37 560	52 737	32 652	34 774	37 639	
2018	54 120	93 803	72 910	47 589	92 095	54 052	44 610	57 787	26 806	45 290	37 043	
2019	54 741	97 256	69 625	47 300	95 413	54 605	44 527	59 862	35 063	46 014	30 151	10 789

注：　本表2017年及以前数据来源为深圳市规划和国土资源委员会，2018年及以后数据来源为深圳市住房和建设局。

Note: The data of this table are provided by Shenzhen Municipal Bureau of Planning and Land Resources before 2018, provided by Housing and Construction Bureau of ShenZhen Municipality from 2018.

9-23 房地产开发企业主要财务指标

FINANCIAL INDICATORS OF REAL ESTATE COMPANIES

年 份	Year	2014	2015	2016	2017	2018	2019
一、年末资产负债（亿元）	**Total Assets and Liabilities at the year end (100 million yuan)**						
资产总计	Total Capital	10 048.95	12 775.46	16433.75	20 196.64	25 624.59	26 666.46
负债合计	Total liabilities	7 743.89	9 816.21	12405.27	15 350.48	18 341.80	19 978.58
所有者权益合计	Creditors’ Equity	2 305.06	2 959.26	4028.48	4 846.15	7 282.79	6 687.88
二、损益及分配（亿元）	**Profit,loss and distribution(100 million yuan)**						
1、主营业务收入	Business Revenue	1 320.40	1 864.36	2406.26	2 570.31	3 235.17	3 371.03
#土地转让收入	Land Sales Revenue	0.02			0.80	0.56	
商品房屋销售收入	Sales Revenue of Commodity	1 211.01	1 767.06	2236.99	2 407.45	3 025.22	3 190.13
房屋出租收入	Revenue Leased	67.04	83.13	130.76	114.09	80.55	96.87
其他收入	Other Revenues	42.33	14.17	38.51	41.10	73.85	71.13
2、主营业务成本、主营业务税金及附加	Business Cost,Taxes and Extra Charge	855.77	1 301.68	1525.90	1 569.84	1 982.30	2 240.65
主营业务成本	Business cost	703.72	1 055.32	1172.91	1 207.13	1 529.89	1 712.27
主营业务税金及附加	Business Taxes and Extra Charge	152.05	246.37	353.00	362.71	452.41	528.37
3、费用合计	Total Expenses	178.26	222.45	249.28	297.31	331.53	383.38
销售费用	Sales Expenses	47.58	60.75	71.11	72.65	98.69	127.38
管理费用	Management Expenses	70.45	78.92	97.57	112.78	111.44	130.00
财务费用	Financial Expenses	60.23	82.78	80.61	111.88	121.41	126.00
4、其他业务利润	Other Profits	5.18	7.25	4.25	1.79	1.61	4.97
5、投资收益	Investment Revenue	122.73	149.00	131.58	92.37	178.70	114.54
6、营业外收入	Nonbusiness Revenue	3.72	7.11	10.81	6.89	13.94	8.31
7、营业外支出	Nonbusiness Expenses	10.65	7.57	15.28	39.04	21.14	19.61
8、利润总额	Total Profits	363.38	519.57	772.44	824.73	1 082.63	890.86
三、工资总额（亿元）	**Total Payable Salaries(100 million yuan)**	**31.21**	**38.40**	**47.49**	**52.91**	**77.26**	**89.81**
四、从业人员年平均人数(人)	**Average Number of Employed Persons(person)**	**24 638**	**26 681**	**29 143**	**30 856**	**33 632**	**33 965**
五、企业数(个)	**Number of Enterprises(unit)**	**453**	**498**	**566**	**599**	**645**	**686**

主要统计指标解释

房地产开发投资 指各种登记注册类型的房地产开发公司、商品房建设公司及其他房地产开发法人单位和附属于其他法人单位实际从事房地产开发或经营活动的单位统一开发的包括统代建、拆迁还建的住宅、厂房、仓库、饭店、宾馆、度假村、写字楼、办公楼等房屋建筑物和配套的服务设施，土地开发工程（如道路、给水、排水、供电、供热、通讯、平整场地等基础设施工程）的投资；不包括单纯的土地交易活动。

施工面积 指报告期内施工的全部房屋建筑面积。包括本期新开工的面积和上期开工跨入本期继续施工的房屋面积，以及上期已停建在本期恢复施工的房屋面积。本期竣工和本期施工后又停缓建的房屋，其建筑面积仍计入本期房屋施工面积中。

竣工面积 指在报告期内房屋建筑按照设计要求已经全部完工，达到住人和使用条件，经验收鉴定合格（或达到竣工验收标准），正式移交使用单位的各栋房屋建筑面积的总和。

Explanatory Notes on Main Statistical Indicators

Investment in Real Estate Development It includes the investment by the real estate development companies, commercial buildings construction companies and other real estate development units of various types of ownership in the construction of house buildings, such as residential buildings, factory buildings, warehouses, hotels, guesthouses, holiday villages, office buildings, and the complementary service facilities and land development projects, such as roads, water supply, water drainage, power supply, heating, telecommunications, land leveling and other projects of infrastructure. It excludes the activities in simple land transactions.

Floor Space under Construction refers to total floor space of all buildings under construction during the reference period, including floor space of newly started buildings during the reference period, floor space of construction extended from the previous period to the current period, and floor space of construction suspended during the previous period and resumed in the current period. Floor space of construction completed in the current period, and floor space of construction started and then suspended in the current period are also included in the floor space under construction of the current year.

Floor Space of Building Completed refers to the floor space of all buildings completed in the reference period, which have been appraised and accepted (or come up to the designed standards) and have been transferred to the owners for use.

10 第十部分 商业和物价

COMMERCE AND PRICE

CHAPTER

10-1 社会消费品零售总额及指数

INDICES OF TOTAL RETAIL SALES OF CONSUMER GOODS

年 份 Year	社会消费品 零售总额(万元) Total Retail Sales of Consumer Goods (10 000 yuan)	社会消费品零售总额指数 Retail Sales Indices	
		以1979年为100 (1979=100)	以上年为100 (Preceding year=100)
1979	11 259	100.0	
1980	19 615	174.2	174.2
1981	34 229	304.0	174.5
1982	54 185	481.3	158.3
1983	123 794	1 099.5	228.5
1984	201 107	1 786.2	162.5
1985	265 642	2 359.4	132.1
1986	273 712	2 431.1	103.0
1987	324 364	2 880.9	118.5
1988	502 430	4 462.5	154.9
1989	545 741	4 847.2	108.6
1990	667 580	5 929.3	122.3
1991	828 341	7 357.1	124.1
1992	1 939 506	10 204.3	138.7
1993	2 760 596	14 524.3	142.3
1994	3 778 706	19 880.9	136.9
1995	4 634 355	24 382.7	122.6
1996	5 293 512	27 850.7	114.2
1997	5 906 244	31 074.5	111.6
1998	6 539 123	34 404.2	110.7
1999	7 361 785	38 732.5	112.6
2000	8 537 247	44 916.9	116.0
2001	9 727 119	51 177.2	113.9
2002	11 087 719	58 335.7	114.0
2003	13 023 364	68 519.7	117.5
2004	15 080 237	79 341.5	115.8
2005	17 546 748	92 318.5	116.4
2006	20 513 548	107 927.7	116.9
2007	23 460 986	123 435.0	114.4
2008	27 984 708	147 235.6	119.3
2009	31 634 781	166 439.7	113.0
2010	36 360 972	191 305.6	114.9
2011	42 451 855	223 351.4	116.8
2012	49 188 894	258 796.9	115.9
2013	55 390 633	291 426.1	112.6
2014	61 457 836	323 347.4	111.0
2015	64 231 050	337 938.1	104.5
2016	70 021 463	368 403.1	109.0
2017	77 895 215	409 829.2	111.2
2018	85 195 000	448 235.4	109.4
2019	91 444 581	481 116.4	107.3
年平均增长率 Average Annual Growth Rate		**23.6**	

注：1992-2018年数据已根据全国第四次经济普查结果进行修订。

Note: The data from 1992 to 2018 have been revised by the fourth national economic census.

10-2 限额以上批发零售贸易业商品分类销售（2019年）

TOTAL SALES OF ENTERPRISES OVER LEVELS IN WHOLESALE AND RETAIL SALE TRADES GROUPED BY CATEGORY OF COMMODITIES（2019）

单位：万元 （10 000 yuan）

项 目	Item	批发额 Value in Wholesale Trade	零售额 Value in Retail Sale Trade
总 计	**Total**	**247 719 678**	**31 574 739**
食品、饮料、烟酒类	Food,Beverage,Tobacco and Liquor	30 082 371	4 292 268
针、纺织品类	Knitwear and Textiles	1 488 423	442 042
服装、鞋帽类	Garments,Footwear and Headgear	2 516 052	3 860 570
化妆品类	Cosmetics	1 075 815	456 890
日用品类	Articles for Daily Use	4 394 151	1 830 895
五金、电料类	Hardwares and Electric Appliances	3 475 470	81 093
家用电器及音像器材类	Household Appliances and Video Appliances	6 873 130	1 770 125
电子出版类及音像制品类	E-journals and Video Products	117 648	7 869
体育、娱乐用品类	Sports and Recreational Articles	659 721	253 983
文化、办公用品类	Articles For Culture and Office Use	13 003 562	642 138
金银珠宝类	Gold, Silver and Jewelry	5 823 232	868 645
家具类	Furniture	1 322 414	686 478
中西药品类	Traditional Chinese and Western Medicines	6 420 218	684 583
书报杂志类	Newspapers and Magazines	324 157	147 176
通讯器材类	Communications Appliances	23 587 117	1 521 760
建筑材料类	Building Materials	8 094 826	202 465
木材及制品类	Timber and Related Products	1 392 787	
化工材料及制品类	Chemical Materials and Products	16 601 629	
金属材料类	Metal Materials	53 141 228	
机电设备及零件类	Mechanical and Electrical Products and Accessories	32 675 338	112 640
煤炭及制品类	Coal and Related Products	3 438 447	
石油及制品类	Petroleum and Related Products	10 837 892	2 725 078
种子饲料类	Seeds and Feedstuff	372 262	
棉麻类	Cotton and Hemp	187 023	687
汽车类	Motor Vehicles	9 664 879	10 640 288
其他类	Others	10 149 886	347 066

10-3 限额以上批发和零售业法人企业商品购销存综合表（2019年）

TOTAL PURCHASES SALES AND INVENTORY OF ENTERPRISES ABOVE THE DESIGNATED SIZE IN WHOLESALE AND RETAIL TRADE（2019）

单位：万元

项 目	Item	法人企业（个）Number of Corporative Enterprises (unit)	从业人员期末人数（人）Number of Employees at the Year-end (person)
总　　计	**Total**	**8 972**	**543 095**
一、批发业	**Wholesale Trade**	**7 503**	**328 070**
1.按批发行业分组	Grouped by Sector		
农畜产品批发	Wholesale of Farm and Livestock Products	113	2 651
食品、饮料及烟草制品批发	Wholesale of Foods, Beverages&Tobaccos	721	53 213
纺织、服装及日用品批发	Wholesale of Textiles, Garments and Daily-use Products	881	48 556
文化、体育用品及器材批发	Wholesale of Cultural and Sports Articles and Appliances	534	25 631
医药及医疗器材批发	Wholesale of Medicine and Medical Appliances	270	22 766
矿产品、建材及化工产品批发	Wholesale of Mineral Products, Building Material and Chemical Products	1 727	43 722
机械设备、五金交电及电子产品批发	Wholesale of Mechanical Equipment,Hardware and Electronic Products	2 897	113 363
贸易经纪与代理	Trade Broker and Agent	211	8 169
其他批发	Other Wholesales	149	9 999
2.按登记注册类型分组	Grouped by Registration Status		
内资企业	Domestic-funded	6 700	267 065
国有企业	State-owned	15	2 002
集体企业	Collective-owned		
股份合作企业	Share-holding Cooperative Enterprises		
联营企业	Joint Ownership		
有限责任公司	Limited Liabilities Companies	1 355	64 953
股份有限公司	Share-holding Limited Companies	127	21 211
私营企业	Private-owned	5 203	178 899
港、澳、台商投资企业	Funded by Entrepreneur from Hong Kong,Macao and Taiwan	558	36 475
合资经营企业（港或澳、台资）	Joint-venture(Hong Kong,Macao and Taiwan)	48	3 112
合作经营企业（港或澳、台资）	Cooperative(Hong Kong,Macao and Taiwan)	5	358
港、澳、台商独资经营企业	Enterprises with Sole Funds(Hong Kong,Macao and Taiwan)	488	32 088
港、澳、台商投资股份有限公司	Share-holding Corporations Ltd(Hong Kong,Macao and Taiwan)	13	800
外商投资企业	Foreign-funded	245	24 530
中外合资经营企业	Jointly-owned	44	8 494
中外合作经营企业	Cooperatively-owned	2	190
外资企业	Exclusively Foreign-owned	175	14 243
外商投资股份有限公司	Foreign-funded Investment Companies Limited	13	1 008
3.按控股情况分组	Grouped by Holding Condition		
国有控股	State-controlled	158	22 299
集体控股	Collective-controlled	29	2 128
私人控股	Private-controlled	6 105	222 598
港澳台商控股	Controlled by Entrepreneur from Hong Kong,Macao and Taiwan	549	36 775
外商控股	Foreign-funded-controlled	212	16 069
其他	Others	450	28 201
4.按经营形式分组	Grouped by Business Forms		
独立门店	Independent Stores	1 236	49 838

(10 000 yuan)

商品购进总额 Total Purchase	进口额 Imports	商品销售总额 Total Sales	批发额 Whosales Trade	出口额 Exports	零售额 Retail Trade	年末商品库存总额 Inventory (Year-end)	年末零售营业面积（平方米） Retail Business Area at the Year-end(sq.m)
273 258 318	**28 422 422**	**300 566 053**	**266 025 383**	**13 921 086**	**34 540 670**	**19 762 999**	**9 374 769**
242 425 996	**27 170 575**	**263 960 277**	**261 339 819**	**13 898 108**	**2 620 459**	**15 787 567**	**955 602**
2 637 472	263 259	3 048 555	3 012 141	91 801	36 414	271 690	11 405
26 373 151	2 954 176	28 701 498	28 499 305	353 003	202 192	2 097 067	66 957
9 625 524	708 933	11 607 141	10 997 008	2 754 620	610 133	1 310 000	291 266
9 044 052	267 639	10 156 899	9 935 055	245 787	221 845	2 024 701	50 573
6 364 647	757 941	7 676 653	7 584 762	152 913	91 891	661 233	28 086
94 362 459	3 147 209	98 972 915	98 486 341	1 105 885	486 574	3 345 765	131 943
73 277 619	11 967 171	80 456 316	79 585 765	6 287 028	870 551	5 124 653	354 373
19 349 805	6 974 149	21 160 104	21 097 447	1 853 716	62 657	646 125	262
1 391 268	130 097	2 180 197	2 141 994	1 053 357	38 202	306 335	20 737
212 240 163	22 989 008	230 378 558	228 332 420	12 727 927	2 046 138	13 454 126	790 225
1 866 404	16 443	2 285 522	2 261 391	10 102	24 132	91 950	8 441
68 447 330	5 160 418	74 418 509	73 852 001	2 120 900	566 508	4 681 953	199 325
17 415 270	717 929	19 255 005	19 196 842	2 221 870	58 163	914 418	12 532
124 511 159	17 094 218	134 419 523	133 022 187	8 375 055	1 397 335	7 765 806	569 927
13 401 300	2 698 937	15 997 741	15 537 872	465 303	459 869	1 283 612	148 963
1 451 700	116 718	1 654 383	1 623 654	144 370	30 729	156 985	13 850
921 231	4 363	935 717	881 716	7 800	54 001	2 710	1 000
10 894 732	2 534 607	13 211 723	12 862 719	302 755	349 004	1 092 853	119 004
92 547	14 265	139 442	113 308	10 370	26 135	28 953	15 109
16 784 534	1 482 630	17 583 978	17 469 526	704 879	114 451	1 049 828	16 414
3 746 834	223 809	4 115 984	4 097 366	74 641	18 618	149 426	7 036
47 680	3 545	60 890	55 885	43	5 005	5 361	4 300
11 798 161	1 233 424	12 096 370	12 013 167	609 191	83 203	810 311	4 534
1 110 643	13 015	1 183 775	1 182 003	6 366	1 772	77 268	184
31 719 252	1 393 867	34 234 252	33 934 565	1 386 652	299 687	1 706 569	86 879
1 280 704	20 082	1 467 477	1 398 223	20 412	69 254	173 818	5 225
161 690 576	19 189 339	175 594 690	173 941 464	10 833 572	1 653 226	9 937 682	656 137
12 316 273	2 627 970	15 032 422	14 633 979	340 063	398 442	1 243 606	141 763
13 149 695	1 296 081	13 561 727	13 471 748	667 476	89 980	903 501	9 018
22 269 497	2 643 237	24 069 710	23 959 840	649 933	109 870	1 822 391	56 580
34 636 977	2 372 008	37 677 887	37 247 279	1 069 652	430 608	2 296 137	143 950

单位：万元

项　目	Item	法人企业（个）Number of Corporative Enterprises (unit)	从业人员期末人数（人）Number of Employees at the Year-end (person)
连锁总店	General Chain Stores	31	7 087
连锁门店	Chain Stores	20	3 077
其他	Others	6 216	268 068
二、零售业	**Retail Trade Sector**	**1 469**	**215 025**
1.按零售行业分组	Grouped by Sector		
综合零售	Integrated Retail	107	58 397
食品、饮料及烟草制品专门零售	Special Retail of Foods, Beverages&Tobaccos	70	16 078
纺织、服装及日用品专门零售	Special Retail of Textile, Garments and Daily-use Articles	206	53 234
文化、体育用品及器材专门零售	Special Retail of Cultural and Sports Goods and Appliances	78	9 539
医药及医疗器材专门零售	Special Retail of Medicine and Medical Appliances	38	12 143
汽车、摩托车、燃料及零配件专门零售	Special Retail of Automobiles, Motorcycles, Fuels and Related Accessories	586	38 941
家用电器及电子产品专门零售	Special Retail of Household Electrical Appliances and Electronic Products	141	10 118
五金、家具及室内装修材料专门零售	Special Retail of Hardware, Furniture and Indoor Decoration Materials	64	4 455
无店铺及其他零售	Retail without Shops and Other	179	12 120
2.按登记注册类型分组	Grouped by Registration		
内资企业	Civil Funded	1 355	149 056
国有企业	State-owned	8	407
集体企业	Collective-owned	2	89
股份合作企业	Share-holding Cooperative Enterprise		
联营企业	Joint Ownership		
有限责任公司	Limited Liabilities Companies	407	55 810
股份有限公司	Share-holding Limited Companies	27	11 448
私营企业	Private-owned	911	81 302
港、澳、台商投资企业	Funded by Entrepreneur from Hong Kong, Macao and Taiwan	76	28 475
外商投资企业	Foreign-funded	38	37 494
3.按控股情况分组	Grouped by Holding Condition		
国有控股	State-controlled	73	36 792
集体控股	Collective-controlled	9	874
私人控股	Private-controlled	1 137	110 316
港澳台商控股	Controlled by Entrepreneur from Hong Kong,Macao and Taiwan	70	18 594
外商控股	Foreign-funded-controlled	27	21 491
其他	Others	153	26 958
4.按经营形式分组	Grouped by Business Forms		
独立门店	Independent Stores	699	62 120
连锁总店	General Chain Stores	87	51 986
连锁门店	Chain Stores	68	30 325
其他	Other	615	70 594
5.按零售业态分组	Grouped by Retail Format		
有店铺零售	Store-based Retailing	1 089	190 544
无店铺零售	Non-Store Retailing	380	24 481

10-3 续表 continued（10 000 yuan）

商品购进总额 Total Purchase	进口额 Imports	商品销售总额 Total Sales	批发额 Whosales Trade	出口额 Exports	零售额 Retail Trade	年末商品库存总额 Inventory (Year-end)	年末零售营业面积（平方米） Retail Business area at the Year-end(sq.m)
4 744 700	32 931	5 326 074	5 188 154	1 585	137 920	218 979	81 199
248 824	1 905	284 414	222 713		61 701	69 883	33 030
202 795 496	24 763 732	220 671 903	218 681 673	12 826 871	1 990 230	13 202 569	697 423
30 832 321	**1 251 847**	**36 605 776**	**4 685 565**	**22 978**	**31 920 211**	**3 975 433**	**8 419 167**
7 326 707	9 758	8 284 900	1 297 990		6 986 910	456 971	4 144 686
888 994	112 645	1 219 382	316 566		902 817	204 437	83 034
1 853 668	55 514	3 344 998	357 702	15 602	2 987 296	948 462	976 929
762 831	2 199	1 087 693	422 410	1 323	665 284	192 539	282 464
521 288	4 176	698 443	18 941		679 503	119 123	193 088
13 386 309	947 595	14 664 526	994 580		13 669 946	1 242 491	2 178 175
3 532 405	3 047	3 616 402	454 548	354	3 161 854	501 257	287 445
351 186	3 522	816 101	32 399	129	783 701	41 664	159 329
2 208 933	113 391	2 873 330	790 429	5 571	2 082 901	268 490	114 017
22 234 720	1 149 963	26 489 291	3 112 518	22 936	23 376 774	3 130 753	5 089 502
25 990		26 524	5 766		20 758	9 417	17 738
14 907		18 462			18 462	1 550	600
9 335 583	415 441	10 850 560	649 815	364	10 200 745	1 477 450	2 413 629
2 325 922	4 290	2 911 460	526 492	2 665	2 384 968	211 832	528 802
10 532 320	730 232	12 682 286	1 930 445	19 907	10 751 841	1 430 504	2 128 733
3 492 489	97 198	4 540 099	305 574	42	4 234 525	471 937	1 918 462
5 105 113	4 687	5 576 386	1 267 473		4 308 913	372 743	1 411 203
6 218 994	149 620	7 187 221	1 762 313		5 424 908	531 818	2 382 782
174 893	3 933	219 938	36 121		183 817	20 617	53 851
15 608 703	862 738	18 395 716	2 235 199	22 881	16 160 517	2 442 983	3 513 100
2 417 379	86 210	3 123 618	265 370	42	2 858 248	350 945	856 210
2 613 802	29 153	2 903 356	3 776		2 899 580	187 982	607 905
3 798 551	120 193	4 775 926	382 785	55	4 393 141	441 087	1 005 319
12 097 532	790 185	13 982 395	766 578	12 636	13 215 817	1 482 339	3 164 313
7 192 773	23 071	8 368 859	1 824 244		6 544 615	905 789	2 998 507
2 819 661	102 642	3 410 050	482 129		2 927 921	474 761	1 022 181
8 722 355	335 950	10 844 472	1 612 614	10 342	9 231 858	1 112 544	1 234 166
26 699 479	1 093 265	31 381 311	3 402 151	13 438	27 979 160	3 468 911	8 252 285
4 132 843	158 582	5 224 465	1 283 414	9 540	3 941 051	506 522	166 882

10-4 限额以上批发和零售业法人单位主要财务状况综合表（一）（2019年）

MAIN FINANCIAL INDICATORS OF WHOLESALE AND RETAIL SALES ABOVE THE SET SCALE Ⅰ（2019）

单位：万元

项　目	Item	法人企业数（个）Number of Corporative Enterprises (unit)	流动资产合计 Total Current Assets	应收帐款 Accounts Payable
总　　计	**Total**	**8 972**	**156 740 200**	**37 628 200**
一、批发业	**Wholesale Trade**	**7 503**	**137 396 578**	**35 349 043**
1.按批发行业分组	Grouped by Sector			
农畜产品批发	Livestock products wholesale	113	942 513	140 948
食品、饮料及烟草制品批发	Wholesale of Foods, Beverages&Tobaccos	721	12 050 491	2 676 644
纺织、服装及日用品批发	Wholesale of Textiles, Garments and Daily-use Products	881	6 959 103	1 761 322
文化、体育用品及器材批发	Wholesale of Cultural and Sports Articles and Appliances	534	5 930 377	1 392 344
医药及医疗器材批发	Wholesale of Medicine and Medical Appliances	270	4 031 696	1 134 575
矿产品、建材及化工产品批发	Wholesale of Mineral Products, Building Material and Chemical Products	1 727	54 949 804	11 651 569
机械设备、五金交电及电子产品批发	Wholesale of Mechanical Equipment,Hardware and Electronic Products	2 897	38 844 708	11 718 791
贸易经纪与代理	Trade Broker and Agent	211	12 539 140	4 444 446
其他批发	Other Wholesales	149	1 148 747	428 405
2.按登记注册类型分组	Grouped by Registration Status			
内资企业	Domestic-funded	6 700	120 418 737	29 590 005
国有企业	State-owned	15	464 031	12 191
集体企业	Collective-owned			
股份合作企业	Share-holding Cooperative Enterprises			
联营企业	Joint Ownership			
有限责任公司	Limited Liabilities Companies	1 355	35 592 559	7 601 825
股份有限公司	Share-holding Limited Companies	127	13 973 137	2 512 401
私营企业	Private-owned	5 203	70 389 009	19 463 588
港、澳、台商投资企业	Funded by Entrepreneur from Hong Kong,Macao and Taiwan	558	9 957 590	2 749 880
合资经营企业（港或澳、台资）	Joint-venture(Hong Kong,Macao and Taiwan)	48	878 708	235 081
合作经营企业（港或澳、台资）	Cooperative(Hong Kong,Macao and Taiwan)	5	473 487	9 486
港、澳、台商独资经营企业	Enterprises with Sole Funds(Hong Kong,Macao and Taiwan)	488	8 395 410	2 476 488
港、澳、台商投资股份有限公司	Share-holding Corporations Ltd(Hong Kong,Macao and Taiwan)	13	181 384	19 909
外商投资企业	Foreign-funded	245	7 020 251	3 009 158
中外合资经营企业	Jointly-owned	44	1 305 188	414 602
中外合作经营企业	Cooperatively-owned	2	73 408	12 880
外资企业	Exclusively Foreign-owned	175	5 003 280	2 309 287
外商投资股份有限公司	Foreign-funded Investment Companies Limited	13	593 036	248 574
3.按控股情况分组	Grouped by Holding Condition			
国有控股	State-controlled	158	12 039 492	1 831 252
集体控股	Collective-controlled	29	983 079	253 166
私人控股	Private-controlled	6 105	91 397 437	24 539 962
港澳台商控股	Controlled by Entrepreneur from Hong Kong,Macao and Taiwan	549	9 424 991	2 745 803
外商控股	Foreign-funded-controlled	212	5 808 776	2 631 135
其他	Others	450	17 742 803	3 347 725
4.按经营形式分组	Grouped by Business Forms			
独立门店	Independent Stores	1 236	18 997 657	4 646 457

(10 000 yuan)

存货 Inventory	固定资产原价 Original Value of Fixed Assets	累计折旧 Accumulative Depreciation	本年折旧 Depreciation of the Year	资产总计 Total Assets	流动负债合计 Total Current Liabilities	应付帐款 Accounts Payable
18 787 262	**6 922 707**	**3 025 536**	**536 307**	**192 087 575**	**137 772 502**	**35 049 669**
15 164 698	**5 013 301**	**2 121 469**	**341 620**	**168 303 064**	**122 255 874**	**30 551 723**
266 685	70 200	15 876	2 765	1 435 983	844 077	108 781
2 073 127	663 264	304 197	47 660	14 435 801	9 313 858	2 627 167
1 284 212	333 279	150 197	25 564	8 949 676	5 950 901	1 618 347
2 075 077	324 604	145 062	18 454	6 990 095	4 734 846	974 812
621 266	197 347	91 942	19 307	5 621 829	2 947 484	1 141 948
2 842 632	1 863 718	778 142	81 079	68 973 929	53 773 366	8 377 928
5 250 531	1 244 671	530 724	124 607	45 635 998	33 020 605	13 057 042
602 343	250 748	79 230	14 500	14 839 844	11 039 253	2 346 971
148 825	65 472	26 098	7 685	1 419 908	631 486	298 726
12 951 942	4 167 603	1 736 453	276 746	144 743 200	107 332 307	25 171 398
93 595	177 708	75 131	4 251	735 062	215 398	13 520
4 686 011	1 102 878	436 822	70 127	43 045 083	31 678 344	7 126 559
944 327	1 251 494	597 275	57 530	21 338 723	12 004 623	1 488 611
7 228 009	1 635 522	627 226	144 838	79 624 332	63 433 942	16 542 709
1 060 929	373 020	146 826	27 371	14 129 014	8 606 647	2 389 889
125 568	29 885	13 852	2 823	1 896 205	1 079 769	338 015
2 710	6 606	4 035	569	525 499	409 716	−365
901 228	334 000	127 149	23 448	11 492 803	6 940 755	2 015 767
29 400	1 829	1 292	425	184 779	157 991	25 036
1 151 828	472 678	238 191	37 504	9 430 850	6 316 920	2 990 436
138 869	166 908	74 921	9 490	1 691 583	1 091 469	287 838
5 361	810	93	38	102 823	51 337	42 332
919 999	285 680	156 888	26 062	6 705 997	4 765 181	2 418 006
78 724	13 227	5 421	1 326	877 561	394 102	232 410
1 845 117	1 710 328	785 838	64 777	18 661 917	9 362 053	1 349 341
247 726	45 961	25 877	5 463	1 169 518	885 384	131 865
9 283 624	2 111 416	802 685	184 638	105 948 421	82 286 422	20 695 936
1 050 790	372 501	141 420	26 988	13 521 230	8 172 088	2 438 398
1 015 089	305 702	166 178	28 473	7 860 329	5 304 926	2 734 406
1 722 353	467 394	199 471	31 282	21 141 649	16 245 001	3 201 776
2 293 981	677 541	281 434	39 527	21 087 397	16 359 479	4 828 139

单位：万元

项 目	Item	法人企业数（个）Number of Corporative Enterprises (unit)	流动资产合计 Total Current Assets	应收帐款 Accounts Payable
连锁总店	General Chain Stores	31	3 207 099	954 774
连锁门店	Chain Stores	20	192 596	21 152
其他	Others	6 216	114 999 227	29 726 661
二、零售业	**Retail Trade Sector**	**1 469**	**19 343 622**	**2 279 156**
1.按零售行业小类分组	Grouped by Sector			
综合零售	Integrated Retail	107	6 314 930	153 299
食品、饮料及烟草制品专门零售	Special Retail of Foods, Beverages&Tobaccos	70	773 913	108 872
纺织、服装及日用品专门零售	Special Retail of Textile, Garments and Daily-use Articles	206	2 024 493	360 523
文化、体育用品及器材专门零售	Special Retail of Cultural and Sports Goods and Appliances	78	866 605	336 871
医药及医疗器材专门零售	Special Retail of Medicine and Medical Appliances	38	463 297	48 813
汽车、摩托车、燃料及零配件专门零售	Special Retail of Automobiles, Motorcycles, Fuels and Related Accessories	586	4 831 516	532 770
家用电器及电子产品专门零售	Special Retail of Household Electrical Appliances and Electronic Products	141	1 984 197	489 292
五金、家具及室内装修材料专门零售	Special Retail of Hardware, Furniture and Indoor Decoration Materials	64	459 166	66 766
无店铺及其他零售	Retail without Shops and Other	179	1 625 507	181 953
2.按登记注册类型分组	Grouped by Registration			
内资企业	Domestic-funded	1 355	12 821 096	1 997 373
国有企业	State-owned	8	36 660	2 710
集体企业	Collective-owned	2	7 886	31
股份合作企业	Share-holding Cooperative Enterprise			
联营企业	Joint Ownership			
有限责任公司	Limited Liabilities Companies	407	5 484 758	604 602
股份有限公司	Share-holding Limited Companies	27	961 829	142 236
私营企业	Private-owned	911	6 329 963	1 247 794
港、澳、台商投资企业	Funded by Entrepreneur from Hong Kong, Macao and Taiwan	76	2 431 827	226 053
外商投资企业	Foreign-funded	38	4 090 699	55 730
3.按控股情况分组	Grouped by Holding Condition			
国有控股	State-controlled	73	4 692 023	102 281
集体控股	Collective-controlled	9	64 276	7 789
私人控股	Private-controlled	1 137	9 349 900	1 622 286
港澳台商控股	Controlled by Entrepreneur from Hong Kong,Macao and Taiwan	70	1 541 602	206 615
外商控股	Foreign-funded-controlled	27	1 326 583	55 273
其他	Others	153	2 369 239	284 913
4.按经营形式分组	Grouped by Business Forms			
独立门店	Independent Stores	699	5 581 349	716 569
连锁总店	General Chain Stores	87	6 041 722	362 515
连锁门店	Chain Stores	68	1 717 944	184 713
其他	Other	615	6 002 607	1 015 359
5.按零售业态分组	Grouped by Retail Format			
有店铺零售	Store-based Retailing	1 089	16 099 159	1 565 092
无店铺零售	Non-Store Retailing	380	3 244 463	714 065

存货 Inventory	固定资产原价 Original Value of Fixed Assets	累计折旧 Accumulative Depreciation	本年折旧 Depreciation of the Year	资产总计 Total Assets	流动负债合计 Total Current Liabilities	应付帐款 Accounts Payable
212 445	42 054	18 136	5 023	3 382 924	3 051 638	1 276 181
75 769	9 071	5 171	762	203 071	157 217	27 316
12 582 504	4 284 635	1 816 729	296 309	143 629 673	102 687 540	24 420 087
3 622 564	**1 909 406**	**904 067**	**194 686**	**23 784 512**	**15 516 628**	**4 497 946**
538 505	678 114	349 354	48 270	7 942 593	5 277 312	1 121 260
170 003	62 215	31 492	5 857	1 134 192	379 546	136 433
932 178	146 022	68 876	11 047	2 450 761	1 327 303	372 977
194 762	55 330	38 922	5 888	949 822	702 561	296 971
216 851	27 247	12 997	3 841	585 602	356 962	136 752
1 084 072	747 329	329 550	87 540	6 072 443	4 155 811	637 259
174 635	86 477	25 859	1 756	2 156 006	1 740 723	941 047
39 068	56 225	28 090	22 077	735 026	209 511	51 207
272 490	50 448	18 927	8 409	1 758 067	1 366 900	804 039
2 745 417	1 215 430	579 539	119 233	15 567 532	10 361 409	3 379 999
7 030	3 611	2 319	192	42 202	18 602	9 889
1 663	341	256	4	8 096	6 418	3 063
1 074 708	606 179	300 730	59 279	6 787 562	4 366 772	1 511 434
219 032	168 602	94 956	13 332	1 420 611	760 919	194 037
1 442 983	436 697	181 278	46 426	7 309 061	5 208 699	1 661 575
485 008	349 765	134 038	30 442	3 425 013	1 544 403	443 476
392 139	344 211	190 490	45 012	4 791 967	3 610 816	674 471
563 046	481 280	250 878	32 647	6 307 645	4 049 697	800 666
18 905	6 338	4 112	303	75 064	40 511	14 727
2 102 002	710 549	300 427	70 207	11 013 960	7 734 443	2 649 577
330 148	262 473	99 610	28 102	2 040 308	964 948	255 208
238 955	155 238	91 808	30 584	1 496 464	888 275	193 897
369 509	293 529	157 232	32 843	2 851 071	1 838 754	583 871
1 345 325	803 423	386 408	104 079	7 138 543	4 400 921	973 883
695 086	552 962	263 378	33 414	7 565 953	5 041 156	1 465 031
477 274	167 905	91 015	14 654	2 357 546	1 596 595	563 366
1 104 878	385 115	163 266	42 540	6 722 469	4 477 956	1 495 666
3 149 885	1 758 794	856 310	175 598	20 193 252	12 896 798	3 353 259
472 679	150 612	47 757	19 088	3 591 260	2 619 830	1 144 687

10-4 限额以上批发和零售业法人单位主要财务状况综合表（二）（2019年）
MAIN FINANCIAL INDICATORS OF WHOLESALE AND RETAIL SALES ABOVE THE SET SCALE Ⅱ（2019）

单位：万元

项 目	Item	负债合计 Total Liabilities
总 计	**Total**	**147 406 891**
一、批发业	**Wholesale Trade**	**130 620 749**
1.按批发行业分组	Grouped by Sector	
农畜产品批发	Livestock products wholesale	933 974
食品、饮料及烟草制品批发	Wholesale of Foods, Beverages&Tobaccos	9 888 655
纺织、服装及日用品批发	Wholesale of Textiles, Garments and Daily-use Products	6 475 674
文化、体育用品及器材批发	Wholesale of Cultural and Sports Articles and Appliances	5 014 831
医药及医疗器材批发	Wholesale of Medicine and Medical Appliances	3 153 192
矿产品、建材及化工产品批发	Wholesale of Mineral Products, Building Material and Chemical Products	56 673 513
机械设备、五金交电及电子产品批发	Wholesale of Mechanical Equipment,Hardware and Electronic Products	35 242 788
贸易经纪与代理	Trade Broker and Agent	12 466 344
其他批发	Other Wholesales	771 777
2.按登记注册类型分组	Grouped by Registration Status	
内资企业	Domestic-funded	114 796 730
国有企业	State-owned	285 391
集体企业	Collective-owned	
股份合作企业	Share-holding Cooperative Enterprises	
联营企业	Joint Ownership	
有限责任公司	Limited Liabilities Companies	33 018 768
股份有限公司	Share-holding Limited Companies	13 590 572
私营企业	Private-owned	67 901 999
港、澳、台商投资企业	Funded by Entrepreneur from Hong Kong,Macao and Taiwan	15 824 019
合资经营企业（港或澳、台资）	Joint-venture(Hong Kong,Macao and Taiwan)	1 251 549
合作经营企业（港或澳、台资）	Cooperative(Hong Kong,Macao and Taiwan)	416 343
港、澳、台商独资经营企业	Enterprises with Sole Funds(Hong Kong,Macao and Taiwan)	7 287 652
港、澳、台商投资股份有限公司	Share-holding Corporations Ltd(Hong Kong,Macao and Taiwan)	158 370
外商投资企业	Foreign-funded	6 691 690
中外合资经营企业	Jointly-owned	1 206 228
中外合作经营企业	Cooperatively-owned	51 337
外资企业	Exclusively Foreign-owned	4 993 892
外商投资股份有限公司	Foreign-funded Investment Companies Limited	413 955
3.按控股情况分组	Grouped by Holding Condition	
国有控股	State-controlled	10 273 723
集体控股	Collective-controlled	933 475
私人控股	Private-controlled	88 237 384
港澳台商控股	Controlled by Entrepreneur from Hong Kong,Macao and Taiwan	8 707 652
外商控股	Foreign-funded-controlled	5 553 656
其他	Others	16 914 860
4.按经营形式分组	Grouped by Business Forms	
独立门店	Independent Stores	17 092 607

(10 000 yuan)

所有者权益合计 Total Owner's Eguities	实收资本 Paid-in Capital	主营业务收入 Prime Operating Revenues	营业成本 Operating Losts	税金及附加 Sales Taxes and Extra Charges
44 680 848	**23 732 124**	**267 181 995**	**249 254 718**	**682 392**
37 682 242	**20 041 071**	**234 806 209**	**221 835 173**	**548 241**
502 009	234 156	2 701 081	2 587 493	1 297
4 547 146	1 911 908	25 984 459	23 842 652	292 501
2 474 305	1 303 849	10 455 208	8 879 135	22 220
1 975 263	1 268 818	9 116 402	8 457 339	16 952
2 468 638	566 510	6 877 967	5 735 180	18 372
12 300 566	7 094 636	88 590 109	86 545 139	102 394
10 392 759	6 080 710	70 530 317	66 493 434	80 264
2 373 500	1 398 854	18 484 073	17 842 181	11 545
648 056	181 631	2 066 594	1 452 620	2 696
29 946 398	15 740 995	204 733 338	194 342 775	498 946
449 671	107 829	2 029 937	1 728 915	223 970
10 026 538	5 897 951	65 018 142	61 828 393	122 365
7 748 152	2 111 070	17 398 322	16 330 666	25 438
11 722 037	7 624 145	120 286 937	114 454 802	127 173
7 735 845	4 300 076	30 072 871	27 492 398	49 295
644 656	333 934	1 326 281	1 231 638	1 959
109 156	58 327	813 774	798 289	259
4 205 152	1 789 465	11 892 930	10 389 301	32 523
26 408	24 424	124 984	86 995	507
2 739 160	2 090 834	15 864 317	14 944 899	13 886
485 355	692 796	3 678 144	3 544 177	3 709
51 486	22 405	53 462	47 215	90
1 712 105	1 223 680	10 850 595	10 159 520	8 883
463 606	135 883	1 165 814	1 096 143	898
8 388 194	2 278 145	30 110 941	28 425 579	297 954
236 043	86 643	1 365 548	1 254 068	2 159
17 710 742	10 874 063	156 374 317	148 684 599	160 168
4 813 578	2 136 536	13 414 196	11 788 114	35 223
2 306 674	1 422 684	12 279 197	11 487 514	10 200
4 227 012	3 243 001	21 262 011	20 195 299	42 537
3 994 789	1 993 812	33 683 693	31 633 060	176 813

单位：万元

项 目	Item	负债合计 Total Liabilities
连锁总店	General Chain Stores	3 091 218
连锁门店	Chain Stores	159 863
其他	Others	110 277 060
二、零售业	**Retail Trade Sector**	**16 786 142**
1.按零售行业小类分组	Grouped by Sector	
综合零售	Integrated Retail	5 560 340
食品、饮料及烟草制品专门零售	Special Retail of Foods, Beverages&Tobaccos	575 780
纺织、服装及日用品专门零售	Special Retail of Textile, Garments and Daily-use Articles	1 469 648
文化、体育用品及器材专门零售	Special Retail of Cultural and Sports Goods and Appliances	738 679
医药及医疗器材专门零售	Special Retail of Medicine and Medical Appliances	389 282
汽车、摩托车、燃料及零配件专门零售	Special Retail of Automobiles, Motorcycles, Fuels and Related Accessories	4 444 629
家用电器及电子产品专门零售	Special Retail of Household Electrical Appliances and Electronic Products	1 830 016
五金、家具及室内装修材料专门零售	Special Retail of Hardware, Furniture and Indoor Decoration Materials	387 430
无店铺及其他零售	Retail without Shops and Other	1 390 340
2.按登记注册类型分组	Grouped by Registration	
内资企业	Civil Funded	11 389 408
国有企业	State-owned	19 883
集体企业	Collective-owned	6 418
股份合作企业	Share-holding Cooperative Enterprise	
联营企业	Joint Ownership	
有限责任公司	Limited Liabilities Companies	4 759 063
股份有限公司	Share-holding Limited Companies	810 192
私营企业	Private-owned	5 793 853
港、澳、台商投资企业	Funded by Entrepreneur from Hong Kong, Macao and Taiwan	5 396 734
外商投资企业	Foreign-funded	3 672 686
3.按控股情况分组	Grouped by Holding Condition	
国有控股	State-controlled	4 120 061
集体控股	Collective-controlled	40 523
私人控股	Private-controlled	8 395 215
港澳台商控股	Controlled by Entrepreneur from Hong Kong,Macao and Taiwan	1 237 162
外商控股	Foreign-funded-controlled	929 919
其他	Others	2 063 262
4.按经营形式分组	Grouped by Business Forms	
独立门店	Independent Stores	4 841 047
连锁总店	General Chain Stores	5 341 112
连锁门店	Chain Stores	1 714 547
其他	Other	4 889 436
5.按零售业态分组	Grouped by Retail Format	
有店铺零售	Store-based Retailing	13 906 833
无店铺零售	Non-Store Retailing	2 879 309

所有者权益合计 Total Owner's Eguities	实收资本 Paid-in Capital	主营业务收入 Prime Operating Revenues	营业成本 Operating Losts	税金及附加 Sales Taxes and Extra Charges
291 705	150 224	4 678 555	4 339 640	5 359
43 208	24 819	252 441	197 581	724
33 352 540	17 872 217	196 191 520	185 661 893	365 315
6 998 605	**3 691 053**	**32 375 786**	**27 419 545**	**134 151**
2 382 253	1 055 660	7 153 217	5 976 967	19 421
558 413	254 097	1 146 430	854 676	3 414
981 349	594 060	2 894 089	1 708 963	17 969
211 143	170 130	965 247	692 119	16 778
196 320	43 546	612 125	460 236	2 542
1 627 814	1 045 333	13 113 529	12 147 097	42 592
325 991	185 164	3 171 874	2 941 869	4 635
347 596	71 442	752 386	610 934	5 920
367 728	271 622	2 566 888	2 026 686	20 880
4 178 360	2 546 014	23 602 665	20 193 778	107 795
22 320	4 443	27 158	20 199	406
1 678	370	16 219	14 773	32
2 028 500	1 107 536	9 698 194	8 258 354	57 233
610 420	324 476	2 412 973	2 041 384	13 807
1 515 444	1 109 189	11 448 121	9 859 068	36 319
2 820 245	1 145 039	8 773 121	7 225 767	26 356
1 119 281	628 491	4 899 490	4 283 045	9 070
2 187 584	1 031 178	6 130 388	5 414 495	13 358
34 541	5 915	191 992	159 291	438
2 618 981	1 700 390	16 502 016	14 210 045	62 645
803 146	418 466	2 720 048	2 068 014	14 113
566 545	255 833	2 579 037	2 087 006	6 112
787 808	279 270	4 252 305	3 480 694	37 485
2 297 496	1 169 966	12 626 644	10 946 631	61 518
2 224 842	952 074	7 030 090	6 030 270	18 228
642 999	531 236	3 012 092	2 495 944	7 917
1 833 269	1 037 777	9 706 960	7 946 699	46 489
6 286 419	3 158 315	27 614 488	23 516 681	104 372
712 186	532 739	4 761 298	3 902 864	29 780

10-4 限额以上批发和零售业法人单位主要财务状况综合表（三）（2019年）
MAIN FINANCIAL INDICATORS OF WHOLESALE AND RETAIL SALES ABOVE THE SET SCALE III（2019）

单位：万元

项目	Item	其他业务利润 Profits from Other Business	销售费用 Sale Expenses	管理费用 Management Expenses
总计	**Total**	**893 199**	**9 579 240**	**5 342 118**
一、批发业	**Wholesale Trade**	**537 318**	**5 925 848**	**4 050 935**
1.按批发行业分组	Grouped by Sector			
农畜产品批发	Livestock products wholesale	2 235	62 787	38 775
食品、饮料及烟草制品批发	Wholesale of Foods, Beverages&Tobaccos	250 720	930 644	646 803
纺织、服装及日用品批发	Wholesale of Textiles, Garments and Daily-use Products	44 350	868 237	506 647
文化、体育用品及器材批发	Wholesale of Cultural and Sports Articles and Appliances	35 070	286 843	252 583
医药及医疗器材批发	Wholesale of Medicine and Medical Appliances	12 373	756 294	231 378
矿产品、建材及化工产品批发	Wholesale of Mineral Products, Building Material and Chemical Products	39 156	722 349	655 690
机械设备、五金交电及电子产品批发	Wholesale of Mechanical Equipment,Hardware and Electronic Products	143 509	1 766 761	1 453 205
贸易经纪与代理	Trade Broker and Agent	9 036	136 398	160 801
其他批发	Other Wholesales	869	395 537	105 052
2.按登记注册类型分组	Grouped by Registration Status			
内资企业	Domestic-funded	267 338	4 544 444	3 044 638
国有企业	State-owned	493	33 360	46 436
集体企业	Collective-owned			
股份合作企业	Share-holding Cooperative Enterprises			
联营企业	Joint Ownership			
有限责任公司	Limited Liabilities Companies	157 150	1 693 367	777 138
股份有限公司	Share-holding Limited Companies	20 331	424 588	269 316
私营企业	Private-owned	89 365	2 393 129	1 951 748
港、澳、台商投资企业	Funded by Entrepreneur from Hong Kong,Macao and Taiwan	39 368	814 924	478 471
合资经营企业（港或澳、台资）	Joint-venture(Hong Kong,Macao and Taiwan)	6 505	54 700	46 161
合作经营企业（港或澳、台资）	Cooperative(Hong Kong,Macao and Taiwan)	2 785	6 241	8 556
港、澳、台商独资经营企业	Enterprises with Sole Funds(Hong Kong,Macao and Taiwan)	30 068	730 544	409 856
港、澳、台商投资股份有限公司	Share-holding Corporations Ltd(Hong Kong,Macao and Taiwan)		19 224	12 728
外商投资企业	Foreign-funded	230 612	566 480	527 827
中外合资经营企业	Jointly-owned	8 073	117 614	74 854
中外合作经营企业	Cooperatively-owned	1	5 943	3 256
外资企业	Exclusively Foreign-owned	221 687	412 747	408 646
外商投资股份有限公司	Foreign-funded Investment Companies Limited	183	13 050	35 180
3.按控股情况分组	Grouped by Holding Condition			
国有控股	State-controlled	21 355	511 701	303 623
集体控股	Collective-controlled	1 443	61 795	25 101
私人控股	Private-controlled	184 060	3 455 427	2 455 348
港澳台商控股	Controlled by Entrepreneur from Hong Kong,Macao and Taiwan	32 227	823 756	454 884
外商控股	Foreign-funded-controlled	222 922	442 344	456 530
其他	Others	75 311	630 826	355 450
4.按经营形式分组	Grouped by Business Forms			
独立门店	Independent Stores	25 416	964 660	538 346

(10 000 yuan)

财务费用 Financial Expenses	利息费用 Interest Expense	营业利润 Operating profits	投资收益 Profits of Investment	营业外收入 Non-operating Income	利润总额 Total Profits	应交所得税 Total Payable Tax	应付职工薪酬 Total Wages Payable	本年应交增值税 Total Value-added Payable	从业人员期末人数（人） Average Employed Persons (Persons)
1 149 217	**1 144 722**	**3 814 691**	**1 399 245**	**367 472**	**4 009 694**	**892 542**	**5 725 528**	**2 028 864**	**543 095**
1 039 682	**1 074 422**	**3 208 566**	**1 285 767**	**288 253**	**3 359 316**	**657 392**	**3 914 811**	**1 479 983**	**328 070**
12 494	3 502	19 061	19 642	42 257	38 903	4 106	32 133	5 655	2 651
22 827	40 978	632 037	66 781	63 804	684 777	146 607	573 862	358 363	53 213
70 422	53 535	229 861	54 935	18 929	240 339	58 328	517 505	135 625	48 556
68 414	46 469	92 766	13 775	8 126	98 465	35 308	233 363	62 065	25 631
18 568	27 328	379 931	194 703	5 335	379 063	54 361	308 212	120 277	22 766
333 291	451 111	874 260	392 377	42 915	893 629	142 418	568 035	308 090	43 722
298 184	236 525	696 704	443 213	77 070	721 015	162 623	1 460 505	435 354	113 363
204 277	211 390	190 961	95 283	22 882	208 733	39 588	101 832	37 932	8 169
11 205	3 584	92 985	5 060	6 935	94 393	14 054	119 366	16 623	9 999
934 899	964 941	2 718 318	1 192 355	233 960	2 830 770	492 189	2 929 029	1 168 881	267 065
−6 482	613	60 087	10 191	105	60 034	12 604	53 225	46 923	2 002
209 338	321 947	1 088 688	521 598	84 618	1 143 611	210 049	888 389	318 332	64 953
191 883	213 793	494 300	342 693	8 506	498 157	44 212	313 630	78 567	21 211
540 158	428 588	1 075 243	317 873	140 731	1 128 968	225 325	1 673 784	725 059	178 899
54 781	81 910	455 419	85 614	27 776	473 177	114 713	555 979	133 377	36 475
31 803	29 846	11 301	31 265	3 400	13 387	2 653	39 833	7 519	3 112
5 478	6 586	2 336	5 040	3 449	5 617	1 174	6 072	1 133	358
20 392	37 375	437 693	49 304	20 414	449 931	109 343	500 474	120 523	32 088
−3 229	7 819	1 543	5	464	1 813	997	8 364	3 454	800
50 003	27 572	34 830	7 799	26 517	55 369	50 491	429 803	177 725	24 530
18 070	17 987	−76 110	−3 501	3 338	−74 345	15 590	113 163	1 334	8 494
4		63	809	15	5	390	3 914	849	190
33 131	12 908	90 762	8 380	22 644	109 765	30 171	285 683	169 402	14 243
−1 642	−3 360	17 046	2 111	285	16 712	3 634	19 909	2 221	1 008
175 851	230 359	981 977	394 850	40 816	1 003 395	145 369	443 103	156 489	22 299
7 487	2 323	24 521	8 231	2 592	26 228	5 060	27 526	11 237	2 128
729 010	605 525	1 205 411	432 979	169 664	1 279 441	294 841	2 202 106	901 879	222 598
48 327	75 600	433 628	75 558	23 747	447 334	112 767	573 697	134 939	36 775
31 705	9 873	113 969	11 299	23 478	133 012	34 869	320 301	175 273	16 069
47 302	150 743	449 061	362 850	27 955	469 905	64 487	348 080	100 167	28 201
120 318	90 750	487 433	121 392	27 131	488 834	108 990	528 880	233 711	49 838

单位：万元

项　目	Item	其他业务利润 Profits from Other Business	销售费用 Sale Expenses	管理费用 Management Expenses
连锁总店	General Chain Stores	8 725	294 562	55 855
连锁门店	Chain Stores	2 893	51 437	13 660
其他	Others	500 284	4 615 190	3 443 074
二、零售业	**Retail Trade Sector**	**355 881**	**3 653 392**	**1 291 183**
1.按零售行业小类分组	Grouped by Sector			
综合零售	Integrated Retail	194 902	966 084	309 610
食品、饮料及烟草制品专门零售	Special Retail of Foods, Beverages&Tobaccos	761	218 723	57 996
纺织、服装及日用品专门零售	Special Retail of Textile, Garments and Daily-use Articles	4 884	834 319	228 320
文化、体育用品及器材专门零售	Special Retail of Cultural and Sports Goods and Appliances	30 723	146 804	105 555
医药及医疗器材专门零售	Special Retail of Medicine and Medical Appliances	3 940	162 379	23 002
汽车、摩托车、燃料及零配件专门零售	Special Retail of Automobiles, Motorcycles, Fuels and Related Accessories	80 097	590 020	328 775
家用电器及电子产品专门零售	Special Retail of Household Electrical Appliances and Electronic Products	18 681	181 375	73 497
五金、家具及室内装修材料专门零售	Special Retail of Hardware, Furniture and Indoor Decoration Materials	1 656	78 656	41 846
无店铺及其他零售	Retail without Shops and Other	20 237	475 033	122 584
2.按登记注册类型分组	Grouped by Registration			
内资企业	Civil Funded	255 988	2 544 419	880 539
国有企业	State-owned	625	3 509	9 250
集体企业	Collective-owned		993	191
股份合作企业	Share-holding Cooperative Enterprise			
联营企业	Joint Ownership			
有限责任公司	Limited Liabilities Companies	129 330	1 084 289	332 968
股份有限公司	Share-holding Limited Companies	10 832	282 302	79 312
私营企业	Private-owned	115 201	1 173 326	458 819
港、澳、台商投资企业	Funded by Entrepreneur from Hong Kong, Macao and Taiwan	56 892	562 331	240 874
外商投资企业	Foreign-funded	43 001	546 642	169 770
3.按控股情况分组	Grouped by Holding Condition			
国有控股	State-controlled	24 550	628 976	190 920
集体控股	Collective-controlled	25	19 217	5 186
私人控股	Private-controlled	158 186	1 737 686	645 511
港澳台商控股	Controlled by Entrepreneur from Hong Kong,Macao and Taiwan	46 007	336 966	185 702
外商控股	Foreign-funded-controlled	40 019	354 893	91 590
其他	Others	87 094	575 655	172 274
4.按经营形式分组	Grouped by Business Forms			
独立门店	Independent Stores	177 087	963 722	485 998
连锁总店	General Chain Stores	45 127	905 569	283 783
连锁门店	Chain Stores	40 275	491 459	106 385
其他	Other	93 391	1 292 643	415 018
5.按零售业态分组	Grouped by Retail Format			
有店铺零售	Store-based Retailing	304 686	2 955 571	1 076 532
无店铺零售	Non-Store Retailing	51 195	697 821	214 651

财务费用 Financial Expenses	利息费用 Interest Expense	营业利润 Operating profits	投资收益 Profits of Investment	营业外收入 Non-operating Income	利润总额 Total Profits	应交所得税 Total Payable Tax	应付职工薪酬 Total Wages Payable	本年应交增值税 Total Value-added Payable	从业人员期末人数（人） Average Employed Persons (Persons)
16 844	14 684	−17 668	3 549	3 742	−15 319	10 660	88 039	36 043	7 087
1 611	984	−344	−447	1 140	277	254	25 684	3 170	3 077
900 908	968 001	2 739 145	1 161 272	256 210	2 885 521	537 189	3 272 208	1 207 059	268 068
109 535	**70 299**	**606 125**	**113 478**	**79 219**	**650 379**	**235 150**	**1 810 717**	**548 881**	**215 025**
24 599	26 948	116 539	23 065	20 660	122 377	73 323	439 694	81 864	58 397
−7 314	1 802	54 704	9 490	6 429	59 446	12 354	115 960	17 808	16 078
12 963	3 211	107 939	17 345	10 349	114 937	35 027	424 573	123 051	53 234
2 944	546	50 106	23 520	1 516	51 327	10 410	87 482	24 683	9 539
2 074	1 058	515	765	686	777	4 038	82 590	10 471	12 143
50 188	22 580	281 320	36 008	22 853	293 611	69 276	405 266	200 985	38 941
10 041	11 260	−6 138	−3 303	10 339	3 015	5 795	84 847	30 642	10 118
6 974	542	36 288	5 380	1 527	37 209	8 979	43 301	11 187	4 455
7 067	2 353	−35 148	1 207	4 859	−32 321	15 947	127 006	48 191	12 120
82 479	58 192	339 100	55 931	54 018	374 477	165 656	1 263 609	409 588	149 056
−569	13	−1 674	433	3 031	1 337	399	6 934	511	407
26		205		7	168	24	538	231	89
22 656	23 501	293 347	21 040	23 677	308 024	98 735	506 994	203 094	55 810
4 842	808	108 494	61 972	6 366	111 810	13 515	122 963	54 574	11 448
55 523	33 870	−61 272	−27 514	20 936	−46 863	52 982	626 178	151 180	81 302
12 488	1 235	140 160	54 593	10 450	144 653	35 969	297 506	75 405	28 475
14 568	10 873	126 866	2 954	14 750	131 248	33 526	249 603	63 888	37 494
11 335	11 634	272 252	88 034	18 547	282 763	47 324	369 570	78 413	36 792
665	131	6 887	11	209	7 019	1 879	9 204	3 491	874
73 016	43 467	−16 646	−7 620	41 043	10 128	80 824	890 683	260 496	110 316
13 807	1 475	73 045	5 321	7 530	76 908	24 662	181 320	58 495	18 594
−712	−480	88 705	118	6 094	88 567	26 516	122 411	40 317	21 491
11 424	14 072	181 881	27 615	5 795	184 994	53 945	237 529	107 669	26 958
62 459	33 905	379 198	55 457	27 453	398 802	95 926	561 502	229 741	62 120
26 778	16 489	197 540	80 128	23 533	209 011	48 956	468 720	91 834	51 986
127	1 459	−108 280	−22 879	7 895	−104 081	17 361	218 260	44 862	30 325
20 171	18 446	137 668	771	20 338	146 647	72 907	562 234	182 444	70 594
96 553	56 962	645 097	113 001	68 709	682 161	207 866	1 571 850	469 364	190 544
12 982	13 337	−38 972	477	10 509	− 31 783	27 285	238 867	79 516	24 481

10-5 限额以上住宿和餐饮业法人企业主要财务状况综合表 (一)（2019年）

MAIN FINANCIAL INDICAFORS OF ENTERPRISE ABOVE DESIGNATED SIZE OF HOTELS AND CATERING SERVICES Ⅰ （2019）

单位：万元

项　目	Item	法人企业数（个）Number of Corporative Enterprises (unit)	流动资产合计 Total Current Assets	应收帐款 Accounts Payable
总　　计	**Total**	**1 544**	**4 548 793**	**255 621**
一、住宿业	**Hotels**	**485**	**3 033 512**	**114 265**
1.按住宿行业分组	Grouped by Sector			
旅游饭店	Tour Restaurant	257	2 312 912	88 050
一般旅馆	General Restaurant	204	593 703	24 212
其他住宿服务	Other Hotel Services	24	126 897	2 003
2.按登记注册类型分组	Grouped by Registration Status			
内资企业	Domestic-funded	436	2 268 928	71 080
国有企业	State-owned	9	64 762	9 391
集体企业	Collective-owned	3	3 338	173
股份合作企业	Share-holding Cooperative Enterprise			
联营企业	Joint Ownership	2	9 372	497
有限责任公司	Limited Liabilities Companies	157	1 587 415	30 773
股份有限公司	Share-holding Limited Companies	10	47 278	3 407
私营企业	Private-owned	254	556 743	26 827
港、澳、台商投资企业	Funded by Entrepreneur from Hong Kong,Macao and Taiwan	31	263 297	33 617
合资经营企业（港或澳、台资）	Joint-venture(Hong Kong,Macao and Taiwan)	7	44 461	920
合作经营企业（港或澳、台资）	Cooperative(Hong Kong,Macao and Taiwan)	4	84 965	22 646
港、澳、台商独资经营企业	Enterprises with Sole Funds(Hong Kong,Macao and Taiwan)	20	133 871	10 051
港、澳、台商投资股份有限公司	Share-holding Corporations Ltd(Hong Kong,Macao and Taiwan)			
外商投资企业	Foreign-funded	18	501 288	9 568
中外合资经营企业	Jointly-owned	8	119 668	1 915
中外合作经营企业	Cooperatively-owned	2	20 187	700
外资企业	Exclusively Foreign-owned	7	358 141	6 515
外商投资股份有限公司	Foreign-funded Investment Companies Limited			
3.按控股情况分组	Grouped by Holding Condition			
国有控股	State-controlled	47	556 036	46 473
集体控股	Collective-controlled	5	4 530	213
私人控股	Private-controlled	324	1 228 286	35 933
港澳台商控股	Controlled by Entrepreneur from Hong Kong,Macao and Taiwan	29	212 018	10 847
外商控股	Foreign-funded-controlled	10	429 402	6 740
其他	Others	70	603 240	14 059
4.按经营形式分组	Grouped by Business Forms			
独立门店	Independent Stores	330	1 865 835	61 275
连锁总店	General Chain Stores	5	357 457	5 669
连锁门店	Chain Stores	69	538 919	15 161
其他	Other	81	271 301	32 161
5.按星级分组	Grouped by Star Rating			
五星	Five Star	26	816 441	34 190
四星	Four Star	53	330 699	7 840
三星	Three Star	58	148 810	9 757

(10 000 yuan)

存货 Inventory	固定资产原价 Original Value of Fixed Assets	累计折旧 Accumulative Depreciation	本年折旧 Depreciation of the Year	资产总计 Total Assets	流动负债合计 Total Current Liabilities	应付帐款 Accounts Payable
95 275	**3 007 221**	**1 553 027**	**159 527**	**7 169 504**	**4 037 288**	**451 740**
21 677	**2 324 358**	**1 197 704**	**90 216**	**4 850 295**	**2 601 258**	**182 951**
16 107	2 027 474	1 017 644	66 358	3 852 566	2 034 455	152 379
4 849	238 744	161 418	18 722	819 723	537 845	28 013
721	58 141	18 643	5 136	178 006	28 958	2 559
17 015	1 622 340	752 065	68 715	3 634 237	1 886 199	141 237
2 701	164 290	93 935	3 524	155 328	55 443	4 275
50	255	157	12	3 436	2 950	2 000
92	7 987	6 126	268	11 825	903	7
5 996	1 013 993	463 168	45 382	2 513 935	1 262 394	95 492
763	102 129	24 192	3 749	82 110	36 364	3 071
7 412	333 153	163 955	15 780	867 582	528 124	36 392
3 164	467 698	267 116	14 685	554 673	241 275	20 394
351	105 078	91 765	819	66 929	11 478	3 152
984	147 585	73 469	4 087	190 920	92 937	5 016
1 829	215 036	101 882	9 779	296 824	136 860	12 226
1 499	234 320	178 523	6 816	661 386	473 784	21 321
498	60 903	47 432	1 273	141 783	86 375	4 420
286	37 022	28 818	385	52 557	24 445	1 013
325	136 395	102 274	5 158	463 742	272 159	12 940
6 236	697 807	379 861	24 017	1 046 872	550 265	32 338
75	2 403	911	236	6 028	3 100	2 004
9 291	734 528	342 094	30 773	1 782 786	1 023 564	55 246
2 443	322 980	192 574	11 018	422 570	209 178	13 919
510	168 893	132 543	5 373	540 456	305 829	16 825
3 123	397 747	149 721	18 800	1 051 583	509 322	62 619
18 135	1 602 765	878 281	57 520	3 020 051	1 705 181	130 254
322	78 619	62 115	3 984	468 966	253 017	10 238
755	160 083	88 182	7 501	665 112	295 411	21 363
2 465	482 891	169 126	21 212	696 166	347 651	21 096
4 973	771 660	472 734	16 097	1 267 409	856 129	58 544
2 470	388 544	175 028	16 752	636 391	341 466	30 050
2 335	140 899	102 021	4 878	275 525	117 213	12 125

单位：万元

项 目	Item	法人企业数（个）Number of Corporative Enterprises (unit)	流动资产合计 Total Current Assets	应收帐款 Accounts Payable
二星	Two Star	10	16 447	259
一星	One Star	2	334	12
其他	Others	336	1 720 782	62 208
二、餐饮业	**Catering Services**	**1 059**	**1 515 281**	**141 355**
1.按餐饮行业小类分组	Grouped by Sector			
正餐服务	Restaurant	910	968 918	78 644
快餐服务	Fast Food	58	286 048	27 526
饮料及冷饮服务	Beverages and Cold Drinks	35	166 751	5 377
餐饮配送及外卖送餐服务	Catering Delivery and Food Delivery	22		
其他餐饮服务	Others	34	40 039	7 589
2.按登记注册类型分组	Grouped by Registration			
内资企业	Domestic−funded	955	1 082 418	114 215
国有企业	State−owned	2	592	173
集体企业	Collective−owned	2	1 829	
股份合作企业	Share−holding Cooperative Enterprise			
联营企业	Joint Ownership			
有限责任公司	Limited Liabilities Companies	194	265 122	29 816
股份有限公司	Share−holding Limited Companies	6	11 106	4 971
私营企业	Private−owned	751	803 769	79 255
其他企业	Others			
港、澳、台商投资企业	Funded by Entrepreneur from Hong Kong,Macao and Taiwan	81	344 613	18 283
合资经营企业（港或澳、台资）	Joint−venture(Hong Kong,Macao and Taiwan)	10	18 704	2 176
合作经营企业（港或澳、台资）	Cooperative(Hong Kong,Macao and Taiwan)	1	13 382	6 569
港、澳、台商独资经营企业	Enterprises with Sole Funds(Hong Kong,Macao and Taiwan)	67	312 145	9 531
港、澳、台商投资股份有限公司	Share−holding Corporations Ltd(Hong Kong,Macao and Taiwan)	1	382	7
外商投资企业	Foreign−funded	23	87 439	8 830
中外合资经营企业	Jointly−owned	6	7 608	3 905
中外合作经营企业	Cooperatively−owned			
外资企业	Exclusively Foreign−owned	17	79 831	4 925
外商投资股份有限公司	Foreign−funded Investment Companies Limited			
3.按控股情况分组	Grouped by Holding Condition			
国有控股	State−controlled	11	52 474	18 384
集体控股	Collective−controlled	3	4 779	1 188
私人控股	Private−controlled	855	956 249	90 794
港澳台商控股	Controlled by Entrepreneur from Hong Kong,Macao and Taiwan	82	336 453	11 684
外商控股	Foreign−funded−controlled	20	80 115	4 933
其他	Others	88	85 210	14 372
4.按经营形式分组	Grouped by Business Forms			
独立门店	Independent Stores	682	568 589	73 665
连锁总店	General Chain Stores	77	422 349	12 499
连锁门店	Chain Stores	71	277 813	8 993
其他	Other	229	246 530	46 198

10-5 （一）续表 （10 000 yuan）

存货 Inventory	固定资产原价 Original Value of Fixed Assets	累计折旧 Accumulative Depreciation	本年折旧 Depreciation of the Year	资产总计 Total Assets	流动负债合计 Total Current Liabilities	应付帐款 Accounts Payable
293	12 245	7 875	356	26 866	9 704	1 420
96	142	67	11	590	708	19
11 512	1 010 868	439 980	52 122	2 643 515	1 276 038	80 794
73 597	**682 863**	**355 323**	**69 311**	**2 319 209**	**1 436 029**	**268 789**
50 218	365 492	204 397	35 338	1 343 446	920 201	142 894
16 716	246 786	115 728	22 175	613 716	350 084	73 208
4 110	32 620	16 334	8 076	228 809	103 351	39 073
1 372	20 168	10 947	2 314	61 062	35 437	4 419
53 806	409 366	196 029	43 028	1 538 907	1 118 819	189 587
109	6			598	592	286
128	820	748	30	1 829	686	636
12 111	150 195	58 773	17 191	431 159	321 900	75 717
695	4 659	3 149	451	13 077	8 532	2 200
40 763	253 685	133 359	25 357	1 092 244	787 109	110 748
11 772	199 340	124 082	17 707	583 994	199 162	28 052
636	7 157	2 362	423	27 257	19 169	5 024
359	4 718	3 616	331	14 755	5 249	2 821
10 743	187 458	118 104	16 952	541 104	173 093	20 160
34	7			877	1 651	47
7 972	73 809	35 048	8 557	194 573	117 694	50 898
254	314	170	53	8 245	9 197	1 117
7 718	73 495	34 878	8 503	186 329	108 497	49 781
993	9 093	5 734	670	56 962	40 994	10 610
223	5 907	1 768	346	9 016	1 608	1 124
48 423	374 100	176 215	39 077	1 370 787	986 645	142 090
11 598	194 769	120 898	17 261	572 907	197 192	25 084
7 737	73 641	34 955	8 532	187 066	109 382	49 885
4 623	25 353	15 753	3 424	122 471	100 207	39 996
25 603	273 876	157 500	18 193	788 837	523 917	92 739
18 799	238 056	100 543	24 326	732 361	416 310	82 116
11 027	126 872	78 049	21 182	487 993	293 659	54 715
18 169	44 059	19 231	5 611	310 018	202 144	39 219

10-5 限额以上住宿和餐饮业法人企业主要财务状况综合表(二)(2019年)

MAIN FINANCIAL INDICAFORS OF ENTERPRISE ABOVE DESIGNATED SIZE OF HOTELS AND CATERING SERVICESⅡ(2019)

单位：万元

项　目	Item	负债合计 Total Liabilities
总　　计	**Total**	**5 499 346**
一、住宿业	**Hotels**	**3 803 214**
1.按住宿行业分组	Grouped by Sector	
旅游饭店	Tour Restaurant	3 010 926
一般旅馆	General Restaurant	650 914
其他住宿服务	Other Hotel Services	141 373
2.按登记注册类型分组	Grouped by Registration Status	
内资企业	Domestic-funded	3 173 702
国有企业	State-owned	58 234
集体企业	Collective-owned	3 213
股份合作企业	Share-holding Cooperative Enterprise	
联营企业	Joint Ownership	903
有限责任公司	Limited Liabilities Companies	2 239 672
股份有限公司	Share-holding Limited Companies	64 760
私营企业	Private-owned	806 920
港、澳、台商投资企业	Funded by Entrepreneur from Hong Kong,Macao and Taiwan	286 104
合资经营企业（港或澳、台资）	Joint-venture(Hong Kong,Macao and Taiwan)	18 478
合作经营企业（港或澳、台资）	Cooperative(Hong Kong,Macao and Taiwan)	94 552
港、澳、台商独资经营企业	Enterprises with Sole Funds(Hong Kong,Macao and Taiwan)	173 074
港、澳、台商投资股份有限公司	Share-holding Corporations Ltd(Hong Kong,Macao and Taiwan)	
外商投资企业	Foreign-funded	343 387
中外合资经营企业	Jointly-owned	117 009
中外合作经营企业	Cooperatively-owned	32 082
外资企业	Exclusively Foreign-owned	285 101
外商投资股份有限公司	Foreign-funded Investment Companies Limited	
3.按控股情况分组	Grouped by Holding Condition	
国有控股	State-controlled	598 562
集体控股	Collective-controlled	3 363
私人控股	Private-controlled	1 669 289
港澳台商控股	Controlled by Entrepreneur from Hong Kong,Macao and Taiwan	260 291
外商控股	Foreign-funded-controlled	352 370
其他	Others	919 339
4.按经营形式分组	Grouped by Business Forms	
独立门店	Independent Stores	2 320 212
连锁总店	General Chain Stores	335 109
连锁门店	Chain Stores	638 950
其他	Other	508 943
5.按星级分组	Grouped by Star Rating	
五星	Five Star	894 158
四星	Four Star	594 797
三星	Three Star	134 793

(10 000 yuan)

所有者权益合计 Total Owner's Eguities	实收资本 Paid-in Capital	主营业务收入 Prime Operating Revenues	营业成本 Operating Losts	税金及附加 Sales Taxes and Extra Charges
1 676 014	**1 489 718**	**5 143 935**	**2 306 301**	**28 646**
1 047 082	**1 075 097**	**1 503 500**	**590 711**	**16 529**
841 640	822 190	1 134 590	428 394	14 249
168 809	237 122	319 971	144 044	1 762
36 632	15 786	48 939	18 273	517
460 512	690 981	1 073 838	407 244	12 214
97 093	69 556	49 203	14 346	655
223	50	3 506	1 651	15
10 922	8 000	2 202	245	17
274 263	364 767	572 172	225 391	8 280
17 350	72 372	35 579	13 119	288
60 662	176 236	411 176	152 492	2 960
268 569	209 249	209 260	88 185	2 877
48 451	39 076	27 698	15 279	512
96 369	72 402	53 454	23 795	720
123 750	97 772	128 107	49 111	1 645
317 999	174 792	219 960	94 847	1 437
24 774	20 230	56 996	13 953	375
20 475	31 757	14 973	3 120	357
178 641	122 805	105 991	53 998	601
448 310	352 165	310 048	125 941	4 704
2 666	2 150	3 721	1 791	16
113 497	305 132	595 515	213 595	5 548
162 279	180 518	168 142	69 861	2 152
188 086	130 638	136 255	57 245	774
132 244	104 494	289 819	122 277	3 335
699 838	716 436	965 841	359 284	11 350
133 858	101 720	93 565	56 104	460
26 162	81 085	141 456	57 456	961
187 224	175 857	302 638	117 866	3 758
373 251	300 825	410 996	141 066	5 589
41 593	121 974	170 523	59 543	2 673
140 731	117 909	106 150	32 916	835

单位：万元

项 目	Item	负债合计 Total Liabilities
二星	Two Star	10 684
一星	One Star	913
其他	Others	2 167 869
二、餐饮业	**Catering Services**	**1 696 132**
1.按餐饮行业小类分组	Grouped by Sector	
正餐服务	Restaurant	1 050 784
快餐服务	Fast Food	449 430
饮料及冷饮服务	Beverages and Cold Drinks	123 763
餐饮配送及外卖送餐服务	Catering Delivery and Food Delivery	34 227
其他餐饮服务	Others	37 928
2.按登记注册类型分组	Grouped by Registration	
内资企业	Domestic-funded	1 237 164
国有企业	State-owned	592
集体企业	Collective-owned	686
股份合作企业	Share-holding Cooperative Enterprise	
联营企业	Joint Ownership	
有限责任公司	Limited Liabilities Companies	351 877
股份有限公司	Share-holding Limited Companies	10 357
私营企业	Private-owned	873 653
其他企业	Others	
港、澳、台商投资企业	Funded by Entrepreneur from Hong Kong,Macao and Taiwan	313 130
合资经营企业（港或澳、台资）	Joint-venture(Hong Kong,Macao and Taiwan)	19 204
合作经营企业（港或澳、台资）	Cooperative(Hong Kong,Macao and Taiwan)	5 281
港、澳、台商独资经营企业	Enterprises with Sole Funds(Hong Kong,Macao and Taiwan)	286 628
港、澳、台商投资股份有限公司	Share-holding Corporations Ltd(Hong Kong,Macao and Taiwan)	1 663
外商投资企业	Foreign-funded	145 838
中外合资经营企业	Jointly-owned	9 197
中外合作经营企业	Cooperatively-owned	
外资企业	Exclusively Foreign-owned	136 641
外商投资股份有限公司	Foreign-funded Investment Companies Limited	
3.按控股情况分组	Grouped by Holding Condition	
国有控股	State-controlled	41 014
集体控股	Collective-controlled	1 608
私人控股	Private-controlled	1 081 720
港澳台商控股	Controlled by Entrepreneur from Hong Kong,Macao and Taiwan	310 775
外商控股	Foreign-funded-controlled	137 526
其他	Others	123 490
4.按经营形式分组	Grouped by Business Forms	
独立门店	Independent Stores	632 547
连锁总店	General Chain Stores	473 336
连锁门店	Chain Stores	369 663
其他	Other	220 586

所有者权益合计 Total Owner's Eguities	实收资本 Paid−in Capital	主营业务收入 Prime Operating Revenues	营业成本 Operating Losts	税金及附加 Sales Taxes and Extra Charges
16 183	11 391	9 815	4 772	140
−323	510	1 658	533	4
475 647	522 488	804 359	351 881	7 288
628 932	**414 620**	**3 640 435**	**1 715 590**	**12 118**
298 517	264 565	2 025 295	929 970	9 614
164 286	106 495	976 127	473 542	1 665
105 046	13 587	404 294	168 319	184
37 950	17 061	93 861	74 370	368
23 133	12 914	140 858	69 389	287
308 118	254 622	2 482 502	1 234 368	10 391
7		1 938	1 016	
1 143	1 000	3 530	1 852	5
79 282	76 896	777 764	409 261	5 289
2 720	2 400	31 220	20 461	109
224 966	174 327	1 668 050	801 777	4 987
272 079	97 336	677 309	241 887	1 295
8 053	4 328	43 320	16 944	69
9 475	2 551	26 328	21 064	249
253 956	90 049	601 480	201 696	974
−786		461	207	
48 735	62 662	480 624	239 336	432
−952	2 420	16 773	12 214	37
49 687	60 243	463 851	227 122	395
15 949	5 366	115 817	104 714	430
7 408	2 400	11 112	8 999	38
295 443	222 446	2 084 547	983 340	9 432
261 612	94 577	645 778	219 342	1 068
49 540	60 496	467 921	228 826	401
−1 019	29 335	315 261	170 368	749
155 774	177 842	1 083 170	547 373	8 015
259 026	96 784	1 269 558	528 248	1 447
118 330	69 469	709 839	282 220	751
95 803	70 526	577 868	357 750	1 905

10-5 限额以上住宿和餐饮业法人企业主要财务状况综合表(三)(2019年)

MAIN FINANCIAL INDICAFORS OF ENTERPRISE ABOVE DESIGNATED SIZE OF HOTELS AND CATERING SERVICES III(2019)

单位：万元

项 目	Item	其他业务利润 Profits from Other Business	销售费用 Sale Expenses	管理费用 Management Expenses
总 计	**Total**	**23 387**	**1 795 148**	**890 845**
一、住宿业	**Hotels**	**9 434**	**398 638**	**439 827**
1.按住宿行业分组	Grouped by Sector			
旅游饭店	Tour Restaurant	7 872	292 792	335 415
一般旅馆	General Restaurant	1 546	90 816	91 198
其他住宿服务	Other Hotel Services	15	15 030	13 215
2.按登记注册类型分组	Grouped by Registration Status			
内资企业	Domestic-funded	5 578	326 014	325 954
国有企业	State-owned		13 482	20 453
集体企业	Collective-owned	3	1 981	193
股份合作企业	Share-holding Cooperative Enterprise			
联营企业	Joint Ownership		1 119	329
有限责任公司	Limited Liabilities Companies	1 263	163 532	158 237
股份有限公司	Share-holding Limited Companies	282	10 795	12 539
私营企业	Private-owned	4 030	135 105	134 204
港、澳、台商投资企业	Funded by Entrepreneur from Hong Kong,Macao and Taiwan	1 162	35 173	50 133
合资经营企业（港或澳、台资）	Joint-venture(Hong Kong,Macao and Taiwan)	428	5 077	6 360
合作经营企业（港或澳、台资）	Cooperative(Hong Kong,Macao and Taiwan)		5 213	13 744
港、澳、台商独资经营企业	Enterprises with Sole Funds(Hong Kong,Macao and Taiwan)	734	24 883	30 028
港、澳、台商投资股份有限公司	Share-holding Corporations Ltd(Hong Kong,Macao and Taiwan)			
外商投资企业	Foreign-funded	2 694	37 450	63 706
中外合资经营企业	Jointly-owned		12 611	28 929
中外合作经营企业	Cooperatively-owned	2 694	5 172	3 851
外资企业	Exclusively Foreign-owned		17 545	27 663
外商投资股份有限公司	Foreign-funded Investment Companies Limited			
3.按控股情况分组	Grouped by Holding Condition			
国有控股	State-controlled	238	82 701	79 039
集体控股	Collective-controlled	83	1 981	504
私人控股	Private-controlled	5 148	183 402	195 720
港澳台商控股	Controlled by Entrepreneur from Hong Kong,Macao and Taiwan	1 158	32 005	42 480
外商控股	Foreign-funded-controlled		25 229	44 397
其他	Others	2 807	73 320	77 688
4.按经营形式分组	Grouped by Business Forms			
独立门店	Independent Stores	8 920	271 432	289 266
连锁总店	General Chain Stores	29	15 626	17 737
连锁门店	Chain Stores		49 397	39 264
其他	Other	484	62 184	93 560
5.按星级分组	Grouped by Star Rating			
五星	Five Star	701	68 997	138 804
四星	Four Star	1 546	63 300	49 620
三星	Three Star	216	44 113	29 978

(10 000 yuan)

财务费用 Financial Expenses	利息费用 Interest Expense	营业利润 Operating profits	投资收益 Profits of Investment	营业外收入 Non-operating Income	利润总额 Total Profits	应交所得税 Total Payable Tax	应付职工薪酬 Total Wages Payable	从业人员期末人数（人） Average Employed Persons (Persons)
103 639	**54 817**	**148 965**	**54 776**	**34 675**	**153 777**	**57 509**	**1 269 955**	**202 361**
84 111	**48 924**	**72 746**	**52 675**	**9 485**	**77 018**	**23 082**	**389 455**	**47 090**
71 676	40 255	86 709	52 230	7 396	89 415	21 034	306 800	34 365
5 673	2 961	−9 587	445	1 557	−8 536	1 226	70 803	10 980
6 762	5 708	−4 376		532	−3 861	821	11 853	1 745
77 785	48 008	12 677	51 743	4 855	15 355	14 010	285 633	35 181
1 033	11	2 660	934	598	3 146	339	17 954	1 632
−6		−67		9	−118		874	117
9	9	484		2	485	181	685	151
54 199	34 374	46 472	47 671	2 187	47 139	11 648	158 381	17 270
1 981	256	−268	2 742	162	−130	191	11 932	1 433
20 569	13 357	−36 604	397	1 898	−35 168	1 650	95 806	14 562
2 120	2	38 503	406	1 298	38 800	7 898	52 186	6 038
130		1 536	312	60	1 560	663	8 340	900
−150		10 333		111	10 347	2 976	12 037	1 361
2 140	2	26 634	95	1 128	26 893	4 259	31 809	3 777
4 206	914	21 595	526	3 332	22 892	1 174	51 572	5 871
2 709	95	475		209	556	182	11 577	1 551
40		2 520		66	2 356	677	4 505	648
1 144	819	6 178	526	2 922	7 422	315	24 610	2 940
−921	1 237	78 834	51 062	1 810	79 280	9 728	104 998	9 375
−6		−260		11	−309	1	1 023	164
39 449	28 650	−41 036	558	2 581	−39 208	4 397	142 972	20 800
2 320	21	26 941	473	1 269	27 306	4 805	42 180	4 956
3 433	865	6 387	526	3 036	7 723	315	28 315	3 507
39 837	18 152	1 880	57	779	2 225	3 835	69 966	8 288
50 881	34 045	8 298	2 668	7 675	11 457	14 715	278 510	33 793
5 170	5 288	1 331	2 757	827	1 994	662	21 728	2 594
17 654	7 726	47 238	47 222	388	47 393	976	25 151	3 179
10 406	1 865	15 879	28	595	16 174	6 729	64 066	7 524
17 700	9 348	42 915	490	2 145	43 976	10 079	95 217	10 215
13 968	11 402	−10 834	207	1 338	−11 366	2 038	52 137	6 983
−181	492	2 655	806	841	2 635	2 425	37 863	5 063

单位：万元

项 目	Item	其他业务利润 Profits from Other Business	销售费用 Sale Expenses	管理费用 Management Expenses
二星	Two Star	3	1 666	1 496
一星	One Star		11	1 174
其他	Others	6 968	220 551	218 755
二、餐饮业	**Catering Services**	**13 953**	**1 396 510**	**451 017**
1.按餐饮行业小类分组	Grouped by Sector			
正餐服务	Restaurant	10 758	770 438	303 708
快餐服务	Fast Food	3 097	360 379	89 894
饮料及冷饮服务	Beverages and Cold Drinks		193 821	34 077
餐饮配送及外卖送餐服务	Catering Delivery and Food Delivery	78	11 749	9 921
其他餐饮服务	Others	21	60 124	13 418
2.按登记注册类型分组	Grouped by Registration			
内资企业	Domestic-funded	10 660	882 499	348 641
国有企业	State-owned			914
集体企业	Collective-owned		911	792
股份合作企业	Share-holding Cooperative Enterprise			
联营企业	Joint Ownership			
有限责任公司	Limited Liabilities Companies	1 287	281 524	79 243
股份有限公司	Share-holding Limited Companies	1 913	8 600	1 670
私营企业	Private-owned	7 460	591 464	266 023
其他企业	Others			
港、澳、台商投资企业	Funded by Entrepreneur from Hong Kong,Macao and Taiwan	945	327 176	61 845
合资经营企业（港或澳、台资）	Joint-venture(Hong Kong,Macao and Taiwan)	87	21 605	5 468
合作经营企业（港或澳、台资）	Cooperative(Hong Kong,Macao and Taiwan)		731	2 159
港、澳、台商独资经营企业	Enterprises with Sole Funds(Hong Kong,Macao and Taiwan)	858	304 326	54 045
港、澳、台商投资股份有限公司	Share-holding Corporations Ltd(Hong Kong,Macao and Taiwan)		514	173
外商投资企业	Foreign-funded	2 348	183 775	39 704
中外合资经营企业	Jointly-owned	63	3 069	1 390
中外合作经营企业	Cooperatively-owned			
外资企业	Exclusively Foreign-owned	2 285	180 706	38 314
外商投资股份有限公司	Foreign-funded Investment Companies Limited			
3.按控股情况分组	Grouped by Holding Condition			
国有控股	State-controlled	408	2 101	4 294
集体控股	Collective-controlled	95	911	792
私人控股	Private-controlled	10 239	770 673	310 349
港澳台商控股	Controlled by Entrepreneur from Hong Kong,Macao and Taiwan	924	321 562	63 224
外商控股	Foreign-funded-controlled	2 285	182 671	38 731
其他	Others	2	118 593	33 628
4.按经营形式分组	Grouped by Business Forms			
独立门店	Independent Stores	8 540	351 364	182 866
连锁总店	General Chain Stores	1 242	576 396	108 644
连锁门店	Chain Stores	2 462	325 348	78 627
其他	Other	1 710	143 402	80 880

财务费用 Financial Expenses	利息费用 Interest Expense	营业利润 Operating profits	投资收益 Profits of Investment	营业外收入 Non-operating Income	利润总额 Total Profits	应交所得税 Total Payable Tax	应付职工薪酬 Total Wages Payable	从业人员期末人数（人） Average Employed Persons (Persons)
1 931	6	1 656	129	35	1 614	393	3 421	427
		−65		4	−77		447	78
50 693	27 676	36 419	51 043	5 123	40 237	8 147	200 369	24 324
19 528	**5 893**	**76 219**	**2 101**	**25 190**	**76 759**	**34 427**	**880 499**	**155 271**
10 868	3 647	6 650	2 277	6 587	10 129	14 965	489 206	85 270
7 620	2 071	48 647	−169	16 818	45 233	10 818	216 077	48 477
485	145	19 253	−21	1 113	19 629	7 264	114 109	12 507
225	5	2 759		101	2 753	1 007	23 860	3 358
330	26	−1 089	13	571	−986	373	37 249	5 659
14 895	4 882	8 621	214	6 797	10 147	16 659	628 866	103 913
3		5			5		879	105
5		−13		1	−13	14	685	154
4 984	2 203	4 229	−278	2 004	4 782	7 925	195 503	31 470
164	26	479		1	479	294	9 201	1 140
9 739	2 654	3 920	491	4 791	4 893	8 426	422 600	71 044
3 575	335	39 704	1 476	3 132	40 757	11 661	169 028	28 311
106	64	−871	−87	930	−117	226	11 313	1 751
−21	4	2 203		44	2 223	562	9 096	816
3 489	267	38 807	1 563	2 158	39 086	10 874	148 429	25 497
1		−434			−435		191	40
1 054	676	28 012	379	15 248	25 975	6 107	81 193	23 047
9		177		37	−69	231	1 767	310
1 046	676	27 835	379	15 211	26 043	5 876	79 426	22 737
268	5	5 042		272	5 253	1 355	32 247	3 345
−4		495		58	550	155	4 861	523
14 025	4 638	12 613	181	5 742	13 754	13 222	532 709	89 869
3 482	330	38 928	1 468	3 124	39 972	11 257	160 127	27 048
1 047	676	27 812	381	15 223	26 033	5 877	80 585	22 895
710	245	−8 671	70	771	−8 802	2 560	69 972	11 591
7 505	2 171	−12 527	1 762	4 422	−9 440	4 906	273 788	45 937
4 370	2 824	66 828	155	17 744	63 948	19 328	309 126	54 097
5 465	75	20 776	−27	1 743	20 401	7 828	141 660	28 037
2 188	825	1 142	211	1 281	1 850	2 366	155 926	27 200

10-6 限额以上住宿和餐饮业法人企业经营情况综合表（2019年）

CONSOLIDATED TABLE OF ENTERPRISES ABOVE DESIGNATED SIZE OF HOTELS AND CATERING SERVICES （2019）

单位：万元

项　目	Item	法人企业数（个）Number of Corporative Enterprises (unit)	从业人员期末人数（人）Average Employed Persons (Persons)	营业额 Business Revenue
总　计	**Total**	**1 544**	**202 361**	**5 466 614**
一、住宿业	**Hotels**	**485**	**47 090**	**1 602 731**
1.按住宿行业小类分组	Grouped by sector			
旅游饭店	Tour Restaurant	257	34 365	1 202 139
一般旅馆	General Restaurant	204	10 980	348 119
其他住宿服务	Other Hotel Services	24	1 745	52 473
2.按登记注册类型分组	Grouped by Registration			
内资企业	Domestic-funded	436	35 181	1 133 831
国有企业	State-owned	9	1 632	51 726
集体企业	Collective-owned	3	117	3 800
股份合作企业	Share-holding Cooperative Enterprise			
联营企业	Joint Ownership	2	151	2 367
国有联营企业	State-owned Joint Ownership	1	120	2 270
集体联营企业	Collective Joint Ownership	1	31	98
国有与集体联营企业	State & Collective Joint Ownership			
其他联营企业	Other Jonit Ownership			
有限责任公司	Limited Liabilities Companies	157	17 270	606 383
国有独资公司	State-owned Companies Limited	10	2 607	97 842
其他有限责任公司	Other Companies Limited	147	14 663	508 542
股份有限公司	Share-holding Limited Companies	10	1 433	37 597
私营企业	Private-owned	254	14 562	431 489
私营独资企业	Exclusively Private-owned Companies	8	220	4 427
私营合伙企业	Joint Private-owned Companies	1	8	400
私营有限责任公司	Private-owned Companies Limited	242	14 160	421 593
私营股份有限公司	Share-holding Private-owned Companies	3	174	5 069
其他企业	Others	1	16	469
港、澳、台商投资企业	Funded by Entrepreneur from Hong Kong,Macao and Taiwan	31	6 038	225 685
合资经营企业（港或澳、台资）	Joint-venture(Hong Kong,Macao and Taiwan)	7	900	30 253
合作经营企业（港或澳、台资）	Cooperative(Hong Kong,Macao and Taiwan)	4	1 361	56 085
港、澳、台商独资经营企业	Enterprises with Sole Funds(Hong Kong,Macao and Taiwan)	20	3 777	139 347
港、澳、台商投资股份有限公司	Share-holding Corporations Ltd(Hong Kong,Macao and Taiwan)			
外商投资企业	Foreign-funded	18	5 871	243 215
中外合资经营企业	Jointly-owned	8	1 551	61 121
中外合作经营企业	Cooperatively-owned	2	648	15 866
外资企业	Exclusively Foreign-owned	7	2 940	122 277
外商投资股份有限公司	Foreign-funded Investment Companies Limited			
3.按控股情况分组	Grouped by Holding Condition			
国有控股	State-controlled	47	9 375	330 339
集体控股	Collective-controlled	5	164	4 021
私人控股	Private-controlled	324	20 800	628 649
港澳台商控股	Controlled by Entrepreneur from Hong Kong,Macao and Taiwan	29	4 956	182 292
外商控股	Foreign-funded-controlled	10	3 507	152 893
其他	Others	70	8 288	304 537
4.按经营形式分组	Grouped by Business Forms			
独立门店	Independent Stores	330	33 793	1 026 263
连锁总店	General Chain Stores	5	2 594	109 071
连锁门店	Chain Stores	69	3 179	148 417
其他	Other	81	7 524	318 980
5.按星级分组	Grouped by Star			
五星	Five Star	26	10 215	434 856
四星	Four Star	53	6 983	183 936

(10 000 yuan)

客房收入 Revenue of Rooms	餐费收入 Total Revenue of Meals	商品销售收入 Total Sales of Commodities	其他收入 Others	客房间数（间） Number of Rooms (room)	床位数（张） Number of Beds (bed)	餐位数（位） Numder of Dining-seats (seat)	年末餐饮营业面积（平方米） Operating Area Catering (sq.m)
1 051 049	**4 052 603**	**89 494**	**273 467**	**112 982**	**155 133**	**893 937**	**4 525 641**
1 007 074	**403 239**	**8 873**	**183 546**	**107 499**	**146 937**	**118 738**	**2 175 010**
697 694	358 064	8 187	138 194	57 116	82 145	104 101	1 389 157
267 084	36 672	685	43 679	46 437	59 299	11 746	694 304
42 297	8 503		1 673	3 946	5 493	2 891	91 549
756 954	251 708	2 799	122 370	80 287	113 265	98 836	1 759 751
26 773	17 503	718	6 733	1 851	2 810	4 498	43 072
844	2 531		425	219	403	560	12 080
2 154	134	80		308	463	100	200
2 056	134	80		243	345	100	200
98				65	118		
380 846	152 427	1 706	71 405	34 405	48 814	71 961	775 372
52 444	36 704	447	8 247	2 654	4 315	33 450	89 928
328 402	115 723	1 259	63 158	31 751	44 499	38 511	685 444
18 877	6 832	63	11 825	2 346	3 446	2 639	28 591
326 991	72 282	233	31 983	41 065	57 214	19 078	897 436
3 673	317		437	743	988	450	26 936
392		8		105	145		
318 771	71 256	225	31 341	39 703	55 486	18 478	853 992
4 155	708		205	514	595	150	16 508
469				93	115		3 000
113 591	85 402	4 061	22 631	13 495	16 397	12 349	158 408
16 426	6 462	2 704	4 661	1 705	2 493	1 322	76 252
29 042	22 382	590	4 071	1 357	1 890	2 341	13 978
68 123	56 558	767	13 899	10 433	12 014	8 686	68 178
136 530	66 129	2 013	38 544	13 717	17 275	7 553	256 851
33 209	24 326	902	2 684	1 574	2 217	2 256	53 713
5 087	5 471		5 308	471	576	1 618	10 407
79 517	12 902	548	29 310	11 201	13 915	2 410	122 135
191 057	91 986	1 292	46 005	17 094	24 457	55 039	300 097
1 066	2 531		425	316	581	560	13 580
446 601	128 269	1 934	51 846	51 335	71 252	30 827	1 138 640
93 311	65 882	3 479	19 620	12 729	15 337	10 325	153 021
97 128	24 585	548	30 632	11 978	14 866	2 762	126 164
177 913	89 986	1 620	35 018	14 047	20 444	19 225	443 508
610 635	285 115	7 826	122 687	62 047	87 589	99 086	1 600 454
74 952	1 953	2	32 165	12 905	16 898	1 181	51 733
119 511	18 016	316	10 575	13 055	17 438	3 696	190 363
201 977	98 155	729	18 119	19 492	25 012	14 775	332 460
216 274	172 089	5 334	41 159	9 342	12 962	21 565	334 710
108 798	50 255	1 022	23 862	15 397	21 363	47 993	327 936

单位：万元

项　目	Item	法人企业数（个）Number of Corporative Enterprises (unit)	从业人员期末人数（人）Average Employed Persons (Persons)	营业额 Business Revenue
三星	Three Star	58	5 063	114 358
二星	Two Star	10	427	10 333
一星	One Star	2	78	1 758
其他	Other	336	24 324	857 490
二、餐饮业	**Catering Services**	**1 059**	**155 271**	**3 863 883**
1.按餐饮行业小类分组	Grouped by sector			
正餐服务	Restaurant	910	85 270	2 130 014
快餐服务	Fast Food	58	48 477	1 038 207
饮料及冷饮服务	Beverages and lold Drinrs	35	12 507	442 841
餐饮配送及外卖送餐服务	Catering Delivery and Food Delivery	22	3 358	101 688
其他餐饮服务	Others	34	5 659	151 133
2.按登记注册类型分组	Grouped by Registration			
内资企业	Domestic-funded	955	103 913	2 632 183
国有企业	State-owned	2	105	1 938
集体企业	Collective-owned	2	154	3 746
股份合作企业	Share-holding Cooperative Enterprise			
联营企业	Joint Ownership			
国有联营企业	State-owned Joint Ownership			
集体联营企业	Collective Joint Ownership			
国有与集体联营企业	State & Collective Joint Ownership			
其他联营企业	Other Jonit Ownership			
有限责任公司	Limited Liabilities Companies	194	31 470	823 832
国有独资公司	State-owned Companies Limited	2	860	26 146
其他有限责任公司	Other Companies Limited	192	30 610	797 687
股份有限公司	Share-holding Limited Companies	6	1 140	32 402
私营企业	Private-owned	751	71 044	1 770 265
私营独资企业	Exclusively Private-owned Companies	34	1 726	32 566
私营合伙企业	Joint Private-owned Companies	2	37	736
私营有限责任公司	Private-owned Companies Limited	705	67 853	1 710 308
私营股份有限公司	Share-holding Private-owned Companies	10	1 428	26 656
其他企业	Others			
港、澳、台商投资企业	Funded by Entrepreneur from Hong Kong,Macao and Taiwan	81	28 311	715 358
合资经营企业（港或澳、台资）	Joint-venture(Hong Kong,Macao and Taiwan)	10	1 751	44 505
合作经营企业（港或澳、台资）	Cooperative(Hong Kong,Macao and Taiwan)	1	816	29 550
港、澳、台商独资经营企业	Enterprises with Sole Funds(Hong Kong,Macao and Taiwan)	67	25 497	634 775
港、澳、台商投资股份有限公司	Share-holding Corporations Ltd(Hong Kong,Macao and Taiwan)	1	40	488
外商投资企业	Foreign-funded	23	23 047	516 342
中外合资经营企业	Jointly-owned	6	310	18 977
中外合作经营企业	Cooperatively-owned			
外资企业	Exclusively Foreign-owned	17	22 737	497 365
外商投资股份有限公司	Foreign-funded Investment Companies Limited			
3.按控股情况分组	Grouped by Holding Condition			
国有控股	State-controlled	11	3 345	124 545
集体控股	Collective-controlled	3	523	11 917
私人控股	Private-controlled	855	89 869	2 210 754
港澳台商控股	Controlled by Entrepreneur from Hong Kong,Macao and Taiwan	82	27 048	680 491
外商控股	Foreign-funded-controlled	20	22 895	501 688
其他	Others	88	11 591	334 488
4.按经营形式分组	Grouped by Business Forms			
独立门店	Independent Stores	682	45 937	1 139 476
连锁总店	General Chain Stores	77	54 097	1 358 886
连锁门店	Chain Stores	71	28 037	752 744
其他	Other	229	27 200	612 777

客房收入 Revenue of Rooms	餐费收入 Total Revenue of Meals	商品销售收入 Total Sales of Commodities	其他收入 Others	客房间数（间） Number of Rooms (room)	床位数（张） Number of Beds (bed)	餐位数（位） Numder of Dining-seats (seat)	年末餐饮营业面积（平方米） Operating Area Catering (sq.m)
71 707	20 291	752	21 608	9 485	13 685	10 437	343 890
4 853	3 563	45	1 873	948	1 604	1 326	20 835
1 563	60		135	237	342	70	2 608
603 879	156 981	1 720	94 910	72 090	96 981	37 347	1 145 031
43 975	**3 649 365**	**80 622**	**89 921**	**5 483**	**8 196**	**775 199**	**2 350 631**
43 972	2 015 179	11 762	59 102	5 483	8 196	510 316	1 686 083
	1 011 462	14 877	11 867			199 505	478 495
	415 242	14 994	12 606			19 301	114 547
4	82 000	15 623	4 061			5 310	9 032
	125 482	23 366	2 285			40 767	62 474
40 428	2 476 333	42 346	73 076	5 136	7 632	612 942	1 871 730
	1 938					100	1 000
840	2 906			179	213	250	8 652
6 265	777 967	15 277	24 324	789	1 262	189 925	503 618
	16 866	2 454	6 826			3 668	7 068
6 265	761 101	12 823	17 498	789	1 262	186 257	496 550
	27 444	906	4 052			2 700	17 904
33 324	1 666 078	26 163	44 700	4 168	6 157	419 967	1 340 556
374	31 425		767	84	138	7 828	32 336
	672		64			95	490
29 926	1 616 030	20 747	43 605	3 799	5 608	409 639	1 298 466
3 024	17 951	5 416	265	285	411	2 405	9 264
3 547	676 412	28 171	7 229	347	564	83 517	271 620
	44 331	127	47			10 304	21 398
	29 550						
3 547	596 003	28 044	7 182	347	564	71 922	246 294
	488					110	1 518
	496 620	10 105	9 617			78 740	207 281
	18 977					852	2 885
	477 643	10 105	9 617			77 888	204 396
105	97 457	6 401	20 582	50	90	26 853	33 168
2 250	7 883	54	1 730	304	444	550	17 408
33 484	2 102 478	28 278	46 515	4 253	6 296	547 383	1 630 284
3 547	641 506	28 228	7 210	347	564	81 197	266 696
	481 966	10 105	9 617			78 386	206 262
4 590	318 075	7 555	4 268	529	802	40 830	196 813
37 320	1 054 594	17 755	29 808	4 467	6 621	261 991	983 798
	1 323 597	14 698	20 591			162 322	515 515
	705 820	35 391	11 533			122 971	322 628
6 655	565 353	12 779	27 990	1 016	1 575	227 915	528 690

10-7 居民消费价格总指数

CONSUMER PRICE INDICES

年 份 Year	以上年价格为100 Preceding Year=100			以1979年价格为100 1979=100		
	居民消费价格总指数 Consumer Price Index	# 食品类 Food	# 服务项目 Services	居民消费价格总指数 Consumer Price Index	# 食品类 Food	# 服务项目 Services
1979	100.0	100.0	100.0	100.0	100.0	100.0
1980	105.0	108.3	100.7	105.0	108.3	100.7
1981	110.7	117.9	101.6	116.2	127.7	102.3
1982	107.8	116.6	108.7	125.3	148.9	111.2
1983	102.0	105.9	100.9	127.8	157.7	112.2
1984	106.8	106.6	119.3	136.5	168.1	133.9
1985	122.5	128.5	117.2	167.2	216.0	156.9
1986	106.1	108.1	106.9	177.4	233.5	167.7
1987	114.4	118.7	107.4	203.0	277.1	180.1
1988	128.1	133.7	112.2	260.0	370.5	202.1
1989	125.4	126.6	125.7	326.0	469.1	254.1
1990	101.6	95.4	127.7	331.2	447.5	324.4
1991	103.0	99.2	115.4	341.2	443.9	374.4
1992	107.3	109.2	109.4	366.1	484.8	409.6
1993	120.1	122.6	120.9	439.7	594.3	495.2
1994	118.2	120.2	118.1	519.7	714.4	584.8
1995	112.4	116.7	118.1	584.1	833.7	690.6
1996	107.7	105.2	110.7	629.1	877.1	764.5
1997	103.3	100.2	118.2	649.9	878.9	903.6
1998	99.3	97.2	105.3	645.4	854.3	951.5
1999	99.3	94.5	107.7	640.9	807.3	1 024.8
2000	102.8	100.2	114.0	658.8	808.9	1 168.3
2001	97.8	97.5	99.3	644.3	788.7	1 160.1
2002	101.2	100.5	106.5	652.0	792.6	1 235.5
2003	100.7	101.2	101.6	656.6	802.1	1 255.3
2004	101.3	106.1	99.7	665.1	851.0	1 251.5
2005	101.6	104.5	100.8	675.7	889.3	1 261.5
2006	102.2	104.2	101.4	690.6	926.7	1 279.2
2007	104.1	108.6	103.4	718.9	1 006.4	1 322.7
2008	105.9	113.5	102.1	761.3	1 142.3	1 350.5
2009	98.7	98.5	99.5	751.4	1 125.2	1 343.7
2010	103.5	107.7	102.6	777.7	1 211.8	1 378.6
2011	105.4	111.9	103.0	819.7	1 356.0	1 420.0
2012	102.8	104.5	101.9	842.7	1 417.0	1 447.0
2013	102.7	102.9	105.2	865.5	1 458.1	1 522.2
2014	102.0	103.5	101.9	882.8	1 509.1	1 551.1
2015	102.2	103.2	103.8	902.2	1 557.4	1 610.0
2016	102.4	105.5	102.6	923.9	1 643.1	1 651.9
2017	101.4	98.4	101.9	936.8	1 616.8	1 683.3
2018	102.8	102.9	103.5	963.0	1 663.7	1 742.2
2019	103.4	109.0	102.8	995.7	1 813.4	1 791.0

10-8 居民消费价格指数（2019年）

CONSUMER PRICE INDEX（2019）

以上年价格为100　　(preceding year=100)

项　目	Item	指　数 Index	项　目	Item	指　数 Index
居民消费价格总指数	**Consumer Price Index**	**103.4**	鞋类	Shoes	99.1
一、食品烟酒	**Food,Tobacco and Liquor**	**107.5**	**三、居住**	**Residence**	**101.6**
食品	Food	109.0	住房保养维修及管理	Housing Maintenance and Management	100.4
其中：(1)粮食	#Grain	101.4	水电燃料	Hydropower Fuel	99.4
(2)薯类	Tubers	101.4	自有住房	Own Housing	102.7
(3)豆类	Beans	101.0	**四、生活用品及服务**	**Living Goods and Communications**	**100.7**
(4)食用油	Edible Oil	99.2	家具及室内装饰品	Furniture and Interior Decorations	100.0
(5)菜	Vegetables	105.3	家用器具	Home Appliances	97.8
(6)畜肉类	Livestock Meat	123.9	家用纺织品	Home Textiles	100.0
(7)禽肉类	Poultry	111.9	家庭日用杂品	The Family Daily Sundry Goods	98.8
(8)水产品	Aquatic Products	101.0	**五、交通和通信**	**Transportation and Communications**	**98.5**
(9)蛋类	Eggs	106.6	交通	Transportation	97.9
(10)奶类	Dairy Products	102.4	通信	Communications	99.6
(11)干鲜瓜果类	Dried and Fresh Melons and Fruits	110.3	**六、教育文化和娱乐**	**Education,Culture and Recreation**	**104.0**
(12)糖果糕点类	Confectionery,Cakes	100.4	教育	Education,Culture and Recreation	105.6
(13)调味品	Flavoring	100.4	文化娱乐	Culture and Recreation	101.5
(14)其他食品类	Other Foods	104.0	**七、医疗保健**	**Health Care**	**103.9**
烟酒	Tabacco,Liquor	102.6	药品及医疗器具	Medicine and Medical Equipment	104.2
在外餐饮	Dining Out	105.7	医疗服务	Medical Services	103.6
二、衣着	**Clothing**	**101.3**	**八、其它用品和服务**	**Other Aricles and Service**	**102.9**
服装	Garments	102.1	其他用品类	Other Aricles	103.9
服装材料	Materials for Clothing	100.2	其他服务类	Other Service	102.0

注：2016年1月起，国家统计局根据五年一次基期轮换的制度，对CPI构成分类及相应权重进行了调整。

Note: From 2016,the classification and weight of CPI have been adjusted,according to five-year period of rotation system formulated by National Bureau of Statistics of China.

10-9 住宅销售价格指数（一）（2019年）
SALES PRICES INDICES OF HOUSES（2019）

类别	Item	以上年同期为100											
		1月	2月	3月	4月	5月	6月	7月	8月	9月	10月	11月	12月
新建商品住宅	Newly-built Residential Buildings	99.9	100.5	100.3	100.7	101.2	101.3	100.9	100.6	102.0	102.9	103.3	103.6
90m²及以下	Less than 90 sq.m.	100.4	100.9	100.6	100.7	101.1	101.5	101.1	100.7	101.9	103.2	103.8	104.5
90-144m²	From 90 to 144 sq.m.	100.0	100.5	100.4	101.4	101.4	101.2	100.6	100.0	100.7	101.1	101.2	101.5
144m²以上	More than 144 sq.m.	99.1	99.9	99.7	100.1	101.2	101.2	100.8	101.0	103.1	103.7	103.9	103.7
二手住宅	Second-hand Housing	103.6	102.9	102.9	103.8	103.0	102.6	102.6	101.7	103.0	104.7	106.4	107.8
90m²及以下	Less than 90 sq.m.	101.8	102.2	101.7	102.3	102.0	101.6	102.1	100.8	102.4	104.5	106.6	108.8
90-144m²	From 90 to 144 sq.m.	104.9	103.1	103.3	104.0	102.6	102.2	101.2	100.8	101.7	102.8	104.2	105.0
144m²以上	More than 144 sq.m.	105.6	103.8	104.9	106.6	105.7	105.2	105.8	104.8	106.0	108.0	109.3	109.8

10-9 住宅销售价格指数（二）（2019年）
SALES PRICES INDICES OF HOUSES（2019）

类别	Item	以上月为100											
		1月	2月	3月	4月	5月	6月	7月	8月	9月	10月	11月	12月
新建商品住宅	Newly-built Residential Buildings	99.9	100.0	99.7	100.4	100.4	100.5	100.0	100.2	101.2	100.4	100.2	100.7
90m²及以下	Less than 90 sq.m.	100.2	100.0	99.8	100.1	100.5	100.5	100.1	100.2	101.1	100.8	100.1	101.0
90-144m²	From 90 to 144 sq.m.	99.4	99.9	99.8	100.9	99.8	99.9	99.8	100.3	100.7	100.2	100.4	100.5
144m²以上	More than 144 sq.m.	99.5	100.1	99.4	100.6	100.9	100.8	100.2	100.2	101.7	99.8	100.2	100.2
二手住宅	Second-hand Housing	99.7	100.5	100.7	101.1	100.0	99.9	100.7	100.2	101.3	101.0	101.4	101.0
90m²及以下	Less than 90 sq.m.	99.5	100.6	100.6	100.9	100.4	100.0	100.9	100.3	101.4	101.2	101.6	101.1
90-144m²	From 90 to 144 sq.m.	99.8	100.0	100.6	100.9	99.4	99.8	100.3	100.0	101.1	100.7	101.4	101.0
144m²以上	More than 144 sq.m.	100.2	101.2	101.0	101.6	100.2	99.9	100.6	100.1	101.5	101.3	101.1	100.8

10-10 工业生产者出厂价格指数
INDUSTRIAL PRODUCER PRICE INDEX

以上年价格为100 (Preceding year=100)

类别	Item	2008	2009	2010	2011	2012	2013	2014	2015	2016	2017	2018	2019
全部工业品	General Index	99.6	95.3	101.6	101.8	99.9	98.0	99.1	97.6	99.3	101.8	100.2	100.0
按轻重工业分	Grouped by industries												
轻工业	Light Industry	98.7	96.7	101.4	102.9	99.2	98.4	98.2	98.6	100.8	101.4	99.3	100.5
重工业	Heavy Industry	101.9	92.6	101.9	101.4	100.1	97.9	99.4	97.3	98.8	102.0	100.5	99.9
按生产、生活资料分	Grouped by Means of Production and Consumer Goods												
生产资料	Means of Production	99.1	94.4	100.7	101.3	100.3	98.0	99.5	97.4	98.7	102.2	100.3	99.7
生活资料	Consumer Goods	101.9	99.3	104.5	103.5	98.7	98.1	97.7	98.4	100.8	100.9	99.7	100.9
按工业部门分	Grouped by Industrial Department												
冶金工业	Metallurgical Industry	102.2	95.6	108.4	106.7	100.7	100.2	98.6	98.0	102.1	115.5	107.4	100.3
电力工业	Power Industry	100.8	98.4	99.3	99.6	100.5	100.5	99.7	99.3	99.4	98.9	98.3	97.4
石油工业	Petroleum Industry	130.8	62.4	136.8	126.9	101.7	92.4	95.2	64.2	86.7	123.2	119.5	96.1
化学工业	Chemical Industry	102.9	98.4	101.2	102.3	101.2	99.4	100.0	99.2	98.9	102.5	95.8	100.6
机械工业	Engineering Industry	97.4	95.9	99.0	99.8	99.6	97.7	99.1	98.5	99.0	100.9	99.7	99.6
建筑材料工业	Building Materials Industry	97.5	90.1	104.2	101.1	93.9	102.5	102.9	98.8	99.7	101.8	104.4	107.1
森林工业	Timber Industry	105.6	102.6	107.4	106.0	102.8	103.6	100.6	100.4	99.3	98.2	97.9	100.4
食品工业	Food Industry	109.1	92.4	102.7	106.1	107.0	102.3	100.2	100.4	102.8	101.6	102.0	100.9
纺织工业	Textile Industry	100.9	100.2	100.3	106.1	101.2	99.6	101.6	100.4	100.2	100.3	100.1	100.5
缝纫工业	Needlework Industry	103.2	104.6	103.9	107.5	102.5	104.3	104.8	102.9	104.8	102.5	100.4	106.7
皮革工业	Leather Industry	110.9	110.3	102.2	107.4	104.9	103.1	103.0	100.9	100.4	100.1	99.2	101.8
造纸工业	Paper Industry	108.5	100.2	101.1	104.1	102.2	99.3	100.4	101.4	104.3	104.3	104.9	102.2
文教艺术用品工业	Cultural, Educational & Handicrafts Articles	105.0	103.2	101.9	101.5	101.4	100.6	99.8	99.0	100.7	100.8	97.9	100.8
其它工业	Others	105.9	108.0	119.0	113.5	95.8	91.6	94.8	91.6	103.2	101.4	97.4	104.9

10-11 工业生产者购进价格指数
INDUSTRIAL PURCHASING PRICE INDEX

以上年价格为100 (Preceding year=100)

类别	Item	2010	2011	2012	2013	2014	2015	2016	2017	2018	2019
总指数	General Index	104.7	105.9	100.0	98.3	99.6	96.5	98.3	103.4	102.4	99.4
燃料、动力类	Fuels and Power	105.1	105.9	102.5	95.1	99.1	92.8	97.2	101.7	102.4	97.6
黑色金属材料类	Ferrous Materials	102.7	106.5	95.1	95.4	96.4	95.7	99.7	111.5	105.9	97.9
其中：钢材	Steel	104.0	106.7	92.8	92.8	94.7	93.7	99.4	110.1	103.6	98.7
其它	Others	100.2	105.9	99.9	100.4	99.9	99.9	100.2	113.9	109.6	96.6
有色金属材料及电线类	Nonferrous Metal and Electris Wire	115.0	108.3	97.9	96.5	95.8	92.8	99.8	109.1	102.3	101.2
化工原料类	Chemical Raw Materials	105.5	107.2	97.5	99.2	99.0	95.6	98.7	104.1	104.2	97.9
木材及纸浆类	Wood and Paper Pulps	103.9	107.7	100.5	99.9	100.7	98.1	96.8	106.0	103.5	92.8
建筑材料及非金属类	Building Materials and Nonmetal Minerals	114.0	105.4	97.9	102.7	107.8	91.0	95.4	113.3	119.2	113.2
其它工业原材料及半成品类	Other Industrial Raw and Processed Materials	101.8	105.0	100.8	99.1	99.4	98.3	98.8	101.9	100.2	100.2
农副产品类	Farm and Sideline Products	107.9	104.3	100.5	103.4	103.7	99.1	94.9	100.5	100.9	97.4
纺织原料类	Textile Raw Material	105.1	106.4	100.4	99.3	100.8	102.5	100.3	101.3	103.1	100.6

主要统计指标解释

社会消费品零售总额 指各种经济类型的批发零售业、住宿餐饮业和其他行业的企业（单位）或个体户，售予城乡居民用于生活消费和社会集团用于公共消费的商品金额的总和。

批发零售业商品购进总额 指从本企业以外的单位和个人购进（包括从国外直接进口）作为转卖或加工后转卖的商品金额。本指标由“从生产者购进额”、“从批发零售业购进额”、“进口额”和“其他购进”组成。 这个指标反映批发零售企业从国内、国外市场上购进商品的总量。

批发零售业商品销售总额 指售予本企业以外的单位和个人的商品金额（包括对国（境）外直接出口及售给本单位消费用的商品）。本指标由“对生产经营单位批发额”、“对批发零售业批发额”、“出口额”和“对居民和社会集团商品零售额”项目组成。这个指标反映批发零售业在国内市场上销售商品以及出口商品的总量。

批发 指除零售以外的一切商品销售活动。包括对生产经营单位批发、对批发零售业批发和出口。

零售 指出售城乡居民用于生活消费商品和社会集团直接用于公用消费商品的活动。

批发零售业年末库存总额 指批发零售企业已取得所有权的全部商品。这个指标反映批发零售贸易企业的商品库存情况，对市场商品供应的保证程度。

批发零售业住宿餐饮业法人单位 指各种经济类型独立核算法人批发零售企业、住宿餐饮企业的单位个数。法人单位应同时具备以下条件：1. 依法成立，有自己的名称、组织机构和场所，能够独立承担民事责任；2. 独立拥有和使用资产，承担负债，有权与其他单位签订合同；3. 独立核算盈亏，并能够编制资产负债表。

批发业 是指从工农业生产者或从商品流通企业单位和个体户购进商品，转卖给工业、农业、建筑业、运输邮电业、住宿餐饮业、服务业等生产经营单位作为生产经营用，以及将商品转卖给其他批发企业或零售企业的商品流通企业(单位)和个体户。

零售业 是指从工农业生产者、批发业或居民购进商品，转卖给城乡居民作为生活消费和售给社会集团作为公共消费的商品流通企业(单位)和个体户。

住宿业 是指为顾客提供临时住宿服务的企业(单位)和个体户。

餐饮业 是指从事食品的烹饪、调制并直接售给居民和社会集团的企业(单位)和个体户。

居民消费价格指数 是度量消费商品及服务项目价格水平随着时间而变动的相对数，反映居民家庭购买的消费品及服务价格水平的变动情况。它是宏观经济分析、决策、调控和价格总水平监测以及国民经济核算的重要指标。其按年度计算的变动率通常被用来作为反映通货膨胀(或紧缩)程度的指标。

工业生产者出厂价格指数 反映工业企业产品第一次出售时的出厂价格的变化趋势和变动幅度。

工业生产者购进价格指数 反映工业企业作为中间投入产品的购进价格的变化趋势和变动幅度。

新建商品住宅 指新建的专供居住用的商品住房，本方案主要包括：90平方米及以下、90—144平方米、144平方米以上等。不包括新建的国家政策性住房；不包括住宅楼中作为人防用、不住人的地下室、车库等，也不包括托儿所、病房、疗养院、旅馆等具有专门用途的房屋。

二手住宅 指进入房屋市场进行交易，第二次及以上进行产权登记的住宅，包括二手商品住宅、允许上市交易的已售公房等。本方案主要包括90平方米及以下、90—144平方米、144平方米以上等分类。

90平方米及以下住宅 指住宅中套型建筑面积不大于90平方米的住宅。套型建筑面积由套内使用面积和分摊的共有建筑面积组成，报表时以销售合同中实际测绘的建筑面积为准，若销售合同为套内使用面积则需折算成建筑面积。

90平方米—144平方米住宅 指套型建筑面积大于90平方米，不超过144平方米的住宅。

144平方米以上住宅 指套型建筑面积在144平方米以上的住宅。

Explanatory Notes on Main Statistical Indicators

Total Retail Sales of Consumer Goods refer to the sum of retail sales of consumer goods sold by enterprises (establishments) or individuals in wholesale, retail trade, accommodations, catering services and other industries of various types of ownership to urban and rural households for living consumption and to social institutions for public consumption.

Total Purchases of Commodities by Wholesale and Retail Trades refer to the purchases of commodities from other establishments or individuals (including direct import from abroad) for the purpose of reselling, either with or without further processing of the commodities purchased This indicator includes the purchases from producers, the purchases from wholesale and retail trades, imports and other purchases

It is used to show the total value of purchases of commodities by wholesale and retail establishments from domestic and overseas markets.

Total Sales of Commodities by Wholesale and Retail Trades refer to the value of commodities sold to other establishments and individuals (including direct export and commodities sold to the sellers themselves for consumption). This indicator includes the value of wholesale to production and operation units, the value of wholesale to wholesale and retail trades, exports and retail sales to urban and rural households and social institutions It is an indicator of the total value of sales of commodities at domestic markets and export.

Wholesale refers to all selling activities of commodities except retail trade, including wholesale to production and operation units, wholesale to wholesale and retail trades and export.

Retail Sale refers to the selling of commodities to urban and rural households for living consumption and to social institutions for direct public consumption.

Total Inventory of Wholesale and Retail Trades at the Year-end refers to the total commodities possessed by wholesale and retail enterprises, which reflects the commodity stock level of various wholesale and retail enterprises and the potential for market supply.

Corporate Units in Wholesale and Retail Trades, Accommodations and Catering Services refer to the number of corporate enterprises of various types of ownership in the wholesale and retail trades, accommodations and catering services with independent accounting systems An enterprise can be called a corporate enterprise only when it simultaneously meets the following requirements:(1)It is established according to law, with its own name, organization and location for business operation, as well as the capability to independently assume civil responsibility (2)It owns and uses its assets independently, assumes liabilities and is entitled to sign contracts with other units (3)It has an independent accounting system and is able to compile balance sheets.

Wholesale Trade refers to the commodity circulation enterprises (establishments) and individuals which purchase commodities from producers in industry and agriculture or from commodity circulation enterprises and individuals for the purpose of reselling them to establishments in industry, agriculture, construction, transportation, postal and telecommunications services, accommodations and catering services and other services for their production and operation as well as reselling them to other wholesale or retail enterprises.

Retail Trade refers to the commodity circulation enterprises (establishments) and individuals which purchase commodities from producers in industry and agriculture, wholesale trade or residents for the purpose of reselling them to urban and rural households for living consumption and to social institutions for public consumption.

Hotel Services refers to the enterprises (establishments) and individuals engaged in providing temporary accommodation to customers.

Catering Services refer to the enterprises (establishments) and individuals engaged in food cooking, seasoning and selling food directly to households and social institutions.

Consumer Price Indices measure the relative change with time in prices of consumer goods and services, reflecting the rates of change in consumer goods and services purchased by households. It is an important indicator for macroeconomic analysis, decision–making, regularization and control, supervision of general price level and national economic accounting. The annualized rates of change are generally considered as an indicator of inflation or deflation.

EX-factory Price Indices of Industrial Producers reflect the trends and degree of changes in prices of industrial products to sell the first time.

Purchasing Price Indices of Industrial Producers reflect the trends and degree of changes in prices of products as intermediate inputs.

Newly-built Houses refer to newly–built houses for residential use. The program includes: 90 square meters and below, 90–144 square meters, 144 square meters and above. Excluding new national policy–related houses, houses used as civil defense, basements, garages, nursery, wards, nursing homes, hotels and other houses used for special purposes.

Second-hand Houses refer to houses transacted for twice and above in the market, and the property registrations have been changed twice and above, including second–hand commercial houses and public houses been sold and allowed for second transaction. The program includes 90 square meters and below, 90–144 square meters, 144 square meters and above.

90 Square Meters and Below Houses refer to houses with a residential dwelling size of not more than 90 square meters. Dwelling size of the building area is composed by private usable area and public shared construction area. The program subjects to the actual construction area recorded in sales contracts.

90 Square Meters -144 Square Meters Houses refer to houses with the residential dwelling size of more than 90 square meters and no more than 144 square meters.

144 Square Meters Houses refer to houses with the residential dwelling size of more than 144 square meters.

第十一部分 财政收支

FISCAL REVENUE AND EXPENDITURE

CHAPTER 11

11-1 地方财政收支

LOCAL GOVERNMENT BUDGETARY REVENUE AND EXPENDITURE

单位：万元　　　　(10 000 yuan)

项目	Item	2015	2016	2017	2018	2019
一般公共预算收入	Local government General Budgetary Revenue	27 268 543	31 364 923	33 321 303	35 384 414	37 733 831
税收收入	Taxes	22 722 315	24 888 827	26 548 905	28 996 334	30 678 631
#增值税	Value-added Tax	3 362 040	6 509 463	9 912 775	10 469 728	11 637 876
营业税	Business Tax	6 846 839	3 639 382	—	—	—
企业所得税	Corporate Income Tax	4 649 574	5 695 240	6 678 536	6 806 150	7 478 100
个人所得税	Individual Income Tax	2 239 807	3 047 503	3 343 287	3 734 303	2 962 675
非税收入	Non-Tax Revenue	4 546 228	6 476 096	6 772 398	6 388 080	7 055 200
#专项收入	Special Program Receipts	1 562 019	3 823 354	3 721 265	3 891 746	3 417 080
行政事业性收费收入	Charge of Administrative and Units	438 659	279 760	267 919	341 452	374 018
罚没收入	Penalty Receipts	303 057	249 007	339 210	470 714	402 672
政府性基金收入	Government Fund Revenue	9 640 067	9 663 957	10 299 480	9 646 428	10 057 208
一般公共预算支出	Local Government General Budgetary Expenditure	35 216 708	42 110 429	45 938 003	42 825 598	45 527 336
#教育	Expenditure for Education	2 885 520	4 147 269	5 090 971	5 845 062	7 165 514
科学技术	Expenditure for Science and Technology	2 143 182	4 035 240	3 518 252	5 549 818	5 484 249
文化体育与传媒	Expenditure for Culture, Sport and Media	527 260	547 941	571 218	659 109	669 909
社会保障与就业	Expenditure for Social Safety Net and Employment Effort	845 801	1 054 524	2 397 159	1 977 496	1 769 842
医疗卫生	Expenditure for Medical and Health Care	1 505 974	2 012 739	2 442 264	2 814 988	3 354 865
节能环保	Expenditure for Energy Saving	1 083 493	1 402 415	2 130 427	2 524 860	3 316 349
城乡社区事务	Expenditure for Urban and Rural Community Affairs	4 656 457	5 584 938	9 829 642	8 213 591	10 154 044
农林水事务	Expenditure for Agriculture, Forestry and Water Conservancy	441 526	612 541	763 260	788 779	833 313
交通运输	Expenditure for Transportation	10 445 932	4 508 921	3 182 690	2 266 757	1 285 931
政府性基金支出	Expenditure for Government Funds	3 427 517	4 137 502	5 370 357	6 374 448	9 709 406

11-2 地方一般公共预算收支及指数

INDICES OF LOCAL GOVERNMENT GENERAL BUDGETARY REVENUE AND EXPENDITURE

年 份 Year	收入(万元) Financial Revenue (10 000 yuan)	指 数 Index		支出(万元) Expenditure (10 000 yuan)	指 数 Index	
		以1979年为100 1979=100	以上年为100 Preceding Year=100		以1979年为100 1979=100	以上年为100 Preceding Year=100
1979	1 721	100.0		2 971	100.0	
1980	3 043	176.8	176.8	4 003	134.7	134.7
1981	8 787	510.6	288.8	8 411	283.1	210.1
1982	9 163	532.4	104.3	8 815	296.7	104.8
1983	15 605	906.7	170.3	15 025	505.7	170.4
1984	29 435	1 710.3	188.6	27 954	940.9	186.0
1985	62 894	3 654.5	213.7	58 651	1 974.1	209.8
1986	74 160	4 309.1	117.9	68 073	2 291.2	116.1
1987	87 521	5 085.5	118.0	69 688	2 345.6	102.4
1988	146 521	8 513.7	167.4	110 992	3 735.8	159.3
1989	228 668	13 286.9	156.1	173 007	5 823.2	155.9
1990	217 037	12 611.1	94.9	198 073	6 666.9	114.5
1991	273 291	15 879.8	125.9	243 012	8 179.5	122.7
1992	429 599	24 962.2	157.2	420 035	14 137.8	172.8
1993	672 507	39 076.5	156.5	593 327	19 970.6	141.3
1994	743 992	43 230.2	110.6	746 181	25 115.5	125.8
1995	880 174	51 143.2	118.3	934 041	31 438.6	125.2
1996	1 317 490	76 553.7	149.7	1 380 376	46 461.7	147.8
1997	1 420 557	82 542.5	107.8	1 394 181	46 926.3	101.0
1998	1 643 884	95 519.1	115.7	1 767 714	59 499.0	126.8
1999	1 842 085	107 035.7	112.1	2 108 978	70 985.5	119.3
2000	2 219 184	128 947.3	120.5	2 250 441	75 746.9	106.7
2001	2 624 944	152 524.3	118.3	2 537 019	85 392.8	112.7
2002	2 659 287	154 519.9	101.3	3 077 761	103 593.4	121.3
2003	2 908 370	168 993.0	109.4	3 489 526	117 452.9	113.4
2004	3 214 680	186 791.4	110.5	3 775 720	127 085.8	108.2
2005	4 123 787	239 615.7	128.3	5 991 560	201 668.1	158.7
2006	5 008 827	291 041.7	121.5	5 714 231	192 333.6	95.4
2007	6 580 555	382 368.1	131.4	7 279 677	245 024.5	127.4
2008	8 003 603	465 055.4	121.6	8 898 555	299 513.8	122.2
2009	8 808 168	511 805.2	110.1	10 008 394	336 869.5	112.5
2010	11 068 166	643 124.1	125.7	12 660 668	426 141.6	126.5
2011	13 395 728	778 368.9	121.0	15 905 599	535 361.8	125.6
2012	14 820 800	861 173.7	110.6	15 690 071	528 107.4	98.6
2013	17 312 618	1 005 963.0	116.8	16 908 280	569 110.7	107.8
2014	20 827 326	1 210 187.4	120.3	21 661 841	729 109.4	128.1
2015	27 268 543	1 584 459.2	130.9	35 216 708	1 185 348.6	162.6
2016	31 364 923	1 822 482.5	115.0	42 110 429	1 417 382.3	119.6
2017	33 321 303	2 006 553.2	110.1	45 938 003	1 546 213.5	109.1
2018	35 384 414	2 130 959.5	106.2	42 825 598	1 441 454.0	93.2
2019	37 733 831	2 272 448.7	106.6	45 527 336	1 532 391.0	106.3

注：一般公共预算收入2017年口径有调整，指数按可比口径计算。

Note: The caliber of Local Government General Budget in this table was adjusted and the index was calculated by comparable caliber in 2017.

11-3 地方财政收支分级情况
LOCAL BUDGETARY REVENUE AND EXPENDITURE BY LEVEL

单位：万元　　　　　　　　　　　　　　　　　　　　（10 000 yuan）

项目	Item	2015	2016	2017	2018	2019
一般公共预算收入合计	**Total General Budgetary Revenue**	**27 268 543**	**31 364 923**	**33 321 303**	**35 384 414**	**37 733 831**
市本级	City	17 445 184	19 959 464	20 867 601	21 901 333	23 641 468
福田区	Futian	1 424 709	1 471 267	1 637 062	1 810 367	1 926 971
罗湖区	Luohu	850 233	938 218	976 259	999 621	928 522
盐田区	Yantian	364 911	323 957	336 725	296 545	322 846
南山区	Nanshan	1 447 647	1 863 735	2 378 174	2 682 160	3 087 420
宝安区	Baoan	1 873 251	2 176 532	2 356 403	2 600 271	2 671 386
龙岗区	Longgang	2 043 257	2 401 429	2 367 764	2 546 531	2 424 033
龙华区	Longhua	974 827	1 140 313	1 207 981	1 333 745	1 421 554
坪山区	Pingshan	295 665	363 142	454 656	434 494	465 208
光明区	Guangming	372 872	497 347	497 476	526 702	586 358
大鹏新区	Dapeng	175 987	229 519	241 202	252 645	232 521
深汕特别合作区	Shenzhen-Shanwei Special Cooperation Zone					25 544
一般公共预算支出合计	**Total General Budgetary Expenditure**	**35 216 708**	**42 110 429**	**45 938 003**	**42 825 598**	**45 527 336**
市本级	City	22 340 358	22 765 872	23 614 624	21 155 211	21 184 993
福田区	Futian	1 554 492	2 291 063	2 055 398	2 422 423	2 955 754
罗湖区	Luohu	1 034 456	1 695 761	2 780 283	2 086 359	2 196 954
盐田区	Yantian	454 892	678 758	682 924	545 525	680 640
南山区	Nanshan	2 147 951	2 739 555	2 806 726	3 344 709	3 581 702
宝安区	Baoan	2 844 309	3 236 873	4 254 218	4 368 591	4 642 853
龙岗区	Longgang	1 950 065	3 352 037	3 708 544	3 368 749	3 569 107
龙华区	Longhua	1 701 351	2 606 123	2 673 273	2 447 267	2 607 847
坪山区	Pingshan	406 422	1 054 961	1 380 415	1 195 523	1 502 139
光明区	Guangming	491 190	993 636	1 383 617	1 209 627	1 334 102
大鹏新区	Dapeng	291 222	695 790	597 981	681 614	648 897
深汕特别合作区	Shenzhen-Shanwei Special Cooperation Zone					622 348

主要统计指标解释

一般公共预算收入 指国家财政参与社会产品分配所取得的收入，是实现国家职能的财力保证。主要包括：

（1）各项税收：包括国内增值税、国内消费税、进口货物增值税和消费税、出口货物退增值税和消费税、营业税、企业所得税、个人所得税、资源税、城市维护建设税、房产税、印花税、城镇土地使用税、土地增值税、车船税、船舶吨税、车辆购置税、关税、耕地占用税、契税、烟叶税等。财政收入按现行分税制财政体制划分为中央本级收入和地方本级收入。

（2）非税收入：包括专项收入、行政事业性收费、罚没收入和其他收入。

一般公共预算支出 指国家财政将筹集起来的资金进行分配使用，以满足经济建设和各项事业的需要。主要包括：一般公共服务、外交、国防、公共安全、教育、科学技术、文化体育与传媒、社会保障和就业、医疗卫生与计划生育、节能环保、城乡社区、农林水、交通运输、资源勘探信息等、商业服务业等、金融、援助其他地区、国土海洋气象等、住房保障、粮油物资储备、政府债务付息等方面的支出。财政支出根据政府在经济和社会活动中的不同职权，划分为中央财政支出和地方财政支出。

Explanatory Notes on Main Statistical Indicators

General Public Budgetary Revenue refers to income for the government finance through participating in the distribution of social products. It is the financial guarantee to ensure government functioning. The contents of government revenue include the following main items:

(1) Various tax revenues, including domestic value added tax (VAT), domestic consumption tax, VAT and consumption tax from imports, VAT and consumption tax rebate for exports, business tax, corporate income tax, individual income tax, resource tax, city maintenance and construct tax, house property tax, stamp tax, urban land use tax, land appreciation tax, tax on vehicles and boat operation, ship tonnage tax, vehicle purchase tax, tariffs, farm land occupation tax, deed tax, and tobacco leaf tax, etc.

(2) Non-tax revenue, including special program receipts, charge of administrative and institutional units, penalty receipts and others non-tax receipts.

General Public Budgetary Expenditure refers to the distribution and use of the funds which the government finance has raised, so as to meet the needs of economic construction and various undertakings. It includes the following main items: expenditure for general public services, expenditure for foreign affairs, expenditure for national defence expenditure for public security, expenditure for education, expenditure for science and technology, expenditure for culture, sport and media, expenditure for social safety net and employment effort, expenditure for medical and health care and family planning, expenditure for energy conservation and environment protection, expenditure for urban and rural community affairs, expenditure for agriculture, forestry and water conservancy, expenditure for transportation, expenditure for resource exploration and information, expenditure for affairs of commerce and services, expenditure for finance, aid to other regions, expenditure for land, ocean and weather, expenditure for housing security, expenditure for grain & oil reserves, interest payment for public debts. General public budget expenditure is divided into general public budget expenditure of central government and general public budget expenditure of local government according to the different functions of the governments played in economic and social activities.

12 第十二部分 金融保险业

FINANCE AND INSURANCE

CHAPTER

12-1 国内金融机构人民币存贷款

DEPOSITS AND LOANS IN RENMINBI OF DOMESTIC FINANCIAL INSTITUTIONS

单位：亿元 (100 million yuan)

项目	Item	2016	2017	2018	2019
各项存款	**Total Deposits**	**57 793.30**	**62 760.40**	**66 890.51**	**77 671.71**
境内存款	Domestic Deposits	55 977.08	60 476.89	64 583.40	75 060.68
其中：住户存款	Household Deposits	10 361.19	10 807.45	13 441.61	15 971.13
#活期存款	Demand Deposits	6 539.70	6 856.52	8 502.67	10 228.81
定期及其他存款	Time and Other Deposits	3 821.48	3 950.93	4 938.94	5 742.32
非金融企业存款	Non-financial Corporations Deposits	22 949.35	27 779.15	31 465.71	37 246.29
#活期存款	Current Deposits	7 285.44	8 194.04	7 404.09	7 791.63
定期及其他存款	Time and Other Deposits	15 663.92	19 585.11	24 061.62	29 454.66
广义政府存款	Generalized Government Deposits	8 444.90	8 774.22	9 859.44	11 229.32
非银行业金融机构存款	Non-bank Financial Deposits	14 221.65	13 116.08	9 816.64	10 613.94
境外存款	Overseas Deposits	1 816.21	2 283.51	2 307.11	2 611.03
各项贷款	**Total Deposits**	**34 034.29**	**39 940.61**	**47 024.58**	**54 602.36**
境内贷款	Domestic Loans	33 674.96	39 545.69	46 596.85	54 156.91
其中：住户贷款	Household Loans	15 022.07	17 541.78	19 828.00	22 247.05
# 短期贷款	Short-term Loans	2 095.32	2 460.45	2 580.95	3 200.27
中长期贷款	Medium&Long-term Loans	12 926.75	15 081.33	17 247.05	19 046.78
非金融企业及机关团体贷款	Non-financial Corporations,Government and Organizations Loans	18 639.54	21 968.76	26 766.88	31 909.84
# 短期贷款	Short-term Loans	6 443.81	8 027.14	8 964.88	9 091.21
中长期贷款	Medium&Long-term Loans	9 900.05	11 972.29	14 816.81	18 788.99
票据融资	Bill Financing	1 391.26	952.48	1 643.06	2 489.32
融资租赁	Finance Lease	847.94	977.18	1 258.60	1 480.17
各项垫款	All Advances Money	56.49	39.67	83.53	60.15
非银行业金融机构贷款	Non-bank Financial Loans	13.35	35.15	1.96	0.03
境外贷款	Oveeseas Loans	359.33	394.92	427.73	445.45

注： 2015年起，人民银行调整了金融机构存贷款统计口径，2014年数据相应作了回溯调整，后同。

Note: From 2015, the statistical caliber of deposit and loan of financial institutions have been adjusted by the People's Bank of China, the date of 2014 have been adjusted by the same caliber，the same applied to the following tables.

12-2 金融机构（含外资）本外币信贷情况

SOURCES AND USES OF CREDIT FUNDS OF FINANCIAL INSTITUTIONS （INCLUDE FOREIGN FUNDS）

单位：亿元 （100 million yuan）

年 份 Year	各项存款余额 All Deposits	各项贷款余额 All Loans
1990	360.65	373.98
1991	517.95	491.44
1992	801.51	643.24
1993	977.06	820.13
1994	1 413.81	1 244.87
1995	1 705.94	1 501.84
1996	2 144.28	1 861.97
1997	2 455.25	2 275.51
1998	2 881.83	2 483.84
1999	3 235.66	2 621.85
2000	3 974.12	2 955.37
2001	4 988.20	3 543.11
2002	5 941.29	4 308.43
2003	7 071.94	5 411.96
2004	8 136.21	6 571.56
2005	9 486.71	7 596.75
2006	10 616.01	8 353.82
2007	12 729.68	10 121.37
2008	14 260.94	11 234.05
2009	18 357.47	14 783.39
2010	21 937.89	16 808.12
2011	25 095.78	19 244.68
2012	29 662.40	21 808.34
2013	33 943.15	24 680.07
2014	49 969.99	28 114.22
2015	57 778.90	32 449.04
2016	64 407.81	40 526.90
2017	69 668.31	46 329.33
2018	72 550.36	52 539.79
2019	83 942.45	59 461.39

12-3 金融机构（含外资）本外币分类存贷款

SOURCES AND USES OF CREDIT FUNDS OF FINANCIAL INSTITUTIONS (INCLUDE FOREIGN FUNDS)

单位：亿元 （100 million yuan）

项目	Item	2017	2018	2019
各项存款	**Total Deposits**	**69 668.31**	**72 550.36**	**83 942.45**
境内存款	Domestic Deposits	66 324.93	68 670.97	79 043.44
其中：住户存款	Household Deposits	11 159.78	13 810.06	16 327.05
#活期存款	Demand Deposits	7 096.70	8 736.64	10 449.45
定期及其他存款	Time and Other Deposits	4 063.08	5 073.43	5 877.60
非金融企业存款	Non-financial Corporations Deposits	33 014.86	34 898.69	40 639.63
#活期存款	Current Deposits	9 117.29	8 247.79	8 684.10
定期及其他存款	Time and Other Deposits	23 897.57	26 650.90	31 955.54
广义政府存款	Generalized Government Deposits	8 777.32	9 862.24	11 232.45
非银行业金融机构存款	Non-bank Financial Deposits	13 372.97	10 099.97	10 844.30
境外存款	Overseas Deposits	3 343.38	3 879.39	4 899.02
各项贷款	**Total Deposits**	**46 329.33**	**52 539.79**	**59 461.39**
境内贷款	Domestic Loans	43 972.02	49 877.03	57 014.34
其中：住户贷款	Household Loans	17 647.27	19 942.95	22 408.81
# 短期贷款	Short-term Loans	2 464.89	2 585.92	3 207.63
中长期贷款	Medium&Long-term Loans	15 182.38	17 357.03	19 201.18
非金融企业及机关团体贷款	Non-financial Corporations,Government and Organizations Loans	26 238.60	29 916.02	34 597.99
# 短期贷款	Short-term Loans	11 190.06	10 937.06	10 659.95
中长期贷款	Medium&Long-term Loans	12 866.16	15 631.80	19 653.14
票据融资	Bill Financing	1 021.24	1 820.06	2 595.15
融资租赁	Finance Lease	1 113.17	1 419.11	1 614.35
各项垫款	All Advances Money	47.97	107.98	75.41
非银行业金融机构贷款	Non-bank Financial Loans	86.15	18.06	7.53
境外贷款	Oveeseas Loans	2 357.31	2 662.75	2 447.05

12-4 深圳证券交易所投资者开户情况

ACCOUNT-OPENING BY INVESTORS IN SHENZHEN STOCK EXCHANGE

单位：万户 (10 000 accounts)

指 标	Indicators	2013	2014	2015	2016	2017	2018	2019
年末开户总数	**Total Accounts Year-end**	**11 085.55**	**12 036.87**	**16 888.92**	**20 897.12**	**24 545.09**	**27 685.32**	**22 119.11**
个人	Private	11 047.51	11 995.30	16 839.71	20 841.00	24 482.57	27 621.26	22 060.45
机构	Institution	37.34	40.66	49.22	56.12	62.52	64.06	58.66
A股合计	A Shares Accounts	10 985.15	11 935.93	16 783.70	20 791.27	24 438.57	27 578.60	22 012.35
个人	Private	10 948.55	11 895.86	16 736.06	20 736.72	24 377.63	27 516.13	21 955.21
机构	Institution	36.61	40.08	47.65	54.55	60.94	62.47	57.14
B股合计	B Shares Accounts	100.40	100.94	105.22	105.85	106.52	106.72	106.75
个人	Private	98.96	99.44	103.65	104.28	104.94	105.14	105.24
机构	Institution	0.73	0.58	1.57	1.57	1.58	1.58	1.52
新开户总数	**Newly Opened Accounts During the Year**	**531.09**	**984.74**	**4 914.84**	**4 018.31**	**3 598.69**	**226.46**	**142.28**
个人	Private	528.08	980.76	4 906.60	4 010.15	3 590.60	225.95	141.49
机构	Institution	3.00	3.93	8.24	8.16	8.09	0.51	0.79
A股合计	Newly Opened Accounts of A Shares	530.38	984.02	4 910.29	4 017.37	3 597.71	226.43	142.22
个人	Private	527.46	980.14	4 902.15	4 009.29	3 589.70	225.92	141.43
机构	Institution	2.91	3.89	8.14	8.08	8.01	0.51	0.79
B股合计	Newly Opened Accounts of A Shares	0.71	0.72	4.55	0.94	0.98	0.03	0.06
个人	Private	0.62	0.62	4.45	0.86	0.90	0.03	0.06
机构	Institution	0.09	0.04	0.10	0.08	0.08	0.01	

12-5 深圳证券交易所有价证券成交总额
TOTAL VOLUME OF PRICE SECURITIES TRADING IN SHENZHEN

单位：亿元 （100 million yuan）

指 标	Indicators	2011	2012	2013	2014	2015	2016	2017	2018	2019
合计	**Total**	**193 188.33**	**178 659.69**	**296 671.46**	**444 708.19**	**1 361 051.31**	**934 425.86**	**814 333.31**	**735 738.87**	**1 007 861.73**
股票	Stocks	184 089.28	150 122.41	238 462.58	366 750.87	1 224 950.00	775 979.90	616 855.01	499 774.39	730 314.79
# A股证券	A Shares	183 530.07	149 667.80	237 713.21	366 228.12	1 223 606.57	775 478.37	616 433.07	499 527.90	730 108.22
B股证券	B Shares	559.21	454.65	749.38	522.74	1 343.43	501.53	421.94	246.49	206.57
基金	Funds	3 464.40	4 952.49	5 796.68	9 753.40	48 884.71	22 085.09	19 882.32	31 053.13	23 089.80
债券	Bonds	5 634.65	23 584.79	52 412.20	68 203.92	87 216.59	136 344.37	177 595.98	204 911.35	254 445.90
# 国债现货	State Treasury Bond	10.02	8.62	32.65						
优先股	Preferred stocks									1.58
期权	Option									9.66

12-6 深证综合指数
SHENZHEN COMPOSITE INDEX

日历日期 Date	开市指数 Open	收市指数 Close	最高指数 High	交易日期 Exchange Date	最低指数 Low	交易日期 Exchange Date
2001-12-31	636.62	475.94	665.57	2001-06-14	438.00	2002-10-22
2002-12-31	475.14	388.76	523.38	2002-06-25	366.84	2002-01-23
2003-12-31	386.61	378.63	453.45	2003-04-16	349.86	2003-11-19
2004-12-31	377.93	315.81	472.18	2004-04-07	314.98	2004-09-13
2005-12-30	313.81	278.75	334.14	2005-03-09	235.64	2005-07-19
2006-12-29	541.07	550.59	552.93	2006-12-29	278.99	2006-01-04
2007-12-28	1 455.60	1 447.02	1 567.74	2007-10-08	547.89	2007-01-05
2008-12-31	560.17	553.30	1 576.50	2008-01-15	456.97	2008-11-04
2009-12-31	1 193.32	1 201.34	1 234.17	2009-12-03	571.13	2009-01-05
2010-12-31	1 262.19	1 290.87	1 412.64	2010-11-11	890.24	2010-07-02
2011-12-30	852.43	866.65	1 316.19	2011-01-06	828.83	2011-12-28
2012-12-31	874.56	881.17	1 020.29	2012-03-04	724.97	2012-12-04
2013-12-31	887.36	1 057.67	1 106.27	2013-10-22	815.89	2013-06-25
2014-12-31	1 055.88	1 415.19	1 504.48	2014-12-16	1 004.93	2014-04-29
2015-12-31	1 419.44	2 308.91	3 156.96	2015-06-12	1 408.99	2015-01-05
2016-12-31	2 304.48	1 969.11	2 304.49	2016-01-04	1 618.12	2016-01-27
2017-12-31	1 972.55	1 899.34	2 054.02	2017-03-17	1 753.53	2017-06-02
2018-12-31	1 903.49	1 267.87	1 966.15	2018-01-25	1 212.23	2018-10-19
2019-12-31	1 270.50	1 722.95	1 783.01	2019-04-08	1 231.83	2019-01-03

12-7 保险费收入和赔款及给付

PREMIUMS INCOME, INDEMNITY EXPENDITURE AND PAYMENT

单位：亿元 (100 million yuan)

年 份 Year	保险费收入 Premium Income	赔款及给付支出 Indemnity Expenditure and Payment	赔款率(%) Indemnity and Payment Ratio (%)
1997	34.64	9.44	27.25
1998	34.94	9.06	25.93
1999	35.79	9.96	27.83
2000	40.66	9.64	23.71
2001	54.22	14.26	26.30
2002	65.84	18.40	27.95
2003	78.75	23.86	30.30
2004	91.77	24.44	26.63
2005	106.39	28.63	26.91
2006	134.69	35.15	26.10
2007	183.70	56.87	30.96
2008	240.82	67.94	28.21
2009	271.59	73.34	27.00
2010	361.49	73.94	20.45
2011	359.90	85.77	23.83
2012	401.27	107.71	26.84
2013	468.76	125.19	26.71
2014	548.66	155.76	28.39
2015	647.55	176.74	27.29
2016	834.45	218.55	26.19
2017	1 029.75	257.13	24.97
2018	1 191.51	364.76	30.61
2019	1 384.47	363.85	26.28

12-8 保险公司及保险中介机构

INSURANCE COMPANIES AND INSURANCE AGENTS

单位：个 （unit）

年 份 Year	保险公司（法人机构） Insurance Companies (Legal Institution)	中 资 Domestic-Funded	外 资 Foreign-Funded	保险中介法人机构 Legal Institution of Insurance Intermediary
2013	17	14	3	126
2014	20	18	2	126
2015	20	18	2	125
2016	22	20	2	127
2017	25	23	2	129
2018	28	26	2	130
2019	27	25	2	128

12-9 保险公司主要业务指标（一）（2019年）

MAIN BUSINESS OF INSURANCE COMPANIES（2019）

单位：亿元 （100 million yuan）

指标名称	Indicators	保险金额 Insurance Amount	原保险保费收入 Original Premium Income	赔付支出 Indemnity Expenditure and payment
机动车辆险	Motor Vehicles Insurance	66 223.75	200.66	111.49
企业财产险	Enterprise Property Insurance	75 449.91	24.13	12.13
家庭财产险	Household Property Insurance	91 316.97	4.51	1.85
工程险	Engineering Insurance	8 984.09	7.02	5.07
责任险	Liability Insurance	261 435.23	50.58	12.27
信用险	Credit Insurance	3 596.18	19.12	18.89
保证险	Guarantee Insurance	348.56	33.40	51.43
船舶险	Shipping Insurance	422.00	1.14	0.71
货运险	Freight Insurance	49 622.09	6.43	3.21
特殊风险	Special Insurance	8 425.30	13.23	5.29
农业险	Agricultural Insurance	2.21	0.02	0.01
健康险	Health Insurance	60 024.79	7.52	10.23
意外险	Accident Insurance	1 583 064.40	38.85	7.18
其他险	Others	6 748.27	1.79	1.01
财产险公司合计	Total Property Insurance	2 215 663.75	408.41	240.77

12-9 保险公司主要业务指标（二）（2019年）

MAIN BUSINESS OF INSURANCE COMPANIES（2019）

单位：亿元 （100 million yuan）

指标名称	Indicators	累计新增保险金额 Accumulative total Insurance Amount	原保险保费收入 Original Premium Income	赔付支出 Indemnity Expenditure and payment
人寿保险	Life Insurance	20 967.59	708.50	70.02
健康险	Health Insurance	1 230 966.73	240.59	49.65
人身意外伤害险	Accident Injury Insurance	224 125.10	26.96	3.42

主要统计指标解释

存款 指企业、机关、团体或居民根据必须收回的原则，把货币资金存入银行或其他信用机构保管并取 得一定利息的一种信用活动形式。根据存款对象的不同可划分为企业存款、财政存款、机关团体存款、基本建设存款、城镇居民储蓄、农村存款等科目。它是银行信贷资金的主要来源。

贷款 指银行或其他信用机构根据资金必须归还的原则，按一定利率，为企业、个人等提供资金的一种信用活动形式。我国银行贷款分流动资金贷款、固定资产贷款、城乡个体工商户贷款以及农业贷款等科目。

住户存款 个人客户在其他存款性公司开立账户并存入资金或货币，由其他存款性公司出具存款凭证，个人客户凭存款凭证可以支取本金或利息的存款。

保险金额 指保险人承担赔偿或者给付保险金责任的最高限额。

保费 指投保人为取得保险人在约定范围内所承担赔偿责任而支付给保险人的费用。

赔款 指保险人根据保险合同的规定，向被保险人支付的赔偿保险责任损失的金额。

给付 包括死伤医疗给付和满期给付。死伤医疗给付是指保险人根据人寿保险及长期健康保险合同的规定，因被保险人在保险期内发生保险责任范围内的保险事故支付给被保险人（或受益人）的金额。满期给付是指被保险人生存期满，保险人按人寿保险合同规定支付给被保险人的满期保险金额。

Explanatory Notes on Main Statistical Indicators

Deposit is a form of credit by which enterprises, institutions, organizations or residents can put money into banks and other credit institutions for safekeeping and interest earning under the principle of free withdrawal. According to the different depositors, deposits are divided into enterprise deposits, treasury deposits, deposits of government agencies and organizations, capital construction deposits, urban savings deposits, rural deposits and other deposits. Deposits are major sources of the credit funds of banks.

Loan is a form of credit by which banks and other credit institutions provide funds at certain interest rates to enterprises and individuals in the light of the principle of unconditional repayment. Loans from Chinese banks include circulating capital loans, fixed assets loans, loans to urban and rural individuals engaged in industrial and commercial business and agricultural loans.

Savings Deposits refer to the capital which is deposited in the account opened in the reserve corporation by the individual with a deposit certificate as the proof, the principal and interest of which can be withdrew with the deposit certificate.

Amount Insured refers to the maximum that the insurant will get for the claim of the case insured.

Premium is the fee paid by the insurant to the insurer to obtain the obligation of compensation from the insurance within the agreed terms. is the compensation paid by the insurer to the insurant in accordance with the insurance contract.

Settled Claim is the compensation paid by the insurer to the insurant in accordance with the insurance contract.

Payment includes payment for death, injury or medical treatment and payment at maturity. Payment for death, injury or medical treatment refers to the money paid to the insurant (or the beneficiary) in accordance with the life or health insurance contract when the insurant encounters accidents within the insured period covered in the contract. Payment at maturity refers to the payment to the insurant in accordance with the life insurance contract at the end of the insured period.

13 第十三部分 对外经济贸易和旅游

FOREIGN TRADE AND TOURISM

CHAPTER

13-1 对外经济主要指标

MAIN INDICATORS OF FOREIGN TRADE AND ECONOMIC COOPERATION

项　目	Item	2000	2010	2016	2017	2018	2019
进出口总额(亿美元)	**Total Value of Imports and Exports (USD 100 million)**	**639.40**	**3 467.49**	**3 984.39**	**4 141.46**	**4 537.29**	**4 314.76**
出口总额	Total Exports	345.63	2 041.84	2 375.47	2 443.58	2 460.41	2 421.24
进口总额	Total Imports	293.76	1 425.66	1 608.92	1 697.88	2 076.88	1 893.52
签订利用外商直接投资协议(合同)项目(个)	Number of Projects with Contracted Foreign Capital (unit)	1 130	1 929	4 132	6 757	14 834	5 867
签订利用外商直接投资协议(合同)金额(亿美元)	Amount of Contracted Foreign Capital (USD 100 million)	17.38	56.52	521.93	368.40	282.45	205.34
实际利用外商直接投资额(亿美元)	Amount of Foreign Capital Actually Utilized (USD 100 million)	19.61	42.97	67.32	74.01	82.03	78.09
外商投资企业年底工商登记数(户)	Number of Registered Enterprises with Foreign Investment at the Year-end(unit)		29 364	42 621	50 769	65 282	67 940
投资总额(亿美元)	Total Investment (USD 100 million)		933.32	2 630.15	3 606.52	3 914.74	4 216.22
注册资本(亿美元)	Registered Capital(USD 100 million)		546.62	1 984.17	2 835.10	3 086.85	3 248.68
外商投资企业本期工商登记数(户)	Number of Registered Enterprises with Foreign Investment at the Year-end(unit)		2 585	6 024	11 162	16 010	6 015
本期投资总额(亿美元)	Total Investment(USD 100 million)		27.25	809.98	569.82	210.46	181.54
本期注册资本(亿美元)	Registered Capital(USD 100 million)		17.49	772.11	538.09	191.27	136.35

13-2 利用外资签订协议（合同）项目

NUMBER OF THE SIGNED AGREEMENTS AND CONTRACTS FOR UTILIZATION OF FOREIGN CAPITAL

单位：项 (unit)

年 份 Year	总 计 Total	一、按投资方式分 Grouped by Investment Mode					
		对外借款 Foreign Loans	外商直接投资 Direct Foreign Investments	# 合资经营 Joint Ventures	# 合作经营 Cooperative Operation	# 外商独资 Soly-Funded Foreign Enterprises	外商其他投资 Other Foreign Investments
1979	169		37	7	30		132
1980	303		33	4	24	5	270
1981	578		70	13	39	18	508
1982	577		66	11	47	8	511
1983	878		253	92	149	12	625
1984	988	5	334	188	134	12	649
1985	1 203	40	282	192	73	17	881
1986	454	31	224	152	64	8	199
1987	334	13	310	231	62	17	11
1988	694	4	591	443	93	55	99
1989	711	5	647	473	94	80	59
1990	796	6	757	434	100	223	33
1991	986	6	951	534	122	295	29
1992	1 561	1	1 553	822	227	504	7
1993	3 257	2	3 255	1 735	358	1 162	
1994	2 223	2	2 221	1 049	208	964	
1995	1 638	5	1 633	764	109	760	
1996	999		999	491	38	470	
1997	1 786		957	454	30	471	829
1998	1 915		1 391	513	31	844	524
1999	1 558		797	321	15	461	761
2000	1 835		1 130	339	24	766	705
2001	1 860		1 501	396	18	1 087	359
2002	2 191		1 917	361	8	1 544	274
2003	2 573		2 254	333	6	1 913	319
2004			2 718	356	9	2 352	2 36
2005			2 797	308	12	2 469	141
2006			3 105	269	7	2 827	62
2007			4 200	215	8	3 975	25
2008			3 046	139	11	2 896	6
2009			1 498	114	1	1 382	11
2010			1 929	124	1	1 800	
2011			2 513	149	2	2 360	
2012			2 428	134		2 289	
2013			2 056	180	5	1 870	
2014			2 490	266		2 222	
2015			3 359	488	2	2 861	8
2016			4 132	877	6	3 241	8
2017			6 757	1 261	2	5 485	9
2018			14 834	650	3	14 173	8
2019			5 867				

注： 1. 根据《商务部、国家统计局关于印发〈外商投资统计制度〉的通知》从2004年开始外商投资统计制度发生变化：不再包括“对外借款”，且外商直接投资的统计口径缩小。

Note: There are two changes among the newly statistical system of foreign investment in 2004:The index was not include Foreign Loans and statistical scope of Direct Foreign Investments was reduced.

2. 本表数据来源为深圳市商务局，为广东省商务厅统计口径。

Data in this table are provided by Commerce Bureau of Shenzhen Mumicipality, the statistical caliber of the Department of Commerce of Guangdong Province.

年 份 Year	二、按国民经济行业分 Grouped by Sector					
	农、林、牧、渔业 Agriculture, Forestry, Animal Husbandry and Fishery	工 业 Industry	建筑业 Construction	批发和零售业、住宿和餐饮业 Wholesale and Retail Sales, Accommodation and Catering Services	交通运输、仓储和邮政业 Transportation, Storage, Postal and Telecommunications Services	信息传输、软件和信息技术服务业 Information Transmission, Software and Information Technology
1979	6	112		5	3	
1980	8	243		10	4	
1981	9	321		5	5	
1982	3	457		25	1	
1983	19	714		87	15	
1984	14	148		117	15	
1985	10	164		84	8	
1986	6	172	3	20	1	
1987	7	303		1		
1988	5	646	4	12	5	
1989	5	666		12	3	
1990	3	766	2	6	3	
1991	5	908	3	22	6	
1992	6	1 464	2	20	8	
1993	10	2 836	18	115	23	
1994	6	1 815	20	168	16	
1995	5	1 377	10	104	15	
1996	10	858	7	53	8	
1997	8	1 526	4	89	13	
1998	5	1 401	3	65	12	
1999	3	1 351	3	28	7	
2000	4	1 450	1	34	23	
2001	3	1 397	1	43	22	
2002	3	1 616	4	103	33	
2003		1 660	2	100	48	
2004	2	1 513	6	188	53	
2005	1	1 344	9	357	38	
2006	1	896	11	1 238	55	
2007	2	860	4	1 828	127	
2008		350	5	1 187	83	62
2009	1	388	3	737	28	30
2010	1	434	7	1 000	29	35
2011		1 030	6	924	23	54
2012	1	1 027	6	865	26	37
2013	1	335	6	971	27	43
2014		181	7	1 089	28	81
2015	7	163	16	1 406	43	253
2016	7	110	17	1 288	53	327
2017	6	202	41	3 036	109	784
2018	8	316	113	8 337	221	1 785
2019	4	331	66	2 713	78	943

单位：项 13-2 续表 2 continued (unit)

年　份 Year	二、按国民经济行业分 Grouped by Sector						
	金融业 Financial Intermediation	房地产业 Real Estate	租赁和商务服务业 Leasing and Business Services	科学研究和技术服务业 Scientific Research, and Technical Services	卫生和社会工作 Health and Social Work	教育、文化、体育和娱乐业 Education,Culture Sports and Entertainment	其他行业 Others
1979		3					40
1980		14					24
1981		28					210
1982		8					83
1983		21					22
1984		31					663
1985		15					922
1986	1	14		1	1	2	233
1987	7	10					6
1988	4	11					7
1989		10		4		4	7
1990		3		5	1		7
1991	6	30		2		2	2
1992	1	51		4		4	1
1993	1	205		5	6	1	33
1994	1	135		33	5	8	15
1995	1	59		31	19	4	13
1996	2	30		11	8	3	9
1997		138		7	1		
1998		286		138	1	1	3
1999		157		9			
2000		307		13	1	2	
2001		315		77		1	1
2002	5	394		26	1		5
2003	6	439		298	1	2	17
2004	2	57		178		4	715
2005	6	77		348	1	2	614
2006	5	101		373		7	418
2007	2	49		947	1	8	372
2008	2	4	215	1 134		3	1
2009	3	15	191	95		6	1
2010	4	11	264	142		2	
2011	6	19	313	138			
2012	13	8	334	105	3	3	
2013	73	14	463	114		9	
2014	222	18	687	165		8	4
2015	405	25	808	209	2	20	2
2016	1 144	32	809	295	2	46	2
2017	741	38	1108	623	4	63	2
2018	156	55	2 211	1 512	3	114	3
2019	67	65	921	599	2	75	3

单位：项 13-2 续表 3 continued (unit)

年 份 Year	三、按国别(地区)分 Grouped by Country (Territory)							
	中国香港、澳门 HongKong China, Macao China	中国台湾 Taiwan China	新加坡 Singapore	韩 国 Korea Rep	日 本 Japan	泰 国 Thailand	澳大利亚 Australia	马来西亚 Malaysia
1991	885	36	8	3	17	3	1	
1992	1 330	88	20	5	16	8	6	3
1993	2 834	154	24	8	27	15	14	5
1994	1 885	124	29	8	25	8	7	3
1995	1 288	100	26	14	36	11	9	6
1996	760	85	15	11	15	4	6	6
1997	1 576	85	14	9	13	3	5	5
1998	1 614	119	19	7	12	1	4	2
1999	1 355	45	14	7	8		2	
2000	1 474	67	19	12	9	1	7	2
2001	1 288	179	28	22	25	3	10	6
2002	1 498	239	34	25	35	3	13	11
2003	1 852	260	25	35	33	3	14	6
2004	1 959	122	44	42	51		14	10
2005	1 974	144	51	43	45	3	9	6
2006	2 233	152	48	42	38	2	28	17
2007	3 427	165	48	50	46	6	19	10
2008	2 582	82	27	34	41	2	10	15
2009	1 142	85	17	25	24	4	9	11
2010	1 472	112	23	24	34	3	5	15
2011	1 985	125	29	37	27	2	10	12
2012	1 988	76	25	40	25	3	10	12
2013	1 611	110	29	38	22	2	12	11
2014	2 011	119	41	55	21	2	9	12
2015	2 673	164	48	91	16	2	17	26
2016	3 365	186	43	66	12	7	17	44
2017	5 717	234	54	59	27	6	26	53
2018	13 703	297	60	65	35	9	38	65
2019	4 622	280	84	88	41	13	30	65

单位：项 13-2 续表 4 continued (unit)

年 份 Year	三、按国别(地区)分 Grouped by Country (Territory)							
	美 国 The United States	加拿大 Canada	德 国 Germany	法 国 France	英 国 The United Kingdom	瑞 士 Switzerland	荷 兰 Netherlands	其 他 Others
1991	18	2	2	3	2	1	1	4
1992	57	8	1	2	5		1	11
1993	104	22	2	4	16	2	3	23
1994	74	10	5	3	19		1	22
1995	71	9	3	1	18	2	4	40
1996	42	7	3	4	14	1	2	24
1997	35	8	2	3	5	3		20
1998	58	4	5	1	4	1	3	61
1999	37	12	3		4		1	70
2000	52	17	4	1	3		2	165
2001	72	14	2	2	2	2	2	203
2002	77	12	4	3	9	1	7	220
2003	72	23	2	3	7		4	234
2004	84	22	12	5	15	1	6	331
2005	100	16	14	4	24	7	9	348
2006	110	19	11	5	21	5	7	367
2007	78	15	12	3	15	2	5	299
2008	62	13	4	3	9	6	3	153
2009	49	10	7	7	5	1		102
2010	46	7	7	9	6	2	3	161
2011	51	8	15	9	7	1	2	193
2012	30	11	7	5	6	3	1	186
2013	36	12	8	9	10	4	5	137
2014	38	13	5	3	14	2	6	139
2015	65	22	10	4	14	1	6	200
2016	80	29	14	11	25	4	4	225
2017	101	32	20	17	34	4	3	370
2018	117	50	19	15	36	3	9	313
2019	135	38	19	16	42	8	7	379

13-3 协议利用外资额

AMOUNT OF FOREIGN CAPITAL TO BE UTILIZED IN THE SIGNED AGREEMENTS AND CONTRACTS

单位：万美元 （USD 10 000）

年 份 Year	总 计 Total	一、按投资方式分 Grouped by Investment Mode					
		1、对外借款 Foreign Loans	2、外商直接投资 Direct Foreign Investments	# 合资经营 Joint Ventures	# 合作经营 Cooperative Operation	# 外商独资 Soly-Funded Foreign Enterprises	3、外商其他投资 Other Foreign Investments
1979	2 984		1 790	851	939		1 194
1980	27 122		23 966	1 021	13 966	8 979	3 156
1981	86 360		86 360	442	72 636	13 282	
1982	18 028		17 546	643	14 498	2 405	482
1983	33 451		29 355	8 052	17 605	3 698	4 096
1984	64 564	1 962	53 342	21 240	31 704	398	9 260
1985	102 647	19 320	79 323	18 544	58 046	2 733	4 004
1986	51 360	22 474	24 396	9 776	13 189	1 431	4 490
1987	64 893	7 812	56 675	10 993	7 370	38 312	406
1988	48 739	4 500	43 021	25 163	9 310	8 548	1 218
1989	48 904	576	46 945	25 120	11 501	10 324	1 383
1990	69 344	1 062	67 899	18 869	16 099	32 931	383
1991	115 158	5 038	108 611	35 419	23 072	50 120	1 509
1992	251 774	1 188	249 496	75 010	65 597	108 889	1 090
1993	497 737	800	496 937	211 828	71 588	213 521	
1994	298 649	15 521	283 128	92 731	47 632	142 765	
1995	359 654	13 347	346 307	125 589	63 561	157 157	
1996	168 000		168 000	99 879	26 192	41 929	
1997	176 896		135 387	63 177	10 224	59 657	41 509
1998	274 571	42 093	203 475	78 016	8 484	115 293	29 003
1999	223 018	64 077	121 017	16 345	7 242	96 585	37 924
2000	263 996	43 671	173 813	28 374	11 926	128 739	46 512
2001	400 393	50 527	272 318	43 530	82 902	145 184	77 548
2002	518 626	38 735	354 400	61 955	5 952	202 075	125 491
2003	582 896	55 570	484 687	124 831	11 157	335 571	42 639
2004			412 131	103 316	13 546	281 272	71 913
2005			525 097	68 065	2 375	437 181	43 755
2006			526 410	93 298	6 117	412 952	107 288
2007			857 155	63 948	-3 985	787 701	15 570
2008			728 283	97 963	2 007	608 434	4 914
2009			355 805	81 851	-1 622	257 953	-4 195
2010			565 197	44 503	271	508 625	-6 219
2011			763 307	121 168	11 803	616 702	-14 417
2012			626 184	83 049	1 284	519 688	177
2013			670 003	122 240	911	541 041	
2014			1 089 537	123 337	840	950 075	
2015			2 559 531	323 952	-697	2 189 932	46 344
2016			5 219 259	710 746	4 539	4 303 336	200 638
2017			3 683 974	876 256	30 847	2 505 442	271 429
2018			2 824 526	217 822	99	2 230 654	375 951
2019			2 053 445				

注：本表数据来源为深圳市商务局，为广东省商务厅统计口径。

Note: Data in this table are provided by Commerce Bureau of Shenzhen Mumicipality, the statistical caliber of the Department of Commerce of Guangdong Province.

年 份 Year	二、按国民经济行业分 Grouped by Sector					
	农、林、牧、渔业 Agriculture, Forestry, Animal Husbandry and Fishery	工 业 Industry	建筑业 Construction	批发和零售业、住宿和餐饮业 Wholesale and Retail Sales ,Accommodation and Catering Services	交通运输、仓储和邮政业 Transportation,Storage,Postal and Telecommunications Services	信息传输、软件和信息技术服务业 Information Transmission, Software and Information Technology
1979	119	1 163		179	537	
1980	1 085	10 577		1 628	4 883	
1981	3 451	33 680		5 182	15 545	
1982	213	6 269		1 082	3 245	
1983	1 345	13 145		2 085	5 978	
1984	214	16 936		27 152	1 933	
1985	439	56 558		13 510	3 935	
1986	187	12 197	3 849	3 773	102	
1987	359	54 644		13		
1988	273	36 686	149	2 403	899	
1989	120	37 885		3 499	643	
1990	99	55 931	138	5 197	378	
1991	888	77 756	3 839	5 742	1 665	
1992	2 878	176 536	1 180	4 724	8 321	
1993	378	292 842	3 646	48 641	37 086	
1994	263	177 967	1 264	37 774	1 585	
1995	438	243 725	4 468	21 903	21 376	
1996	763	123 973	11 905	12 443	1 827	
1997	481	129 826	2 671	7 977	4 864	
1998	1 417	184 011	3 678	11 323	16 008	
1999	89	207 778	225	2 359	−2 439	
2000	94	216 845	−913	7 795	2 990	
2001	−202	343 834	445	5 936	6 299	
2002	98	357 927	650	15 303	29 752	
2003	699	362 144	466	18 346	40 517	
2004	1 040	246 824	525	12 230	8 923	
2005	184	227 994	20 041	42 019	41 960	
2006	84	215 287	490	78 194	39 107	
2007	−561	250 677	−24	197 432	16 890	
2008	−95	230 858	3 928	192 763	13 374	32 517
2009	52	90 645	682	64 715	51 452	2 367
2010	314	105 151	1 162	155 857	17 878	17 687
2011		262 143	1 222	144 719	20 028	16 848
2012		243 452	1 183	89 786	28 754	17 235
2013	524	122 170	594	141 389	2 490	8 517
2014	393	98 963	396	185 828	16 413	45 131
2015	1 627	112 971	6 149	292 058	36 982	189 865
2016	2 582	344 909	18 605	413 607	4 232	68 199
2017	72 941	183 512	8 733	565 083	42 376	367 195
2018	813	165 335	10 845	511 004	382 297	483 569
2019	5 126	153 006	48 408	384 295	35 728	297 129

年 份 Year	二、按国民经济行业分 Grouped by Sector						
	金融业 Financial Intermediation	房地产业 Real Estate	租赁和商务服务业 Leasing and Business Services	科学研究和技术服务业 Scientific Research, and Technical Services	卫生和社会工作 Health and Social Work	教育、文化、体育和娱乐业 Education,Culture Sports and Entertainment	其他行业 Others
1979		538					448
1980		4 883					4 066
1981		15 675					12 824
1982		3 245					3 974
1983		6 042					4 856
1984		6 349					11 980
1985		4 928					23 277
1986	129	4 075		4	19	16	27 009
1987	6 000	2 065					1 812
1988	4 500	3 568					261
1989		4 939		108		300	1 410
1990		3 802		123	2 574		1 102
1991	5 038	17 197		240		669	2 124
1992	1 188	51 153		97		3 239	2 458
1993	2 100	77 660		94	991	2 900	31 106
1994	29	59 615		1 393	628	6 552	11 572
1995	2 170	51 630		1 103	625	1 250	2 966
1996	2 301	9 200		487	2 664	1 750	687
1997		29 839		426	161		651
1998	4 911	44 075		8 043	1 584	36	−515
1999		16 108		579	−5 037		3 356
2000	27	36 672		486	−460	158	302
2001	1 000	38 853		5 886	120	793	−2 571
2002	60 980	43 677		2 396	707	38	7 098
2003	13 654	89 112		21 947	779	2 071	28 054
2004	144	29 502		13 697		1 563	97 683
2005	8 813	61 235		36 825	993	1 371	83 662
2006	3 085	80 598		38 188	−132	4 288	67 221
2007	1 250	109 325		115 229	2 190	371	164 376
2008	594	70 910	45 135	135 320		1 351	1 628
2009	38 750	56 192	32 584	17 549		783	34
2010	4 004	130 934	76 480	52 828		2 902	
2011	−22 595	95 492	190 892	52 673		1 866	19
2012	30 563	47 192	120 366	29 983	665	17 005	
2013	160 495	34 874	167 699	28 016		3 235	
2014	505 875	17 278	157 885	59 796	−20	185	1 414
2015	1 171 149	286 294	398 707	66 585	−187	−3 589	920
2016	3 337 411	281 796	580 578	145 886	227	21 077	150
2017	1 400 925	106 256	732 402	197 858	783	5 862	48
2018	173 872	78 104	790 989	214 096	916	11 803	883
2019	140 596	74 909	614 077	263 603	211	36 211	146

年 份 Year	三、按国别(地区)分 Grouped by Country (Territory)							
	中国香港、澳门 HongKong China, Macao China	中国台湾 Taiwan China	新加坡 Singapore	韩 国 Korea Rep.	日 本 Japan	泰 国 Thailand	澳大利亚 Australia	马来西亚 Malaysia
1987	16 431		427		10 336	112	85	
1988	33 363	1 407	1 735		6 762			41
1989	40 214	986	328		1 131	2 585	48	
1990	54 729	4 839	3 134		1 058	1 092	550	17
1991	54 729	4 839	3 134		1 058	1 092	550	17
1992	206 231	10 814	2 151	1 174	5 843	416	3 198	1 679
1993	411 673	21 908	2 132	665	7 491	5 284	7 934	392
1994	260 535	12 075	6 996	384	2 692	1 421	184	114
1995	274 815	7 344	7 940	1 926	20 914	978	227	2 024
1996	80 115	3 376	1 847	50 895	1 120	347	340	210
1997	98 839	4 951	1 874		2 517	59		293
1998	153 002	6 375	10 002	343	15 184	1 030		
1999	111 587	2 965	6 569	7	15 842		32	−154
2000	141 259	3 976	5 359	628	1 677	7	511	300
2001	180 030	19 328	6 371	888	8 379	115	920	56
2002	205 225	26 226	5 879	1 543	1 998	−939	2 381	1 570
2003	340 288	18 290	9 916	2 608	10 027	1 165	340	96
2004	198 695	9 276	6 479	4 506	6 025	400	745	3 838
2005	265 109	1 802	13 508	861	8 802	171	−139	−237
2006	362 411	3 883	8 107	486	8 866	26	1 822	3 568
2007	667 020	4 837	5 989	2 407	4 110	242	−1 190	133
2008	618 340	−1 030	1 618	804	4 138	17	−585	678
2009	323 420	245	4 974	239	−3 251	198	−283	672
2010	449 569	980	8 180	316	3 730	61	24	517
2011	536 353	9 961	22 437	23 771	15 026	8	−67	−771
2012	508 831	6 997	2 666	939	23 173	164	−308	1 001
2013	497 375	771	24 819	3 763	7 022	179	194	−2 534
2014	961 581	4 044	9 940	1 016	11 468	28	2 741	1 757
2015	2 287 102	26 580	5 846	3 320	6 322	84	710	850
2016	4 871 076	17 212	279	12 945	6 512	560	765	11 696
2017	3 250 763	21 323	128 550	3 896	490	516	1 539	5 044
2018	2 088 660	25 923	− 2 020	2 599	8 606	1 653	1 758	3 799
2019	1 874 802	18 305	19 681	6 975	14 075	381	1 236	3 551

年 份 Year	三、按国别(地区)分 Grouped by Country (Territory)							
	美 国 The United States	加拿大 Canada	德 国 Germany	法 国 France	英 国 The United Kingdom	瑞 士 Switzerland	荷 兰 Netherlands	其 他 Others
1987	779			300	23			36 400
1988	3 441	100	1 162	22	603			103
1989	2 290	63	48	249			562	400
1990	1 253	115		8	772	809		968
1991	981	34	210	392	1 700	83	819	320
1992	4 764	4 067	31	111	5 373		5	5 917
1993	18 289	7 245	368	534	7 352	500	175	5 795
1994	8 010	921	222	78	2 421		25	2 571
1995	17 020	426	1 995	3 900	3 641	6	6 315	10 183
1996	3 876	368	357	227	2 493	15	2 659	19 755
1997	2 177	553	1 365	182		128	1 061	62 897
1998	10 759	215	3 077	21 270	7 489		4 142	41 683
1999	22 954	144	2 367	23 561	8 543	−17	2 853	25 765
2000	11 611	987	3 214	26 698	11 894		1 388	54 487
2001	5 239	997	1 224	33 920	5 987	683	−1 383	137 639
2002	79 346	−32	492	24 533	65 794	1 565	−199	103 244
2003	17 082	907	399	3 753	10 540	83	7 219	160 183
2004	14 007	434	2 379	2 317	11 263	140	7 154	144 473
2005	5 532	121	1 857	177	3 710	537	3 264	220 022
2006	4 974	196	911	482	1 748	299	7 136	121 495
2007	7 946	572	612	751	2 267	439	3 772	157 248
2008	11 773	2 385	1 357	4 445	636	922	756	82 029
2009	4 223	198	152	−946	2 398	381	401	22 784
2010	12 622	−2 011	−262	2 040	−1 162	−35	−1 158	91 786
2011	34 899	204	782	31 436		−9	−70	89 347
2012	1 600	−120	−355	−86	69	451	−5 078	86 240
2013	3 849	−185	317	77	1 830	84	1 843	130 599
2014	9 196	199	85	−1 121	1 143	−7	390	87 077
2015	−803	6 820	1 055	79	2 664	227	1 745	216 930
2016	7 804	17 471	2912	223	93 199	7 829	1 265	263 845
2017	1 495	2 645	1 638	1 060	12 278	213	5 261	247 263
2018	10 587	3 962	2 826	28 018	1 081	4 012	−9 251	652 313
2019	8 156	4 166	− 674	790	6 599	7 192	440	87 770

13-4 实际利用外资额

AMOUNT OF FOREIGN CAPITAL ACTUALLY USED

单位：万美元 (USD 10 000)

年 份 Year	总 计 Total	一、按投资方式分 Grouped by Investment Mode					
		对外借款 Foreign Loans	外商直接投资 Direct Foreign Investments	# 合资经营 Joint Ventures	# 合作经营 Cooperative Operation	# 外商独资 Soly-Funded Foreign Enterprises	外商其他投资 Other Foreign Investments
1979	1 537		548	192	356		989
1980	3 264		2 755	252	1 891	612	509
1981	11 282		8 618	1 073	5 427	2 118	2 664
1982	7 379		5 771	1 114	3 823	834	1 608
1983	14 394		11 316	1 906	6 077	3 333	3 078
1984	23 013	1 962	18 640	8 008	5 990	4 642	2 411
1985	32 925	13 585	17 989	6 993	10 316	680	1 351
1986	48 933	10 860	36 450	5 124	30 241	1 085	1 623
1987	40 449	12 436	27 379	8 489	17 826	1 064	634
1988	44 429	14 430	28 716	9 644	10 085	8 987	1 283
1989	45 809	15 563	29 252	16 852	7 182	5 218	994
1990	51 857	12 360	38 994	26 849	4 917	7 228	503
1991	57 988	17 184	39 875	27 330	5 185	7 360	929
1992	71 539	25 808	44 879	20 554	8 716	15 609	852
1993	143 217	43 762	98 900	48 165	15 097	35 638	555
1994	172 959	47 367	125 046	49 312	21 388	54 346	546
1995	173 545	42 556	130 989	33 120	28 003	69 866	
1996	242 242	37 177	205 065	89 228	26 776	89 061	
1997	287 168	57 095	166 112	53 271	20 771	92 070	63 961
1998	255 222	55 717	166 357	73 762	22 354	67 561	33 148
1999	275 422	64 077	177 839	74 848	18 954	82 556	33 506
2000	296 839	43 671	196 145	71 789	19 102	103 061	57 023
2001	360 277	44 527	259 080	59 076	56 621	139 157	56 670
2002	490 220	49 511	319 101	79 480	39 550	149 642	121 608
2003	504 213	57 928	362 344	115 245	20 850	193 915	83 941
2004			234 994	48 868	6 281	169 650	126 232
2005			296 872	50 807	8 299	230 996	104 841
2006			326 852	56 623	2 609	252 313	158 419
2007			366 220	64 843	1 334	295 550	99 277
2008			403 018	43 441	2 038	354 971	75 827
2009			416 001	54 993	551	342 234	12 242
2010			429 724	63 281	1 292	341 964	17 218
2011			459 921	48 409	1 367	397 391	23 696
2012			522 944	81 675	3 949	418 054	2 768
2013			546 789	79 900	1 340	461 585	403
2014			580 469	80 834	163	484 416	
2015			649 733	57 037	1 719	581 450	9 527
2016			673 227	92 018	115	574 622	6 472
2017			740 126	194 084		501 601	44 441
2018			820 301	152 982		608 331	35 874
2019			780 944				

注：本表数据来源为深圳市商务局，为广东省商务厅统计口径。

Note: Data in this table are provided by Commerce Bureau of Shenzhen Mumicipality, the statistical caliber of the Department of Commerce of Guangdong Province.

单位：万美元 13-4 续表 1 continued （USD 10 000）

年 份 Year	二、按国民经济行业分 Grouped by Sector					
	农、林、牧、渔业 Agriculture, Forestry, Animal Husbandry and Fishery	工 业 Industry	建筑业 Construction	批发和零售业、住宿和餐饮业 Wholesale and Retail Sales ,Accommodation and Catering Services	交通运输、仓储和邮政业 Transportation,Storage,Postal and Telecommunications Services	信息传输、软件和信息技术服务业 Information Transmission, Software and Information Technology
1979	30	645		200	31	
1980	65	1 371		424	65	
1981	226	4 738		1 467	226	
1982	148	3 099		959	148	
1983	216	6 013		1 809	273	
1984	57	8 235		5 251	881	
1985	73	6 549		1 221	1 457	
1986	138	31 874	13	974	416	
1987	232	25 216	239	387	432	
1988	383	28 645	45	1 069	917	
1989	200	27 406	53	1 530	1 071	
1990	28	32 306	6	858	440	
1991	143	34 869	12	831	894	
1992	55	44 056	122	807	300	
1993	94	74 851	54	3 216	18 514	
1994	626	113 192		6 798	18 900	
1995	433	121 125		2 305	17 195	
1996		193 141	30	11 852	6 944	
1997	64	222 822	3 195	3 318	26 095	
1998	428	156 925	7 906	7 715	35 333	
1999	1 049	195 450	412	8 794	10 182	
2000	145	222 702	5 384	5 587	12 129	
2001	294	293 765	776	9 283	9 476	
2002	27	336 943	657	13 115	18 696	
2003	824	315 730	1 102	29 410	45 608	
2004	169	145 123	2 223	11 407	12 313	
2005	146	181 804	134	14 497	21 139	
2006	146	189 097	12 690	15 423	23 308	
2007	113	181 439	7 073	53 884	19 723	
2008	207	152 987	27	80 362	30 071	15 161
2009	111	158 939	427	127 000	8 567	9 134
2010		164 623	2	89 554	5 947	23 705
2011	172	164 480	469	90 304	30 673	25 697
2012	150	181 153	810	121 492	32 239	5 135
2013	65	187 485	3 224	66 716	14 732	7 258
2014	392	124 187	494	104 299	6 233	22 184
2015		82 354	159	65 391	10 398	30 007
2016		50 294	170	55 407	12 274	35 793
2017	5	95 539	1 525	110 070	11 041	19 727
2018	3	174 025	811	89 923	48 859	41 542
2019		90 477	916	94 028	35 943	89 325

年 份 Year	二、按国民经济行业分 Grouped by Sector						
	金融业 Financial Intermediation	房地产业 Real Estate	租赁和商务服务业 Leasing and Business Services	科学研究和技术服务业 Scientific Research, and Technical Services	卫生和社会工作 Health and Social Work	教育、文化、体育和娱乐业 Education,Culture Sports and Entertainment	其他行业 Others
1979		553					78
1980		1 175					164
1981		4 061					564
1982		2 656					369
1983		5 124					959
1984		4 412					4 177
1985		7 976					15 649
1986	8 948	2 965				6	3 599
1987	10 247	454			6	39	3 197
1988	4 168	4 652		20	161	30	4 339
1989	10 666	4 744				33	106
1990	5 913	5 576				34	6 696
1991	9 837	10 835			35		532
1992	14 008	9 503			13	17	2 658
1993	254	31 664			500		14 070
1994	5 751	14 220		132	234	1 445	11 661
1995	4 327	15 982			10 921	625	632
1996	9 339	16 970		550	1 236	68	2 112
1997	6 638	14 372		17	1 750	470	8 427
1998	12 021	31 208		234	831	548	2 073
1999		48 992		3 383	4 659	441	2 060
2000	1 579	40 473		379	1 600	377	6 484
2001	1 000	44 137		501	758	18	269
2002	58 734	51 018		2 846	1 514	63	6 607
2003	18 587	64 587		2 809	220	626	19 586
2004	1 285	18 694		6 384	100		37 196
2005	20	19 457		9 366	120	346	49 843
2006	7 266	21 097		12 841		597	44 387
2007	1 566	32 405		22 843	439	334	46 401
2008		42 717	52 587	27 852	372	675	
2009		25 249	26 634	57 935		2 005	
2010	1 591	56 872	49 597	37 460		373	
2011	7 072	45 815	54 331	39 164		1 678	66
2012	1 338	55 414	76 601	39 668	186	8 758	
2013	19 972	71 830	130 122	39 518		5 867	
2014	67 505	80 317	138 504	34 870	556	928	
2015	71 649	225 873	136 267	25 079		2 395	161
2016	106 958	191 914	209 606	10 810		1	
2017	88 726	204 094	160 434	48 787	121	13	44
2018	77 900	164 843	204 015	17 066		832	482
2019	15 222	107 292	288 321	58 105	353	962	

年 份 Year	三、按国别(地区)分 Grouped by Country (Territory)							
	中国香港、澳门 HongKong China, Macao China	中国台湾 Taiwan China	新加坡 Singapore	韩 国 Korea Rep.	日 本 Japan	泰 国 Thailand	澳大利亚 Australia	马来西亚 Malaysia
1987	25 632		247		9 291	32	29	
1988	28 198	316	146		14 567		10	
1989	28 729	1 006	1 177		10 004		166	
1990	26 291	371	897		17 257		723	
1991	32 375	216	339	125	14 265		700	
1992	46 134	475	475		15 806	914	323	117
1993	92 455	4 532	1 197	170	20 822	1 577	155	
1994	125 890	10 671	1 270		18 740	102	645	
1995	105 172	6 954	845		32 067		520	
1996	150 126	13 665	7 525	7 094	29 860	3 381	340	2 024
1997	203 035	6 732	2 502	309	17 616	1 133	19	750
1998	182 956	3 479	1 089	352	8 959	257	56	45
1999	144 214	3 842	9 855	11 133	18 666	1 047	145	64
2000	184 531	3 940	6 023	8 136	5 113		219	1 724
2001	194 212	12 518	7 521	162	8 183	6	365	263
2002	216 516	28 876	8 449	541	10 498	1 307	687	245
2003	318 337	28 479	10 471	4 489	12 154	69	172	348
2004	125 379	4 002	4 576	411	3 215	200	345	1 394
2005	157 487	5 328	5 368	1 507	6 590	148	848	888
2006	167 338	3 044	11 352	484	4 660	31	422	587
2007	223 877	3 278	7 348	322	4 319	261	1 643	253
2008	256 893	4 565	4 280	1 339	2 887	35	264	540
2009	275 819	2 186	6 297	489	3 942	13	54	1 127
2010	310 221	1 737	9 393	472	2 774	136	148	398
2011	326 079	1 852	11 395	4 674	10 745	65	180	94
2012	379 918	4 484	6 112	19 729	5 235	51	46	1 320
2013	418 654	3 541	9 285	451	7 167	88	17	28
2014	438 748	5 635	7 143	3 708	7 027	43	25	123
2015	561 412	797	8 304	496	4 330	10	167	88
2016	599 055	761	4 004	427	7 070	30	12	168
2017	657 404	494	4 714	29 317	1 483	6		
2018	602 497	801	8 152	7 373	8 908	98		214
2019	604 627	1 291	42 851	1 125	9 352	1 421	362	192

单位：万美元 13-4 续表 4 continued （USD 10 000）

年 份 Year	三、按国别(地区)分 Grouped by Country (Territory)							
	美 国 The United States	加拿大 Canada	德 国 Germany	法 国 France	英 国 The United Kingdom	瑞 士 Switzerland	荷 兰 Netherlands	其 他 Others
1987	3 101	899	18	1 194	6			
1988	294	150	201	501	5			41
1989	1 143	16		3 399	112			57
1990	4 011		35	1 112	235	500	337	88
1991	6 963	5		1 668	457		819	56
1992	2 029			3 225	1 109	84	633	155
1993	14 531	450		3 153	64	510	3 511	90
1994	3 371	628	130	2 206	6 662		2 520	124
1995	14 145	194	250	8 963	1 099	2 623		713
1996	10 576	162	911	2 985	1 820	794	125	10 854
1997	24 306	215	1 365	182	3 888	6		25 110
1998	4 326	364	505	24 610	9 002	188	1 601	17 433
1999	688	22 111	650	23 933	9 291	170	5 721	23 892
2000	11 498	739	3 477	26 613	11 498	1 080	3 677	28 571
2001	5 929	668	1 339	27 912	8 238	1 551	497	90 913
2002	63 310	632	1 811	24 814	49 112	1 142	2 783	79 506
2003	10 540	907	289	3 759	9 417	1 006	1 686	102 090
2004	8 189	436	517	23	3 014	200	2 266	80 827
2005	9 066	594	347	1 449	8 517	21	3 251	95 463
2006	7 129	189	2 274	186	1 536	253	2 164	125 203
2007	4 052	181	1 437	931	1 555	137	6 227	110 399
2008	7 613	244	142	870	923	30	3 037	119 356
2009	5 071	263	626	1 721	1 328	202	1 282	115 581
2010	8 960	91	381	4	1 065	558	1 805	91 581
2011	8 188	196	890	1 109	116	133	12	94 193
2012	28 437	145	395	550	84	16	669	75 753
2013	4 705	70	842	22 026	995		1 077	77 843
2014	2 875	82	168	9 365	44	440	1 462	103 581
2015	1 108	21	34		213	3	12	72 738
2016	1 424	34	37	8		6 334	391	53 472
2017	1 238	257	1 313	283	121		620	42 876
2018	806	1 130	71 898	27 228	114		538	90 544
2019	551	233	144	82	828	11	1 319	116 555

13-5 实际外商直接投资

DIRECT FOREIGN INVESTMENTS ACTUALLY USED

单位：亿美元 (USD 100 million)

年份 Year	实际利用外资金额 Direct Foreign Investments Actually Used	指数（%）Indices(%)	
		以1979年为100 1979=100	以上年为100 Preceding Year=100
1979	0.05	100.0	
1980	0.28	502.7	502.7
1981	0.86	1 572.6	312.8
1982	0.58	1 053.1	67.0
1983	1.13	2 065.0	196.1
1984	1.86	3 401.5	164.7
1985	1.80	3 282.7	96.5
1986	3.65	6 651.5	202.6
1987	2.74	4 996.2	75.1
1988	2.87	5 240.1	104.9
1989	2.93	5 338.0	101.9
1990	3.90	7 115.7	133.3
1991	3.99	7 276.5	102.3
1992	4.49	8 189.6	112.5
1993	9.89	18 047.4	220.4
1994	12.50	22 818.6	126.4
1995	13.10	23 903.1	104.8
1996	20.51	37 420.6	156.6
1997	16.61	30 312.4	81.0
1998	16.64	30 357.1	100.1
1999	17.78	32 452.4	106.9
2000	19.61	35 792.9	110.3
2001	25.91	47 277.4	132.1
2002	31.91	58 230.1	123.2
2003	36.23	66 121.2	113.6
2004	23.50	72 997.8	110.4
2005	29.69	92 196.2	126.3
2006	32.69	101 508.0	110.1
2007	36.62	113 689.0	112.0
2008	40.30	125 171.6	110.1
2009	41.60	129 177.1	103.2
2010	42.97	133 439.9	103.3
2011	45.99	142 780.7	107.0
2012	52.29	162 341.7	113.7
2013	54.68	169 809.4	104.6
2014	58.05	180 337.6	106.2
2015	64.97	201 797.8	111.9
2016	67.32	209 062.5	103.6
2017	74.01	229 759.7	109.9
2018	82.03	254 573.8	110.8
2019	78.09	242 359.9	95.2
年平均增长率 Average Annual Growth Rate		**21.5**	

注：1.本表指数按可比口径计算。
Note: Data in this table are calculated at comparable scope.
2.本表数据来源为深圳市商务局，为广东省商务厅统计口径。
Data in this table are provided by Commerce Bureau of Shenzhen Municipality, the statistical caliber of the Department of Commerce of Guangdong Province.

13-6 外商投资企业工商登记情况（按企业类别分）（2019年末）

BUSINESS REGISTRATION OF FOREIGN INVESTED ENTERPRISES AT YEAR-END (GROUPED BY REGISTRATION STATUS) (2019)

单位：万美元 （USD 10 000）

项目	Item	期末实有 Final Actual Amount			
		户数（户） Enterprises (Unit)	投资总额 Total Investment	注册资本（认缴出资金额） Registered Capital (Subscribed Capital Contribution)	
				小计 Subtotal	#外方 Foreign Side
合计	**Total**	**67 940**	**42 162 220**	**32 486 758**	**21 994 244**
中外合资	Sino-foreign Joint Ventures	5 375	14 121 723	11 085 917	2 852 707
中外合作（法人）	Sino-foreign Cooperative Enterprises (Juridical Person)	280	1 140 195	457 339	271 545
中外合作（非法人）	Sino-foreign Cooperative Enterprises (Unincorporated)	91			
外资企业	Foreign-funded Enterprises	51 814	24 463 089	17 987 588	17 987 588
外商投资股份有限公司	Companies Limited by Shares with Foreign Investment	196	2 436 954	2 355 673	592 083
其他外商投资企业	Other Foreign-invested Enterprises	489	258	600 241	290 321
合伙企业	Partnership Enterprises	485		599 982	290 279
普通合伙	General Partnership Enterprises	18		1 021	222
#特殊的普通合伙	Special General Partnership Enterprises	4			
有限合伙	Limited Partership Enterprises	467		598 961	290 058
其他企业	Other Enterprises	4	258	258	42
外商投资企业分支机构	Foregin-invested Enterprises Branches	9 695			

注： 本表数据来源为深圳市市场监督管理局。
Note: Data in this table are provided by Market Supervision and Regulation Bureau of Shenzhen Municipality.

项目 Item		本期登记 Registration of the Current Period			
		户数（户） Enterprises (Unit)	投资总额 Total Investment	注册资本（认缴出资金额） Registered Capital（Subscribed Capital Contribution)	
				小计 Subtotal	#外方 Foreign Side
合计	**Total**	**6 015**	**1 815 424**	**1 363 547**	**1 215 673**
中外合资	Sino-foreign Joint Ventures	525	252 815	171 691	35 600
中外合作（法人）	Sino-foreign Cooperative Enterprises (Juridical Person)	1	72	72	72
中外合作（非法人）	Sino-foreign Cooperative Enterprises (Unincorporated)				
外资企业	Foreign-funded Enterprises	4 295	1 544 917	1 146 714	1 146 714
外商投资股份有限公司	Companies Limited by Shares with Foreign Investment	5	17 548	17 548	10 728
其他外商投资企业	Other Foreign-invested Enterprises	116	72	27 522	22 558
合伙企业	Partnership Enterprises	115		27 450	22 558
普通合伙	General Partnership Enterprises				
#特殊的普通合伙	Special General Partnership Enterprises				
有限合伙	Limited Partership Enterprises	115		27 450	22 558
其他企业	Other Enterprises	1	72	72	
外商投资企业分支机构	Foregin-invested Enterprises Branches	1 073			

单位：万美元　　　　13-6 续表2 continued(USD 10 000)

项目 Item		注销（户） Logouted Enterprises(unit)		吊销（户） Revoked Enterprises(unit)	
		本期注销 Logouted Enterprises of the current period	累计注销 Total Number of Logouted Enterprises	本期吊销 Revoked Enterprises of the current period	累计吊销 Total Number of Revoked Enterprises
合计	**Total**	**3 095**	**17 185**	**726**	**26 520**
中外合资	Sino-foreign Joint Ventures	261	1 331	54	1 373
中外合作（法人）	Sino-foreign Cooperative Enterprises (Juridical Person)	8	190	5	1 172
中外合作（非法人）	Sino-foreign Cooperative Enterprises (Unincorporated)	8	306		370
外资企业	Foreign-funded Enterprises	1 792	7 584	667	20 017
外商投资股份有限公司	Companies Limited by Shares with Foreign Investment	2	9		32
其他外商投资企业	Other Foreign-invested Enterprises	24	38		1
合伙企业	Partnership Enterprises	24	38		1
普通合伙	General Partnership Enterprises		6		
#特殊的普通合伙	Special General Partnership Enterprises				
有限合伙	Limited Partership Enterprises	24	32		1
其他企业	Other Enterprises				
外商投资企业分支机构	Foregin-invested Enterprises Branches	1 000	7 727		3 555

13-7 外商投资企业工商登记情况（按行业类别分）（2019年末）

BUSINESS REGISTRATION OF FOREIGN INVESTED ENTERPRISES AT YEAR-END (GROUPED BY SECTOR)(2019)

单位：万美元 (USD 10 000)

项目	Item	期末实有 Final Actual Amount			
		户数（户） Enterprises (Unit)	投资总额 Total Investment	注册资本（认缴出资金额） Registered Capital (Subscribed Capital Contribution)	
				小计 Subtotal	#外方 Foreign Side
合计	**Total**	**67 940**	**42 162 220**	**32 486 758**	**21 994 244**
农、林、牧、渔业	Agriculture,Forestry,Animal Husbandry and Fishery	81	86 031	75 260	53 670
农、林、牧、渔服务业	Agriculture,Forestry,Animal Husbandry and Fishery Services	21	46 908	38 649	19 858
采矿业	Mining	6	16 858	5 915	2 165
开采辅助活动	Mining Auxiliary Activities	2	147	107	107
制造业	Manufacturing	10 317	8 391 710	5 272 153	3 366 496
金属制品、机械和设备修理业	Metal Products Machinery And Equipmet Repair Services	72	50 326	28 674	27 650
电力、热力、燃气及水生产和供应业	Production and Supply of Electric Power,Gas and Water	196	2 149 917	1 172 696	389 306
建筑业	Construction	624	458 154	386 679	233 215
批发和零售业	Wholesale and Retail Trade	26 452	4 011 755	3 195 418	2 645 872
交通运输、仓储和邮政业	Transport,Storage and Postal Services	1 632	1 319 818	677 268	529 236
住宿和餐饮业	Hotels and Catering Services	2 390	173 018	124 601	97 190
信息传输、软件和信息技术服务业	Information Transmission,Computer Services and Software	6 636	3 113 142	2 060 920	1 905 362
金融业	Financial Intermediation	2 847	10 186 689	10 122 516	5 730 387
房地产业	Real Estate	1 722	3 171 743	1 736 399	1 518 198
租赁和商务服务业	Leasing and Business Services	8 861	6 546 014	5 750 704	3 942 232
科学研究和技术服务业	Scientific Research and Technical Services	3 636	1 703 081	1 278 897	1 057 423
水利、环境和公共设施管理业	Management of Water Conservancy, Environment and Public facilities	62	45 065	33 628	29 557
居民服务、修理和其他服务业	Resident Services,Repair and Other Servies	1 754	517 680	405 096	329 039
教育	Education	148	17 759	15 603	9 353
卫生和社会工作	Health Care and Social Work	29	25 790	12 395	4 718
文化、体育和娱乐业	Culture,Sports and Recreation	534	227 609	160 252	150 466
其他	Others	13	386	360	359

注：本表数据来源为深圳市市场监督管理局。

Note: Data in this table are provided by Market Supervision and Regulation Bureau of Shenzhen Municipality.

单位：万美元　　13-7 续表1 continued（USD 10 000）

项目	Item	本期登记 Registration of the Current Period 户数（户） Enterprises (Unit)	投资总额 Total Investment	注册资本（认缴出资金额） Registered Capital（Subscribed Capital Contribution） 小计 Subtotal	#外方 Foreign Side
合计	**Total**	**6 015**	**1 815 424**	**1 363 547**	**1 215 673**
农、林、牧、渔业	Agriculture,Forestry,Animal Husbandry and Fishery	11	14 842	7 928	7 813
农、林、牧、渔服务业	Agriculture,Forestry,Animal Husbandry and Fishery Services	4	12 085	5 171	5 085
采矿业	Mining				
开采辅助活动	Mining Auxiliary Activities				
制造业	Manufacturing	143	31 227	21 330	18 474
金属制品、机械和设备修理业	Metal Products Machinery And Equipmet Repair Services	1	115	115	
电力、热力、燃气及水生产和供应业	Production and Supply of Electric Power,Gas and Water	21	877	841	510
建筑业	Construction	85	63 747	40 898	40 489
批发和零售业	Wholesale and Retail Trade	2 379	223 133	168 637	157 220
交通运输、仓储和邮政业	Transport,Storage and Postal Services	127	15 073	14 721	14 447
住宿和餐饮业	Hotels and Catering Services	394	5 538	10 818	9 717
信息传输、软件和信息技术服务业	Information Transmission,Computer Services and Software	907	338 547	209 612	200 773
金融业	Financial Intermediation	52	223 002	190 180	189 431
房地产业	Real Estate	60	38 770	18 966	8 394
租赁和商务服务业	Leasing and Business Services	969	424 296	309 094	265 119
科学研究和技术服务业	Scientific Research and Technical Services	443	351 145	294 605	242 276
水利、环境和公共设施管理业	Management of Water Conservancy, Environment and Public facilities	12	8 261	9 308	8 796
居民服务、修理和其他服务业	Resident Services,Repair and Other Servies	253	23 048	24 038	17 112
教育	Education	43	1 666	1 841	1 242
卫生和社会工作	Health Care and Social Work	8	17 713	6 204	377
文化、体育和娱乐业	Culture,Sports and Recreation	107	34 533	34 519	33 475
其他	Others	1	7	7	7

单位：万美元 13-7 续表2 continued(USD 10 000)

项目 Item		注销（户） Logouted Enterprises(unit)		吊销（户） Revoked Enterprises(unit)	
		本期注销 Logouted Enterprises of the current period	累计注销 Total Number of Logouted Enterprises	本期吊销 Revoked Enterprises of the current period	累计吊销 Total Number of Revoked Enterprises
合计	**Total**	**3 095**	**17 185**	**726**	**26 520**
农、林、牧、渔业	Agriculture,Forestry,Animal Husbandry and Fishery	6	24		95
农、林、牧、渔服务业	Agriculture,Forestry,Animal Husbandry and Fishery Services	2	6		9
采矿业	Mining	3	10		55
开采辅助活动	Mining Auxiliary Activities				2
制造业	Manufacturing	495	4 929	265	17 492
金属制品、机械和设备修理业	Metal Products Machinery And Equipmet Repair Services	3	11	1	5
电力、热力、燃气及水生产和供应业	Production and Supply of Electric Power,Gas and Water	33	77		10
建筑业	Construction	24	105	1	101
批发和零售业	Wholesale and Retail Trade	1 155	4 522	253	2 349
交通运输、仓储和邮政业	Transport,Storage and Postal Services	63	393	7	249
住宿和餐饮业	Hotels and Catering Services	226	937	12	382
信息传输、软件和信息技术服务业	Information Transmission,Computer Services and Software	258	861	39	779
金融业	Financial Intermediation	93	178	16	27
房地产业	Real Estate	33	838	1	283
租赁和商务服务业	Leasing and Business Services	419	2 430	87	2 359
科学研究和技术服务业	Scientific Research and Technical Services	169	606	25	747
水利、环境和公共设施管理业	Management of Water Conservancy, Environment and Public facilities		17		28
居民服务、修理和其他服务业	Resident Services,Repair and Other Servies	85	293	14	186
教育	Education	7	9	1	9
卫生和社会工作	Health Care and Social Work	1	7		12
文化、体育和娱乐业	Culture,Sports and Recreation	21	64	5	97
其他	Others	4	885		1 260

13-8 外商投资企业工商登记情况(按国别、地区分)（2019年末）

BUSINESS REGISTRATION OF FOREIGN INVESTED ENTERPRISES AT YEAR-END (GROUPEDBY COUNTRIES AND REGIONS)（2019）

单位：万美元 （USD 10 000）

项目	Item	期末实有 Final Actual Amount			
		户数（户） Enterprises (Unit)	投资总额 Total Investment	注册资本（认缴出资金额） Registered Capital（Subscribed Capital Contribution)	
				小计 Subtotal	#外方 Foreign Side
合　计	**Total**	**57 665**	**42 161 961**	**31 886 517**	**21 703 923**
一、亚洲	**Asia**	**44 522**	**35 269 457**	**26 957 665**	**18 203 527**
日本	Japan	392	326 412	160 216	144 484
韩国	Korea	475	47 193	30 543	25 059
中国香港	Hongkong China	31 538	19 857 399	14 325 366	11 043 060
中国澳门	Macao China	188	142 011	131 855	123 013
中国台湾	Taiwan China	1 683	206 775	177 865	158 358
亚洲其他国家（地区）	Other Asian Countries(Regions)	10 246	14 689 667	12 131 820	6 709 552
二、非洲	**Africa**	**305**	**88 852**	**58 004**	**51 189**
埃及	Egypt	22	886	886	886
南非	South Africa	12	199	195	187
毛里求斯	Mauritius	78	67 558	40 312	34 029
塞舌尔	Seychelles	120	16 389	12 829	12 359
非洲其他国家（地区）	Other African Countries(Regions)	73	3 820	3 782	3 729
三、欧洲	**Europe**	**1 016**	**529 250**	**237 617**	**162 782**
英国	Britain	172	167 656	64 901	30 170
德国	Germany	140	34 805	22 190	18 156
法国	France	94	124 849	45 108	31 299
俄罗斯联邦	Russian Federation	129	17 320	17 084	9 134
欧洲其他国家（地区）	Other European Countries(Regions)	481	184 620	88 334	74 024
四、拉丁美洲	**Latin America**	**1 015**	**2 422 857**	**1 387 944**	**1 165 075**
巴西	Brazil	21	1 382	1 366	756
开曼群岛	Cayman Islands	93	713 513	358 887	279 065
英属维尔京群岛	British Virgin Islands	808	1 672 376	1 001 033	863 976
拉丁美洲其他国家（地区）	Other Latin American Countries(Regions)	93	35 585	26 658	21 278
五、北美洲	**North America**	**972**	**408 298**	**317 052**	**222 601**
加拿大	Canda	203	46 528	40 695	29 342
美国	America	757	308 551	229 447	149 116
百慕大群岛	Bermuda	12	53 219	46 911	44 142
北美洲其他国家（地区）	Other North American Countries(Regions)				
六、大洋洲	**Oceania**	**583**	**367 657**	**184 137**	**174 133**
澳大利亚	Australia	173	24 979	18 644	13 204
新西兰	Newzealand	21	2 923	2 583	2 084
萨摩亚	Samoa	48	16 007	12 356	12 299
大洋洲其他国家（地区）	Other Oceanian Countries(Regions)	341	323 747	150 555	146 547
七、其他	**Others**	**9 252**	**3 075 591**	**2 744 097**	**1 724 616**

注： 本表数据来源为深圳市市场监督管理局。
Note: Data in this table are provided by Market Supervision and Regulation Bureau of Shenzhen Municipality.

单位：万美元 13-8 续表1 continued（USD 10 000）

项目 Item		本期登记 Registration of the Current Period			
		户数（户） Enterprises (Unit)	投资总额 Total Investment	注册资本（认缴出资金额） Registered Capital（Subscribed Capital Contribution）	
				小计 Subtotal	#外方 Foreign Side
合 计	**Total**	**4 826**	**1 815 352**	**1 336 025**	**1 193 114**
一、亚洲	**Asia**	**4 307**	**1 745 245**	**1 279 569**	**1 146 098**
日本	Japan	33	2 206	1 629	1 430
韩国	Korea	76	2 522	2 593	1 969
中国香港	Hongkong China	2 616	810 424	538 338	505 225
中国澳门	Macao China	22	2 401	2 449	2 289
中国台湾	Taiwan China	243	16 459	16 609	15 257
亚洲其他国家（地区）	Other Asian Countries(Regions)	1 317	911 234	717 952	619 928
二、非洲	**Africa**	**26**	**576**	**628**	**620**
埃及	Egypt	2	15	15	15
南非	South Africa	4	20	20	13
毛里求斯	Mauritius				
塞舌尔	Seychelles	4	93	130	130
非洲其他国家（地区）	Other African Countries(Regions)	16	448	462	462
三、欧洲	**Europe**	**221**	**13 307**	**11 422**	**9 287**
英国	Britain	38	7 518	5 360	3 851
德国	Germany	14	285	421	421
法国	France	16	225	304	253
俄罗斯联邦	Russian Federation	47	1 493	1 555	1 555
欧洲其他国家（地区）	Other European Countries(Regions)	106	3 787	3 781	3 207
四、拉丁美洲	**Latin America**	**44**	**25 230**	**14 031**	**13 938**
巴西	Brazil	10	648	632	632
开曼群岛	Cayman Islands	3	1 170	1 170	1 170
英属维尔京群岛	British Virgin Islands	8	21 757	10 571	10 514
拉丁美洲其他国家（地区）	Other Latin American Countries(Regions)	23	1 656	1 658	1 623
五、北美洲	**North America**	**128**	**16 072**	**16 128**	**11 233**
加拿大	Canda	28	3 983	3 981	3 487
美国	America	100	12 089	12 147	7 746
百慕大群岛	Bermuda				
北美洲其他国家（地区）	Other North American Countries(Regions)				
六、大洋洲	**Oceania**	**40**	**2 339**	**2 347**	**2 096**
澳大利亚	Australia	26	1 677	1 629	1 378
新西兰	Newzealand	4	162	162	162
萨摩亚	Samoa	9	428	484	484
大洋洲其他国家（地区）	Other Oceanian Countries(Regions)	1	72	72	72
七、其他	**Others**	**60**	**12 582**	**11 900**	**9 843**

单位：万美元　　　　13-8 续表2 continued（USD 10 000）

项目 Item		注销（户） Logouted Enterprises(unit)		吊销（户） Revoked Enterprises(unit)	
		本期注销 Logouted Enterprises of the current period	累计注销 Total Number of Logouted Enterprises	本期吊销 Revoked Enterprises of the current period	累计吊销 Total Number of Revoked Enterprises
合　计	**Total**	**2 063**	**9 114**	**726**	**22 594**
一、亚洲	**Asia**	**1 691**	**7 664**	**649**	**20 709**
日本	Japan	14	118	3	180
韩国	Korea	22	108	22	254
中国香港	Hongkong China	1 201	6 144	502	18 327
中国澳门	Macao China	8	25	2	111
中国台湾	Taiwan China	105	464	46	1 227
亚洲其他国家（地区）	Other Asian Countries(Regions)	341	805	74	610
二、非洲	**Africa**	**12**	**83**	**8**	**60**
埃及	Egypt		1	1	7
南非	South Africa				3
毛里求斯	Mauritius	2	38		19
塞舌尔	Seychelles	8	38	3	11
非洲其他国家（地区）	Other African Countries(Regions)	2	6	4	20
三、欧洲	**Europe**	**38**	**178**	**25**	**256**
英国	Britain	10	42	8	75
德国	Germany	6	24	2	37
法国	France	3	19	2	24
俄罗斯联邦	Russian Federation	1	4	4	19
欧洲其他国家（地区）	Other European Countries(Regions)	18	89	9	101
四、拉丁美洲	**Latin America**	**36**	**401**	**12**	**492**
巴西	Brazil	1	4	1	3
开曼群岛	Cayman Islands	6	44		29
英属维尔京群岛	British Virgin Islands	27	335	10	419
拉丁美洲其他国家（地区）	Other Latin American Countries(Regions)	2	18	1	41
五、北美洲	**North America**	**55**	**300**	**18**	**824**
加拿大	Canda	15	44	4	122
美国	America	40	253	14	700
百慕大群岛	Bermuda		3		2
北美洲其他国家（地区）	Other North American Countries(Regions)				
六、大洋洲	**Oceania**	**24**	**232**	**13**	**226**
澳大利亚	Australia	4	28	7	103
新西兰	Newzealand	3	7	1	9
萨摩亚	Samoa	1	25		19
大洋洲其他国家（地区）	Other Oceanian Countries(Regions)	16	172	5	95
七、其他	**Others**	**207**	**256**	**1**	**27**

13-9 进出口总额

TOTAL IMPORTS AND EXPORTS

单位：万美元 （USD 10 000）

年 份 Year	进出口总额 Total Imports and Exports	出口总额 Total Exports	进口总额 Total Imports	进出口差额 Balance
1979	1 676	930	746	184
1980	1 751	1 124	627	497
1981	2 807	1 745	1 062	683
1982	2 534	1 597	937	660
1983	78 642	6 230	72 412	−66 182
1984	107 247	26 539	80 708	−54 169
1985	130 632	56 340	74 292	−17 952
1986	184 696	72 552	112 144	−39 592
1987	255 784	141 354	114 430	26 924
1988	344 277	184 949	159 328	25 621
1989	375 259	217 428	157 831	59 597
1990	1 570 136	815 165	754 971	60 194
1991	1 947 635	986 240	961 395	24 845
1992	2 357 562	1 200 019	1 157 543	42 476
1993	2 820 392	1 421 776	1 398 616	23 160
1994	3 498 281	1 830 921	1 667 360	163 561
1995	3 876 960	2 052 736	1 824 224	228 512
1996	3 905 342	2 120 781	1 784 561	336 220
1997	4 500 921	2 561 844	1 939 077	622 767
1998	4 527 417	2 639 611	1 887 806	751 805
1999	5 042 750	2 820 811	2 221 939	598 872
2000	6 393 982	3 456 333	2 937 649	518 684
2001	6 861 055	3 747 955	3 113 100	634 855
2002	8 723 148	4 655 704	4 067 444	588 260
2003	11 739 941	6 296 208	5 443 733	852 475
2004	14 728 302	7 784 632	6 943 670	840 962
2005	18 281 689	10 151 829	8 129 860	2 021 969
2006	23 738 573	13 609 556	10 129 017	3 480 539
2007	28 753 345	16 849 299	11 904 046	4 945 253
2008	29 995 499	17 971 995	12 023 504	5 948 491
2009	27 016 306	16 197 825	10 818 481	5 379 344
2010	34 674 930	20 418 355	14 256 575	6 161 780
2011	41 409 312	24 551 760	16 857 552	7 694 208
2012	46 683 020	27 136 163	19 546 857	7 589 306
2013	53 747 437	30 570 191	23 177 246	7 392 945
2014	48 774 049	28 436 157	20 337 892	8 098 265
2015	44 245 863	26 403 895	17 841 968	8 561 927
2016	39 843 893	23 754 674	16 089 218	7 665 456
2017	41 414 596	24 435 790	16 978 806	7 456 984
2018	45 372 921	24 604 111	20 768 810	3 835 301
2019	43 147 567	24 212 399	18 935 168	5 277 232

注： 本表1992年以前为深圳市贸工局口径数；1993年以后为深圳海关口径数，按现行统计方法计算。

Note: The figures adopted from Shenzhen Bureau of Trade and Industry before 1992 and calculated from Shenzhen CIQ after 1993 by current statistical method.

13-10 进出口总额指数

INDICES OF TOTAL IMPORTS AND EXPORTS

年份 Year	以上年为100 Preceding Year=100			以1979年为100 1979=100		
	进出口总额 Total Imports and Exports	出口总额 Total Exports	进口总额 Total Imports	进出口总额 Total Imports and Exports	出口总额 Total Exports	进口总额 Total Imports
1980	104.5	120.9	84.0	104.5	120.9	84.0
1981	160.3	155.2	169.4	167.5	187.6	142.4
1982	90.3	91.5	88.2	151.2	171.7	125.6
1983	3 103.5	390.1	7 728.1	4 692.2	669.9	9 706.7
1984	136.4	426.0	111.5	6 399.0	2 853.7	10 818.8
1985	121.8	212.3	92.1	7 794.3	6 058.1	9 958.7
1986	141.4	128.8	151.0	11 020.0	7 801.3	15 032.7
1987	138.5	194.8	102.0	15 261.6	15 199.4	15 339.1
1988	134.6	130.8	139.2	20 541.6	19 887.0	21 357.6
1989	109.0	117.6	99.1	22 390.2	23 379.4	21 157.0
1990	145.8	137.8	156.8	32 643.8	32 213.0	33 180.8
1991	124.0	121.0	127.3	40 478.3	38 977.7	42 239.2
1992	121.0	121.7	120.4	48 978.8	47 435.9	50 856.0
1993	119.6	118.5	120.8	58 578.6	56 211.5	61 434.0
1994	124.0	128.8	119.2	72 637.5	72 400.5	73 229.3
1995	110.8	112.1	109.4	80 482.3	81 160.9	80 112.9
1996	100.7	103.3	97.8	81 045.7	83 839.2	78 350.4
1997	115.3	120.8	108.7	93 445.7	101 277.8	85 166.9
1998	100.6	103.0	97.4	94 006.4	104 316.1	82 952.6
1999	111.4	106.9	117.7	104 706.7	111 477.0	97 634.8
2000	126.8	122.5	132.2	132 763.4	136 592.5	129 084.0
2001	107.3	108.4	106.0	142 455.1	148 066.3	136 829.0
2002	127.1	124.2	130.7	181 060.4	183 898.3	178 835.5
2003	134.6	135.2	133.8	243 707.3	248 630.5	239 281.9
2004	125.5	123.6	127.6	305 852.7	307 307.3	305 323.7
2005	124.1	130.4	117.1	379 563.2	400 728.7	357 534.1
2006	129.8	134.1	124.6	493 052.6	537 377.2	445 487.5
2007	121.1	123.8	117.5	597 086.7	665 273.0	523 447.8
2008	104.3	106.6	101.0	622 761.4	709 181.0	528 682.3
2009	89.6	89.4	89.9	557 994.2	634 007.8	475 285.4
2010	128.4	126.1	131.8	716 464.6	799 483.8	626 426.2
2011	119.4	120.2	118.2	855 458.7	960 979.5	740 435.8
2012	112.7	110.5	115.9	964 102.0	1 061 882.3	858 165.1
2013	115.1	112.7	118.5	1 109 681.4	1 196 741.4	1 016 925.6
2014	90.7	93.0	87.7	1 006 480.9	1 112 969.5	891 843.8
2015	90.7	92.9	87.7	912 878.2	1 033 948.7	782 147.0
2016	90.1	90.0	90.2	822 503.3	930 553.8	705 496.6
2017	103.9	102.9	105.5	854 580.9	957 539.9	744 298.9
2018	109.6	100.8	122.3	936 620.7	965 200.2	910 277.6
2019	95.1	98.3	91.2	890 726.3	950 722.2	830 173.2
年平均增长率 Average Annual Growth Rate				**25.5**	**25.7**	**25.3**

13-11 进出口总额分类

TOTAL IMPORTS AND EXPORTS

单位：万美元 (USD 10 000)

项 目	Item	2015	2016	2017	2018	2019
进出口总额	**Total Imports and Exports**	**44 245 863**	**39 843 893**	**41 414 596**	**45 372 921**	**43 147 567**
一、出口总额	**Total Exports**	**26 403 895**	**23 754 674**	**24 435 790**	**24 604 111**	**24 212 399**
1.按隶属关系分类：	Grouped by Administrative Relationship					
①国有企业	State-owned Enterprises	2 608 362	2 233 973	2 235 801	1 869 957	1 891 550
②民营、集体和其他企业	Collective-owned and Others	10 881 274	10 870 609	11 978 768	12 337 624	13 197 979
③"三资"企业	Foreign Investment Enterprises	12 914 259	10 650 092	10 221 221	10 396 530	9 122 870
2.按贸易方式分类：	Grouped by Form of Trade					
①一般贸易	Original Trade	10 551 181	9 815 084	10 565 089	10 891 269	10 995 668
②补偿贸易	Compensation Trade					
③来料加工贸易	Processing and Assembly Trade	233 592	168 839	90 098	124 441	52 899
④进料加工贸易	Processing Trade for Imported Material	10 262 573	8 231 619	8 424 123	9 503 043	8 156 766
⑤出料加工贸易	Processing Trade for Exported Material			1 619	1 233	1 668
⑥易货贸易	Barter Trade			3	4	
⑦其他	Others	5 356 549	5 539 133	5 354 858	4 084 121	5 005 398
二、进口总额	**Total Imports**	**17 841 968**	**16 089 218**	**16 978 806**	**20 768 810**	**18 935 168**
1.按隶属关系分类：	Grouped by Administrative Relationship					
①国有企业	State-owned Enterprises	932 560	840 447	802 121	623 417	666 660
②民营、集体和其他企业	Collective-owned and Others	8 138 504	7 868 097	9 132 535	12 074 838	11 753 010
③"三资"企业	Foreign Investment Enterprises	8 770 904	7 380 674	7 044 150	8 070 555	6 515 498
2.按贸易方式分类：	Grouped by Form of Trade					
①一般贸易	Original Trade	7 826 137	8 009 658	8 797 624	10 159 335	9 523 115
②补偿贸易	Compensation Trade					
③来料加工贸易	Processing and Assembly Trade	255 449	180 505	96 454	135 627	67 748
④进料加工贸易	Processing Trade for Imported Material	5 915 696	4 635 584	5 021 803	6 340 726	4 954 472
⑤以工缴费补偿期进口的设备	Imported Equipment by Processing Fee during Compensation Period					
⑥租赁贸易	Leasing Trade	30 508	19 128	1 153	7 783	5 289
⑦外商投资企业作为投资进口的设备	Imported Equipment and Materials as Investment of Foreign Investment Enterprises	9 403	9 404	9 531	13 432	6 285
⑧外商投资企业进口供加工内销产品的料、件	Imported Materials and Parts of Foreign Investment Enterprises for Processing and Selling on Domestic Market					
⑨易货贸易	Barter Trade					
⑩其 他	Others	3 804 775	3 234 938	3 052 241	4 111 907	4 378 259

13-12 深圳市与主要国家（地区）进出口总额

SHENZHEN'S FOREIGN TRADE WITH MAIN RELATED COUNTRIES AND TERRITORIES

单位：万美元 （USD 10 000）

国家（地区） Country（territory）		2017 合 计 Total Imports and Exports	2017 出口总额 Exports	2017 进口总额 Imports	2018 合 计 Total Imports and Exports	2018 出口总额 Exports	2018 进口总额 Imports	2019 合 计 Total Imports and Exports	2019 出口总额 Exports	2019 进口总额 Imports
中国香港	Hongkong China	9 687 902	9 607 709	80 193	10 269 572	10 194 569	75 003	9 358 609	9 278 470	80 139
日　本	Japan	2 047 836	716 914	1 330 922	2 220 377	732 997	1 487 380	2 068 997	739 114	1 329 882
美　国	The United States	4 314 663	3 738 114	576 549	4 188 740	3 610 864	577 876	3 846 422	3 365 838	480 584
法　国	France	403 484	254 877	148 607	430 461	256 779	173 682	446 935	281 923	165 012
德　国	Germany	828 943	550 077	278 866	878 423	560 845	317 578	972 706	593 522	379 183
泰　国	Thailand	892 083	308 630	583 453	1 031 406	337 280	694 126	1 033 237	352 330	680 907
新加坡	Singapore	1 013 395	643 579	369 816	895 300	524 110	371 190	904 246	513 667	390 579
韩　国	Korea Rep.	2 085 774	427 564	1 658 210	2 479 705	394 566	2 085 138	2 153 093	421 917	1 731 176
中国台湾	Taiwan China	3 341 347	195 314	3 146 033	4 160 263	217 401	3 942 862	3 954 482	269 047	3 685 435
澳大利亚	Australia	550 609	330 602	220 007	564 208	309 779	254 429	594 442	330 341	264 101
印度尼西亚	Indonesia	369 736	256 902	112 834	365 768	264 834	100 934	357 309	272 036	85 273
马来西亚	Malaysia	1 265 026	387 930	877 096	1 383 376	280 075	1 103 301	1 801 418	319 430	1 481 989
英　国	The United Kingdom	666 748	599 773	66 975	594 456	523 527	70 929	658 051	589 464	68 587
意大利	Italy	308 576	218 177	90 399	289 426	199 405	90 021	309 253	210 872	98 381
巴　西	Brazil	283 947	216 165	67 782	290 276	212 218	78 059	312 510	232 065	80 446
加拿大	Canada	341 316	278 938	62 378	384 646	288 735	95 911	438 716	328 327	110 389
其　它	Others	13 013 211	5 704 525	7 308 686	14 946 518	5 696 128	9 250 389	13 937 142	6 114 037	7 823 105

13-13 进口主要商品金额
TOTAL VALUE OF FOREIGN IMPORTS OF MAJOR COMMODITIES

单位：万美元 (USD 10 000)

项目	Item	2016	2017	2018	2019
集成电路	Semiconductor Integrated Circuit	5 524 075	5 828 447	7 506 229	7 482 869
自动数据处理设备及其部件	Automatic Data Processing Equipment and Parts	843 012	812 569	1 064 769	1 405 137
液晶显示板	LCD Monitor	587 474	517 533	458 349	334 213
农产品	Farm Produce	713 743	731 993	864 942	983 241
钢材	Steel	53 696	57 725	52 040	40 359
纺织纱线、织物及制品	Spinning, Textile and Related Products	91 276	89 626	87 815	74 395
成品油	Oil	34 717	35 998	10 861	10 804
电线和电缆	Wire and Cable	77 006	76 442	81 911	66 274
粮食	Food	76 153	91 088	79 790	55 176

13-14 出口主要商品金额
TOTAL VALUE OF FOREIGN EXPORTS OF MAJOR COMMODITIES

单位：万美元 (USD 10 000)

项目	Item	2016	2017	2018	2019
自动数据处理设备及其部件	Automatic Data Processing Equipment and Parts	2 653 546	2 417 171	2 452 114	2 287 442
服装及衣着附件	Clothing and Dresses	788 057	769 493	594 248	569 076
打印机(包括多功能一体机)	Printer(include MFP)	323 898	305 531	271 214	263 808
录、放像机	Radio Cassette Players	129 587	137 696	173 096	306 091
鞋类	Shoes	347 821	383 639	308 658	292 493
家具及其零件	Furniture and Dresses	449 257	432 842	390 054	374 512
纺织纱线、织物及制品	Spinning, Textile and Related Products	272 702	282 343	277 466	308 449
塑料制品	Plastic Products	345 222	424 071	391 205	578 383
液晶显示板	LCD Monitor	366 389	314 099	273 871	266 047

13-15 旅游业基本情况

BASIC CONDITIONS OF TOURISM

年 份 Year	过夜入境游客 (万人) Overnight International Tourists (10 000 persons)	外国人 Foreigners	华 侨 Overseas Chinese	港澳同胞 Compatriots from Hongkong and Macao	台 胞 Compatriots Form Taiwan
1995	185.37	35.32	1.10	131.41	17.54
1996	151.47	30.91	1.37	101.48	17.71
1997	140.41	32.00	0.75	89.49	18.17
1998	148.47	30.83	0.72	97.52	19.41
1999	158.08	35.49	1.45	101.03	20.11
2000	397.34	61.09		287.62	48.63
2001	423.87	67.95		307.33	48.59
2002	449.35	80.59		319.87	48.89
2003	435.13	69.89		331.45	33.79
2004	559.79	105.19		406.99	47.61
2005	616.45	120.24		445.31	50.90
2006	712.74	139.16		520.40	53.18
2007	831.30	161.64		615.24	54.42
2008	869.57	151.42		671.98	46.17
2009	896.36	146.38		706.15	43.83
2010	1 020.61	167.58		806.57	46.45
2011	1 104.55	171.20		886.87	46.48
2012	1 206.43	169.10		991.81	45.52
2013	1 214.89	166.82		1 004.88	43.19
2014	1 182.18	161.12		979.37	41.69
2015	1 218.70	164.65		1 011.74	42.31
2016	1 171.18	168.32		963.20	39.66
2017	1 207.01	177.56		988.20	41.25
2018	1 220.21	172.96		1 009.39	37.86
2019	1 216.95	167.60		1 012.18	37.17

注： 1. 1990-1999年过夜国际游客为宾馆、酒店部分，2000年后为旅游全口径，包括：宾馆、酒店、饭店、招待所、居民家住等各种住宿设施所接待的国际游客。

Note: The figures of overnight international tourists from 1990 to 1999 have been collected from hotels and guesthouses, and from 2000, it include hotels, guesthouses, public houses and residential houses.

2. 本表数据来源为深圳市文化广电旅游体育局。

Data in this table are provided by Culture, Radio, Television, Tourism and Sports Bureau of ShenZhen Municipality.

13-15 续表 continued

年 份 Year	过夜国内游客 (万人) Overnight Domestic Tourists (10 000 persons)	旅游外汇收入 (万美元) Total Foreign Exchange Earnings from International Tourism (USD 10 000)	商品性收入 Commody Income	劳务性收入 Service Income	宾馆、酒店、度假村开房率(%) Room Occupancy Rate of Hotels and Holiday Countries (%)
1995	357.27	63 633	20 574	43 059	58.9
1996	360.55	58 384	21 489	36 895	56.3
1997	341.11	53 225	17 176	36 049	57.6
1998	340.33	59 025	18 413	40 612	55.5
1999	346.81	62 186	19 743	42 443	57.9
2000	927.71	141 100			62.5
2001	1 031.70	151 054	95 037	56 017	64.3
2002	1 073.54	172 342	98 904	73 438	64.1
2003	1 013.69	130 097	77 703	52 394	55.2
2004	1 383.14	178 723	111 496	67 227	60.6
2005	1 526.38	200 900	129 334	71 519	61.9
2006	1 604.54	226 515	147 496	79 019	62.5
2007	1 728.98	262 330	172 187	90 143	62.7
2008	1 789.73	270 865	174 835	96 030	61.5
2009	1 943.95	276 029	179 629	96 400	59.3
2010	2 264.71	317 976	204 895	113 081	62.4
2011	2 627.98	374 563	241 845	132 718	64.9
2012	2 941.29	432 879	288 947	143 932	63.0
2013	3 351.91	453 114	289 833	163 281	64.1
2014	3 808.88	456 568	309 473	147 095	67.2
2015	4 156.50	496 830	331 928	164 902	68.2
2016	4 524.56	477 100	320 700	156 400	67.6
2017	4 814.98	498 420	335 400	163 020	69.44
2018	5 187.71	511 801	348 900	162 901	69.33
2019	5 501.08	500 300	328 500	171 800	64.43

注：1990-1999年过夜国内游客为宾馆、酒店部分，2000年后为旅游全口径，包括：宾馆、酒店、饭店、招待所、居民家住等各种住宿设施所接待的国内游客。

Note: The figures of overnight domestic tourists before from 1990 to 1999 have been collected from hotels and guesthouses, and from 2000 it include hotels, guesthouses, public houses and residential houses.

13-16 按国别分的外国旅游者人数（过夜）
NUMBER OF FOREIGN TOURISTS BY COUNTRY（Over night）

单位：人　　　　(person)

国别	Country	1996	1997	1998	1999	2000	2001	2002	2003	2004	2005	2006	2007
合　计	**Total**	**309 126**	**320 076**	**308 279**	**354 911**	**610 900**	**679 464**	**805 937**	**698 867**	**1 051 896**	**1 202 373**	**1 391 612**	**1 616 415**
日　本	Japan	83 203	78 264	74 275	93 172	150 479	197 853	245 265	221 780	319 817	315 128	355 401	393 176
菲律宾	Philippines	3 134	3 338	4 266	5 042	9 158	12 461	15 204	7 161	7 913	10 640	12 272	12 783
新加坡	Singapore	19 024	19 266	24 264	29 337	42 264	53 788	59 668	37 391	66 303	76 569	81 658	90 997
泰　国	Thailand	8 550	6 176	4 536	4 613	6 531	18 344	29 367	24 451	66 857	87 239	99 970	93 170
印度尼西亚	Indonesia	12 688	14 329	5 779	6 217	29 010	33 909	40 714	33 322	49 781	53 026	72 637	79 389
英　国	The United Kingdom	10 820	9 043	10 007	12 242	17 728	20 916	23 925	23 915	32 959	33 137	40 595	49 637
法　国	France	4 265	4 826	6 524	6 765	10 529	15 722	15 331	13 316	19 333	23 542	27 305	36 301
德　国	Germany	5 234	4 720	6 549	7 842	9 015	11 337	13 848	14 859	21 495	26 092	30 658	35 706
意大利	Italy	2 163	2 399	3 043	3 636	3 627	4 108	6 722	7 133	12 264	16 411	18 359	22 968
美　国	The United States	39 173	32 771	39 490	49 130	64 083	75 328	104 130	92 608	131 996	146 959	176 378	226 468
加拿大	Canada	6 939	6 208	8 476	9 217	11 431	14 092	16 356	14 183	21 293	26 325	30 440	36 893
澳大利亚	Australia	6 205	5 441	6 851	10 124	10 985	12 796	15 219	14 413	19 783	25 534	29 249	40 326
新西兰	New Zealand	993	804	1 397	1 642	1 702	2 292	2 937	2 888	4 342	4 682	4 445	5 743
俄罗斯	Russia	656	2 084	874	893	2 102	4 018	3 514	3 539	4 090	6 911	8 051	10 358
韩　国	Korea Rep.	32 015	30 885	18 696	20 133	27 612	45 172	65 443	69 068	90 640	108 688	116 976	152 234
马来西亚	Malaysia	24 430	23 269	43 931	50 554	50 537	42 186	50 516	32 075	46 536	61 256	68 624	81 513
其他	Others	49 634	76 253	49 321	44 352	164 107	115 142	97 778	86 765	136 494	180 234	218 594	248 753

注：本表数据来源为深圳市文化广电旅游体育局。
Note:Data in this table are provided by Culture,Radio,Television,Tourism and Sports Bureau of ShenZhen Municipality.

单位：人 13-16 续表 continued (person)

国 别	Country	2008	2009	2010	2011	2012	2013	2014	2015	2016	2017	2018	2019
合 计	**Total**	**1 514 186**	**1 463 809**	**1 675 798**	**1 712016**	**1 691 045**	**1 668 230**	**1 611 200**	**1 646 515**	**1 683 168**	**1 775 639**	**1 729 624**	**1 676 024**
日 本	Japan	352 516	345 864	372 023	366 266	371 557	316 669	302 349	296 431	274 232	272 360	308 374	267 783
菲律宾	Philippines	10 422	15 455	13 447	15 741	15 570	21 063	25 515	12 662	13 213	14 576	17 090	17 565
新加坡	Singapore	79 829	83 411	89 400	95 785	92 840	87 256	80 735	86 402	85 421	89 383	80 054	79 073
泰 国	Thailand	65 665	45 988	40 338	35 623	37 507	38 065	24 843	30 361	30 474	36 439	37 789	36 435
印度尼西亚	Indonesia	68 286	58 338	70 727	94 257	89 292	70 707	39 286	31 369	39 497	46 316	42 707	46 171
英 国	The United Kingdom	47 898	45 590	47 749	44 486	45 172	44 752	45 530	43 303	46 974	55 415	48 835	56 475
法 国	France	37 191	39 099	40 338	40 607	38 493	43 265	43 150	42 039	43 523	43 618	38 931	37 096
德 国	Germany	33 822	34 714	41 430	41 993	40 197	40 401	42 133	41 775	41 748	46 856	40 251	46 069
意大利	Italy	21 010	22 512	22 298	23 238	20 958	21 269	21 357	22 994	24 270	24 530	21 704	24 093
美 国	The United States	212 532	197 168	246 880	242 128	252 622	248 450	261 736	305 909	302 872	311 866	254 889	247 239
加拿大	Canada	36 391	34 547	39 184	38 306	36 651	35 841	35 398	39 517	43 332	41 221	39 935	40 091
澳大利亚	Australia	41 853	40 949	46 871	46 667	42 795	41 405	36 606	38 117	40 202	41 596	40 150	43 089
新西兰	New Zealand	6 066	6 425	6 291	6 128	6 271	6 864	6 198	6 934	7 070	9 496	9 407	8 860
俄罗斯	Russia	11 048	13 585	17 449	20 772	19 379	20 168	17 558	14 426	15 895	21 550	21 051	24 631
韩 国	Korea Rep.	134 340	108 389	142 505	141 365	141 952	173 537	160 301	169 690	218 886	225 018	221 274	186 550
马来西亚	Malaysia	88 265	84 052	105 664	112 675	106 889	95 042	78 475	73 094	78 121	85 345	86 643	81 160
其他	Others	267 052	287 723	333 204	345 979	332 900	363 476	390 030	391 492	377 438	410 054	420 540	433 644

13-17 旅游部门主要财务指标（2019年）

MAIN FINANCIAL INDICATORS OF TOURISM（2019）

单位：万元 （10 000 yuan）

指 标	Item	合 计 Total	宾馆、酒店 Hotels	旅行社 Travel Agencies	景 点 Scenic Spots
营业收入	Business Revenue	4 510 876	853 745	3 333 327	323 804
营业成本	Business Cost	3 573 475	283 968	3 132 252	157 256
营业费用	Business Expenses	190 375	130 930	39 391	20 054
营业税金及附加	Business Taxes and Extra Charges	21 958	9 229	2 283	10 447
经营利润(主营业务利润）	Operating Profits(Main Business Profits)	1 028 447	570 762	301 585	156 100
管理费用	Management Expenses	826 870	236 071	517 809	72 991
财务费用	Financial Expenses	53 231	32 403	629	20 199
营业利润	Business Profits	-74 975	90 027	-205 389	40 387
投资收益	Earnings of Investment	12 620	2 057	1 314	9 249
营业外收支差	Non-operating Net Revenue or Expenditure	23 161	11 068	14 037	-1 944
利润总额	Total Profits	-56 007	101 149	-195 600	38 443
年末固定资产原值	Original Value of Fixed Assets(year-end)	2 162 360	1 238 800	20 810	902 750
年末固定资产净值	Net Value of Fixed Assets (year-end)	911 310	477 275	10 227	423 808
年末职工人数(人)	Number of Staff and Workers (year-end)(person)	52 095	25 189	17 661	9 245

13-18 星级酒店基本情况（2019年末）

STATISTICS ON STAR-RATED HOTELS AT YEAR-END（2019）

单位：家 （unit）

项目	Item	合计 Total	五星 Five-star	四星 Four-star	三星 Three-star	二星 Two-star	一星 One-star	出租率（%） Room Occupancy Rate	平均房价（元/间天） Average Price (yuan/pre room)
合计	**Total**	**94**	**24**	**22**	**38**	**10**		**64.4**	**524.02**
福田区	Futian	19	6	3	6	4		76.3	632.43
罗湖区	Luohu	33	5	3	20	5		62.1	483.18
盐田区	Yantian	5	1	3	1			45.4	502.26
南山区	Nanshan	9	2	4	2	1		74.9	576.16
宝安区	Baoan	12	2	6	4			63.3	371.68
龙岗区	Longgang	12	6	2	4			55.8	404.11
龙华区	Longhua	2	2					62.8	527.46
坪山区	Pingshan	1		1				47.4	280.41
光明区	Guangming							55.1	301.79
大鹏新区	Dapeng	1			1			24.9	462.15

注：本表数据来源为深圳市文化广电旅游体育局。
Note:Data in this table are provided by Culture,Radio,Television,Tourism and Sports Bureau of ShenZhen Municipality.

13-19 星级酒店客房基本情况（2019年末）

STATISTICS OF STAR-RATED HOTELS AT YEAR-END（2019）

单位：间 (Unit)

项目	Item	合计 Total	五星 Five-star	四星 Four-star	三星 Three-star	二星 Two-star	一星 One-star
合计	**Total**	**22 606**	**9 263**	**6 370**	**5 959**	**1 014**	
福田区	Futian	4 996	2 477	909	1 173	437	
罗湖区	Luohu	6 679	1 915	1 046	3 191	527	
盐田区	Yantian	1 439	370	898	171		
南山区	Nanshan	2 135	916	909	260	50	
宝安区	Baoan	2 730	768	1 423	539		
龙岗区	Longgang	3 676	2 304	837	535		
龙华区	Longhua	513	513				
坪山区	Pingshan	348		348			
光明区	Guangming						
大鹏新区	Dapeng	90			90		

注：本表数据来源为深圳市文化广电旅游体育局。
Note: Data in this table are provided by Culture, Radio, Television, Tourism and Sports Bureau of ShenZhen Municipality.

13-20 星级酒店床位基本情况（2019年末）

FACILITIES OF STAR-RATED HOTELS AT YEAR-END（2019）

单位：张 (Unit)

项目	Item	合计 Total	五星 Five-star	四星 Four-star	三星 Three-star	二星 Two-star	一星 One-star
合计	**Total**	**32 845**	**12 333**	**8 544**	**7 112**	**877**	
福田区	Futian	7 105	3 615	1 223	1 659	608	
罗湖区	luofu	9 441	2 782	1 673	4 776	210	
盐田区	Yantian	2 375	617	1 439	319		
南山区	Nanshan	3 500	1 606	1 428	407	59	
宝安区	Baoan	3 766	1 018	2 086	662		
龙岗区	Longgang	5 043	2 985	1 256	802		
龙华区	Longhua	769	769				
坪山区	Pingshan	696		696			
光明区	Guangming						
大鹏新区	Dapeng	150			150		

注：本表数据来源为深圳市文化广电旅游体育局。
Note: Data in this table are provided by Culture, Radio, Television, Tourism and Sports Bureau of ShenZhen Municipality.

主要统计指标解释

进出口总额 指实际进出我国国境的货物（包括贸易和非贸易）的价值总和。主要包括对外贸易实际进出口货物，来料加工装配、补偿贸易、进料加工进出口货物，国家间及国际组织无偿援助物资和赠送品，华侨、港澳台同胞和外籍华人捐赠品，租赁期满归承租人所有的租赁货物，边境地方贸易及边境地区小额贸易进出口货物（边民互市贸易除外），中外合资、合作经营企业、外商独资经营企业进出口货物和公用物品，到、离岸价格在规定限额以上的进出口货样和广告品（无商业价值、无使用价值和免费提供出口的除外），从保税仓库提取在中国境内销售的进出口货物，以及其他进出口货物。进出口总额反映一个国家在对外经济贸易方面实际进出口货物的总规模。

利用外资 指我国政府、部门、企业和其他经济组织通过对外借款、吸收外商直接投资以及向境外发行债券、股票等方式筹借的境外资金。

外资的形式可以是现汇、实物、工业产权或专有技术等有形资本和无形资本。

我国自有外汇和中国银行自有外汇资金发放的外汇贷款购置国外设备和材料，华侨、港澳同胞的捐赠，联合国或其他国际组织的无偿赠送资金、无偿援建的项目均不属于外资范围 。

利用外资的方式有：对外借款，外国（或港澳地区）企业和经济组织或个人在我国境内开办独资企业、与我国境内的企业或组织共同开办合资企业、合作经营(企业)项目或合作开发资源，以及补偿贸易、国际租赁等。

对外借款 指我国政府、部门、企业和中国银行等单位向国际金融组织 、外国政府、企业等借用的长期、短期资本，到期需还本付息。借款按不同渠道划分为：①外国政府贷款； ②国际金融组织贷款；③外国银行贷款；④出口信贷；⑤发行债券。

外商直接投资 指外国企业和经济组织或个人（包括华侨、港澳同胞以及我在境外注册的企业）按我国有关政策、法规，在我国境内开办外商独资企业，与我国境内的企业或经济组织共同举办中外合资企业、合作经营企业或合作开发资源的投资，以及外商从企业得到收益的再投资。2002年起“外商直接投资”统计口径调整，“企业投资总额内的境外借款”只包括“企业投资总额内直接投资者对企业的贷款,即外方股东贷款”，不包括“直接投资者提供担保的第三方对企业的贷款即外方股东担保贷款”和“其他方式的企业境外借款即其他境外借款。

旅游人数 (1)入境旅游人数：指报告期内来我国观光、度假、探亲访友、就医疗养、购物、参加会议或从事经济、文化、体育、宗教活动的外国人、港澳台同胞等入境游客。统计时，外国人、港澳台同胞每入境一次统计1人次。

(2)出境人数：指中国（大陆）居民因公或因私出境前往其他国家、中国香港特别行政区、澳门特别行政区和台湾省观光、度假、探亲访友、就医疗养、购物、参加会议或从事经济、文化、体育、宗教活动的人数，即出境游客。统计时，按每出境一次统计1人次。

(3)国内旅游人数：指在报告期内在中国（大陆）观光游览、度假、探亲访友、就医疗养、购物、参加会议或从事经济、文化、体育、宗教活动的中国（大陆）居民人数，其出游的目的不是通过所从事的活动谋取报酬。统计时，国内游客按每出游一次统计1人次。

国际旅游(外汇)收入 指入境游客在中国（大陆）境内旅行、游览过程中用于交通、参观游览、住宿、餐饮、购物、娱乐等全部花费。

Explanatory Notes on Main Statistical Indicators

Total Imports and Exports refer to the real value of commodities (both trade and non-trade) imported and exported across the border of China. They mainly include actual imports and exports through foreign trade, imported and exported goods in the categories of processing and assembling of customer's materials, compensation trade, and processing of import materials, supplies and gifts as aid given gratis between governments and by international organizations, donations by overseas Chinese, compatriots in Hong Kong, Macao and Taiwan and Chinese with foreign citizenship, leasing commodities owned by tenants at the expiration of leasing period, local trade and Small-amount trade in border areas (excluding exchange trade between border residents), imported and exported commodities and articles for public use of Sino-foreign joint ventures, cooperative enterprises and ventures with sole foreign investment. Also included are import or export of samples and advertising articles above designated CIF or FOB prices (excluding goods of no trading or use value and free commodities for export), import and export goods sold in China from bonded warehouse and other import and export goods. Total imports and exports is an indicator of the total size of actual imported and exported goods of a country in foreign trade and economic cooperation.

Utilization of Foreign Capital refers to funds financed from abroad by means of loans, foreign direct investment, and issuing bonds and shares undertaken by the Chinese governments at all levels, various departments, enterprises and other economic units.

The types of foreign capital include tangible capital and intangible capital, such as remittance, goods, industrial property rights and know-how.

Those excluded are the purchases of foreign equipment and materials with loans from state-owned foreign exchange and foreign exchange owned by the Bank of China, donations by overseas Chinese, compatriots in Hong Kong and Macao, and funds and projects as aid given gratis by the United Nations and other international organizations.

Utilization of foreign capital takes the forms of loans from abroad, sole investment in enterprises in the boundary of China by foreign (or Hong Kong and Macao) enterprises, economic organizations or individuals, investment in Sino-foreign joint ventures, cooperative projects (enterprises), cooperative exploitation of natural resources with enterprises or organizations in China, compensation trade and international lease, etc.

Foreign Loans refer to long-term capital and short-term capital borrowed from international financial organizations, foreign governments and enterprises by the Chinese governments at all levels, by various departments, enterprises and the Bank of China, etc, and repaid with interest at maturity. Foreign loans can be divided according to channels into: ①loans from foreign governments; ②loans from international financial organizations; ③loans from foreign banks; ④export credit; ⑤bonds and shares issued abroad.

Foreign Direct Investment refers to investment inside China by foreign enterprises and economic organizations or individuals (including overseas Chinese, compatriots from Hong Kong and Macao, and Chinese enterprises registered abroad), following the relevant policies and laws of China, for the establishment of foreign sole investment enterprises, Sino-foreign joint ventures and cooperative enterprises or for cooperative exploitation of resources with enterprises or economic organizations in China, and re-investment of foreign entrepreneurs with the profits gained from such enterprises and corporations. Starting from 2002, the foreign direct investment statistic has been adjusted such that the overseas borrowings in total investment of enterprises only include loans to the enterprises by direct investors or, in other terms, loans by foreign shareholders, but exclude loans from the third party guaranteed by the direct investors or, in other terms, loans guaranteed by the foreign shareholders, and overseas borrowings by enterprises in other manners or, in other terms, other overseas borrowings.

Number of Tourists (1) Visitor arrivals refer to the number of foreigners, Chinese compatriots from Hong Kong, Macao and Taiwan Chinese (mainland) who come to China (mainland) for sight–seeing, vacation, visiting relatives, medical treatment, shopping, attending conference, or to engage in economic, cultural, sports and religious activities. In compiling statistics, each time of entering China is counted as one person–time.

(2) Number of Chinese residents going abroad refer to the number of Chinese (mainland) residents going to other countries, Hong Kong Special Administrative region, Macao Special Administrative region and Taiwan for on official or private purposes, for sight–seeing, vacation, visiting relatives, medical treatment, shopping, attending conference, or to engage in economic, cultural, sports and religious activities. In compiling statistics, each time of leaving is counted as one person–time.

(3) Number of domestic tourists refers to the number of Chinese (mainland) residents who travel within China (mainland) for sight–seeing, vacation, visiting relatives, medical treatment, shopping, attending conference, or to engage in economic, cultural, sports and religious activities. In compiling statistics, each time of travelling is counted as one person–time.

Foreign Exchange Earnings from International Tourism refer to the total expenditure of foreigners, overseas Chinese, Chinese compatriots from Hong Kong, Macao and Taiwan during their stay in the mainland of China on transportation, sighting, accommodation, food, shopping and entertainment.

14 第十四部分 劳动工资

LABOR FORCE AND WAGE

CHAPTER

14-1 城镇单位在岗职工人数、工资总额及平均工资

NUMBER, TOTAL WAGE BILL AND AVERAGE WAGE OF FULLY EMPLOYED STAFF AND WORKERS IN URBAN UNITS

年 份 Year	年末在岗职工人数(万人) Number of Fully Employed Staff and Workers (Year-end) (10 000 persons)	# 国有单位 State-owned Units	工资总额 (万元) Total Wage Bill (10 000 yuan)	# 国有单位 State-owned Units	年平均工资 (元) Average Wage (yuan)	# 国有单位 State-owned Units
1980	4.86	4.05	4 366	3 691	979	990
1981	5.31	4.51	5 930	5 046	1 132	1 119
1982	8.28	7.00	10 000	8 477	1 366	1 358
1983	12.57	10.10	16 142	12 976	1 545	1 571
1984	18.33	14.14	35 306	28 642	2 179	2 257
1985	22.66	16.84	51 912	38 465	2 418	2 427
1986	25.88	18.97	59 773	44 324	2 452	2 476
1987	32.29	22.04	80 013	54 333	2 677	2 637
1988	41.74	28.04	134 218	87 607	3 388	3 269
1989	48.24	30.34	179 042	114 650	3 858	3 917
1990	55.41	33.85	227 392	140 935	4 304	4 339
1991	64.89	38.77	307 950	175 169	5 016	4 908
1992	71.10	38.85	403 790	226 079	5 931	6 026
1993	78.11	41.45	619 647	356 949	8 145	8 854
1994	82.29	38.71	852 332	445 286	10 572	11 632
1995	88.75	40.17	1 076 083	545 013	12 276	13 709
1996	89.13	41.07	1 284 558	679 349	14 507	16 625
1997	91.18	40.92	1 479 515	744 781	16 531	18 515
1998	91.93	33.75	1 674 771	707 004	18 381	21 161
1999	92.52	32.94	1 890 338	775 020	20 714	23 602
2000	93.36	31.00	2 113 366	805 421	23 039	26 193
2001	94.88	31.31	2 441 713	968 330	25 941	31 187
2002	101.76	29.62	2 832 799	1 035 092	28 218	35 501
2003	108.20	30.10	3 259 896	1 213 966	30 611	40 893
2004	135.88	31.94	4 192 834	1 422 271	31 928	45 212
2005	165.38	35.85	5 167 453	1 640 306	32 476	47 762
2006	184.25	39.85	6 296 568	1 919 979	35 107	49 312
2007	193.04	40.03	7 335 805	2 293 671	38 798	58 347
2008	198.35	41.31	8 674 142	2 663 083	43 454	65 431
2009	220.16	42.89	10 029 764	3 051 566	46 723	72 278
2010	251.09	46.86	12 338 778	3 603 655	50 456	79 734
2011	261.43	48.92	14 384 948	4 117 941	55 143	85 218
2012	277.90	49.58	16 421 777	4 453 377	59 010	90 492
2013	445.84	48.60	28 135 080	4 310 481	62 619	90 393
2014	448.93	42.91	32 879 754	4 602 261	72 651	108 192
2015	447.41	43.18	36 627 244	5 003 862	81 034	117 432
2016	442.55	41.84	39 940 453	5 105 545	89 757	124 927
2017	447.32	41.92	44 697 603	6 232 786	100 173	150 444
2018	466.91	39.02	52 364 784	6 682 348	111 709	172 466
2019	475.04	46.12	61 109 638	9 469 789	127 757	207 654

注：根据国家劳动统计报表制度的统一规定，从2013年年报起，原属于乡镇企业且符合城镇非私营单位条件的"四上"企业纳入城镇非私营单位就业人员及工资统计范围。后同。

Note: According to the provision of national labor statistics reporting form system, since the year reporting of 2013, the scope of statistics on employed persons in urban corporate unit excluding private units and labor wage covers four above designated size enterprises (refers to industrial enterprises above designated size, construction enterprises by qualification criteria, enterprises above designated size of wholesale trade, retail trade, hotels and catering services), which originally has been included township enterprises and in accordance with the condition of urban corporate unit excluding private units. The same applies to the following tables.

14-2 城镇单位在岗职工工资总额指数和年平均工资指数

RELATED INDICES OF TOTAL WAGE BILL AND AVERAGE WAGE OF FULLY EMPLOYED STAFF AND WORKERS IN URBAN UNITS

以上年为100 (preceding year=100)

年 份 Year	工资总额指数 Related Indices Bill of Total Wage Bill	# 国有单位 State-owned Units	在岗职工年平均货币工资指数 Related Indices of Average Money Wage	# 国有单位 State-owned Units	在岗职工年平均实际工资指数 Related Indices of Average Real Wage	# 国有单位 State-owned Units
1980	147.9	147.3	127.3	126.1	121.2	120.1
1981	135.8	136.7	115.6	113.0	104.4	102.1
1982	168.6	168.0	120.8	121.4	112.1	112.6
1983	161.4	153.1	113.1	115.7	110.9	113.4
1984	218.7	220.7	141.0	143.7	132.0	134.6
1985	147.0	134.3	111.0	107.5	90.6	87.8
1986	115.1	115.2	101.4	102.0	95.6	96.1
1987	133.9	122.6	109.2	106.5	95.5	93.1
1988	167.7	161.2	126.6	124.0	98.8	96.8
1989	133.4	130.9	113.9	119.8	90.8	95.5
1990	127.0	122.9	111.6	110.8	109.8	109.1
1991	135.4	124.3	116.5	113.1	113.1	109.8
1992	131.1	129.1	118.2	122.8	110.2	114.4
1993	153.5	157.9	137.3	146.9	114.3	122.3
1994	137.6	124.7	129.8	131.4	109.8	111.2
1995	126.3	122.4	116.1	117.9	103.3	104.9
1996	119.4	124.6	118.2	121.3	109.7	112.6
1997	115.2	109.6	114.0	111.4	110.3	107.8
1998	113.8	95.7	110.2	112.3	111.0	113.1
1999	112.9	109.6	112.7	111.5	113.5	112.3
2000	111.8	103.9	111.2	111.0	108.2	108.0
2001	115.5	120.2	112.6	119.1	115.1	121.8
2002	116.0	106.9	108.8	113.8	107.5	112.5
2003	115.1	117.3	108.5	115.2	107.7	114.4
2004	120.7	114.1	105.6	110.6	104.2	109.1
2005	123.2	115.3	101.7	105.6	100.1	104.0
2006	121.9	117.1	108.1	103.2	105.8	101.0
2007	116.5	119.5	110.5	118.3	106.2	113.6
2008	118.2	116.1	112.0	112.1	105.8	105.9
2009	115.6	114.6	107.5	110.5	108.9	111.9
2010	123.0	118.1	108.0	110.3	104.3	106.6
2011	116.6	114.3	109.3	106.9	103.7	101.4
2012	114.2	108.1	107.0	106.2	104.1	103.3
2013	171.3	96.8	106.1	99.9	103.3	97.3
2014	116.9	106.8	116.0	119.7	113.7	117.4
2015	111.4	108.7	111.5	108.5	109.1	106.2
2016	109.0	102.0	110.8	106.4	108.2	103.9
2017	111.9	122.1	111.6	120.4	110.1	118.8
2018	117.2	107.2	111.5	114.6	108.5	111.5
2019	116.7	141.7	114.4	120.4	110.6	116.4

14-3 城镇单位在岗职工工资总额指数和年平均工资指数

RELATED INDICES OF TOTAL WAGE BILL AND AVERAGE WAGE OF FULLY EMPLOYED STAFF AND WORKERS IN URBAN UNITS

以1979年为100 （1979=100）

年份 Year	工资总额指数 Related Indices Bill of Total Wage Bill	#国有单位 State-owned Units	在岗职工年平均货币工资指数 Related Indices of Average Money Wage	#国有单位 State-owned Units	在岗职工年平均实际工资指数 Related Indices of Average Real Wage	#国有单位 State-owned Units
1980	147.9	147.3	127.3	126.1	121.2	120.1
1981	200.9	201.4	147.2	142.5	126.5	122.6
1982	338.8	338.4	177.6	173.0	141.8	138.0
1983	546.8	518.0	200.9	200.1	157.3	156.5
1984	1 196.0	1 143.4	283.4	287.5	207.6	210.6
1985	1 758.5	1 535.5	314.4	309.2	188.1	184.9
1986	2 024.8	1 769.4	318.9	315.4	179.8	177.7
1987	2 710.5	2 169.0	348.1	335.9	171.7	165.4
1988	4 546.7	3 497.3	440.6	416.4	169.6	160.1
1989	6 065.1	4 576.8	501.7	499.0	154.0	152.9
1990	7 703.0	5 626.1	559.7	552.7	169.1	166.8
1991	10 431.9	6 992.8	652.3	625.2	191.3	183.1
1992	13 678.5	9 025.1	771.3	767.6	210.8	209.5
1993	20 990.8	14 249.5	1 059.2	1 127.9	240.9	256.2
1994	28 873.0	17 775.9	1 374.8	1 481.8	264.5	284.9
1995	36 452.7	21 757.0	1 596.4	1 746.4	273.2	298.9
1996	43 514.8	27 119.7	1 886.5	2 117.8	299.7	336.6
1997	50 119.1	29 731.8	2 149.7	2 358.6	330.6	362.9
1998	57 035.5	28 453.3	2 369.0	2 648.7	367.0	410.4
1999	64 393.1	31 184.8	2 669.9	2 953.3	416.5	460.9
2000	71 991.5	32 401.0	2 968.9	3 278.2	450.7	497.8
2001	83 150.2	38 946.0	3 343.0	3 904.3	518.8	606.3
2002	96 454.2	41 633.3	3 637.2	4 443.1	557.7	682.1
2003	111 018.8	48 835.9	3 946.4	5 118.5	600.6	780.3
2004	133 999.7	55 721.8	4 167.4	5 661.1	625.8	851.3
2005	165 087.6	64 247.2	4 238.2	5 978.1	626.4	885.4
2006	201 241.8	75 233.5	4 581.5	6 169.4	662.7	894.3
2007	234 446.7	89 904.0	5 062.6	7 298.4	703.8	1 015.9
2008	277 116.0	104 378.5	5 670.1	8 181.5	743.9	1 075.8
2009	320 346.1	119 617.8	6 095.4	9 040.6	810.1	1 203.8
2010	394 025.7	141 268.6	6 583.0	9 971.8	844.9	1 283.3
2011	459 039.9	161 470.0	7 195.2	10 659.9	876.2	1 301.3
2012	524 223.6	174 549.1	7 698.9	11 320.8	912.1	1 344.2
2013	897 995.0	168 963.5	8 168.5	11 309.5	942.2	1 307.9
2014	1 049 756.2	180 453.0	9 475.5	13 537.5	1 071.3	1 535.5
2015	1 169 428.4	196 152.4	10 565.2	14 688.2	1 168.8	1 630.7
2016	1 274 677.0	200 075.4	11 706.2	15 628.2	1 264.6	1 694.3
2017	1 426 363.6	244 292.1	13 064.1	18 816.4	1 392.3	2 012.8
2018	1 671 698.1	261 881.1	14 566.5	21 563.6	1 510.6	2 244.3
2019	1 950 871.7	371 085.5	16 664.1	25 962.6	1 670.7	2 612.4
年平均增长率(%) Average Annual Growth Rate(%)	**28.0**	**22.8**	**13.6**	**14.9**	**7.3**	**8.5**

14-4 城镇单位在岗职工工资总额和年平均工资

TOTAL WAGE BILL AND AVERAGE WAGE OF FULLY EMPLOYED STAFF AND WORKERS IN URBAN UNITS

年份 Year	工资总额(亿元) Total Wage Bill (100 million yuan)				年平均工资(元) Average Wage (yuan)			
	合计 Total	国有单位 State-owned Units	城镇集体单位 Urban Collective-owned Units	其他单位 Units of Other Types of Ownership	合计 Total	国有单位 State-owned Units	城镇集体单位 Urban Collective-owned Units	其他单位 Units of Other Types of Ownership
1998	167.48	70.70	4.72	92.05	18 381	21 161	11 260	17 204
1999	189.03	77.50	5.38	106.15	20 714	23 602	13 228	19 530
2000	211.34	80.54	4.85	125.94	23 039	26 193	13 234	21 974
2001	244.17	96.83	5.00	142.34	25 941	31 187	13 427	23 981
2002	283.28	103.51	4.32	175.45	28 218	35 501	16 969	25 544
2003	325.99	121.40	4.02	200.58	30 611	40 893	17 061	26 940
2004	419.28	142.23	3.29	273.77	31 928	45 212	20 256	27 868
2005	516.75	164.03	4.72	348.00	32 476	47 762	17 112	28 521
2006	629.66	192.00	3.20	434.46	35 107	49 312	20 591	31 286
2007	733.58	229.37	3.26	500.95	38 798	58 347	21 793	33 787
2008	867.41	266.31	3.43	597.68	43 454	65 431	25 291	37 933
2009	1 002.98	305.16	3.11	694.71	46 723	72 278	24 715	40 582
2010	1 233.88	360.37	4.15	869.36	50 456	79 734	27 801	43 939
2011	1 438.49	411.79	4.78	1 021.92	55 143	85 218	31 830	48 422
2012	1 642.18	445.34	5.59	1 191.25	59 010	90 492	34 444	52 374
2013	2 813.51	431.05	12.60	2 369.86	62 619	90 393	30 207	59 627
2014	3 287.98	460.23	14.64	2 813.11	72 651	108 192	39 993	69 224
2015	3 662.72	500.39	11.14	3 151.20	81 034	117 432	45 546	77 436
2016	3 994.05	510.55	13.35	3 470.14	89 757	124 927	56 682	86 374
2017	4 469.76	623.28	21.20	3 825.28	100 173	150 444	71 380	95 203
2018	5 236.48	668.23	8.99	4 559.25	111 709	172 466	67 768	106 353
2019	6 110.96	946.98	5.51	5 158.48	127 757	207 654	75 138	119 411

注：　从2000年起统计口径为在岗职工。

Note: Since 2000, statistical coverage refers to the fully employed staff and workers.

14-5 分经济类型和行业城镇单位就业人员和在岗职工人数（2019年末）

NUMBER OF EMPLOYED PERSONS AND FULLY EMPLOYED STAFF AND WORKERS BY OWNERSHIP AND SECTOR IN URBAN UNITS AT YEAR-END （2019）

项　目	Item	单位就业人员年末人数（人） Number of Employed Persons (Year-end) (Person)	# 女 性 Female	# 在岗职工年末人数 Number of Fully Employed Staff and Workers (Year-end)
总　计	**Total**	**4 956 093**	**1 970 596**	**4 750 391**
一、按登记注册类型分	Grouped by Registration			
1. 内资单位	Domestic Funded Units	3 258 706	1 191 866	3 093 734
①国有单位	State-owned Units	485 455	217 511	461 151
②集体单位	Collective-owned Units	7 582	2 537	7 394
③股份合作单位	Cooperative Units	25 209	8 010	23 939
④联营单位	Joint ownership Units	4 304	2 015	4 301
⑤有限责任公司	Limited Liability Corporations	1 812 971	591 542	1 713 795
⑥股份有限公司	Share-holding Corporations Ltd.	781 954	268 866	746 491
⑦其他内资单位	Others	141 231	101 385	136 663
2. 港澳台商投资单位	Units with Funded from Hongkong,Macao and Taiwan	1 118 696	522 767	1 096 696
3. 外商投资单位	Foreign Funded Units	578 691	255 963	559 961
二、按企业、事业、机关分	Grouped by Enterprises, Institutions and Agencies			
1. 企业	Enterprises	4 477 126	1 716 871	4 287 098
2. 事业	Institutions	207 499	126 054	200 906
3. 机关	Agencies & Organizations	202 174	73 250	194 402
4.民间非营利组织	Private non-protit organization	68 641	54 129	67 379
5.其他	Others	653	292	606
三、按国民经济行业分	Grouped by Sector			
1. 农、林、牧、渔业	Agriculture, Forestry, Animal Husbandry and Fishery	345	66	342
①农业	Agriculture	130	42	130
②林业	Forestry	32	6	30
③畜牧业	Animal Husbandry	44	6	44
④渔业	Fishery	133	12	132
⑤农、林、牧、渔专业及辅助性活动	Professional and Ancillary Activities in Agriculture, Forestry, Animal Husbandry and Fishery	6		6
2. 采矿业	Mining	3 689	489	3 686
3. 制造业	Manufacturing	2 098 247	841 880	2 087 619
4. 电力、热力、燃气及水生产和供应业	Production and Distribution of Electricity,Heat,Gas and Water	23 295	5 324	23 136
5. 建筑业	Construction	298 509	35 103	261 141
①房屋建筑业	Building	140 641	10 360	116 964
②土木工程建筑业	Civil Engineering	21 358	3 014	19 111
③建筑安装业	Construction installation	30 793	4 116	29 792
④建筑装饰、装修和其他建筑业	Construction Decoration, renovation and Other Construction	105 717	17 613	95 274
6. 批发和零售业	Wholesale and Retail Trades	314 974	165 841	298 711
①批发业	Wholesale	174 586	81 384	171 605
②零售业	Retail Sales	140 388	84 457	127 106
7. 交通运输、仓储和邮政业	Transportation, Storage and Post Services	193 243	56 019	189 510
①铁路运输业	Railway Transportation	577	102	576
②道路运输业	Road Transportation	93 536	21 918	92 797
③水上运输业	Water Transportation	8 963	1 162	8 948
④航空运输业	Air Transportation	35 479	11 743	34 668
⑤管道运输业	Petroleum and Gas Pipelines Transportation	15	5	15
⑥多式联运和运输代理业	Multimodal Transport and Transport Agent Industry	29 874	14 222	29 709
⑦装卸搬运和仓储业	Handling, Handling and Warehousing Industry	12 636	3 746	12 513
⑧邮政业	Post Services	12 163	3 121	10 284
8. 住宿和餐饮业	Hotels and Catering Services	118 648	62 865	108 120
①住宿业	Hotels	32 708	15 935	32 208
②餐饮业	Catering Services	85 940	46 930	75 912
9. 信息传输、软件和信息技术服务业	Information Transmission,Computer Services and Software	303 677	114 697	296 254
①电信、广播电视和卫星传输服务	Tele communications,broadcast and satellite transmission services	28 779	12 161	24 269
②互联网和相关服务	Internet and related services	46 532	17 859	45 535

项 目	Item	单位就业人员年末人数（人） Number of Employed Persons (Year-end) (Person)	# 女 性 Female	# 在岗职工年末人数 Number of Fully Employed Staff and Workers (Year-end)
③软件和信息技术服务业	Software and IT Services	228 366	84 677	226 450
10. 金融业	Financial Intermediation	238 033	121 465	180 340
①货币金融服务业	Monetary and Financial Services	82 437	44 784	81 956
②资本市场服务业	Capital market Services	43 103	18 611	39 141
③保险业	Insurance	105 149	55 276	51 947
④其他金融业	Other Financial Actioities	7 344	2 794	7 296
11. 房地产业	Real Estate	274 892	90 470	272 218
其中：①房地产开发经营	Real Estate Development and Operation	23 380	8 330	23 230
②物业管理	Real Estate Management	197 409	62 507	195 702
③房地产中介服务	Real Estate Services	21 223	8 745	21 152
④房地产租赁经营	Real Estate Leasing Operation	32 253	10 678	31 512
12. 租赁和商务服务业	Leasing and Business Services	337 340	100 623	305 267
①租赁业	Leasing	7 717	1 593	6 979
②商务服务业	Business Services	329 623	99 030	298 288
13. 科学研究和技术服务业	Scientific Research and Technical Services	141 646	50 393	139 791
①研究和试验发展	Research and Experiment Development	19 030	7 034	18 695
②专业技术服务业	Professional Technology Services	108 874	38 061	107 517
③科技推广和应用服务业	Services of Science and Technology Exchanges and Promotion	13 742	5 298	13 579
14. 水利、环境和公共设施管理业	Management of Water Consercancy,Environment and Public Facilities	19 761	6 456	17 437
①水利管理业	Water Conservancy Administration	1 712	381	1 650
②生态保护和环境治理业	Ecological Protection and Environmental management	3 430	774	3 236
③公共设施管理业	Management of Public Facilities	14 366	5 200	12 298
④土地管理业	Land Management	253	101	253
15. 居民服务、修理和其他服务业	Services to Households and Other Services	35 714	17 423	34 472
①居民服务业	Services to Households	9 295	4 633	9 063
②机动车、电子产品和日用产品修理业	Repair Industry of motor Vehicles,Electronics and Household Goods.	6 209	1 738	6 143
③其他服务业	Other Services	20 210	11 052	19 266
16. 教育	Education	207 871	143 812	200 722
其中：①学前教育	Preschool Education	50 903	45 230	50 521
②初等教育	Primary Schools	49 624	35 144	48 220
③中等教育	Regular Secondary Schools	60 274	37 920	58 906
④高等教育	Regular Institution of Higher Education	18 297	8 154	16 969
⑤特殊教育	Special Education	813	506	790
⑥技能培训、教育辅助及其他教育	Skills Training, Educational Assistance and Other Education	27 960	16 858	25 316
17. 卫生和社会工作	Health and Social Work	107 338	74 601	105 908
①卫生	Health Care	96 938	67 405	96 008
②社会工作	Social Work	10 400	7 196	9 900
18. 文化、体育和娱乐业	Culture,sports and Entertainment	31 345	13 284	26 050
①新闻和出版业	Journalism and Publishing Activities	2 653	1 173	2 637
②广播、电视、电影和录音制作业	Radio, Television, film and recording production	10 609	3 054	5 896
③文化艺术业	Cultural and Art Activies	3 945	2 100	3 733
④体育	Sports	6 914	3 577	6 734
⑤娱乐业	Entertainment	7 224	3 380	7 050
19. 公共管理、社会保障和社会组织	Publich Management,Securities and Social Organization	207 526	69 785	199 667
其中：①中国共产党机关	Organs of Communist Party of China	3 560	1 344	3 511
②国家机构	Government Agencies	200 392	66 623	192 760
③人民政协、民主党派	People's Political Consultative Conference and Democratic Parties	264	83	264
④社会保障	Social Securities	1 602	848	1 475
⑤群众团体、社会团体和其他成员组织	Non-Government Groups, Social Groups and Other member Organizations	1 708	887	1 657

14-6 分经济类型和行业城镇单位就业人员工资总额、平均人数和年平均工资（2019年）

TOTAL WAGE BILL, AVERAGE NUMBER AND AVERAGE WAGE OF EMPLOYED PERSONS BY OWNERSHIP AND SECTOR IN URBAN UNITS（2019）

项目	Item	单位就业人员工资总额（万元）Total Wage Bill of Employed Persons (10 000 yuan)	单位就业人员年平均人数（人）Average Number of Employed Persons (Person)	年平均工资（元）Average Wage (yuan)
总计	**Total**	**62 644 148**	**4 987 097**	**125 612**
一、按登记注册类型分	Grouped by Registration			
1. 内资单位	Domestic Funded Units	45 323 440	3 232 034	140 232
①国有单位	State-owned Units	9 646 813	482 943	199 751
②集体单位	Collective-owned Units	57 309	7 496	76 453
③股份合作单位	Cooperative Units	180 707	25 311	71 395
④联营单位	Joint ownership Units	106 823	4 288	249 122
⑤有限责任公司	Limited Liability Corporations	21 999 461	1 794 440	122 598
⑥股份有限公司	Share-holding Corporations Ltd.	11 692 555	779 231	150 052
⑦其他内资单位	Others	1 639 772	138 325	118 545
2. 港澳台商投资单位	Units with Funded from Hongkong,Macao and Taiwan	11 361 279	1 166 985	97 356
3. 外商投资单位	Foreign Funded Units	5 959 428	588 078	101 337
二、按企业、事业、机关分	Grouped by Enterprises, Institutions and Agencies			
1. 企业	Enterprises	53 349 135	4 516 222	118 128
2. 事业	Institutions	4 996 409	202 502	246 734
3. 机关	Agencies & Organizations	3 825 539	200 380	190 914
4.民间非营利组织	Private non-protit organization	454 849	67 342	67 543
5.其他	Others	18 217	651	279 829
三、按国民经济行业分	Grouped by Sector			
1. 农、林、牧、渔业	Agriculture, Forestry, Animal Husbandry and Fishery	3 657	345	106 012
①农业	Agriculture	1 740	129	134 853
②林业	Forestry	245	32	76 563
③畜牧业	Animal Husbandry	545	44	123 864
④渔业	Fishery	1 092	134	81 478
⑤农、林、牧、渔专业及辅助性活动	Professional and Ancillary Activities in Agriculture, Forestry, Animal Husbandry and Fishery	36	6	60 000
2. 采矿业	Mining	108 118	3 689	293 083
3. 制造业	Manufacturing	21 962 130	2 165 882	101 400
4. 电力、热力、燃气及水生产和供应业	Production and Distribution of Electricity,Heat,Gas and Water	532 440	23 261	228 898
5. 建筑业	Construction	2 381 640	286 741	83 059
①房屋建筑业	Building	1 101 536	133 795	82 330
②土木工程建筑业	Civil Engineering	189 888	21 080	90 080
③建筑安装业	Construction installation	292 757	29 864	98 030
④建筑装饰、装修和其他建筑业	Construction Decoration, renovation and Other Construction	797 460	102 002	78 181
6. 批发和零售业	Wholesale and Retail Trades	3 322 790	318 789	104 232
①批发业	Wholesale	2 208 301	176 907	124 828
②零售业	Retail Sales	1 114 489	141 882	78 550
7. 交通运输、仓储和邮政业	Transportation, Storage and Post Services	2 404 440	196 862	122 138
①铁路运输业	Railway Transportation	7 867	580	135 634
②道路运输业	Road Transportation	920 951	93 910	98 067
③水上运输业	Water Transportation	164 498	8 966	183 468
④航空运输业	Air Transportation	693 720	35 028	198 047
⑤管道运输业	Petroleum and Gas Pipelines Transportation	1 048	15	698 533
⑥多式联运和运输代理业	Multimodal Transport and Transport Agent Industry	317 364	31 822	99 731
⑦装卸搬运和仓储业	Handling, Handling and Warehousing Industry	132 553	12 687	104 479
⑧邮政业	Post Services	166 439	13 854	120 138
8. 住宿和餐饮业	Hotels and Catering Services	684 826	118 561	57 762
①住宿业	Hotels	255 557	33 242	76 878
②餐饮业	Catering Services	429 270	85 319	50 313
9. 信息传输、软件和信息技术服务业	Information Transmission,Computer Services and Software	6 176 574	298 840	206 685
①电信、广播电视和卫星传输服务	Tele communications,broadcast and satellite transmission services	463 270	29 213	158 584
②互联网和相关服务	Internet and related services	1 512 375	44 282	341 533

14-6 续表 continued

项　目	Item	单位就业人员工资总额（万元）Total Wage Bill of Employed Persons (10 000 yuan)	单位就业人员年平均人数（人）Average Number of Employed Persons (Person)	年平均工资（元）Average Wage (yuan)
③软件和信息技术服务业	Software and IT Services	4 200 929	225 345	186 422
10. 金融业	Financial Intermediation	5 951 943	236 249	251 935
①货币金融服务业	Monetary and Financial Services	2 903 980	81 906	354 550
②资本市场服务业	Capital market Services	1 388 551	42 518	326 580
③保险业	Insurance	1 386 319	104 688	132 424
④其他金融业	Other Financial Actioities	273 093	7 137	382 644
11. 房地产业	Real Estate	2 721 615	270 321	100 681
其中：①房地产开发经营	Real Estate Development and Operation	570 389	23 444	243 299
②物业管理	Real Estate Management	1 347 610	192 850	69 879
③房地产中介服务	Real Estate Services	331 161	20 160	164 266
④房地产租赁经营	Real Estate Leasing Operation	464 066	33 246	139 585
12. 租赁和商务服务业	Leasing and Business Services	3 419 392	331 368	103 190
①租赁业	Leasing	75 677	7 873	96 122
②商务服务业	Business Services	3 343 716	323 495	103 362
13. 科学研究和技术服务业	Scientific Research and Technical Services	2 447 842	137 812	177 622
①研究和试验发展	Research and Experiment Development	373 098	17 319	215 427
②专业技术服务业	Professional Technology Services	1 877 577	106 414	176 441
③科技推广和应用服务业	Services of Science and Technology Exchanges and Promotion	197 168	14 079	140 044
14. 水利、环境和公共设施管理业	Management of Water Consercancy,Environment and Public Facilities	214 829	19 575	109 747
①水利管理业	Water Conservancy Administration	36 580	1 692	216 193
②生态保护和环境治理业	Ecological Protection and Environmental management	48 830	3 435	142 154
③公共设施管理业	Management of Public Facilities	126 285	14 194	88 971
④土地管理业	Land Management	3 134	254	123 398
15. 居民服务、修理和其他服务业	Services to Households and Other Services	216 133	34 556	62 546
①居民服务业	Services to Households	63 213	8 249	76 631
②机动车、电子产品和日用产品修理业	Repair Industry of motor Vehicles,Electronics and Household Goods.	54 125	6 218	87 045
③其他服务业	Other Services	98 796	20 089	49 179
16. 教育	Education	3 483 028	203 185	171 421
其中：①学前教育	Preschool Education	313 729	50 158	62 548
②初等教育	Primary Schools	1 023 274	48 904	209 241
③中等教育	Regular Secondary Schools	1 278 735	59 115	216 313
④高等教育	Regular Institution of Higher Education	520 136	17 209	302 246
⑤特殊教育	Special Education	15 855	749	211 677
⑥技能培训、教育辅助及其他教育	Skills Training, Educational Assistance and Other Education	331 299	27 050	122 477
17. 卫生和社会工作	Health and Social Work	2 471 264	104 178	237 215
①卫生	Health Care	2 383 415	94 206	253 000
②社会工作	Social Work	87 849	9 972	88 095
18. 文化、体育和娱乐业	Culture,sports and Entertainment	383 281	31 162	122 996
①新闻和出版业	Journalism and Publishing Activities	53 798	2 610	206 123
②广播、电视、电影和录音制作业	Radio, Television, film and recording production	98 419	10 418	94 470
③文化艺术业	Cultural and Art Activies	71 891	3 987	180 313
④体育	Sports	93 148	6 832	136 340
⑤娱乐业	Entertainment	66 026	7 315	90 261
19. 公共管理、社会保障和社会组织	Publich Management,Securities and Social Organization	3 758 206	205 721	182 685
其中：①中国共产党机关	Organs of Communist Party of China	86 547	3 509	246 643
②国家机构	Government Agencies	3 602 255	198 509	181 466
③人民政协、民主党派	People's Political Consultative Conference and Democratic Parties	9 257	256	361 617
④社会保障	Social Securities	38 279	1 722	222 293
⑤群众团体、社会团体和其他成员组织	Non-Government Groups, Social Groups and Other member Organizations	21 868	1 725	126 771

14-7 分经济类型和行业城镇单位在岗职工工资总额、平均人数和年平均工资（2019年）

TOTAL WAGE BILL，AVERAGE NUMBER AND AVERAGE WAGE OF FULLY EMPLOYED STAFF AND WORKERS BY OWNERSHIP AND SECTOR IN URBAN UNITS（2019）

项 目	Item	在岗职工工资总额(万元) Total Wage Bill of Fully Employed Staff and Workers (10 000 yuan)	在岗职工年平均人数(人) Average Number of Fully Employed Staff and Workers (person)	年平均工资(元) Average Wage (yuan)
总 计	**Total**	**61 109 638**	**4 783 288**	**127 757**
一、按登记注册类型分	Grouped by Registration			
1. 内资单位	Domestic Funded Units	44 108 564	3 068 806	143 732
①国有单位	State-owned Units	9 469 789	456 036	207 654
②集体单位	Collective-owned Units	55 069	7 329	75 138
③股份合作单位	Cooperative Units	173 599	24 020	72 273
④联营单位	Joint ownership Units	106 752	4 285	249 130
⑤有限责任公司	Limited Liability Corporations	21 302 944	1 696 893	125 541
⑥股份有限公司	Share-holding Corporations Ltd.	11 394 305	746 250	152 688
⑦其他内资单位	Others	1 606 106	133 993	119 865
2. 港澳台商投资单位	Units with Funded from Hongkong,Macao and Taiwan	11 204 816	1 144 046	97 940
3. 外商投资单位	Foreign Funded Units	5 796 259	570 436	101 611
二、按企业、事业、机关分	Grouped by Enterprises, Institutions and Agencies			
1. 企业	Enterprises	51 947 827	4 327 416	120 044
2. 事业	Institutions	4 931 989	196 103	251 500
3. 机关	Agencies & Organizations	3 763 142	192 997	194 984
4.民间非营利组织	Private non-protit organization	449 146	66 168	67 880
5.其他	Others	17 534	604	290 293
三、按国民经济行业分	Grouped by Sector			
1. 农、林、牧、渔业	Agriculture, Forestry, Animal Husbandry and Fishery	3 645	342	106 585
①农业	Agriculture	1 740	129	134 853
②林业	Forestry	238	30	79 267
③畜牧业	Animal Husbandry	545	44	123 864
④渔业	Fishery	1 087	133	81 714
⑤农、林、牧、渔专业及辅助性活动	Professional and Ancillary Activities in Agriculture, Forestry, Animal Husbandry and Fishery	36	6	60 000
2. 采矿业	Mining	108 101	3 686	293 274
3. 制造业	Manufacturing	21 810 960	2 155 025	101 210
4. 电力、热力、燃气及水生产和供应业	Production and Distribution of Electricity,Heat,Gas and Water	530 476	23 109	229 554
5. 建筑业	Construction	2 103 842	249 301	84 390
①房屋建筑业	Building	921 718	110 620	83 323
②土木工程建筑业	Civil Engineering	176 497	18 900	93 385
③建筑安装业	Construction installation	285 047	28 933	98 520
④建筑装饰、装修和其他建筑业	Construction Decoration, renovation and Other Construction	720 580	90 848	79 317
6. 批发和零售业	Wholesale and Retail Trades	3 254 986	302 643	107 552
①批发业	Wholesale	2 166 309	173 775	124 662
②零售业	Retail Sales	1 088 677	128 868	84 480
7. 交通运输、仓储和邮政业	Transportation, Storage and Post Services	2 344 695	192 547	121 773
①铁路运输业	Railway Transportation	7 863	579	135 807
②道路运输业	Road Transportation	915 145	93 175	98 218
③水上运输业	Water Transportation	163 881	8 950	183 107
④航空运输业	Air Transportation	657 063	34 213	192 051
⑤管道运输业	Petroleum and Gas Pipelines Transportation	1 048	15	698 533
⑥多式联运和运输代理业	Multimodal Transport and Transport Agent Industry	315 409	31 599	99 816
⑦装卸搬运和仓储业	Handling, Handling and Warehousing Industry	130 673	12 574	103 923
⑧邮政业	Post Services	153 614	11 442	134 254
8. 住宿和餐饮业	Hotels and Catering Services	663 289	107 132	61 913
①住宿业	Hotels	251 148	32 655	76 909
②餐饮业	Catering Services	412 142	74 477	55 338
9. 信息传输、软件和信息技术服务业	Information Transmission,Computer Services and Software	6 111 019	291 553	209 602
①电信、广播电视和卫星传输服务	Tele communications,broadcast and satellite transmission services	420 874	24 583	171 205
②互联网和相关服务	Internet and related services	1 509 693	43 686	345 578

项 目	Item	在岗职工工资总额(万元) Total Wage Bill of Fully Employed Staff and Workers (10 000 yuan)	在岗职工年平均人数(人) Average Number of Fully Employed Staff and Workers (person)	年平均工资(元) Average Wage (yuan)
③软件和信息技术服务业	Software and IT Services	4 180 452	223 284	187 226
10. 金融业	Financial Intermediation	5 524 534	178 309	309 829
①货币金融服务业	Monetary and Financial Services	2 865 993	81 439	351 919
②资本市场服务业	Capital market Services	1 368 668	38 408	356 350
③保险业	Insurance	1 017 393	51 364	198 075
④其他金融业	Other Financial Actioities	272 481	7 098	383 884
11. 房地产业	Real Estate	2 701 592	267 464	101 008
其中：①房地产开发经营	Real Estate Development and Operation	567 071	23 260	243 796
②物业管理	Real Estate Management	1 338 725	191 036	70 077
③房地产中介服务	Real Estate Services	329 937	20 087	164 254
④房地产租赁经营	Real Estate Leasing Operation	457 510	32 465	140 924
12. 租赁和商务服务业	Leasing and Business Services	3 198 825	302 093	105 889
①租赁业	Leasing	70 658	7 005	100 868
②商务服务业	Business Services	3 128 167	295 088	106 008
13. 科学研究和技术服务业	Scientific Research and Technical Services	2 418 125	135 957	177 860
①研究和试验发展	Research and Experiment Development	369 927	17 033	217 183
②专业技术服务业	Professional Technology Services	1 852 231	105 007	176 391
③科技推广和应用服务业	Services of Science and Technology Exchanges and Promotion	195 967	13 917	140 811
14. 水利、环境和公共设施管理业	Management of Water Consercancy,Environment and Public Facilities	205 606	17 302	118 833
①水利管理业	Water Conservancy Administration	36 088	1 629	221 535
②生态保护和环境治理业	Ecological Protection and Environmental management	48 332	3 228	149 727
③公共设施管理业	Management of Public Facilities	118 051	12 191	96 835
④土地管理业	Land Management	3 134	254	123 398
15. 居民服务、修理和其他服务业	Services to Households and Other Services	210 271	33 328	63 091
①居民服务业	Services to Households	61 920	8 028	77 130
②机动车、电子产品和日用产品修理业	Repair Industry of motor Vehicles,Electronics and Household Goods.	53 757	6 122	87 810
③其他服务业	Other Services	94 593	19 178	49 324
16. 教育	Education	3 420 668	196 380	174 186
其中：①学前教育	Preschool Education	310 586	49 798	62 369
②初等教育	Primary Schools	1 009 738	47 464	212 738
③中等教育	Regular Secondary Schools	1 259 682	57 778	218 021
④高等教育	Regular Institution of Higher Education	508 319	16 098	315 765
⑤特殊教育	Special Education	15 670	726	215 836
⑥技能培训、教育辅助及其他教育	Skills Training, Educational Assistance and Other Education	316 674	24 516	129 170
17. 卫生和社会工作	Health and Social Work	2 452 926	102 756	238 714
①卫生	Health Care	2 366 463	93 280	253 695
②社会工作	Social Work	86 464	9 476	91 245
18. 文化、体育和娱乐业	Culture,sports and Entertainment	351 225	26 101	134 564
①新闻和出版业	Journalism and Publishing Activities	53 719	2 594	207 090
②广播、电视、电影和录音制作业	Radio, Television, film and recording production	69 941	5 825	120 070
③文化艺术业	Cultural and Art Activies	70 438	3 803	185 218
④体育	Sports	91 627	6 643	137 930
⑤娱乐业	Entertainment	65 500	7 236	90 520
19. 公共管理、社会保障和社会组织	Publich Management,Securities and Social Organization	3 694 853	198 260	186 364
其中：①中国共产党机关	Organs of Communist Party of China	86 092	3 460	248 821
②国家机构	Government Agencies	3 540 343	191 265	185 101
③人民政协、民主党派	People's Political Consultative Conference and Democratic Parties	9 257	256	361 617
④社会保障	Social Securities	37 442	1 602	233 718
⑤群众团体、社会团体和其他成员组织	Non-Government Groups, Social Groups and Other member Organizations	21 719	1 677	129 510

14-8 城镇单位工业、建筑业企业在岗职工人数、工资总额和年平均工资（2019年）

NUMBER, TOTAL WAGE BILL AND AVERAGE WAGE OF FULLY EMPLOYED STAFF AND WORKERS IN INDUSTRY AND CONSTRUCTION ENTERPRISES IN URBAN UNITS（2019）

项 目	Item	在岗职工年末人数(人) Number of Fully Employed Staff and Workers（Year-end）(person)	工资总额(万元) Total Wage Bill (10 000 yuan)	年平均工资(元) Average Wage (yuan)
总 计	**Total**	**2 375 582**	**24 553 379**	**100 996**
一、工 业	**Industry**	**2 114 441**	**22 449 537**	**102 894**
(一)按登记注册类型分	Grouped by Registration			
1. 国有单位	State-owned Units	3 107	25 481	90 102
2. 城镇集体单位	Urban Collective Owned Units	394	2 596	57 940
3. 其他类型单位	Units of Other Types of Ownership	2 110 940	22 421 460	102 919
(二)按行业分	Grouped by Sector			
1. 采矿业	Mining	3 686	108 101	293 274
煤炭开采和洗选业	Mining and Washing of Coal			
石油和天然气开采业	Extraction of Petroleum and Natural Gas	2 936	92 317	312 833
黑色金属矿采选业	Mining and Processing of Ferrous Metal Ores			
有色金属矿采选业	Mining and Processing of Nonferrous Metal Ores			
非金属矿采选业	Mining and Processing of Nonmetal Ores			
开采专业及辅助性活动	Mining Professional and Auxiliary Activities	750	15 784	214 746
其他采矿业	Mining and Processing of Other Ores			
2.制 造 业	Manufacturing	2 087 619	21 810 960	101 210
农副食品加工业	Processing of Food from Agricultural Products	7 581	77 710	102 722
食品制造业	Manufacture of Foods	10 445	81 019	77 073
酒、饮料和精制茶制造业	Manufacture of Wine, Beverages and Refined tea	13 799	148 834	109 453
烟草制品业	Manufacture of Tobacco	1 695	26 752	150 041
纺织业	Manufacture of Textile	12 039	102 754	84 662
纺织服装、服饰业	Manufacture of Textile Wearing Apparec	53 797	391 847	68 776
皮革、毛皮、羽毛及其制品和制鞋业	Leather, Fur, Feather and Their Products and Footwear Industry	22 820	150 931	63 003
木材加工和木、竹、藤、棕、草制品业	Wood Processing and Wood, Bamboo, Rattan, Brown and Grass Products Industry	543	4 140	78 700
家具制造业	Manufacture of Furniture	13 914	98 726	67 537
造纸和纸制品业	Manufacture of Paper and Paper Products	18 167	121 143	64 489
印刷和记录媒介复制业	Printing and Record Medium Reproduction	31 720	272 058	79 280
文教、工美、体育和娱乐用品制造业	Manufactue of Articles for Culture, Education and Sport Activities	68 318	436 414	58 752

项 目	Item	在岗职工年末人数(人) Number of Fully Employed Staff and Workers (Year-end) (person)	工资总额(万元) Total Wage Bill (10 000 yuan)	年平均工资(元) Average Wage (yuan)
石油、煤炭及其他燃料加工业	Petroleum, Coal and Other Fuel Processing Industry	777	29 545	381 721
化学原料和化学制品制造业	Manufacture of Raw Chemical Materials and Chemical Products	16 087	143 795	85 338
医药制造业	Manufacture of Medicines	18 897	290 485	153 590
化学纤维制造业	Manufacture of Chemical Fibers	262	2 379	81 476
橡胶和塑料制品业	Manufacture of Rubber and Plastics	146 820	1 044 474	68 262
非金属矿物制品业	Manufacture of Non-metallic Mineral Products	35 036	306 545	85 064
黑色金属冶炼和压延加工业	Smelting and Pressing of Ferrous Metals	927	6 746	71 764
有色金属冶炼和压延加工业	Smelting and Pressing of Nonferrous Metals	3 775	30 730	79 018
金属制品业	Manufacture of Metal Products	63 990	485 578	75 168
通用设备制造业	Manufacture of General-purpose Machinery	79 772	685 723	84 323
专用设备制造业	Manufacture of Special-purpose Machinery	121 995	1 455 331	115 919
汽车制造业	Manufactue of Automobiles	55 118	609 373	97 730
铁路、船舶、航空航天和其他运输设备制造业	Manufacture of Railway, Ship, Aerospace and Other Transportation Equipment	15 007	133 051	85 120
电气机械和器材制造业	Manufacture of Electrical Machinery and Equipment	255 183	2 205 205	81 942
计算机、通信和其他电子设备制造业	Manufacture of Communication Equipment, Computers and Other Electronic Equipment	954 595	11 825 212	122 141
仪器仪表制造业	Manufacture of Measuring Instruments	51 275	525 156	95 970
其他制造业	Other Manufacturing	10 447	84 143	75 982
废弃资源综合利用业	Recycling and Disposal of Waste	40	251	62 825
金属制品、机械和设备修理业	Manufacture of Metal Products,Machinery and Eguipment Repair	2 778	34 912	129 064
3.电力、热力、燃气及水生产和供应业	Production and Distribution of Electricity,Heat,Gas and Water	23 136	530 476	229 554
电力、热力生产和供应业	Production and Supply of Electric Power and Heat Power	9 679	297 950	308 564
燃气生产和供应业	Production and Supply of Gas	3 937	79 707	203 333
水的生产和供应业	Production and Supply of Water	9 520	152 820	160 306
二、建筑业	**Construction**	**261 141**	**2 103 842**	**84 390**
按登记注册类型分	Grouped by Registration			
1.国有单位	State-owned Units	2 283	21 261	98 750
2.城镇集体单位	Urban Collective Owned Units	3	13	42 000
3.其他单位	Units of Other Types of Ownership	258 855	2 082 568	84 265

主要统计指标解释

就业人员　指在16周岁及以上，从事一定社会劳动并取得劳动报酬或经营收入的人员。这一指标反映了一定时期内全部劳动力资源的实际利用情况，是研究我国基本国情国力的重要指标。

单位就业人员　指报告期最后一日在本单位工作，并取得工资或其他形式劳动报酬的人员数。该指标为时点指标，不包括最后一日当天及以前已经与单位解除劳动合同关系的人员，是在岗职工、劳务派遣人员及其他就业人员之和。就业人员不包括：

(1)离开本单位仍保留劳动关系，并定期领取生活费的人员；

(2)在本单位实习的各类在校学生；

(3)本单位因劳务外包而使用的人员，如建筑业整建制使用的人员。

城镇私营和个体就业人员　城镇私营就业人员指在工商管理部门注册登记，其经营地址设在县城关镇(含县城关镇)以上的私营企业就业人员，包括私营企业投资者和雇工。城镇个体就业人员指在工商管理部门注册登记，并持有城镇户口或在城镇长期居住，经批准从事个体工商经营的就业人员，包括个体经营者和在个体工商户劳动的家庭帮工和雇工。

在岗职工　指在本单位工作且与本单位签订劳动合同，并由单位支付各项工资和社会保险、住房公积金的人员，以及上述人员中由于学习、病伤、产假等原因暂未工作仍由单位支付工资的人员。在岗职工还包括：

(1)应订立劳动合同而未订立劳动合同人员；

(2)处于试用期人员；

(3)编制外招用的人员，如临时人员；

(4)派往外单位工作，但工资或其他形式劳动报酬仍由本单位发放的人员(如挂职锻炼、外派工作等情况)。

工资总额　本单位在报告期内(季度或年度)直接支付给本单位全部就业人员的劳动报酬总额。包括计时工资、计件工资、奖金、津贴和补贴、加班加点工资、特殊情况下支付的工资，是在岗职工工资总额、劳务派遣人员工资总额和其他就业人员工资总额之和。

工资总额是税前工资，包括单位从个人工资中直接为其代扣或代缴的个人所得税、社会保险基金和住房公积金等个人缴纳部分，以及房费、水电费等。

工资总额不论是计入成本的还是不计入成本的，不论是以货币形式支付的还是以实物形式支付的，均应列入工资总额的计算范围。

平均工资　是指在报告期内单位发放工资的人均水平。计算公式为：

$$\text{平均工资} = \frac{\text{报告期工资总额}}{\text{报告期平均人数}}$$

Explanatory Notes on Main Statistical Indicators

Employed Persons refer to persons aged 16 and over who are engaged in gainful employment and thus receive remuneration payment or earn business income. This indicator reflects the actual utilization of total labour force during a certain period of time and is often used for the research on China's economic situation and national power.

Persons Employed in Various Units refer to the total number of employees who work at his unit and obtain wages or other forms of payment at the end of the reporting period. This indicator is a kind of time point index and it equals to the sum of the number of employed staff and workers, labor dispatch personnel and other employed persons. Employed persons do not include:

1)persons who have left their working units while keeping their labour contract (employment relation) unchanged and receiving regular alimony;

2) all kinds of enrolled students who do internship in various units;

3)persons employed due to labor outsourcing,for example,persons employed in the organizational system of construction industry;

Persons Employed in Private Enterprises and Self-Employed Individuals in Urban Areas Persons employed in private enterprises refer to the persons employed in the private enterprises which have been registered at the departments of industrial and commercial administration for which the business operation are situated at a county town (i.e. a town where the county government is located), or at urban areas with administrative hierarchy higher than a county town. The self–employed individuals in urban areas refer to persons who hold the certificates of residence in urban areas or have resided in the urban areas for a long time and have been registered at the departments of industrial and commercial administration and approved to be engaged in individual industrial or commercial business, including self–employed persons as well as helpers and hired laborers who work in individual households.

Fully Employed Staff and Workers refer to persons who signed labor contracts with working units and working units would pay wages, social insurance and housing funds for them. Persons who have their work posts but are temporarily absent from work for reasons of study or on sick, injury or maternal leave and still receive wages from their working units are also included. Employed staff and workers also include:

1)Persons who should have signed the labor contracts but not ;

2)Employees on probation;

3)Employees beyond the staffing quota, for example, temporary employees;

4)Employees who are sent to other working units but still obtain wages from their original units (situations like on–the–job placement, expatriated assignment, etc.)

Total Wage Bill refer to the total remuneration payment to all employed persons in various units during the reporting period (by quarter or by year), including hourly–paid wages, piece–rate wages, bonuses, allowance and subsidies, overtime wages and wages paid under special circumstances. It equals to the sum of total wages of employed staff and workers, dispatch labors and other employed persons.

Total wage bill is pre-tax wages, including the personal payment of personal income tax, social insurance and housing fund, room charges, utility bills, paid or withheld by employee's units.

Total wage bill, whether or not included in cost, whether or not paid in money or in kind, shall be included in the calculation of total wage.

Average Wage refers to the average per capita wage in money terms during a certain period of time for employed persons. It shows the general level of wage income of staff and worker during a certain period of time, one major indicator to reflect the wage level. It is calculated as follows:

$$\text{Average Wage} = \frac{\text{Total Wage Bill of Employed Persons at Reference Time}}{\text{Average Number of Persons Employed at Reference Time}}$$

15 第十五部分 科学技术

SCIENCE AND TECHNOLOGY

CHAPTER

15-1 高新技术产品进出口情况

TOTAL IMPORTS AND EXPORTS OF HIGH TECHNOLOGY INDUSTRY

单位：万美元 (USD 10 000)

年 份 Year	高新技术产品进出口总额 Total Imports and Exports of High Technology Industry	进 口 Imports	出 口 Exports
2001	2 335 757	1 198 796	1 136 961
2002	3 344 119	1 775 195	1 568 924
2003	5 158 146	2 643 846	2 514 300
2004	6 928 262	3 422 565	3 505 697
2005	8 868 653	4 159 435	4 709 218
2006	11 536 580	5 401 421	6 135 159
2007	13 463 800	6 209 300	7 254 500
2008	14 099 495	6 162 273	7 937 222
2009	15 345 520	6 843 409	8 502 111
2010	19 770 075	8 897 407	10 872 668
2011	22 416 000	9 936 000	12 480 000
2012	25 206 532	11 084 532	14 122 000
2013	30 784 842	13 884 285	16 900 557
2014	24 762 288	11 088 208	13 674 080
2015	25 424 844	11 391 071	14 033 773
2016	22 764 476	10 610 185	12 154 291
2017	22 775 570	11 355 379	11 420 191
2018	26 875 307	14 414 570	12 460 737
2019	24 986 736	13 270 494	11 716 242

15-2　专利申请授权概况

PATENT APPLICATIONS EXAMINED AND GRANTED

单位：件 (piece)

年 份 Year	申请总量 Number of Patent Applications	发明专利 Invention Patent	授权总量 Number of Patents Certified	发明专利 Invention Patent	PCT国际专利申请量 Number of PCT International Patent Applications
1991	261	49	160	1	
1992	507	73	174	5	
1993	696	82	427	10	
1994	1 009	160	414	9	
1995	1 104	124	721	7	
1996	1 405	116	923	18	
1997	1 440	165	1 260	13	
1998	2 093	233	1 364	16	
1999	3 314	490	2 116	31	
2000	4 431	669	2 401	1	
2001	6 033	1 033	3 506	7	
2002	7 917	1 846	4 486	91	
2003	12 361	3 526	4 937	276	
2004	14 918	4 751	7 737	864	331
2005	20 940	8 327	8 983	917	789
2006	29 728	14 576	11 494	1 361	1 661
2007	35 808	19 198	15 552	2 257	2 170
2008	36 249	18 757	18 805	5 409	2 709
2009	42 279	20 520	25 894	8 132	3 800
2010	49 430	23 956	34 951	9 615	5 584
2011	63 522	28 823	39 363	11 826	7 933
2012	73 130	31 075	48 662	13 068	8 024
2013	80 657	32 208	49 756	10 987	10 049
2014	82 254	31 077	53 687	12 040	11 639
2015	105 481	40 028	72 120	16 957	13 308
2016	145 294	56 336	75 043	17 666	19 648
2017	177 103	60 258	94 250	18 926	20 457
2018	228 608	69 969	140 202	21 309	18 081
2019	261 502	82 852	166 609	26 051	17 459

15-3 科技活动基本情况
BASIC STATISTICS ON SCIENTIFIC AND TECHNOLOGICAL ACTIVITIES

项目	Item	2009
一、研究与试验发展(R&D)经费支出（万元）	**Expenditure on R&D(10000 yuan)**	**2 797 112**
按活动类型分	Grouped by Type of Activity	
基础研究	Basic Research	6 833
应用研究	Applied Research	29 436
试验发展	Experimental Development	2 760 843
按单位类型分	Grouped by Type of Unit	
科研院所	Scientific Research and Technological Development Institutions	15 772
高等院校	Institutions Of Higher Education	18 321
企业		2 590 000
规模以上工业企业	Industrial Enterprises above Designated Size	2 590 000
规模以上服务业企业	Service Enterprises above Designated Size	
建筑业	Construction	
规模以下工业企业		
其他	Others	173 019
按资金来源分	Grouped by Sources of Funds	
政府资金	Government Appropriation Funds	130 380
企业资金	Self-raise Funds by Enterprise	2 633 795
境外资金	Overseas Funds	20 449
其他资金	Other Funds	12 488
二、R&D人员（人）	**R&D Personnel(person)**	**145 923**
#全时人员	Full-time Personnel	125 053
#研究人员	Researcher	83 212
三、R&D人员折合全时当量（人年）	**Full-time Equivalent of R&D Personnel(man-year)**	**123 651**
#研究人员	Researcher	74 599
基础研究	Basic Research	590
应用研究	Applied Research	2 788
试验发展	Experimental Development	120 273

2010	2011	2012	2013	2014	2015	2016	2017	2018	2019
3 333 102	**4 161 363**	**4 883 738**	**5 846 115**	**6 400 662**	**7 323 851**	**8 429 693**	**9 769 377**	**11 635 386**	**13 282 829**
6 734	24 755	23 336	51 776	57 558	67 298	243 347	306 264	309 505	343 968
42 681	103 163	429 697	552 821	733 254	925 129	828 856	1 074 700	923 817	1 008 391
3 283 687	4 033 445	4 430 705	5 241 518	5 609 850	6 331 424	7 357 490	8 388 413	10 402 064	11 930 470
7 982	85 967	74 479	172 207	150 428	203 780	109 652	159 222	173 485	309 645
14 224	13 460	17 585	24 518	27 566	81 659	105 573	184 697	223 002	279 459
3 137 877	3 888 917	4 618 655	5 627 486	6 181 581	7 024 579	8 200 635	9 397 369	11 216 809	12 671 636
3 137 877	3 888 917	4 618 655	5 329 401	5 883 496	6 726 494	7 600 311	8 410 974	9 683 528	10 499 247
			298 085	298 085	298 085	560 658	787 726	1 281 739	1 612 003
						39 666	198 669	251 542	289 294
									271 093
173 019	173 019	173 019	21 904	41 087	13 833	13 833	28 089	22 089	22 089
130 272	177 131	214 841	298 889	295 235	355 635	407 670	608 211	671 811	749 591
3 050 485	3 819 046	4 626 628	5 487 436	6 011 693	6 890 041	7 952 592	9 047 206	10 907 996	12 488 010
139 449	141 387	22 009	19 731	17 929	16 476	13 779	25 539	10 293	181
12 895	23 799	20 260	40 059	75 805	61 699	55 652	88 421	45 286	45 047
177 756	**176 107**	**218 090**	**213 641**	**192 600**	**206 327**	**233 927**	**281 369**	**340 899**	**377 937**
160 139	155 511	189 832	186 056	164 103	172 608	198 556	239 606	301 839	311 428
86 093	98 734	109 581	105 769	98 978	86 351	93 603	106 818	148 037	146 868
157 429	**158 023**	**192 584**	**181 321**	**163 689**	**173 764**	**176 040**	**196 398**	**298 412**	**306 467**
79 481	93 180	101 760	94 181	89 256	77 869	73 831	77 504	126 635	120 442
553	1 345	1 747	1 766	1 750	2 335	4 428	5 436	5 841	6 589
3 442	5 884	16 950	15 189	18 378	20 926	15 236	20 275	21 908	24 742
153 434	150 794	173 887	164 366	143 561	150 503	156 376	170 687	270 663	275 136

15-4 规模以上工业企业科技活动情况

SCIENTIFIC AND TECHNOLOGICAL ACTIVITIES OF INDUSTRIAL ENTERPRISES ABOVE DESIGNATED SIZE

项目	Item	2009
一、企业基本情况	**statics on Industrial Enterprises**	
#有R&D活动企业数（个）	Number of Enterprises Having R&D Activities(unit)	1 018
#有研发机构企业数（个）	Number of Enterprises Having R&D Institutions(unit)	630
二、科技经费支出（万元）	**Expenditure on Science and Technology Funds (10000 yuan)**	**4 046 336**
#R&D经费支出	Expenditure on R&D	2 590 000
基础研究	Basic Research	
应用研究	Applied Research	
试验发展	Experimental Development	2 590 000
三、科技活动人员（人）	**Scientists and Engineers(person)**	**186 607**
#R&D人员	R&D Personnel(person)	128 208
#全时人员	Full-time Personnel	113 665
#研究人员	Researcher	76 638
#R&D人员折合全时当量（人年）	Full-time Equivalent of R&D Personnel(man-year)	110 944
基础研究	Basic Research	
应用研究	Applied Research	
试验发展	Experimental Development	110 944
四、科技项目情况	**Situation on Science and Technology Project**	
参加项目人员（人）	Participants (person)	148 619
科技项目经费支出（万元）	Expenditure on Science and Technology Project(10000 yuan)	3 356 235
五、新产品开发经费支出（万元）	**Expenditure on New Products Development(10000 yuan)**	**2 936 794**
六、新产品销售收入（万元）	**New Product Sales Revenue(10000 yuan)**	**27 428 975**

	2010	2011	2012	2013	2014	2015	2016	2017	2018	2019
	798	841	928	1 009	1 181	1 304	2 117	3 507	3 489	4 987
	586	673	482	457	542	830	2 147	3 562	4 348	5 713
	4 849 681	**6 228 277**	**6 892 046**	**7 854 503**	**9 940 538**	**11 707 641**	**12 346 417**	**15 090 782**	**17 226 576**	**20 122 800**
	3 137 877	3 888 917	4 618 655	5 329 402	5 883 496	6 726 494	7 600 311	8 410 974	9 683 529	10 499 247
		2 695	90	5 268	10 246	4 998	125 145	139 379	106 276	93 943
	18 127	39 357	361 002	475 848	647 365	820 614	720 810	877 169	653 853	637 564
	3 119 750	3 846 865	4 257 563	4 848 286	5 225 885	5 900 882	6 754 356	7 394 426	8 923 399	9 767 739
	246 797	**239 929**	**283 887**	**267 527**	**293 258**	**293 416**	**345 387**	**414 923**	**435 390**	**467 569**
	160 148	155 912	196 202	187 045	176 345	174 953	202 684	232 421	289 453	302 042
	148 550	141 577	175 321	168 063	154 456	150 739	175 916	203 288	251 544	256 305
	79 876	90 605	99 979	90 736	89 349	70 759	78 060	82 797	114 396	108 037
	144 588	142 605	176 354	162 497	150 803	149 748	155 780	164 381	246 593	250 241
		91	17	250	180	83	1 794	1 822	1 943	1 505
	622	1 379	12 312	10 393	12 336	13 797	12 425	14 037	13 573	15 752
	143 966	141 135	164 025	151 854	138 287	135 868	141 561	148 522	231 077	232 984
	206 997	197 260	235 832	223 942	244 154	242 848	309 598	384 189	409 420	49 885
	4 197 838	4 905 302	5 646 650	6 484 263	8 432 529	9 823 032	12 029 250	14 242 106	12 540 513	13 310 639
	2 104 077	**4 780 146**	**5 082 580**	**5 849 360**	**7 329 189**	**8 722 544**	**10 902 729**	**13 402 850**	**15 399 808**	**18 062 773**
	51 782 185	**57 777 823**	**62 076 797**	**67 704 277**	**73 943 823**	**87 134 304**	**101 883 636**	**121 387 080**	**120 512 172**	**142 386 906**

15-5 创新载体情况

INNOVATION CARRIER

单位：个

项目	Item	2010
总计	**Total**	**419**
国家级	**National Level**	**41**
国家级重点实验室	National Key Laboratory	8
国家工程实验室	National Engineering Laboratory	5
国家工程（技术）研究中心	National Engineering(technology） Research Center	2
国家认定企业技术中心	National Enterprise Technology Center	13
国家地方联合工程研究中心（工程实验室）	National and Local Union Engineering Research Cente(Engineering Laboratory)	
国家基因库	National Gene Bank	
深圳超级计算中心	Super Computing Center in Shenzhen	1
国家级孵化器	National Incubator	10
国家级平台	National Platform	2
部级	**Ministerial Level**	**20**
交通运输研发中心	Transportation Research and Development Center	7
省级	**Provincial Level**	**20**
省级重点实验室	Provincial Key Laboratory	7
省级工程实验室	Provincial Engineering Laboratory	
省级工程（技术）研究中心	Provincial Engineering（ technology） Research Center	13
省级公共技术服务平台	Provincial Public Technical Service Platform	
省级创新平台	Provincial Innovation Platform	
市级	**Municipal Level**	**358**
市级重点实验室	Municipal Key Laboratory	88
市级工程实验室	Municipal Engineering Laboratory	34
市级工程（技术）研究中心	Municipal Engineering（ technology） Research Center	102
市级企业技术中心	Municipal Enterprise Technology Center	74
市级公共技术服务平台	Municipal Public Technical Service Platform	52
市级创业公共服务平台	Municipal Entepreneur Public Service Platform	
市级孵化器	Municipal incubator	8

注： 数据为累计数。
Note: Data in this table is Cumulative data.

(unit)

2011	2012	2013	2014	2015	2016	2017	2018	2019
563	**760**	**966**	**1107**	**1283**	**1 493**	**1 688**	**1 877**	**2 258**
57	**61**	**72**	**73**	**80**	**94**	**103**	**113**	**116**
11	11	12	12	14	14	14	14	15
5	5	7	7	7	7	11	11	9
5	5	7	7	7	7	7	7	7
16	17	19	20	20	24	26	31	33
5	8	11	11	16	26	26	31	33
1	1	1	1	1	1	1	1	1
1	1	1	1	1	1	1	1	1
11	11	12	12	12	12	15	15	15
2	2	2	2	2	2	2	2	2
							1	**1**
							1	1
32	**45**	**73**	**76**	**129**	**165**	**253**	**302**	**604**
13	17	17	18	22	24	24	32	47
2	5	5	7	10	10	10	12	12
17	23	51	51	96	130	218	255	542
				1	1	1	1	1
							2	2
474	**654**	**821**	**958**	**1074**	**1 234**	**1 332**	**1 461**	**1 537**
112	142	164	191	206	221	238	250	260
75	153	212	247	298	394	419	450	449
111	135	154	166	183	186	197	217	246
96	119	143	172	193	211	211	256	289
71	96	112	124	136	144	166	173	178
							2	2
9	9	36	58	58	78	101	115	113

主要统计指标解释

科技活动 是指在所有科学技术领域内，即自然科学、农业科学、医学科学、工程与技术科学、人文科学与社会科学中，与科技知识的产生、发展、传播和应用密切相关的全部的、有组织的、系统的科技活动。所谓有组织的、系统的科技活动，是指在一个机构的范围之内，并列入这一机构的工作计划，由这一机构的人员有计划地进行的科技活动。科技活动包括三类：(1)研究与试验发展活动（简称R&D,包括基础研究、应用研究和实验发展）；(2)科学研究与试验发展成果应用活动；(3)科技服务活动。我们的统计调查只包括前两类活动。

科技活动人员 指直接从事科技活动、以及专门从事科技活动管理和为科技活动提供直接服务累计从事科技活动的实际工作时间占全年制度工作时间10%及以上的人员。（1）直接从事科技活动的人员包括：在独立核算的科学研究与技术开发机构、高等学校、各类企业及其他事业单位内设的研究室、实验室、技术开发中心及中试车间（基地）等机构中从事科技活动的研究人员、工程技术人员、技术工人及其它人员；虽不在上述机构工作，但编入科技活动项目（课题）组的人员；科技信息与文献机构中的专业技术人员；从事论文设计的研究生等。（2）专门从事科技活动管理和为科技活动提供直接服务的人员包括：独立核算的科学研究与技术开发机构、科技信息与文献机构、高等学校、各类企业及其他事业单位主管科技工作的负责人，专门从事科技活动的计划、行政、人事、财务、物资供应、设备维护、图书资料管理等工作的各类人员，但不包括保卫、医疗保健人员、司机、食堂人员、茶炉工、水暖工、清洁工等为科技活动提供间接服务的人员。

研究与试验发展（R&D） 是指在科学技术领域，为增加知识总量、以及运用这些知识去创造新的应用进行的系统的创造性的活动，包括基础研究、应用研究、试验发展三类活动。

基础研究 是指为了获得关于现象和可观察事实的基本原理的新知识（揭示客观事物的本质、运动规律，获得新发现、新学说）而进行的实验性或理论性研究，它不以任何专门或特定的应用或使用为目的。其成果以科学论文和科学著作为主要形式。

应用研究 是指为获得新知识而进行的创造性研究，主要针对某一特定的目的或目标。应用研究是为了确定基础研究成果可能的用途，或是为达到预定的目标探索应采取的新方法（原理性）或新途径。其成果形式以科学论文、专著、原理性模型或发明专利为主。

试验发展 是指利用从基础研究、应用研究和实际经验所获得的现有知识，为产生新的产品、材料和装置，建立新的工艺、系统和服务，以及对已产生和建立的上述各项作实质性的改进而进行的系统性工作。其成果形式主要是专利、专有技术、具有新产品基本特征的产品原型或具有新装置基本特征的原始样机等。在社会科学领域，试验发展是指把通过基础研究、应用研究获得的知识转变成可以实施的计划（包括为进行检验和评估实施示范项目）的过程。人文科学领域没有对应的试验发展活动。

研究与试验发展人员 指参与研究与试验发展项目研究、管理和辅助工作的人员，包括项目（课题）组人员，企业科技行政管理人员和直接为项目（课题）活动提供服务的辅助人员。

全时人员 指报告年内从事R&D活动的时间占全年工作时间90%及以上的人员。

全时当量 指全时人员数加非全时人员按工作量折算为全时人员数的总和。例如：有两个全时人员和三个非全时人员（工作时间分别为20%、30%和70%，则全时当量为2+0.2+0.3+0.7=3.2人年。

政府资金 指从各级政府部门获得的计划用于科技活动的经费，包括科学事业费、科技三项费、科研基建费、科学基金、教育等部门事业费中计划用于科技活动的经费以及政府部门预算外资金中计划用于科技活动的经费等。

企业资金 指从自有资金中提取或接受其他企业委托的、科研院所和高校等事业单位接受企业委托获得的，计划用于科研和技术开发的经费。不包括来自政府、金融机构及国外的计划用于科技活动的资金。

新产品 指采用新技术原理、新设计构思研制、生产的全新产品，或在结构、材质、工艺等某一方面比原有产品有明显改进，从而显著提高了产品性能或扩大了使用功能的产品。既包括政府有关部门认定并在有效期内的新产品，也包括企业自行研制开发，未经政府有关部门认定，从投产之日起一年之内的新产品。

专利 是专利权的简称，是对发明人的发明创造经审查合格后，由专利局依据专利法授予发明人和设计人对该项发明创造享有的专有权。包括发明、实用新型和外观设计。反映拥有自主知识产权的科技和设计成果情况。

发明（专利） 指对产品、方法或者其改进所提出的新的技术方案。是国际通行的反映拥有自主知识产权技术的核心指标。

Explanatory Notes on Main Statistical Indicators

Scientific and Technological Activities refer to all those organized and systematic activities of science and technology which are closely connected with the emergence, development, diffusion and application of scientific and technological knowledge in all scientific and technological fields, such as natural sciences, agricultural science, medical science, engineering and technical science, humanities and social sciences. Organized and systematic activities refer to activities within the range of an institution, regarded as regular work of the institution and organized in a planned way by the personnel of the institution. Scientific and technological activities classified into three categories: (1) activities of research and development (R&D, it includes basic research, applied research and experiments and development); (2) applied activities of research and development; (3) service activities of science and technology. Our survey only included the first two activities.

Personnel Engaged in S&T Activities refer to personnel directly engaged in S&T activities, in the management of S&T activities, and in providing direct service to S&T activities, who spend over 10% of the total working hours in a year in S&T activities. (1) Personnel directly engaged in S&T activities include researchers, engineers, technicians and other related personnel engaged in S&T activities in independent–accounting R&D institutions, institutions of higher learning, and in research institutes, laboratories, technology development centers and central experiment workshops under enterprises and institutions. Also included people are working in S&T research project teams, professional and technical personnel working in S&T information archiving institutes, and graduate students working on the design of their thesis. (2) Personnel engaged in the management of S&T activities and in providing direct service to S&T activities include senior management people responsible for S&T activities in independent–accounting R&D institutions, S&T information archiving institutes, institutions of higher learning, and in enterprises and institutions where S&T activities are undertaken. Also included are people responsible for the planning, administration, personnel management, financial management, logistics supply, equipment maintenance, information and library management that are related with S&T activities. People providing indirect services are excluded, such as security, medical service, drivers, plumbers, cleaners and those providing catering and related service.

Research and Development (R&D) refers to systematic and creative activities in the field of science and technology aiming at increasing the knowledge and using the knowledge for new application. R&D includes 3 categories of activities: basic research, applied research and experiments and development.

Basic Research refers to empirical or theoretical research aiming at obtaining new knowledge on the fundamental principles of phenomena of observable facts to reveal the nature and law of movement of objects and to acquire new discoveries or new theories. Basic research takes no specific or designated application as the aim of the research. Results of basic research are mainly released or disseminated in the form of scientific papers or monographs.

Applied Research refers to creative research aiming at obtaining new knowledge on a specific objective or target. Purpose of the applied research is to identify the possible use of results from basic research, or to explore new (fundamental) methods or new approaches. Results of applied research are expressed in the form of scientific papers, monographs, fundamental models or invention patents.

Experimental Development refers to systematic activities aiming at using the knowledge from basic and applied researches or from practical experience to develop new products, materials and equipment, to establish new production process, systems and services, or to make substantial improvement on the existing products, process or services. Results of experiment and development activities are embodied in patents, exclusive technology, and monotype of new products or equipment. In social sciences, experiment and development activities refer to the process of converting the knowledge from basic or applied researches into feasible programs (including conduct of demonstration projects for assessment and evaluation). There are no experiment and development activities in the science of humanities.

R&D Personnel refer to persons engaged in research, management and supporting activities of R&D, including persons in the project teams, persons engaged in the management of S&T activities of enterprises and supporting staff providing direct service to the research projects.

Full-time Personnel refer to the persons who spend over 90% of the total working hours in a year on R&D activities.

Full-time Equivalent of R&D Personnel refers to the sum of the full–time persons and the full–time equivalent of part–time persons converted by workload. For instance, if there are 2 full–time persons and 3 part–time workers (20%, 30% and 70% of working hours respectively on R&D activities), the full–time equivalent is 2+0.2+0.3+0.7=3.2 person–year.

Government Funds refer to funds obtained from government agencies at all levels to be used for S&T activities, including funds for scientific undertakings, 3 kinds of funds for S&T activities, funds for capital construction for scientific researches, science funds, funds from education expenditures by education departments for S&T activities, and extra–budget funds from government agencies for S&T activities.

Enterprise Funds refer to funds raised by enterprises from their own expenditures or from other enterprises and funds received by universities or research institutions from enterprises for scientific research or technical development projects. Excluded in this category are funds from government agencies, financial institutions or from foreign institutions.

Patent is an abbreviation for the patent right and refers to the exclusive right of ownership by the inventors or designers for the creation or inventions, given from the patent offices after due process of assessment and approval in accordance with the Patent Law. Patents are granted for inventions, utility models and designs. This indicator reflects the achievements of S&T and design with independent intellectual property.

Patented Inventions refer to new technical proposals to the products or methods or their modifications. This is universal core indicator reflecting the technologies with independent intellectual property.

New Products refer to products produced with new technology and new design, or products that represent noticeable improvement in terms of structure, material, or production process so as to improve significantly the character or function of the older versions. They include new products certified by relevant government agencies within the period of certification, as well as new products designed and produced by enterprises within a year without certification by government agencies.

16 第十六部分

文化和教育

CULTURE AND EDUCATION

CHAPTER

16-1 各级各类学校数

NUMBER OF SCHOOL BY LEVEL AND TYPE

单位：所 (unit)

年 份 Year	普通高等学校 Institutions of Higher Education	中等职业学校 Vocational Secondary Schools	普通中学 Regular Secondary Schools	小 学 Primary Schools	幼儿园 Kindergartens
1979			24	226	90
1980			24	238	52
1981			26	244	32
1982			28	246	50
1983	1		30	248	69
1984	2		35	260	87
1985	2		38	258	79
1986	2		40	257	273
1987	2		43	255	187
1988	2		47	257	195
1989	2		47	264	207
1990	2		49	263	228
1991	2		51	260	257
1992	2		53	261	282
1993	3		51	267	281
1994	3		56	269	333
1995	2		62	274	349
1996	2		71	274	380
1997	2		73	275	446
1998	2		78	286	488
1999	2		83	325	560
2000	2		94	353	562
2001	3		107	377	588
2002	9		132	395	634
2003	9	25	179	376	656
2004	9	16	216	378	699
2005	9	16	245	358	744
2006	9	13	260	357	758
2007	8	13	273	347	819
2008	8	13	277	342	865
2009	8	13	285	346	974
2010	8	13	295	340	1 040
2011	9	13	299	334	1 093
2012	10	15	302	333	1 186
2013	10	15	314	335	1 313
2014	10	16	325	331	1 402
2015	12	15	335	334	1 489
2016	12	15	352	337	1 579
2017	12	15	368	342	1 683
2018	13	15	390	344	1 771
2019	13	15	417	340	1836

注： 根据教育部的统一要求及深圳实际，将普通中专、成人中专和职业高中合并统称为中等职业教育。该指标由于深圳市布局调整的原因产生了波动。

Note: According to unified requirements of the Ministry of Education and the actual situation of Shenzhen, the index, vocational secondary educa-tion was mergered by technical secondary school, specialized secondary schools for adults and vocational senior secondary schools. This index was fluctuated by layout adjusting in shenzhen.

16-2 各级各类学校教职工数

STAFF AND WORKERS BY LEVEL AND TYPE OF SCHOOL

单位：人 (person)

年 份 Year	普通高等学校 Institutions of Higher Education	中等职业学校 Vocational Secondary Schools	普通中学 Regular Secondary Schools	小 学 Primary Schools	幼儿园 Kindergartens
1986	816		2 871	3 632	
1987	972		3 182	3 959	1 616
1988	1 034		3 455	4 302	1 558
1989	1 393		3 758	4 596	1 969
1990	1 348		3 920	5 061	2 267
1991	1 381		4 308	5 388	2 716
1992	1 405		4 650	5 768	3 113
1993	1 536		5 106	6 337	4 154
1994	2 753		5 589	7 129	5 294
1995	1 187		6 063	7 666	5 929
1996	1 331		6 669	8 702	6 817
1997	1 430		7 079	9 148	8 328
1998	1 649		7 369	9 786	9 761
1999	1 819		7 886	11 449	11 605
2000	1 902		8 739	14 697	12 787
2001	2 165		9 763	17 370	14 515
2002	3 369		11 662	20 621	16 483
2003	3 820	2 029	13 379	23 382	17 778
2004	4 421	1 758	15 401	25 460	19 345
2005	5 025	1 733	18 713	30 194	21 376
2006	4 995	1 712	20 500	31 748	23 167
2007	5 458	1 711	23 191	33 985	25 711
2008	5 796	1 791	26 044	35 816	28 483
2009	6 149	1 868	27 577	36 203	33 156
2010	6 042	2 077	28 874	37 167	38 693
2011	6 260	2 184	45 293	23 624	42 837
2012	6 823	2 739	47 733	24 805	46 617
2013	7 603	2 790	50 332	25 476	52 400
2014	8 057	3 023	53 254	26 792	57 021
2015	9 061	3 136	57 146	28 157	62 813
2016	9 741	3 296	62 164	29 842	68 017
2017	11 242	3 447	67 423	31 098	74 366
2018	13 948	3 505	74 992	32 665	78 890
2019	14 875	3 584	81 855	33 069	82 647

注：根据全国教育事业统计口径，2014年起九年一贯制学校教职工纳入初中阶段学校统计；十二年一贯制学校、完全中学学校教职工纳入普通高中阶段学校统计。

Note:According to the statistical scope of national education, from 2014, the numbers of 9-Year Schools' educational personnel is included in senior secondary education; the numbers of 12-Year Schools and their educational personnel are included in senior secondary education.

16-3 各级各类学校专任教师数

FULL-TIME TEACHERS BY LEVEL AND TYPE OF SCHOOL

单位：人 （person）

年 份 Year	普通高等学校 Institutions of Higher Education	中等职业学校 Vocational Secondary Schools	普通中学 Regular Secondary Schools	小 学 Primary Schools	幼儿园 Kindergartens
1979			752	1 588	
1980			625	1 763	159
1981			676	1 948	141
1982			860	1 954	259
1983	80		1 044	2 025	365
1984	162		1 372	2 282	575
1985	288		1 902	2 749	483
1986	406		2 138	2 977	573
1987	468		2 376	3 265	1 005
1988	524		2 603	3 571	937
1989	533		2 771	3 810	1 193
1990	484		2 915	4 221	1 317
1991	533		3 255	4 514	1 451
1992	493		3 533	4 832	1 698
1993	535		3 892	5 342	2 288
1994	978		4 290	6 015	2 745
1995	629		4 675	6 429	3 202
1996	747		5 004	7 046	3 665
1997	793		5 276	7 567	4 613
1998	865		5 502	7 940	5 257
1999	1 049		5 935	8 914	6 092
2000	1 170		6 596	11 550	7 234
2001	1 295		7 224	13 254	7 690
2002	2 080		8 643	15 763	8 893
2003	2 341	1 392	9 989	17 920	9 539
2004	2 572	1 215	11 625	19 660	10 670
2005	2 796	1 216	14 196	23 866	11 973
2006	2 905	1 234	15 678	25 203	12 815
2007	3 139	1 251	17 846	27 209	14 381
2008	3 293	1 282	20 091	28 540	15 761
2009	3 592	1 330	21 335	28 906	18 133
2010	3 550	1 534	22 417	29 769	20 786
2011	3 528	1 638	23 897	31 186	21 627
2012	3 889	1 948	25 807	33 496	24 154
2013	4 184	2 070	27 048	35 546	26 803
2014	4 462	2 279	28 320	39 115	28 782
2015	4 826	2 395	29 252	42 630	31 704
2016	5 092	2 511	30 674	46 975	33 746
2017	5 572	2 636	32 590	50 805	36 904
2018	6 644	2 694	35 544	55 160	38 431
2019	6 999	2 747	38 361	58 511	39 912

注：根据全国教育事业统计口径，2013年开始小学专任教师含九年一贯制学校、十二年一贯制学校小学部的专任教师；初中专任教师含九年一贯制学校、十二年一贯制学校初中部专任教师；高中专任教师含十二年一贯制学校、完全中学学校高中部专任教师。

Note: According to the statistical scope of national education, from 2013, the numbers of fulltime teachers from primary department of 9-Year Schools and 12-Year Schools is included in the number of Primary Schools ' fulltime teachers; the numbers of fulltime teachers from junior secondary department of 9-Year Schools and 12-Year Schools is included in the number of Junior Secondary schools' fulltime teachers; the numbers of fulltime teachers from senior secondary department of 12-Year Schools and Secondary Schools(FromGrade7-12) is included in the number of Senior Secondary schools ' fulltime teachers.

16-4 各级各类学校在校学生数

STUDENTS ENROLLMENT BY LEVEL AND TYPE OF SCHOOL

单位：人 (person)

年 份 Year	普通高等学校 Institutions of Higher Education	中等职业学校 Vocational Secondary Schools	普通中学 Regular Secondary Schools	小 学 Primary Schools	幼儿园 Kindergartens
1979		80	13 686	47 022	4 587
1980		142	12 296	49 168	3 377
1981		133	13 088	51 560	5 074
1982		262	17 080	54 538	7 723
1983	216	466	20 982	56 319	9 252
1984	1 236	2 009	27 636	62 021	12 140
1985	3 206	3 766	35 334	70 277	14 338
1986	3 478	5 225	40 208	77 884	22 703
1987	4 330	7 257	44 910	84 601	26 072
1988	4 710	9 696	43 267	96 474	27 106
1989	4 419	10 252	45 056	104 041	34 781
1990	3 964	11 478	46 473	111 711	36 041
1991	3 779	10 654	50 625	118 460	43 877
1992	3 653	11 766	55 857	127 978	49 985
1993	3 680	12 353	60 337	139 272	56 024
1994	4 227	12 954	66 073	147 186	63 316
1995	5 291	13 393	71 540	157 210	62 571
1996	6 493	13 999	76 949	170 983	68 769
1997	7 601	14 790	82 155	190 192	71 378
1998	8 497	14 386	86 009	215 652	77 623
1999	10 568	20 385	91 260	256 060	88 322
2000	14 123	18 764	106 996	313 852	93 164
2001	18 743	18 013	126 190	363 657	103 083
2002	26 778	17 047	150 654	415 097	110 390
2003	32 106	17 010	179 628	469 684	123 856
2004	41 251	18 833	211 224	526 419	135 019
2005	45 314	21 598	240 508	566 278	147 672
2006	51 220	24 779	256 630	564 891	152 330
2007	58 910	25 978	279 180	575 160	169 496
2008	64 675	27 706	298 939	585 852	191 222
2009	66 952	28 604	316 024	589 481	221 182
2010	67 324	29 731	334 752	618 459	260 873
2011	70 004	29 336	346 942	651 307	285 146
2012	75 570	32 067	359 643	683 058	316 929
2013	82 401	33 618	371 735	730 232	368 937
2014	87 674	36 870	378 690	793 178	399 014
2015	90 511	38 145	385 221	864 841	438 498
2016	91 883	39 665	396 455	910 974	463 319
2017	96 702	39 234	417 641	964 510	504 955
2018	103 829	38 922	448 004	1 027 969	524 193
2019	113 214	39 442	477 390	1 068 992	545 032

16-5 各级各类学校招生数

NEW STUDENTS ENROLLMENT BY LEVEL AND TYPE OF SCHOOL

单位：人 (person)

年 份 Year	普通高等学校 Institutions of Higher Education	中等职业学校 Vocational Secondry Schools	普通中学 Regular Secondary Schools	小 学 Primary Schools	幼儿园 Kindergartens
1979			5 612	8 978	
1980			5 344	9 064	
1981			5 046	9 978	
1982			7 401	9 561	
1983	216		8 142	8 936	
1984	473		10 053	9 700	8 734
1985	1 482		12 954	11 876	10 148
1986	1 173		12 826	14 269	10 932
1987	1 573		15 121	15 191	9 344
1988	1 378		12 583	17 235	8 369
1989	1 228		16 654	18 525	15 273
1990	1 041		17 034	19 122	17 494
1991	1 126		17 956	19 634	28 493
1992	1 070		21 242	22 129	32 847
1993	1 309		22 417	26 333	37 035
1994	1 664		24 286	27 860	26 213
1995	2 134		26 463	31 198	35 630
1996	2 470		27 752	33 692	37 869
1997	2 580		29 773	37 306	33 906
1998	3 078		31 286	41 824	32 822
1999	4 211		34 380	55 876	39 019
2000	6 522		41 980	64 265	39 392
2001	7 239		48 533	72 220	50 354
2002	10 210		58 847	81 107	40 523
2003	11 915	6 108	69 711	88 203	51 989
2004	14 455	7 430	79 359	96 554	54 735
2005	15 044	8 913	92 305	101 274	58 658
2006	17 916	9 071	94 866	95 359	57 007
2007	19 396	8 439	102 093	98 106	63 442
2008	20 578	10 198	111 454	98 525	71 062
2009	20 488	10 051	113 516	103 166	87 747
2010	20 330	9 610	120 335	118 028	110 977
2011	22 914	10 223	123 382	128 091	118 843
2012	25 794	12 233	127 983	137 276	122 138
2013	27 613	12 076	131 160	147 097	143 792
2014	28 062	13 628	130 769	162 498	174 195
2015	27 653	13 691	135 326	172 097	159 728
2016	28 523	13 964	143 681	173 804	173 978
2017	31 390	13 005	152 395	181 516	202 474
2018	33 662	12 875	164 088	206 327	193 675
2019	38 045	13 835	174 054	203 957	179 844

16-6 各级各类学校毕业生数

GRADUATES BY LEVEL AND TYPE OF SCHOOL

单位：人 （person）

年 份 Year	普通高等学校 Institutions of Higher Education	中等职业学校 Vocational Secondary Schools	普通中学 Regular Secondary Schools	小 学 Primary Schools	幼儿园 Kindergartens
1984			4 677	8 505	6 710
1985			7 468	10 669	7 824
1986			9 169	11 481	9 892
1987	1 028		11 401	14 411	7 529
1988	828		14 305	8 821	7 741
1989	1 491		13 388	12 947	13 090
1990	1 334		13 914	13 363	13 848
1991	1 191		11 885	14 428	23 140
1992	1 187		14 035	16 555	27 126
1993	1 203		14 739	17 685	30 000
1994	1 064		15 345	19 010	17 749
1995	1 143		17 617	20 876	33 187
1996	1 210		18 891	21 030	25 889
1997	1 474		20 215	22 095	32 459
1998	2 126		23 651	23 871	26 560
1999	2 146		23 179	27 040	35 545
2000	2 382		24 874	33 219	39 917
2001	2 779		28 424	38 987	44 157
2002	3 927		32 503	47 025	43 912
2003	4 740	5 141	40 200	55 017	48 797
2004	6 282	5 680	48 061	62 032	49 575
2005	9 007	5 429	58 363	75 517	54 204
2006	12 413	5 325	66 047	81 554	58 421
2007	13 568	6 836	71 162	84 734	59 134
2008	13 635	8 227	80 616	88 805	65 231
2009	17 230	8 659	85 599	91 176	72 451
2010	18 003	8 083	92 053	91 909	76 909
2011	18 311	9 075	100 845	92 979	78 547
2012	18 327	9 519	105 384	99 359	100 648
2013	18 618	8 937	109 616	98 650	118 688
2014	21 187	9 593	112 233	97 928	131 220
2015	23 397	11 413	118 481	100 181	149 862
2016	25 473	11 449	121 304	111 008	154 655
2017	25 279	12 205	119 643	119 948	168 600
2018	27 935	12 743	124 106	130 388	189 124
2019	25 926	12 861	132 870	139 895	185 842

16-7 文化事业
CULTURAL INSTITUTIONS

项 目	Item	2011	2012	2013	2014	2015	2016	2017	2018	2019
电影放映企业数(个)	Film Projection Units (unit)	68	88	104	130	160	188	250	286	—
电影观众人数(万人次)	Spectators (10 000 person-times)	2 175	2 347	2 926	3 528	4 903	5 303	6 109	6 212	—
群众艺术、文化馆(座)	Art and Cultural Centers(unit)	7	8	8	8	8	8	8	8	8
公共图书馆(座)	Public Libraries (unit)	643	641	633	625	620	623	638	650	674
公共图书馆总藏量	Collection of Public Libraries	2 492	2 696	2 854	3 063	3 282	3 604	4 075	4 296	4576
(万册件)	(10 000 books)									
博物馆、纪念馆(座)	Museums (unit)	25	28	37	41	41	46	47	50	52
广播电台(座)	Broadcasting Stations (unit)	1	1	1	1	1	1	1	1	1
电视台(座)	Television Stations (unit)	2	2	2	2	2	2	2	2	2
广播人口覆盖率(%)	Listener Rating(%)	100	100	100	100	100	100	100	100	100
电视人口覆盖率(%)	Viewer Rating(%)	100	100	100	100	100	100	100	100	100

主要统计指标解释

普通高等学校 指按照国家规定的设置标准和审批程序批准举办，通过全国普通高等教育统一招生考试，招收高中毕业生为主要培养对象，实施高等学历教育的全日制大学、独立设置的学院和高等专科学校、高等职业学校和其他机构。

电影放映企业数 指具有放映机器设备、固定或不固定的放映场所与专职或兼职的放映技术人员，经有关部门登记批准，经常为一定的观众对象放映电影的机构。包括经批准对外开放进行营业，并与电影发行放映管理机构分帐的专用放映单位和军委系统租片单位。

Explanatory Notes on Main Statistical Indicators

Regular Institutions of Higher Education refer to educational establishments set up according to government standards and evaluation and approval procedures, mainly enrolling graduates from senior secondary schools through uniform national matriculation examinations and providing higher education. Such institutions include full–time universities, independent colleges, technical colleges, professional colleges, and other institutions.

Film Projection Units refer to units with film projection equipment, full or part–time projectionists, permanent or non–permanent cinemas, approved by and registered with related administrative departments to show films regularly for certain groups of audience, including film projection units which have been approved to give commercial shows and share profits with administrative agencies of film circulation and projection, as well as film renting units of the military system.

17 第十七部分 卫生、社会保障和社会福利业

PUBLIC HEALTH, SOCIAL SECURITY AND SOCIAL WELFARE

CHAPTER

17-1 卫生事业（一）

PUBLIC HEALTH（Ⅰ）

年 份 Year	一、医疗卫生机构数合计（个） Health Care Institutions (unit)	1. 医院合计 Total Hospitals	# 综合医院 General Hospitals	2. 疗养院 Sanatoriums	3. 门诊部、私人诊所、企事业内部医务室 Outpatient Departments, Private Clinic and Clinic in Enterprises	4. 专科疾病防治院 Specialized Prevention & Treatment Stations	5. 疾病预防控制中心（卫生防疫站） Disease Prevention and Control Centers (Antiepidemic Stations)
1979	62	25	25		31	1	1
1980	74	24	24		44	1	1
1981	77	24	24		47	1	1
1982	121	26	26		87	1	2
1983	128	30	28		91	1	2
1984	150	29	26		109	2	6
1985	215	31	27		169	2	6
1986	297	32	28	1	243	2	7
1987	311	34	30	1	253	2	7
1988	308	35	30	1	249	4	6
1989	332	35	29	1	271	5	6
1990	354	38	32	1	291	4	6
1991	360	41	35	1	293	4	6
1992	397	45	37	1	326	4	6
1993	400	45	37	1	324	3	8
1994	496	48	38	1	416	3	8
1995	506	63	53	1	407	6	8
1996	1 422	65	54	1	1 314	7	8
1997	1 126	72	59	1	1 011	7	8
1998	899	72	59	1	784	7	8
1999	687	71	58	1	574	7	7
2000	683	72	59	1	568	4	7
2001	723	75	62	1	600	4	7
2002	761	77	62	1	638	5	7
2003	893	85	68	1	759	5	7
2004	856	87	71	1	706	6	7
2005	1 063	97	78	1	902	7	7
2006	1 692	99	80	1	1 529	7	7
2007	1 781	101	81	1	1 615	7	7
2008	1 806	100	79	1	1 638	7	7
2009	1 963	101	79	1	1 794	7	7
2010	1 827	107	79	1	1 651	7	7
2011	1 854	110	78	1	1 676	7	8
2012	2 008	115	80	1	1 823	7	9
2013	2 228	117	79	1	2 038	8	10
2014	2 532	122	80	1	2 338	8	11
2015	2 946	123	77	1	2 751	8	11
2016	3 339	134	78	1	3 114	8	11
2017	3 492	135	77	1	3 238	8	10
2018	3 806	139	78	1	3 544	8	10
2019	4 459	144	76	1	4 123	8	10

注： 自2002年开始计划生育指导中心、药检所等不记入卫生事业机构中；医生仅统计执业医师与执业助理医师，护士仅统计注册护士，未取得执业证的医师和未注册的护士计入其他卫生技术人员，不得从事医护工作。

Note: The number of health care institutions since 2002 does not include the number of birth-control centers and medicines and chemical reagent test labs. The numder of doctors just include licensed doctors and licensed assistant doctors, the number of nurses include registered nurses only.

17-1（一） 续表 1 continued

年 份 Year	6. 妇幼保健院 Women and Children Care Agencies	7. 医学科学研究机构 Institutions of Medical Science	8. 其他卫生机构 Other Health Care Institutions	二、床位数(张) Beds(bed)	1. 医院病床 Hospital Beds	(1)综合医院 General Hospitals
1979	1		3	597	597	597
1980	1		3	643	643	643
1981	1		3	790	790	790
1982	1		4	717	717	717
1983	1		3	1 023	1 023	965
1984	1		3	1 634	1 634	1 455
1985	1	1	5	1 885	1 885	1 600
1986	5	1	6	2 112	2 028	1 749
1987	6	2	6	2 309	2 225	1 941
1988	5	2	6	2 580	2 496	2 086
1989	5	2	7	2 922	2 838	2 305
1990	5	2	7	3 192	3 108	2 560
1991	6	2	7	3 582	3 498	2 847
1992	6	2	7	4 550	4 466	3 483
1993	7	4	8	5 252	5 168	4 146
1994	7	4	9	6 124	6 040	4 844
1995	7	4	10	6 724	6 640	5 351
1996	7	4	16	7 455	7 105	5 777
1997	7	4	16	8 288	7 813	6 224
1998	7	4	16	8 899	8 353	6 760
1999	7	4	16	9 332	8 720	7 120
2000	7	4	20	10 294	9 616	7 983
2001	7	4	25	11 159	10 542	8 919
2002	7	3	23	12 404	11 808	10 019
2003	7	3	26	13 588	12 607	10 818
2004	7	3	39	15 069	14 186	12 125
2005	7	3	39	16 824	15 577	13 332
2006	7	3	39	17 553	16 193	13 946
2007	7	3	40	18 086	16 766	14 325
2008	7	3	43	19 913	18 435	15 482
2009	7	3	43	21 399	19 872	16 517
2010	7	3	44	22 842	21 166	17 474
2011	7	3	42	24 079	22 322	18 202
2012	7	3	43	27 984	26 124	21 294
2013	9	3	42	29 261	27 079	22 096
2014	10	3	39	31 042	28 853	23 061
2015	10	3	39	33 771	31 425	24 361
2016	10	3	58	41 512	38 124	28 815
2017	10	2	88	43 868	39 899	29 449
2018	10	1	93	47 551	43 569	32 216
2019	10	1	162	51 318	47 366	34 219

年 份 Year	(2) 专科医院 Specialized Hospitals	2.其他医疗卫生机构 Other Health Care Institutions	三、卫生工作人员数（人） Medical Personnel (person)	1. 卫生技术人员 Medical Technical Personnel	(1)执业医师 Licensed Doctors
1979			1 214	988	364
1980			1 335	1 088	438
1981			1 514	1 270	518
1982			1 967	1 609	708
1983	58		2 910	2 343	1 073
1984	179		3 869	3 064	1 484
1985	285		4 861	3 857	1 862
1986	279	84	5 800	4 657	2 217
1987	284	84	6 354	5 117	2 408
1988	410	84	7 115	5 715	2 754
1989	533	84	7 923	6 451	3 103
1990	548	84	8 619	6 996	3 426
1991	651	84	9 405	7 618	3 737
1992	983	84	10 643	8 571	4 247
1993	1 022	84	12 261	9 888	4 798
1994	1 196	84	13 853	11 034	5 347
1995	1 289	84	15 591	12 449	6 050
1996	1 328	350	17 925	14 652	7 266
1997	1 589	475	18 553	14 932	7 400
1998	1 593	546	18 707	14 975	7 191
1999	1 600	612	18 841	15 143	7 062
2000	1 633	678	19 691	15 720	7 418
2001	1 623	617	21 362	17 135	8 097
2002	1 789	596	23 100	18 615	7 853
2003	1 789	981	26 178	21 234	8 909
2004	2 061	883	28 593	22 895	9 846
2005	2 245	1 247	31 577	25 681	10 961
2006	2 247	1 360	53 441	43 266	16 238
2007	2 441	1 320	59 170	46 877	17 450
2008	2 953	1 478	63 488	50 608	18 807
2009	3 355	1 527	67 028	53 778	19 963
2010	3 692	1 676	67 678	54 081	20 122
2011	4 120	1 757	71 969	58 059	21 517
2012	4 830	1 860	76 684	61 961	22 831
2013	4 983	2 182	82 105	65 782	24 221
2014	5 792	2 189	86 535	69 936	25 728
2015	7 064	2 346	92 682	74 884	27 834
2016	9 309	3 388	96 955	78 826	29 300
2017	10 450	3 969	104 363	85 282	31 838
2018	11 353	3 982	114 882	93 660	34 747
2019	13 147	3 952	125 096	102 788	38 519

注： 由于卫生工作人员统计口径的变化，而使该类人数指标产生了较大的增幅。
Note: Because of changing of statistics range, the data of medical personnel increased substantially.

17-1（一） 续表 3 continued

年 份 Year	执业中医师 Licensed Doctors of Chinese Medicine	（2）执业助理医师 Licensed Assistant Doctors	中医执业助理医师 Licensed Assistant Doctors of Traditional Chinese Medicine	（3）注册护士 Registered Nurses	（4）药剂人员 Pharmacists	（5）检验人员 Laboratory Technicians	（6）其它 Others	2.其他技术人员 Other Technical Personnel
1979	96			138	22	32	432	
1980	88			186	31	41	392	13
1981	98			237	46	48	421	15
1982	116			323	76	60	442	5
1983	141			551	121	91	507	21
1984	171			716	173	125	566	41
1985	243			997	222	158	618	29
1986	304			1 246	260	211	723	44
1987	341			1 450	292	257	710	48
1988	374			1 734	409	283	535	86
1989	433			1 971	431	321	625	85
1990	463			2 145	475	355	595	118
1991	503			2 372	539	365	605	156
1992	579			2 705	630	375	614	183
1993	650			3 225	744	464	657	169
1994	739			3 625	823	538	701	318
1995	823			4 034	906	612	847	386
1996	1 292			4 654	1 005	664	1 063	427
1997	1 122			4 828	1 063	708	933	519
1998	928			5 025	1 111	760	888	502
1999	879			5 230	1 108	812	931	614
2000	919			5 425	1 130	847	900	689
2001	958			5 945	1 194	871	1 028	605
2002	865	407	28	6 635	1 292	965	1 463	800
2003	939	530	41	7 321	1 499	1 085	1 890	1 056
2004	1 015	521	42	7 975	1 569	1 219	1 765	1 243
2005	1 134	658	45	8 981	1 710	1 362	2 009	1 191
2006	1 548	1 347	110	16 583	2 796	2 340	3 962	2 117
2007	1 625	1 335	121	17 869	2 876	2 190	5 157	1 974
2008	1 873	1 366	93	19 339	2 979	2 382	5 735	2 072
2009	2 017	1 425	155	21 008	3 046	2 578	5 758	2 171
2010	2 151	1 109	85	21 866	2 896	2 486	5 602	2 213
2011	2 230	1 140	89	23 987	3 021	2 615	5 779	2 232
2012	2 649	1 111	124	25 931	3 143	2 652	6 293	2 192
2013	2 911	1 137	284	28 035	3 343	3 022	6 024	2 592
2014	3 069	1 130	103	29 723	3 469	3 086	6 800	2 779
2015	3 452	1 173	119	31 717	3 607	3 216	7 337	2 933
2016	3 616	1 259	115	34 065	3 644	3 364	7 194	3 998
2017	4 079	1 460	148	36 389	3 842	3 517	8 236	4 514
2018	4 630	1 574	172	40 309	4 029	3 739	9 262	5 569
2019	5 277	1 796	212	44 273	4 210	3 934	10 056	6 335

年 份 Year	3.管理人员 Managerial Personnel	4.工勤人员 Logistics Workers	四、医疗机构总诊疗人次(万人次) Total Patients Treated	五、入院人次(万人次) Total Inpatients (10 000 persons)	六、病床使用率(%) Utilization Rate of Beds (%)	七、病床周转次数(次) Turnover of Beds(time)
1979	123	103				
1980	112	122				
1981	120	109	148	1.41		
1982	168	185	169	1.97		
1983	193	353	212	3.44		
1984	221	543	280	4.11		
1985	354	621	345	4.88		
1986	394	705	389	4.68	66.2	24.4
1987	411	778	461	5.84	73.6	22.2
1988	465	849	563	6.97	75.6	28.8
1989	517	870	607	7.87	78.4	29.0
1990	463	1 042	729	8.73	81.4	29.0
1991	514	1 117	840	10.08	85.2	30.3
1992	645	1 244	976	11.40	81.9	28.0
1993	965	1 239	1 050	12.59	80.3	26.6
1994	1 108	1 393	1 057	12.81	70.8	23.2
1995	1 195	1 561	1 202	13.07	65.0	20.8
1996	1 252	1 594	1 168	14.63	64.3	21.5
1997	1 426	1 676	1 231	16.15	67.4	21.9
1998	1 381	1 849	1 386	19.05	68.6	24.1
1999	1 386	1 698	1 520	21.12	69.3	24.5
2000	1 479	1 803	1 699	26.61	75.4	28.3
2001	1 729	1 893	1 912	30.23	77.3	29.4
2002	1 753	1 932	2 062	35.74	80.0	30.6
2003	1 807	2 081	3 052	41.57	84.0	33.5
2004	2 100	2 355	3 514	49.00	82.4	34.9
2005	2 367	2 338	4 055	54.68	79.9	34.6
2006	3 058	5 000	5 170	59.24	81.6	35.6
2007	3 450	6 869	5 954	68.09	87.5	38.6
2008	3 867	6 941	6 842	75.34	89.1	37.9
2009	3 925	7 154	7 549	79.70	86.1	38.4
2010	4 060	7 324	8 127	89.1	89.2	40.1
2011	3 638	8 040	8 878	96.2	90.5	41.4
2012	3 557	8 974	8 638	105.4	85.8	40.1
2013	3 620	10 111	9 112	109.4	84.2	38.4
2014	3 590	10 230	8 853	119.4	85.5	39.4
2015	4 092	10 773	8 901	124.1	84.0	38.1
2016	4 182	9 949	9 598	138.4	85.2	39.0
2017	4 447	10 120	9 960	150.8	84.8	39.3
2018	5 182	10 471	9 986	162.0	84.0	39.6
2019	5 890	10 083	10 812	182.2	82.5	40.1

注： 根据最新国家卫生统计调查制度，从2012年开始总诊疗人次变更统计口径，不包括健康体检和计划免疫人次。

Note: According to the latest national health system, from 2012, the statistics range of Total Patients Treated has changed, not including health examination and planned immunization personnel.

17-1 卫生事业（二）
PUBLIC HEALTH（Ⅱ）

项目	Item	2013	2014	2015	2016	2017	2018	2019
总诊疗人次（万人次）	Total Patients Treated (10000 person-times)	9 112.1	8 852.6	8 900.6	9 598.3	9 959.8	9 985.9	10 811.7
#门诊人次（万人次）	#Outpatient Visits (10000 person-times)	7 629.3	7 685.6	7 834.3	8 417.0	8 815.4	8 982.9	9 720.8
急诊人次（万人次）	Emergency Visits (10000 person-times)	747.3	724.5	708.2	789.1	749.9	673.8	764.0
出院人次（万人次）	Number of Discharged Patients(10000 person-times)	109.2	119.3	123.9	138.2	150.3	161.9	181.7
出院病人平均住院日（日）	Average Stay Days in Hospital(day)	7.9	7.7	7.9	7.8	7.7	7.6	7.4
门诊病人次均医疗费用（元）	The Average Medical Expenses Of Outpatient Every Time(yuan)	170.1	201.7	218.4	230.4	246.9	278.5	293.2
住院病人次均医疗费用（元）	The Average Medical Expenses Of Discharged Patients Every Time(yuan)	7 745.4	8 243.3	9 117.2	9 547.0	10 124.1	11 367.8	12 138.8

注：2013年起，“急诊人次”口径有调整。
Note: From 2013, the statistical coverage of “Emergency Visits” has been adjusted.

17-2 体育事业

BASIC STATISTICS ON SPORTS

项目	Item	2013	2014	2015	2016	2017	2018	2019
二级运动员发展人数（人）	New Number of Athletes of Grade II(person)	250	541	499	420	477	522	449
二级裁判员发展人数（人）	New Number of Referees of Grade II(person)	320	652	543	376	413	425	435
举办单项比赛次数（次）	Number of Individual Sports Activities(times)	111	119	167	230	299	342	43
全民健身活动情况	Nationwide Body-building Activities							
#举办1000人以上的群体健身活动次数（次）	Number of Nationwide Body-building Activities more than 1000 persons(times)	190	200	200	145	160	150	167
参加活动人数（万人）	Number of Persons Taking Part in(10 000 persons)	370	380	375	246	251	230	262
国民体质测试（受测人数）（人）	National Physical Fitness Test (number of subjects) (person)	91 441	91 268	62 507	60 809	64 305	70 641	54610
国民体质合格以上率（%）	Pass Rate of National Physical Fitness Test(%)	90.2	89.8	88.5	91.8	92.0	89.7	90.6

注： 2015年开始，国民体质测试（受测人数）不含学生测试人数。
Note: From 2015, the national physical test (the number of people subjects) does not contain the number of students tested.

17-3 建立最低生活保障制度以来历年低保情况
LIST OF MINIMUM STANDARD OF LIVING SECURITY

年 份 Year	户 数（户） Households (Household)	人 数（人） Persons (Person)	最低生活保障金 （万元） Minimum Subsistence Allowance (10 000 yuan)	人均最低生活保障标准 （元/月） Minimum Standard of Living per person (yuan/month)
1998	771	2 014	212	
1999	1 150	3 145	375	
2000	1 372	3 783	559	
2001	1 796	4 978	730	
2002	2 783	8 478	1 288	
2003	3 718	11 203	1 972	
2004	4 467	13 364	2 427	
2005	4 887	14 602	3 523	344
2006	5 103	15 026	3 700	361
2007	5 105	14 833	4 049	361
2008	4 962	14 214	4 513	415
2009	4 885	13 601	5 522	415
2010	4 470	12 220	4 122	450
2011	4 009	10 716	4 752	510
2012	3 320	8 598	5 358	560
2013	2 866	7 095	3 658	560
2014	2 787	6 729	3 688	620
2015	2 653	6 309	4 715	800
2016	2 550	5 916	4 301	800
2017	2 280	5 126	4 464	900
2018	1 861	4 013	4 052	1 070
2019	1 495	3 055	3 373	1 160

17-4 社会养老机构、救助管理站基本情况
BASIC STATISTICS ON SOCIAL PENSION INSTITUTIONS AND RELIEF MANAGEMENT STATIONS

年 份 Year	社会养老机构 Social Pension Institutions			救助管理站 Relief Management Stations		
	单位（个） Units（unit）	床位数（张） Beds（bed）	年末收养人数（人） Year-end Population Housed（person）	单位（个） Units（unit）	床位数（张） Beds（bed）	年度累计救助人数（人次） Number of Rescued Persons Yearly（person-time）
2003	26	2 919		3	700	1 322
2004	26	2 919		3	700	12 075
2005	26	2 919	2 340	3	700	15 948
2006	27	3 419	2 457	3	700	19 440
2007	27	2 288	1 316	3	700	26 980
2008	29	2 797	1 530	3	700	38 976
2009	30	3 597	1 760	3	740	35 292
2010	30	3 597	1 742	3	810	51 375
2011	30	4 597	1 869	3	830	21 721
2012	31	5 194	2 063	3	830	23 815
2013	31	4 908	2 554	3	820	25 109
2014	31	5 996	2 448	3	820	23 024
2015	31	6 662	2 745	3	850	22 116
2016	34	7 116	3 213	3	600	25 238
2017	35	8 247	3 384	3	600	30 322
2018	45	9 497	3 719	3	624	20 179
2019	47	10 209	4 303	3	804	10 063

注：　救助管理站2003年人数为2003年8月至2003年12月。
Note: Number of relief management stations in 2003 is from Aug 2003 to Dec 2003.

17-5 社会保险基本情况

BASIC STATISTICS OF SOCIAL INSURANCE

单位：万人 （10 000 person）

项目	Item	2018	2019
基本养老保险年末参保人数	Basic Pension Insurance Participants at Year-end	1157.77	1214.71
城镇职工基本养老保险年末参保人数	Urban Employees Basic pension Insurance Participants at Year-end	1157.00	1213.69
城乡居民基本养老保险年末参保人数	Basic pension Insurance for Urban and Rural Residents Participants at Year-end	0.78	1.02
基本医疗保险年末参保人数	Basic Medical Care Insurance Participants at Year-end	1466.92	1536.60
城镇职工基本医疗保险年末参保人数	Urban Employees Basic Medical Care Insurance Participants at Year-end	1195.25	1239.57
城乡居民基本医疗保险年末参保人数	Basic Medical Care Insurance for Urban and Rural Residents Participants at Year-end	271.67	297.02
失业保险年末参保人数	Unemployment Insurance Participants at Year-end	1127.36	1166.64
工伤保险年末参保人数	Work Injury Insurance Participants at Year-end	1140.38	1186.15
生育保险年末参保人数	Maternity Insurance Participants at Year-end	1202.62	1246.71

主要统计指标解释

卫生技术人员　指从事卫生技术工作并在卫生事业机构领取劳动报酬的专业人员。包括中医师、西医师、中西医结合高级医师、护师、中药师、西药师、检验师、其他技师、中医士、西医士、护士、助产士、中药剂士、西药剂士、检验士、其他技士、其他中医、护理员、中药剂员、西药剂员、检验员以及其他初级卫生技术人员。

执业医师　指具有《医师执业证》及其“级别”为“执业医师”且实际从事医疗、预防保健工作的人员，不包括实际从事管理工作的执业医师。执业医师类别分为临床、中医、口腔和公共卫生。

执业助理医师　指具有《医师执业证》及其“级别”为“执业助理医师”且实际从事医疗、预防保健工作的人员，不包括实际从事管理工作的执业助理医师。执业助理医师类别同样分为临床、中医、口腔和公共卫生四类。

Explanatory Notes on Main Statistical Indicators

Medical Technical Personnel refer to all permanent and contract medical staff and workers employed by medical institutions, including doctors of Chinese and Western medicine, senior doctors who integrate traditional Chinese therapeutics with Western therapeutics in practice, senior nurses, pharmacists of Chinese and Western medicine, laboratory specialists, other specialists, paramedics of Chinese and Western medicine, nurses, midwives, druggists in Chinese and Western medicine, laboratory technicians, other technicians, other practitioners of Chinese medicine, nursing attendants, pharmacological workers of Chinese and Western medicine, laboratory workers, and other primary medical personnel.

Licensed Doctors refer to the medical workers who have obtained the licenses of qualified doctors and are employed in medical treatment, disease prevention or healthcare institutions, excluding the licensed doctors engaged in management job. The classification of licensed doctors is clinician, Chinese medicine, dentist and public health.

Licensed Assistant Doctors refer to the medical workers who have obtained the licenses of qualified assistant doctors and are employed in medical treatment, disease prevention or healthcare institutions, excluding the licensed assistant doctors engaged in management job. The classification of licensed assistant doctors is clinician, Chinese medicine, dentist and public health.

18 第十八部分 城市建设和环境保护

URBAN CONSTRUCTION AND ENVIRONMENTAL PROTECTION

CHAPTER

18-1 城市建设及公用设施
URBAN CONSTRUCTIONS AND PUBLIC UTILITY

指标名称	Indicators	2014	2015	2016	2017	2018	2019
一、城市园林绿化	**Parks,Gardens and Green Areas in UrbanDistricts**						
绿化覆盖面积（公顷）	Coverage Area of Afforestation (hectare)	98 805	99 841	99 841	101 860	101 842	101 822
其中：建成区（公顷）	Developed Areas(hectare)	40 123	40 590	41 638	41 726	41 738	41 685
建成区绿化覆盖率（%）	Green Coverage Rate in Developed Areas(%)	45	45	45	45	45	43
园林绿地面积（公顷）	Area of Gardens and Green Areas(hectare)	97 442	97 850	97 870	97 889	97 901	97 709
其中：建成区（公顷）	Developed Areas(hectare)	34 881	35 289	36 191	36 267	35 912	35 902
建成区绿地率（%）	Rate of Green Areas in Developed Areas(%)	39.2	39.2	39.2	39.2	38.7	37.4
公园绿地面积（公顷）	Public Green Areas(hectare)	18 152	19 241	19 588	19 980	19 992	20 077
人均公园绿地面积（按常住人口计算）（平方米）	Per Capita Public Green Areas(sq.m)	16.8	16.9	16.5	16.0	15.4	14.9
公园数（个）	Number of Parks(unit)	889	911	921	942	973	1 090
公园面积（公顷）	Area of Parks(hectare)	21 953	21 955	21 958	21 968	30 980	31 085
二、市政及环卫设施	**Public Facilities and Environmental Sanitation in urban Districts**						
实有铺装道路总长度（公里）	Total Length of Actual paved Roads(1000 m)	6 375	6 447	6 556	6 668	6 443	6 124
实有城市道路面积（万平方米）	Area of Actual urban Roads(10 000 sq.m)	11 633	11 838	11 920	12 151	11 849	11 374
人均道路面积（平方米）	Per Capita Area of Roads(sq.m)	10.8	10.4	10.0	9.8	9.1	8.5
城市排水管道总长度（公里）	Total Length of Sewer Pipelines(1000 m)	11 634	12 331	13 507	13 815	15 992	15 201
污水处理厂设计规模（万吨/日）	Design Scale of Sewage Disposal(10 000 tons/day)	480	480	520	520	580	620
道路照明灯（盏）	Number of Street Lights(unit)	275 768	305 062	405 500	406 566	432 964	479 357
生活垃圾转运站座数（座）	Waste Transfer Stations(set)	853	895	895	965	962	961
公共厕所数量（座）	Public Toilets(set)	2 590	2 610	3 343	3 343	3 343	3 446
市容环卫专用车辆（辆）	Special Vehicle for Municipal Sanitation(set)	1 325	1 724	2 456	2 825	3 348	3 713

18-2 城市环境

URBAN ENVIRONMENT

年 份 Year	水资源总量（亿立方米）Water Resources (100 million m^3)	森林面积（公顷）Area of Woods (hectare)	森林覆盖率（%）Forest coverage (%)	空气中二氧化硫日均值（微克/立方米）Daily Average Concentration of SO_2 in the Air (ug/m^3)	空气中二氧化氮日均值（微克/立方米）Daily Average Concentration of NO_2 in the Air (ug/m^3)	空气中可吸入颗粒物日均值（微克/立方米）Daily Average Concentration of PM^{10} in the Air (ug/m^3)	空气质量优良（二级）天数（天）Days of Air Quality Equal to or Above Grade Ⅱ (day)
2001	25.5			27	58	63	364
2002	15.68			18	50	61	363
2003	16.29			20	57	70	349
2004	13.84			24	72	76	344
2005	19.93	72 619	38.9	21	39	64	360
2006	20.34	72 053	38.9	30	53	64	359
2007	17.57	72 224	39.0	23	54	64	361
2008	27.09	72 263	39.2	16	47	63	364
2009	18.86	73 202	39.7	13	42	57	364
2010	18.70	73 200	39.7	11	45	57	356
2011	14.48	80 227	41.1	11	48	57	362
2012	19.56	80 968	41.5	10	40	54	365
2013	25.20	82 866	41.5	11	40	62	324
2014	21.51	82 868	41.5	9	35	53	348
2015	18.49	82 915	41.5	8	33	49	340
2016	30.40	80 840	40.9	8	33	42	354
2017	19.58	79 339	40.0	8	30	45	343
2018	22.64	78 543	39.8	7	29	44	345
2019		78 816	39.8	5	25	42	332

年 份 Year	灰霾日（天）Days of Haze（day）	城市饮用水源水质达标率（%）Rate of Urban Drinking Water Quality Reaching Standard（%）	生活垃圾清运量（万吨）Consumption Wastes Collected and Transported (10 000 tons)	生活垃圾无害化处理量（万吨）Consumption Wastes Harmless Disposal (10 000 tons)	生活垃圾无害化处理率（%）Treatment Rate of Consumption Wastes（%）	工业废气排放量（亿立方米）Volume of Industrial Waste Gas Emission(100 million cubic meters)
2001	95	93.45	122	122	100	4 683.98
2002	104	96.11	129	129	100	7 313.37
2003	147	97.13	325	225	69.2	820.64
2004	187	96.71	325	263	81.0	1 082.42
2005	161	98.11	333	300	90.0	1 389.74
2006	147	98.07	360	337	93.7	1 264.02
2007	153	98.86	407	383	94.1	1 917.96
2008	154	99.87	441	415	94.2	1 631.61
2009	115	100	476	449	94.3	1 740.67
2010	115	100	479	453	94.6	1 683.53
2011	112	100	482	458	95.0	1 871.46
2012	77	100	490	466	95.1	2 136.96
2013	98	100	522	513	98.4	2 181.63
2014	68	100	541	541	100	2 214.89
2015	35	100	575	575	100	2 312.25
2016	27	100	572	572	100	2 779.52
2017	22	100	619	619	100	3 005.02
2018	20	100	702	702	100	3 322.77
2019	9	–	760	760	100	3 624.81

注：1.从2017年开始，生活垃圾清运量、无害化处理量和处理率口径均有调整。
Note: From 2017,the statistical caliber of Consumption Wastes Collected and Transported, Consumption Wastes Harmless Disposal and Treatment Rate have been adjusted.
2.工业污染类指标为上报国家版数据，最终数据以国家定库为准。
The data of industrial pollution indicators are submitted to the national version, and the final data shall be subject to the national database.

18-2 续表 2 continued

年 份 Year	工业二氧化硫排放总量（万吨） Volume of Indusrial Sulphur Dioxide Emission (10 000 tons)	工业氮氧化物排放总量（万吨） Volume of Indusrial Nitrogen Oxide Emission (10 000 tons)	工业烟粉尘排放量（万吨） Volume of Indusrial Soot Emission (10 000 tons)	工业固体废物产生量（万吨） Industrial Solid Wastes Produced (10 000 tons)	城市区域环境噪声均值（分贝） Average Noise Value of Urban Environment(dB)	城市道路交通噪声均值（分贝） Average Noise Value of Urban Road Traffic(dB)
2001	3.93		0.35	49.97	56.1	68.3
2002	4.09		0.43	49.64	56.0	68.2
2003	4.55		0.51	68.67	56.0	68.5
2004	4.36		0.61	95.49	56.1	69.2
2005	4.35		0.64	104.07	56.2	69.4
2006	4.24	3.60	0.4	132.02	56.5	69.6
2007	3.83	7.23	0.33	193.55	56.5	69.4
2008	3.42	5.01	0.41	175.42	56.5	69.2
2009	3.23	4.28	0.36	173.11	56.8	69.5
2010	3.3	2.57	0.17	184.82	56.7	69.2
2011	0.95	3.30	0.13	169.52	56.7	69.0
2012	0.98	2.99	0.08	152.82	56.9	68.9
2013	0.57	1.84	0.07	123.84	56.8	68.9
2014	0.53	1.43	0.07	141.42	56.8	68.8
2015	0.41	1.07	0.11	124.63	56.8	69.3
2016	0.47	1.14	0.17	142.13	56.9	69.6
2017	0.13	0.66	0.09	165.21	57.5	70.0
2018	0.10	0.56	0.05	116.49	57.2	69.0
2019	0.12	0.50	0.05	228.96	57.1	69.7

18-3 用电量、供水量

ELECTRICITY CONSUMPTION AND TAP WATER SUPPLY

年 份 Year	用电总量 (万千瓦小时) Total Electricity Consumption (10 000 kwh)	农、林、牧、渔业 Farming, Forestry Animal Husbandry and Fishery	工 业 Industry	建筑业 Construction	交通运输、仓储、邮政业 Transportation, Storage and Post Services	信息传输、软件和信息技术服务业 Information Transmission, Software and Information Technology
1994	879 100	11 609	503 780	26 502	14 229	
1995	913 600	11 258	499 757	27 081	15 877	
1996	1 014 427	13 041	547 085	26 138	22 364	
1997	1 125 781	14 558	617 016	23 974	20 571	
1998	1 294 332	16 225	644 973	25 805	21 982	
1999	1 498 759	22 045	749 834	36 735	28 215	
2000	1 903 494	34 659	1 018 794	42 482	24 329	
2001	2 122 871	48 247	1 168 146	50 425	28 584	
2002	2 599 161	114 324	1 472 361	60 653	36 477	
2003	3 234 299	172 253	1 793 262	57 644	37 904	
2004	3 903 060	228 808	2 234 774	62 493	41 722	
2005	4 402 089	252 793	2 462 690	81 148		
2006	4 872 038	245 405	2 790 275	85 968	41 541	91 925
2007	5 678 193	241 447	3 331 541	94 212	54 364	94 400
2008	5 837 586	225 570	3 462 946	96 540	58 013	102 807
2009	5 856 808	113 898	3 237 528	75 192	84 721	114 674
2010	6 635 475	29 049	4 161 345	63 880	108 383	59 286
2011	6 960 198	24 658	4 186 359	62 642	151 177	70 315
2012	7 221 044	22 116	4 232 405	62 331	176 093	83 141
2013	7 297 680	22 003	4 393 588	72 041	182 803	84 425
2014	7 886 841	24 325	4 731 235	90 222	208 186	87 900
2015	8 155 442	24 601	4 795 635	96 380	226 320	103 032
2016	8 510 789	25 184	4 839 234	104 212	265 857	119 802
2017	8 844 861	25 787	4 872 227	112 545	349 749	151 986
2018	9 172 307	14 862	4 909 845	101 710	396 421	149 589
2019	9 839 910	16 421	5 038 785	131 577	431 291	197 358

18-3 续表 continued

年 份 Year	批发和零售业、住宿和餐饮业 Wholesale and Retail Trades,Hotels and Catering Services	金融、房地产、商务及居民服务业 Banking, Real Estate Trade, Business and Residential Services	公共事业及管理组织 Public Service and Management Organizations	城乡居民生活用电 Residential Electricity Consumption	自来水生产能力 (万立方米/日) Tap Water Production Capacity (10 000 m³/day)	公共供水总量(万立方米) Volume of Tap Water Supply (10000 m³)
1994	102 166		125 292	95 447	244	52 308
1995	105 512		128 134	125 834	268	57 408
1996	121 650		132 108	151 795	328	64 743
1997	150 755		124 155	174 576	328	70 194
1998	168 155		150 517	266 520	339	79 596
1999	176 589		195 198	289 927	364	86 560
2000	218 196		231 113	333 585	380	92 068
2001	226 547		248 025	352 722	390	97 334
2002	347 290		245 553	322 334	412	108 070
2003	374 271		389 140	409 616	442	122 795
2004	428 738		445 363	460 985	508	135 026
2005	380 550		687 479	537 429	534	139 487
2006	400 936	472 581	149 949	583 485	591	145 227
2007	430 487	529 424	182 882	717 521	638	154 230
2008	431 764	558 283	197 898	702 181	670	156 956
2009	466 208	717 667	254 082	791 322	670	150 094
2010	475 271	706 670	263 752	766 538	692	156 470
2011	501 705	774 252	293 417	894 161	692	161 480
2012	526 599	758 050	315 756	1 043 007	692	160 360
2013	588 761	680 041	317 648	1 039 391	674	159 139
2014	521 487	682 603	335 878	1 203 653	675	164 132
2015	559 474	755 442	368 900	1 248 873	674	169 698
2016	579 285	830 797	402 706	1 343 218	709	199 342
2017	600 755	891 335	429 257	1 409 230	709	174 887
2018	617 224	927 099	671 644	1 383 914	700	179 498
2019	680 971	1 111 117	765 990	1 466 400	711	182 216

18-4 公共交通

PUBLIC TRANSPORTATION

年 份 Year	年末实有公共汽车(辆) Number of Buses (year-end)	出租小汽车(辆) Taxi (unit)	年末公共汽车营运线路条数(条) Number of Operating Bus Lines (year-end)	公共汽车客运总人数(万人次) Number of Passengers Carried of Bus Lines (10 000 person-times)	轨道交通线路长度(公里) Length of Operation Lines(km)	轨道交通客运总量(万人次) Volume of Pussenger Traffic of Operation Lines(10 000 person-times)	轨道交通线路条数(条) Number of Operation Lines(line)
1979	12	10	2				
1980	38	160	3				
1981	44	199	6				
1982	52	233	7				
1983	88	860	9	1 399			
1984	132	1 226	19	2 974			
1985	153	1 700	27	5 184			
1986	171	1 794	29	5 827			
1987	205	1 896	32	9 068			
1988	248	2 305	37	16 399			
1989	305	2 365	38	16 747			
1990	403	2 394	42	21 947			
1991	501	3 152	51	19 821			
1992	507	6 083	55	27 248			
1993	851	6 212	61	30 600			
1994	1 144	7 400	68	31 020			
1995	1 468	8 255	80	35 390			
1996	1 784	8 505	89	35 495			
1997	2 128	8 505	125	36 202			
1998	2 461	8 505	137	37 250			
1999	2 772	8 505	145	40 600			
2000	2 920	8 505	131	42 800			
2001	3 495	8 505	138	47 072			
2002	3 495	9 705	138	51 714			
2003	4 885	10 255	185	50 719			
2004	5 376	10 305	208	100 820			
2005	6 091	10 305	227	101 621	22	5 766	2
2006	7 305	10 305	277	123 084	23	8 990	2
2007	8 188	11 205	316	135 668	24	11 765	2
2008	8 396	12 991	340	145 701	25	13 550	2
2009	11 928	13 411	578	213 603	25	13 823	2
2010	12 456	14 340	758	228 058	64	16 271	4
2011	15 365	14 735	825	223 735	177	45 985	5
2012	14 546	15 300	854	228 305	177	78 129	5
2013	14 617	15 973	881	220 178	177	91 715	5
2014	15 074	16 275	886	225 739	177	103 675	5
2015	15 120	16 596	903	206 892	177	112 188	5
2016	15 483	17 842	976	186 799	285	129 713	8
2017	17 430	18 379	992	165 425	297	165 545	9
2018	17 177	21 551	981	162 882	297	188 651	9
2019	17 110	21 498	933	158 973	316	203 216	9

注： 由于指标调整，本表中指标口径2009年以前为“公共大巴”口径，2009年及以后为“公共汽车”口径，包括原大巴、中巴、小巴。

Note: After the adjustment in 2009, the statistical scope of Buses include Large-sized buses, medium-sized buses and small-sized buses, while it just refters to large-sized buses before.

18-5 气象情况

CLIMATE

年 份 Year	平均气温(摄氏度) Mean Air Temperature (℃)	降水量(毫米) Precipitation (mm)	日照时数(小时) Sunshine Duration (hour)	平均相对湿度(%) Mean Relative Humidity (%)
1990	23.0	1 396.9	1 842.1	76
1995	22.5	2 309.8	1 858.2	74
2000	23.4	2 533.6	1 939.5	75
2001	23.6	2 747.3	1 811.3	74
2002	23.7	1 608.1	1 975.0	72
2003	23.9	1 833.4	1 655.3	74
2004	23.6	1 299.4	1 921.5	71
2005	23.2	2 143.6	1 574.3	70
2006	23.4	1 936.5	1 624.3	73
2007	23.5	1 581.5	1 937.1	70
2008	22.8	2 710.0	1 907.6	69
2009	23.2	1 611.0	1 987.3	70
2010	23.0	1 634.0	1 775.6	73
2011	22.6	1 269.7	2 054.4	71
2012	23.1	1 554.8	1 781.5	79
2013	23.1	2 203.6	1 906.6	75
2014	23.2	1 725.5	2 034.6	73
2015	23.9	1 500.8	1 964.3	72
2016	23.2	2 490.6	1 759.3	79
2017	23.6	1 967.1	1 919.1	77
2018	23.4	1 957.2	1 905.5	76
2019	24.0	1 880.1	1 868.7	78

主要统计指标解释

水资源总量　指当地降水形成的地表和地下产水总量，即地表径流量与降水入渗补给量之和。

工业固体废物产生量　指工业企业在生产过程中产生的固体状、半固体状和高浓度液体状废弃物的总量，包括冶炼废渣、粉煤灰、炉渣、煤矸石、化工废渣、尾矿、放射性废渣和其它废渣等；不包括矿山开采的剥离废石和掘进废石（煤矸石和呈酸性或碱性的废石除外）。酸性或碱性废石是指采掘的废石其流经水、雨淋水PH值小于4或PH值大于10.5者。

生活垃圾清运量　指报告期收集和运送到各生活垃圾处理厂(场)和生活垃圾最终消纳点的生活垃圾数量。生活垃圾指城市日常生活或为城市日常生活提供服务的活动中产生的固体废物以及法律行政规定的视为城市生活垃圾的固体废物。

生活垃圾无害化处理率　指报告期生活垃圾无害化处理量与生活垃圾产生量的比率。在统计上，由于生活垃圾产生量不易取得，可用清运量代替。计算公式为：

$$\text{生活垃圾无害化处理率}=\frac{\text{生活垃圾无害化处理量}}{\text{生活垃圾产生量}}\times 100\%$$

Explanatory Notes on Main Statistical Indicators

Total Water Resources refers to total volume of surface water and groundwater and is measured as run-off for surface water and replenishment of groundwater with rainfall in local area.

Volume of Industrial Solid Wastes Produced refers to the total volume of solid, semi solid or high concentration liquid residues produced by industrial enterprises in their production process, including residues from melting, slag, powdered coal ash, gangue, chemical residues, tailings, radioactive residues and other residues, but excluding stripped or dug stones in mining (except gangue and acid or alkali waste stones, which are waste stones washed or soaked by water with a PH value smaller than 4 or larger than 10.5).

Consumption Wastes Transported refers to volume of consumption wastes collected and transported to disposal factories or sites during the reference period. Consumption wastes are solid wastes produced from urban households or from service activities for urban households, and solid wastes regarded by laws and regulations as urban consumption wastes.

Ratio of Consumption Wastes Treated refers to consumption wastes treated over that produced. In practical statistics, as it is difficult to estimate, the volume of consumption wastes produced is replaced with that transported. It is calculated as:

$$\text{Ratio of consumption wastes treated} = \frac{\text{consumption wastes treated}}{\text{consumption wastes produced}} \times 100\%$$

19 第十九部分 人民生活

PEOPLE'S LIVELIHOOD

CHAPTER

19-1 城镇单位在岗职工年平均工资

AVERAGE WAGE OF FULLY EMPLOYED STAFF AND WORKERS IN URBAN UNITS

年 份 Year	在岗职工年平均工资(元) Average Wage of Fully Employed Staff and Workers (yuan)	国有单位 State-owned Units	城镇集体单位 Urban Collective-owned Units	其他单位 Units of Other Types of Ownership
1979	769	785	688	
1980	979	990	922	687
1981	1 132	1 119	1 211	1 156
1982	1 366	1 358	1 410	1 363
1983	1 545	1 571	1 470	1 528
1984	2 179	2 257	1 805	2 023
1985	2 418	2 427	1 932	2 753
1986	2 452	2 476	2 048	2 637
1987	2 677	2 637	3 223	3 021
1988	3 388	3 267	2 737	3 615
1989	3 858	3 917	2 855	3 733
1990	4 304	4 339	3 348	4 203
1991	5 016	4 908	3 984	5 240
1992	5 931	6 026	4 435	6 270
1993	8 145	8 854	5 681	7 633
1994	10 572	11 632	7 076	10 208
1995	12 276	13 709	7 229	12 184
1996	14 507	16 625	8 668	13 685
1997	16 531	18 515	10 320	15 872
1998	18 381	21 161	11 260	17 204
1999	20 714	23 602	13 228	19 530
2000	23 039	26 193	13 234	21 974
2001	25 941	31 187	13 427	23 981
2002	28 218	35 501	16 969	25 544
2003	30 611	40 893	17 061	26 940
2004	31 928	45 212	20 256	27 868
2005	32 476	47 762	17 112	28 521
2006	35 107	49 312	20 591	31 286
2007	38 798	58 347	21 793	33 787
2008	43 454	65 431	25 291	37 933
2009	46 723	72 278	24 715	40 582
2010	50 456	79 734	27 801	43 939
2011	55 143	85 218	31 830	48 422
2012	59 010	90 492	34 444	52 374
2013	62 619	90 393	30 207	59 627
2014	72 651	108 192	39 993	69 224
2015	81 034	117 432	45 546	77 436
2016	89 757	124 927	56 682	86 374
2017	100 173	150 444	71 380	95 203
2018	111 709	172 466	67 768	106 353
2019	127 757	207 654	75 138	119 411

19-2 居民家庭生活基本情况

BASIC CONDITIONS OF PERMANENT HOUSEHOLDS

年 份 Year	平均每户家庭人口 (人) Average Persons per Household (person)	平均每户就业人口 (人) Average Employees per Household (person)	平均每一就业者负担人口 (人) Persons Supported by Each Employee (person)	平均每人每月可支配收入(元) Per Capita Monthly Disposable Income(yuan)	平均每人每月消费性支出(元) Per Capita Monthly Consumption Expenditures(yuan)
1988	3.90	2.17	1.80	214.10	195.45
1989	3.92	2.16	1.82	304.71	256.59
1990	3.81	2.16	1.76	343.95	305.92
1991	3.78	2.21	1.71	380.31	347.98
1992	3.73	2.23	1.67	481.94	419.54
1993	3.59	2.14	1.68	644.72	515.97
1994	3.60	2.10	1.72	875.27	789.43
1995	3.61	2.06	1.75	1 064.22	919.86
1996	3.50	2.06	1.70	1 357.97	1 087.00
1997	3.46	2.03	1.70	1 548.23	1 217.53
1998	3.48	1.96	1.78	1 601.16	1 230.35
1999	3.41	1.89	1.80	1 626.70	1 169.48
2000	3.42	1.86	1.84	1 742.14	1 358.89
2001	3.43	1.82	1.88	1 896.66	1 418.73
2002	3.32	1.86	1.79	2 078.39	1 577.16
2003	3.38	1.80	1.88	2 161.32	1 663.36
2004	3.34	1.68	1.99	2 299.70	1 630.80
2005	3.35	1.73	1.94	1 791.20	1 325.99
2006	3.33	1.80	1.85	1 880.59	1 385.68
2007	3.29	1.83	1.80	2 025.12	1 539.54
2008	3.25	1.59	2.04	2 227.44	1 648.26
2009	3.24	1.66	1.95	2 437.04	1 793.84
2010	3.22	1.68	1.92	2 698.41	1 900.55
2011	3.15	1.67	1.89	3 042.09	2 006.67
2012	3.21	1.70	1.89	3 395.16	2 227.31
2013	3.19	1.68	1.90	3 721.09	2 401.04
2014	2.20	1.40	1.57	3 412.33	2 404.40
2015	2.24	1.39	1.61	3 719.44	2 696.60
2016	2.26	1.40	1.61	4 057.92	3 040.05
2017	2.31	1.43	1.62	4 411.50	3 193.34
2018	2.46	1.53	1.61	4 795.30	3 377.92
2019	2.55	1.54	1.66	5 210.20	3 592.72

注：从2014年起，国家统计局开展了城乡一体化住户收支与生活状况调查，19-2至19-6表数据来源于此调查样本，与2013年及之前住户调查的调查范围、调查方法、指标口径有所不同。

Note: The NBS started an integrated household income and expenditure survey in 2014, including both urban and rural households. The data shown in Tables 19-2 to 19-6 are compiled on the basis of the survey. The coverage, methodology and definitions used in the survey are different from those used for the separate urban and rural household surveys prior to 2014.

19-3 一体化住户调查样本调查户基本情况（2019年）

ASIC CONDITIONS OF INTEGRATED HOUSEHOLD AND EXPENDITURE SURVEY（2019）

单位：人 （person）

指标名称	Item	2019
样本量（户）	Sample Size（household）	1 240
户均常住成员	Average Resident per Household	2.55
户均常住从业人数	Employed Resident Persons per Household	1.54
每一从业人员负担人口	Average Number of Dependents per Employed Person	1.66
恩格尔系数（%）	Engel Coefficient（%）	29.4
人均住房建筑面积（平方米/人）	Per Capita Floor Space of Residential Building（sq.m/person）	22.60

19-4 居民人均可支配收入（2019年）

PER CAPITA DISPOSABLE INCOME OF PERMANENT HOUSEHOLDS（2019）

单位：元 （yuan）

指标名称	Item	2019
可支配收入	**Per Capita Disposable Income**	**62 522.40**
一、工资性收入	**Income from Wages and Salaries**	**51 617.34**
(一)工资	Wages	47 902.43
(二)实物福利	Welfare	1 096.44
(三)其他	Others	2 618.47
二、经营净收入	**Net Business Income**	**7 293.30**
(一)第一产业净收入	Net Income of Primary Industry	
(二)第二产业净收入	Net Income of Secondary Industry	764.37
(三)第三产业净收入	Net Income of Tertiary Industry	6 528.93
三、财产净收入	**Net Income from Properties**	**6 180.56**
其中：出租房屋净收入	Net Income from Rent	2 322.83
四、转移净收入	**Net Income from Transfer**	**- 2 568.81**
(一)转移性收入	Income from Transfer	3 726.06
#养老金或离退休金	Old-age Pension or Retired Pay	2 654.26
(二)转移性支出	Expenses on Transfer	6 294.86
#外来从业人员寄给家人的支出	Expenture for Sending to Their Families	770.19
赡养支出	Expenditure for Support	794.20

19-5 居民人均消费支出（2019年）

PER CAPITA CONSUMPTION EXPENDITURE OF PERMANENT HOUSEHOLDS（2019）

单位：元 （yuan）

指标名称	Item	2019
居民生活消费支出	**Daily Consumption Expenditure**	**43 112.65**
一、食品烟酒	**Food,Tobacco and Liquor**	**12 657.87**
(一)食品	Food	7 522.74
(二)烟酒	Tobacco and Liquor	713.53
(三)饮料	Drink	293.93
(四)饮食服务	Catering	4 127.67
二、衣着	**Clothing**	**2 035.62**
(一)衣类	Clothes	1 658.05
(二)鞋类	Shoes	377.57
三、居住	**Residence**	**12 609.39**
其中：租赁房房租	Rent	4 039.36
四、生活用品及服务	**Household Facilities, Articles and Services**	**2 272.97**
(一)家具及室内装饰品	Furniture and Interior Decoration	157.81
(二)家用器具	Household Appliances	486.38
(三)家用纺织品	Home Textiles	143.39
(四)家庭日用杂品	Family Daily Groceries	501.61
(五)个人用品	personal Belongings	668.93
(六)家庭服务	Domestic Service	314.85
五、交通通信	**Transport and Communications**	**6 419.05**
(一)交通	Transport	5 089.54
(二)通信	Communications	1 329.51
六、教育文化娱乐	**Education, Cultural and Recreation**	**4 474.45**
(一)教育	Education	2 749.30
(二)文化娱乐	Cultural and Recreation	1 725.15
七、医疗保健	**Health Care and Medical Services**	**1 507.89**
(一)医疗器具及药品	Medical Apparatus and Medicine	351.11
(二)医疗服务	Medical Services	1 156.78
八、其他用品及服务	**Miscellaneous Goods and Services**	**1 135.41**
(一)其他用品	Miscellaneous Goods	441.60
(二)其他服务	Miscellaneous Services	693.80

19-6 居民物质文化生活提高情况

IMPROVEMENT IN RESIDENTS' MATRIAL AND CULTURAL LIFE

项 目	Item	2014	2015	2016	2017	2018	2019
就业	**Employment**						
城镇登记失业率(%)	Urban Unemployment Rate(%)	2.26	2.34	2.33	2.20	2.30	2.18
收入	**Income**						
可支配收入(元/人)	Per Capita Disposable Income (yuan)	40 948	44 633	48 695	52 938	57 544	62 522
支出	**Expenditure**						
消费性支出(元/人)	Per Capita Consumption Expenditure (yuan)	28 853	32 359	36 481	38 320	40 535	43 113
居住	**Residence**						
人均住房建筑面积（平方米）	Per Capita Building Space (sq.m)	21.1	20.6	19.6	19.7	21.80	22.6
通讯	**Telecommunication**						
每百人拥有电话(部)	Number of Telephone Sets per 100 Persons	362	296	264	254	263	248
城市公用业	**Public Utilities in Urban Areas**						
人均生活用电量(千瓦时)	Per Capita Residential Electicity Consumption(kwh)	1 124	1 127	1 154	1 150	1 083	1 108
自来水普及率(%)	Rate of Access to Tap Water(%)	100	100	100	100	100	100
教育娱乐	**Education and Recreation**						
教育文化娱乐支出(元)	Expenditures of education, Recreation and Cultural Service (yuan)	2 559.83	2 678.62	3 092.27	3 559.81	3 934.54	4 474.45
#文化娱乐	Cultural Recreational Articles and	1 394.09	1 456.79	1 570.45	1 530.90	1 649.78	1 725.15
教育	Education	1 165.74	1 221.83	1 521.82	2 028.91	2 284.77	2 749.30
卫生	**Public Health**						
每万人拥有医生数(人)	Number of Doctors per 10 000 Persons (person)	25	25	26	27	28	30
每万人拥有医院病床(张)	Number of Hospital Beds per 10 000 Persons(bed)	27	28	32	32	34	35

主要统计指标解释

可支配收入 指调查户在调查期内获得的、可用于最终消费支出和储蓄的总和，即调查户可以用来自由支配的收入。可支配收入既包括现金，也包括实物收入。按照收入的来源，可支配收入包含四项，分别为：工资性收入、经营净收入、财产净收入和转移净收入。计算公式为：

可支配收入 = 工资性收入 + 经营净收入 + 财产净收入 + 转移净收入

其中：经营净收入 = 经营收入 － 经营费用 － 生产性固定资产折旧 － 生产税

财产净收入 = 财产性收入 － 财产性支出

转移净收入 = 转移性收入 － 转移性支出

消费支出 指住户用于满足家庭日常生活消费需要的全部支出，包括用于消费品的支出和用于服务性消费的支出。根据用途不同，消费支出可划分为食品烟酒、衣着、居住、生活用品及服务、交通通信、教育文化娱乐、医疗保健、其他用品及服务八大类。根据来源不同，消费支出可划分为现金消费支出、实物消费支出（含自产自用、来自单位、来自政府和其他社会组织）。

Explanatory Notes on Main Statistical Indicators

Disposable Income of Households Disposable Income of Households refers to the income of households for purpose of final expenditure and savings. It includes income both in cash and in kind. By sources of income, disposable income includes four categories: income from wages and salaries, net business income, net income from properties and net income from transfer.

Consumption Expenditure of Households Consumption Expenditure of Households refers to all expenditure of households for living expenditure to satisfy family daily living. It includes expenditure in cash and in kind. It includes eight categories: food, tobacco and liquor; clothing; residence; household facilities, articles and services; transport and communications; education, cultural and recreational activities; health care and medical services, and miscellaneous goods and services.

中国统计出版社最新图书简目

（仅供参考,以实际出版为准）

统计资料

中国统计年鉴　中国统计摘要　中国第三产业统计年鉴
中国第三次全国农业普查综合资料　国际统计年鉴　金砖国家联合统计手册
中国-东盟国家统计手册　中国农村统计年鉴　中国县域统计年鉴
中国农产品价格调查年鉴　中国城市统计年鉴　中国价格统计年鉴
中国贸易外经统计年鉴　中国零售和餐饮连锁企业统计年鉴　中国商品交易市场统计年鉴
大中型批发零售和住宿餐饮企业统计年鉴　中国住户调查年鉴　中国工业统计年鉴
中国环境统计年鉴　中国能源统计年鉴　中国建筑业统计年鉴
中国房地产统计年鉴　投资领域统计年鉴　中国对外直接投资统计公报
中国人口和就业统计年鉴　中国劳动统计年鉴　中国社会统计年鉴
中国科技统计年鉴　中国高技术产业统计年鉴　全国企业创新调查年鉴
中国文化及相关产业统计年鉴　2018年时间利用调查资料　中国妇女儿童状况统计资料
中国基本单位统计年鉴　中国教育统计年鉴　中国教育经费统计年鉴
中国民族统计年鉴　中国残疾人事业统计年鉴　长江经济带发展统计年鉴

省级综合统计年鉴系列

北京　天津　河北　山西　内蒙古　辽宁　吉林　黑龙江　上海　江苏　浙江　安徽　福建　江西　山东
河南　湖北　湖南　广东　广西　海南　重庆　四川　贵州　云南　西藏　陕西　甘肃　青海　宁夏
新疆　新疆生产建设兵团

市(县)级综合统计年鉴系列

滨海新区　石家庄　唐山　邯郸　保定　沧州　邢台　廊坊　承德　衡水　秦皇岛　张家口　太原　大同　阳泉
长治　晋城　朔州　晋中　运城　忻州　临汾　吕梁　呼和浩特　鄂尔多斯　包头　沈阳　大连　长春　延吉
四平　白山　通化　哈尔滨　齐齐哈尔　黑龙江垦区　上海浦东新区　南京　无锡　徐州　常州　苏州　南通
连云港　淮安　盐城　扬州　镇江　泰州　宿迁　江阴　丹阳　海门　张家港　杭州　宁波　温州　嘉兴　湖州
绍兴　金华　衢州　舟山　台州　丽水　合肥　安庆　福州　厦门　宁德　漳州　龙岩　莆田　泉州
三明　南平　南昌　九江　上饶　新余　抚州　赣州　景德镇　济南　青岛　枣庄　潍坊　聊城　郑州
洛阳　平顶山　三门峡　南阳　商丘　信阳　济源　汝州　武汉　十堰　荆州　宜昌　荆门　咸宁　黄冈
长沙　鹰潭　广州　深圳　惠州　东莞　汕尾　湛江　肇庆　南宁　柳州　桂林　贵港　梧州　来宾
河池　防城港　海口　三亚　儋州　成都　内江　贵阳　黔南　毕节　昆明　文山　德宏　西安　延安
安康　铜川　汉中　商洛　银川　兰州　庆阳　乌鲁木齐　昌吉　阿勒泰　兵团一师、二师、三师、四师、
六师、七师、八师、十师、十三师、十四师

调查年鉴系列

天津　内蒙古　上海　河南　湖北　湖南　广东　广西　重庆　四川　云南　甘肃　宁夏　南宁　贵港
昆明

统计方法应用/实用手册

Python数据分析基础（第二版）　非参数统计（第五版）　现代金融投资统计分析（第四版）
国民经济核算初级教程（第二版）　国民经济核算教程（第五版）　概率统计基础
全国统计专业技术资格考试系列考试用书: 统计业务知识（第四版修订版）　统计业务知识学习指导与习题
全国统计专业技术资格考试系列考试用书: 统计相关知识（第四版）　统计相关知识学习指导与习题

统计通俗读物/统计科普图书

领导干部统计知识问答　统计公文写作及会议办理实用手册　大数据在统计工作中的应用案例汇编
中国国民经济核算知识问答（修订版）　地区生产总值核算国际比较研究　新中国统计制度方法的发展与改革

重点图书

中国农业统计资料1949-2019　第四次全国经济普查地图集　中国经济普查年鉴2018
新编英汉汉英统计大词典　中国国民经济核算体系2016　国民经济行业分类注释
挑大学选专业2020—考研择校指南　挑大学选专业2020—高考志愿填报指南　中华医学统计百科全书

发行部电话：（010）63376907 63376908 63376909　同桓行书店电话：（010）68783171 68783172
地址：北京市丰台区西三环南路甲6号　邮政编码：100073　网址：http://www.zgtjcbs.com